“十二五”国家重点图书出

U0852061

王逢振 主编

詹姆逊文集

第 6 卷

马克思主义与形式

李自修 译

中国人民大学出版社
· 北京 ·

向精神求索开放的只有两条途径，
我们的需要在那里分道扬镳，
一条是美学，政治经济学是另一条。

——马拉美[1]

聪明的唯心主义比愚蠢的唯物主义更接近于聪明的唯物主义。

——列宁[2]

① 原文系法语，见《马拉美全集》，加得玛出版社，1951。——译者注

② 译文转引自《列宁全集》，中文2版，第55卷，235页，北京，人民出版社，1990。——译者注

目　录

序　言

当美国读者想到马克思主义文学批评时，我认为，浮现在他们脑海的仍然是20世纪30年代的那种氛围。在那些岁月里，迫 iii
在眉睫的问题是反纳粹主义、人民阵线、文学和劳工运动的关系，斯大林和托洛茨基的斗争，以及马克思主义和无政府主义的斗争。这些问题引发了我们可以抱着怀旧心情进行反思的辩论，但这些辩论已不再符合今日世界的情况。那时所从事的批评，如果可以这样说的话，具有一种相对来说非理论的、本质上是训诫的性质，与其说适用于研究生的课堂讨论，毋宁说它注定更加适用于夜校的教学；它已经降低到思想和历史古董的地位，作为这种古董，它偶尔零散地重印普列汉诺夫的论文，或者偶尔参考克里斯托弗·考德威尔，至今仍然被保存下来。

然而，近年来一种不同的马克思主义批评已经在英语世界出现。这可以称作不同于苏联传统的、一种相对来说是黑格尔式的马克思主义批评。这种批评在德语国家可以回溯到卢卡契于1923年发表《历史与阶级意识》和重新发现的马克思《1844年经济学哲学手稿》所引起的理论激动时期；而在法国，则可以很容易确定它出现于30年代末黑格尔在那里的复苏时期。

下面各章，作为对这种马克思主义及其某些主要理论家的粗略介绍，倘或有用的话，我将非常欣慰。我尽量充分阐述它的一些关键性论著，如卢卡契的《历史与阶级意识》和《小说理论》，布洛赫的《希望原则》，本雅明的《德国悲苦剧的起源》，阿多诺 iv
的《新音乐哲学》和《否定辩证法》，以及萨特的《辩证理性批判》等，因为这些论著对于英语读者来说，有的根本无法读到，有的很少在美国讨论过。

不过，即使是这样一个比较朴实的、直截了当的任务，就其本身看，仍然是一个完整的项目。其中一个原因是，连诸如萨特或卢卡契之类的较为知名的作者，也由于他们评述者的反共偏见，或者干脆由于在学术领域内缺乏任何真正的马克思主义文化素养，从未在英语世界得到清晰的了解。

也许更不易察觉的是，任何人在介绍德、法辩证法文献时，都在某种程度上或明或暗地被迫考虑第三民族的传统。我指的是我们自己的传统，即政治自由主义、经验主义和逻辑实证主义的那种混合，也就是我们所谓的英美哲学，它在各个方面都与我们此处所勾勒的思维类型相敌对。不考虑这种颇具影响的概念的对立，就无法为在这种传统熏陶下成长起来的读者写作，甚至无法与作者自己的历史构成达成一致。倘若你愿意这样理解的话，正是这一点构成了我这本书的某些部分的倾向性，赋予它一种可说是政治和哲学上的锐利锋芒。因为这种自由主义传统的破产，虽说在哲学层面上与在政治层面上同样显而易见，但这并不意味着它已失去了声誉或意识形态上的潜力。相反，这种传统的反思辨偏见，它对个别事实或事件的强调，是以牺牲该事件可能寓于其内的诸关系的网络为代价的，它继续鼓励对现存秩序的屈从，阻挠其追随者在政治上进行联想，特别阻挠他们得出本来是不可避
V 免的结论。因此，对处于英美传统影响范围之内的我们这些人来说，学会辩证的思维，掌握辩证文化的基本原理，以及它所提供的基本批评武器，已是当务之急。这本书如能对于这一发展稍有裨益，我也庶几感到满意了。

然而，本书并非哲学，而是文学批评，或者起码是对文学批评的一种准备。马克思对于个别艺术作品的强调，以及它们对他

所具有的价值（正如在他之前它们对黑格尔以及在他之后它们对列宁所具有的价值一样），远远不是个人的人格问题；从某个方面说，只有马克思主义理论才能进行更加精确的鉴定。文学在辩证过程中起了关键的作用。对这个问题，我还可以补充一点：文学这个封闭的领域，它所构成的试验的或实验室的境况，连同其形式和内容以及上层建筑同基础结构之间关系的特殊问题，提供了一个在其中观察辩证思维发生作用的特殊的微观世界。

与此同时，下面各章如果不能体现专门性哲学研究的严谨，那么它们作为语言的地位将仍然是模棱两可的。因为它们也远非对一个作者的种种立场和重要观念所作的简单化的、介绍性的略述，或者报道式的概览，远非对他以及同他时代诸问题关系的趣闻轶事式的缕述。倒不是因为这些事情不使人产生兴趣，或者毫无用处，但在我看来，它们仍然停留在仅仅是见解的层面上，亦即从外部把握理性的态度。我认为，只有通过对细节的具体把握，只有通过对一种体系依照其内在必然性所进行的逐步建构获得同情的、内在的体验，才能获得这种辩证方法。我并没有在介绍过程中，试图“调和”这些形形色色的建构；但在最后一章，
我试图从总体上去描述这种辩证思维过程，以及它涉及具体文学 vi
作品时所采用的一些方式。

我应该说明一下论述德国和法国章节时的不同着重点。从非辩证的英美传统角度看，两种思维方式同样令人鼓舞，同样开拓思路，但其方式有所不同。值得指出的是，在德国，辩证思维如果不是唯一正式的，也曾经始终是一种正式的哲学传统。只是到了最近，在经过了希特勒时代的长期黑暗之后，阿多诺战胜海德格尔式的存在哲学，才标志着具有这种传统的诸学派的再次崛起。

我认为正是由于这一原因——因为在德国，辩证法在某种程

度上是以它自己的名义说话的——我才环绕着话语自身的标志，安排了本书各章。因为，正如在黑格尔论著中已经作过的那样，在各章所讨论的著作中，辩论思想不是别的，而恰恰是辩证语句的精心发挥。为了稍稍表达对作为逻各斯的现实运动的这种观念的感受，我采用了语言修辞本身的术语，如转义和修辞，其中将辩证思维的运作视为一种过程或修辞格；或者说采用了一种对于经验的存在或破译的术语，这可以认为是对一个文本的诠释学的评注。

无疑，现在是对文体（风格）稍加论述的时刻了；对于本身作为一种方法的文体（风格）学，无论我有什么保留，我仍然忠于这样一种观念：对一种文学或哲学现象所作的任何具体描述——假如它当真需要面面俱到的话——都有与单个语句本身形态达成一致的最终义务，都有阐明它们的起源和构成的最终义务。在本书各章中，我在这一方面常常没有进行深入探讨。

vii 不过，英美传统对辩证传统的敌视，无论在哪里都不如在以下这种广泛传播的观念中，表现得更加一目了然，即认为这些著作文体晦涩、滞重、佶屈、抽象，或者用方便的时髦说法，一言以蔽之：是日耳曼式的。可以承认，这种文体与在学校规定教授的那种清晰流畅的、新闻报道式的作品并不一致。然而，就我们目前的论题而言，如果那些简练的理想是为一种和笛卡尔心目中那种目的极其不同的意识形态目的而服务的，那么后果会怎样呢？在这个印刷品生产过剩和速读法急剧增值的时代，这些理想如果是使读者能够迅速读完一个语句，以便使他顺便地、毫不费力地掠过一种现成的观念，而不曾想到，真正的思想必定要求他深入语言的物质性，而且在语句的形式上要求与时代本身保持一致，那么后果又将怎样呢？在阿多诺的语言中——也许在他们中间，他有最优秀的辩证法的智力，是最出色的文体家——不透明性本身就是一种不妥协的行为，驳然杂陈的抽象措词和相互参见，用意恰恰是要求在一反其周围簇拥着廉价的易读东西的环境下进行阅读，告诫读者进行真正的思考必须付出代价。这种文体的绝对抽象性，是越过个别经验现象达及意蕴所必需的：抽象术语紧紧依靠它的客体，标志后者本身的不完整性，标志它在总体性的语境中必须加以替代。我无法想象，凡是对现实的辩证性质稍有感受的人，有谁对这种语句中的纯形式愉悦无动于衷？在这些语句中，世界的改变，以及表面没有联系又相距甚远的范畴和客体之间的出乎意料的接触，突然找到了戏剧性的阐述。我想强调说明，这并不是一个鉴赏力的问题，正如辩证思维的有效性不是一个见解问题一样；然而同样肯定的是，对任何想用这些术语 viii
来讨论这个问题的人，也不存在任何答案。

当我们现在转向法国传统的时候，可以立即明显地看出，它具有更加具体的特征。法国确实变成了现象学的哲学基地，并且由于拉康的缘故变成了弗洛伊德主义以及实用马克思主义的哲学基地。因为法国的情况是这样的：在这里，正如精神分析学一样，辩证思维从来不是一种正式的哲学，因而不得不借助对其他哲学和其他学科的隐蔽影响来表现自己，例如以课程外的马克思主义文化形式，抑或通过方才提及的黑格尔复苏的方式等。因此，列维-斯特劳斯公开声称是马克思主义者，而同时，萨特式存在主义的巨大影响在多大程度上应该归因于它在黑格尔身上发现的那些原理，而不应归因于克尔凯郭尔或者海德格尔原理，则是无法计算的。

然而，《批判》[①] 一书，从本质上看是一部政治科学著作，在一本专门论述文学批评的著作中，花这么长的篇幅讨论这部著作

① 指萨特的《辩证理性批判》。——译者注

似乎显得自相矛盾。诚然，在论及辩证思维的情况下，无法把政治因素同意识形态因素抑或文化因素截然分开；况且，萨特的这部著作也有它的长处，它使我们能够直接讨论阶级、经济基础和历史现实，而这些在论述德国的各章里只是以预想的方式提出来的。然而从本质上说，萨特的这部书对于辩证文学批评的价值，在于它提出对任何马克思主义理论来说都至关重要的调停这个问题的方式。换句话说，我们如何从社会生活的一个层面过渡到另一个层面？如何从心理的层面过渡到社会的层面？以及的确还有如何从社会的层面过渡到经济的层面？意识形态，姑且不说艺术作品本身，与冲突着的群体之更基本的社会和历史现实之间的关系怎样？如果把文化客体视为既是伪装的又是透明的社会行为，
ix 那么对这种现实又应该如何理解？因此，萨特的巨著为一种真正的马克思主义诠释学提供了技巧。我们在最后一章将对这种技巧进行系统阐释。在该章里，用德里达的话说，我们是对一种辩证文学的基本模式进行“分解”并演示出它的种种功能。

对于一种马克思主义立场，试图稍微确切地确定它们某些方法论和含义，也势必遭到各种各样的反对。如果像利希海姆所认为的那样，马克思主义既是德国的又是历史的，也就是说，它作为一种活生生的不断发展的哲学，已经成为过去而告一终结，那么，我们此刻在这里所做的就必然是别的什么东西。不过，从形形色色的马克思主义自身的角度看，本书所论及的作者，则已囊括从新黑格尔式的唯心主义、道地的修正主义和存在主义，一直到极端左倾主义和超布尔什维克主义了（梅洛-庞蒂描述后期的马克思主义者萨特语）。我个人所理解的修正主义，是通过排除一切需要的实践或变化，一切可能引起痛苦的因素，以便适应于中产阶级公众的纯思考的智力消费，而使一种理论变得轻松惬意的行为。由是，对弗洛伊德的修正，便悄悄地抑制了我们称之为

他的唯物主义基础的因素，即坚持个性失调中的明显的性病因学。自伯恩斯坦以来，马克思主义的修正主义同样包含着对作为实利主义基础的阶级斗争观念的排除，对于本书中的这样一些倾向，读者显然有必要作出自己的判断。

不过，为什么读者应该花这么长的篇幅，来熟悉那种久远、复杂而又令人生畏的技巧体系，即黑格尔哲学，他有权要求得到更圆满的解释。在本书中，我所持的立场是：马克思实际上包括了黑格尔，但同时我也能清楚地认识到，这种复杂的概念特征，似乎同文学批评的日常运用并不成比例，与个人文本自身也不成 X
比例。不过，这是错误地判断了文学批评本身在政治教育过程中的作用。

由于早期马克思主义批评修辞学强调历史的演化，强调资本主义体制出现于更早的封建和部落社会组织形态，我们就可以把它描述为遗传学的。戈登·蔡尔德的著作在英国史纂学中，提供了这种方法的既熟悉而又典型的例证，在文学批评领域内，克里斯托弗·考德威尔和恩斯特·费希尔的著述，以及卢卡契的《美学》，则完全可以视为他们以各自不同的方式，对同一基本策略所作的说明。当艺术的成长脱离了仪式和宗教，并且首先逐渐把自身确立为独立的、特殊化的技巧总体，最后确立为现代时期的一种事业或者反事业时，这种策略把读者的注意力集中于艺术自身的初期分化过程。在它实际上所关注的人类学事实之上和之外，这样一种方法在意识形态上的效果，是重新安排我们对历史存在的认识，重新构建我们对现代社会所抱的幻象，以便使我们能够在文学和艺术的现在之个体主义的后面，区分出较早的集体艺术实践的形态。历史演化的观念，因而本质上是对我们思想进行新的政治化的一种形式或借口，它通过让我们窥见过去的更加健康的具备社会功能的艺术，使我们了解我们未来可以取得什么样的社会改革和更新。

然而，现代西方文化不再有助于这样一种有争议的重构了。首先，我怀疑是否有许多人认为，在我们的艺术或在我们的社会自身之内——至少在今日美国所达到的这种极端中——还存在着
xi 许多值得用这种方式挽救的东西；其次，这种论证所依凭的现在同历史的和史前的过去之间的连续性，似乎已经确凿地被后工业化资本主义的生产和组织的新方式打得粉碎。30 年代的马克思主义批评所必须面临的现实，是不复存在的较为单纯的欧美大陆的现实。这种世界同前几个世纪的生活形态，比起同我们自己的生活形态来，具有更多的共通之处。说它较为单纯，并不是认为它是更自然的现实。相反！那是一个社会冲突更尖锐而更加一目了然的世界，不论在单个的民族国家之内还是在国际舞台上，都投射出各个阶级相互对立的一种明确的模式——这种模式像人民阵线或西班牙内战那样明显，它要求人民要么同意要么死亡，尽管这毕竟是十分困难的事情。

正是这种阶级模式的可见性和连续性（这包括家庭内和大街上的日常经验，一直到总动员本身在内），今天已不复存在。它的消失自然是一种相对的和民族的问题。因此，法国保留着政治经济动荡的、德国早已丧失了的一种阶级性质，在本书所讨论的著作中的各自侧重面上，清晰地反映了出来。但是，在很大程度上，尤其在美国，后工业垄断资本主义的发展，通过自冷战开始以来传播媒介所运用的神秘化技巧，特别是急剧扩张的广告宣传所运用的技巧，同时也带来了阶级结构的进一步隐匿消失。用存在主义的术语说，这就意味着，我们的经验再也不是完整的了：
xii 我们再也不能在对个人生活的关注之间找出任何觉察到的联系，因为个人生活是在丰裕社会的壁垒和禁锢之内，新殖民主义、压迫和反暴战争是在外部世界对体系的结构性投射之内，按照

自己的轨迹运行的。利用心理学术语，我们可以说，作为服务性经济，我们因而远远摆脱了这个世界上生产和劳动的现实，以至于居住在一个由人工刺激和电视传播的经验所构成的梦幻世界里。在以往的任何文明中，重大的形而上学的关注，存在和生命含义的基本问题，从来没有显得这么极为模糊和不切题旨。

在美国本土内，处在这种情况下，由于其意识形态在各个层面上的神秘化，任何策略的或政治的问题都首先是理论的问题，任何行动方式无不同虚假不实的文化本身的混乱难分难解地纠缠在一起。问题不在于街头反抗者或者城市游击队能否战胜这个现代国家的武器和技术，确切地说，问题是在这个超级大国中究竟这条街道在哪里，事实上，在这个由广告和自动生产所构成的新国家中，首要的是这样的旧式街道是否仍然存在。这些就是今天马克思主义的理论问题，至少在被称为过度发展的国家中是这样的。

在今天的世界上，应该存在着几种不同的马克思主义，这同马克思主义的精神，同思想反映其具体社会情况的原则完全一致，其中每一种马克思主义都满足了其自身社会、经济体系的特定需要和问题。例如，一种符合社会主义集团中革命后的工业国家；另一种，即农民马克思主义的那种类型，符合中国①和古巴以及第三世界国家；还有一种试图从理论上解答由西方垄断资本主义所提出的独特的问题。正是在涉及这最后一种，我愿称之为后工业化马克思主义的语境中，黑格尔哲学的重大主题：部分与 xiii
整体的关系、具体与抽象的对立、总体性的概念、表象与本质的

① 本书作者，作为西方马克思主义者，对马克思主义有自己的解释，而对我国则缺乏研究，很不理解。因此，这里的论点近于臆测，因而是不符合实际的。——编者注

辩证关系、主客体之间的相互作用等等，又一次提上议事日程。一种既想成为描述性的又想成为诊断性的文学批评，只有重新创造它们，才能对它们置之不顾。

1971 年 3 月

于拉荷耶

第一章　泰·维·阿多诺或历史的转义

如果一个作者的基本主题是公众的消失，那么能把他介绍给 3
什么人呢？如果一部著作固执地坚持现代艺术和思想应该艰深，应该维护它们的真理和新奇，因此严格要求其参与者集中全力，并在力图重新唤醒麻木思想和迟钝感觉的同时，否认对一个新的、全然陌生的真实世界的一切习惯性反应，那么人们能举出什么严肃理由来证明把这样一部著作加以概括和简化，并使之得到广泛理解的尝试是正当的呢？

在泰·维·阿多诺的毕生事业中，似乎一切都是为激起并加剧它所谴责的那种社会—经济现象：劳动分工，知识能量分裂成一批看上去各不相关的专门化学科。因此，对阿多诺关于现代文化的批判，即我们能拥有的一种最彻底、最悲观的批判，便无法在一个短暂的时间里顺便进行考察。实际上，由于某些原因（这些原因我们在后面会充分理解），把这种批判当作一个带有一般性质的独立命题也是办不到的，因为它同阿多诺关于自己种种偏好中的专门特性的详细论述是一致的。这些偏好包括：职业哲学家，现象学和存在主义的黑格尔式的批评家；音乐作曲家和理论家，托马斯·曼撰写《浮士德博士》时的“音乐顾问”；偶一为之而又终其一生的文学批评家；最后还有实践型的社会学家——其中，既有在里程碑式的《权力主义人格》中对反犹太主义的先驱性研究，又有对“文化工业”（阿多诺语）和所谓大众音乐的 4
剖析。

然而，这些种种不同的研究领域，虽然都有各自的结构和法则、各自的独立传统和专门术语，虽然都会被视为我们与“意识形态”一词相联系的某种超越的不同于副现象或伪意识的东西，但它们作为在文化领域中飘浮不定的客体，又都是一种不稳定的存在，处于一种不确定的状态。

对于哲学体系和音乐风格，这些与19世纪小说同样轰动一时的文化现象，阿多诺的论述清楚地说明，它们应该放在马克思主义称之为“上层建筑”的语境中来理解。于是这种思想在尊重客体作为独立实体的完整性的同时，也承认应该超越专门化分析的界限。它在其结构内部，事先假定了从内在到外在、从个别事实或作品到它背后的某种较大社会—经济现实的运动。换句话说，“上层建筑”这个术语，已经在它自身内部带有对立面，一种作为含蓄对比的，并通过自身的建构，把同社会—经济基础或者基础结构的关系问题，当成它作为一种思想的完整性的先决条件。

所以我想说，文化社会学首先是一种形式：不论用什么哲学假定来证实它，作为实践，作为一种概念运作，它总包含着两极之间一种火花的跳跃，包含着两种不平等的条件或两种表面不相关的存在方式的接触。因此，在文学批评领域内，社会学方法必然把个别艺术作品同某种更大的社会现实形态并列起来。这种社
5 会现实形态，以这样或那样的方式，被视为艺术作品的源泉或本体论的根据，被视为它的格式塔场，而作品本身则被认为是对这种形态的一种反映或一种征象，一种典型表现或一种简单的副产品，一种进入意识或想象或象征性的解决。对于这个有争议的中心关系的构想方式，姑且只举上述几种。

十分明显，文学的社会学源于浪漫主义时期，伴随着历史本身的发明而出现，因为它依赖于对文化领域统一性的某种先在的理论化：不论后者是以政治制度（如有别于独裁或共和社会的君

主立宪社会的性质)、历史时期（如古典、中世纪、现代—浪漫主义时期)、民族特性（如英国、法国或者德国气质）的体制化语言来考虑，还是以人的文化存在或社会—经济境况（如后工业、工业化和不发达的境况）等更近的语言来考虑。当然，最初对于艺术的这类思想，这种在鉴赏领域内刚刚出现的历史性，既属于左派也属于右派，因为它存在的起源寓于革命时期本身的骚动之中。夏多布里昂之类的保皇党人和斯达尔夫人一样，都深切地意识到文化的相对性和人类经验的历史性。斯达尔夫人的《从文学与社会制度的关系论文学》（1800）一书，可以列为维柯和孟德斯鸠之后第一部充分阐述这个命题的论著。诚然，在本书的后面，我们必然要考虑如何区分以浪漫派为其先祖之一的社会学的、“自由评价”的文学分析方法，和这里将详细阐述的马克思主义文学分析形式的问题。

然而，一旦取得了某种这样的文化统一性的观念，社会学运
作的两种基本因素——作品和背景——便开始以辩证的方式互相 6
作用，事实上几乎是以化学的方式互相作用，而这一纯属相互关系的事实，先于后来形成的对它进行解释的任何概念范畴，如因果、反映或类比等。因此，这样一些范畴可以视为初始模式的种种逻辑取代或混合，或者视为将初始模式有机地纳入其中的那种格式塔的交替出现的、看得见的种种可能：多种思想企图，它们在事实之后，试图说明这样两种全异的情况何以能归入单一的思维框架之内。

在这个语境中，根据社会存在或者根据“种族、时代、环境”的决定论这一令人烦恼的问题，便有可能置于括弧之中，而那些看上去与马克思主义和韦伯派相左的问题，却原来是视觉的幻象。因为从这一观点出发，马克思主义对一种现象的分析，例如对清教主义的分析——认为它是早期资本主义的意识形态之

一，或者换句话说，它反映其社会语境并由该社会语境所决定——与马克斯·韦伯的分析（对韦伯来说清教主义恰恰是西方资本主义发展的原因或推动因素之一），在本质上都是同一模式的变体，而且作为表意符号——即把一种意识形式叠加于某个集体组织或体制组织之上——较之我们可以称之为对有关独立因素的双维处理，例如论改革者神学，或论 16 世纪商业结构变化的作品，其彼此之间的共通之处要多得多。

因而，这种思想的主要特征是极力把两种无法比较的现实、两种独立的代码或符号系统、两种异质的和不对称用语，以单一的修辞方式联系在一起，如精神和物质，个人经验的事实和体制社会的更大的形式，存在的语言和历史的语言等。因此，下面从
7 阿多诺《新音乐哲学》中所引的一段话，不是作为一个含蓄的哲学命题，也不是作为对所说的历史现象的一种新的释义，而是作为一段隐喻性文字，一种文体学或者修辞学的转义。通过这种转义，新的历史辩证意识会打碎陈旧的分析性或静态性思维句法惯例，在事件的语言中达到它的真理：

> 音乐中的数学技巧以及逻辑实证主义之所以发祥于维也纳，很难说是事出偶然。正如在咖啡馆中弈棋，热衷于数字游戏乃是维也纳人头脑所独有的。这有其社会的原因。在奥地利，智力的生产力发展到了标志着发达资本主义的技术水平，与此同时，物质力量却落在后面。对于数字所产生的新能力，成了维也纳知识分子的象征性实现。他们如果想参与物质生产的实际过程，就必须在德意志帝国找到一席地位。如果他们待在国内，就会变成医生或律师，或者依恋于数字游戏，把它当作金融权力的一种海市蜃楼。这就是维也纳知识分子试图对自己证实某种事物的方式，确切地说，也是对

其他任何人证实事物的方式。[1]

这是对奥地利人性格的心理分析吗？是按照社会在想象领域中解决它在真实领域中无法克服的矛盾的那种方式进行的直观教学吗？是音乐、符号逻辑和财政表格的文体学的并列吗？所考察的这段文字与这些事物都有关系，但它首先是一个完整的事物，我倒想说是一个富有诗意的客体。因为它最有特色的连接用语（“之所以……很难说是事出偶然”），与其说是某种推理演绎过 8
程，毋宁说等同于英雄诗体的明喻“正如……所以”。

这里所涉及的能量的突然交换，无论就并列因素的哪一种来说，实际上都没有告诉我们任何新的东西。其实，要想了解这些因素的意外联系，我们必须先知道每一个因素究竟是什么，它本身有什么特性。真正的情况是，在转瞬即逝的一刹那间，我们瞥见了一个统一的世界、一个宇宙，其中，不相连贯的现实无论乍看之下多么风马牛不相及，它们也总以某种方式互相牵连，纠结交织在一起；其中，对机会的把握短暂地将目光所及的一切重新聚合成一种交叉的关系网，偶尔也暂时地质变成必然。

通过这样一种历史形式，物质领域和精神领域之间暂时产生出一种调和。这样说并不过分。因为在其框架之内，意识形态现象本质上的抽象性质，突然触到了大地，在事物和物质生产的真实世界中，呈现出一定的实在性和某种行为的意义；与此同时，整个物质性的一面则闪现出某种变化，顷刻之前似乎还是惰性和物质抗阻的东西，似乎还是毫无意义的历史偶然事件（在奥地利发展的决定因素中，则是一些地理和外国影响的偶然力量），现在却意外地被那些曾与它相联系的客体的理念性精神化了，在作为它终端产品的那些数学体系的吸引下，把自身重新组合成一种未预见到的一致性的星座，成为一种能够命名的社会—经济体式。由是，精神为了解现实而使本身实体化，反过来又发现自己处于一种高度可理解的地位。

9　然而，辩证方法最基本的教训之一是，一种特定思维方式的发展潜力，在原始条件本身的结构内是事先决定的，也可以说是预先注定了的，因此反映出它的出发点的特征。所以，对于这里所描述的社会学的形象，任何大规模的观念投射的限制都隐含于综合形成的客体性质之中。正如机智的妙语，阿多诺的转义也从介入知觉的即刻性中汲取它的力量[2]，并且显而易见，把以孤立的、原子论的方式理解的一个文化项并列于它的历史背景之上——无论这个文化项是一部单独的著作，一种新的技术或新的理论，甚至是理解成一种独立实体的某个新的运动那样的庞然大物，或者是与历史连续统一体相脱节的时代风格——就是要保证构成一种只能是静态的模式。

10　这样，对上层建筑的全面研究，对历史转义的建构（不是指抒情部分，而是指持久的、史诗的部分），便预先设定了对文化界定中原子论性质的超越。从本质上说，这是某一个别小说与其社会—经济背景的并列，与从同一背景审视的该小说历史之间的不同。实际上，在这一点上说，作为形式和背景、点和面的一种关系，让位于两种领域、两种系列和两种连续统一体的重合；因果关系的语言让位于平行论的类比或同源语言。于是微观世界的建构，文化连续统一体的建构——不论它是服饰的形态史还是各种宗教运动的形态史，也不论是文体惯例的命运还是作为哲学问题的认识论的兴衰——都将包括与社会—经济微观世界或基础结构的类比，作为一种在其结构本身之内的比较，使我们能够以往往是极富启迪的方式，把后者的术语用于前者。由此可以看出，19 世纪的小说，作为精神层面上一种可以推销的商品，也可以说经历过它自己特有的“原始资本积累”阶段：司各特和巴尔扎克的名字，可以同社会和轶事的原材料的这种最初积聚联系起来，他们把这种原材料加工，最终转变成可以推销的，亦即可以叙述的形态和形式。

同时，由于这种文化的形式远不如经济的复杂，所以它可以在简缩范围内对真实原材料作有效的引介。因此恩格斯说，从巴尔扎克的“整个法国社会史当中，甚至在经济细节方面（例如法国革命以后，不动产和个人财产的重新配置），我所学到的，比从那个时期所有自诩为历史学家、经济学家以及统计学家加在一起所学到的东西还要多”[3]。诚然，从传统上说，对辩证方法的 11
敏锐性，对马克思主义的社会经济学说、马克思主义文学批评都提供了一种适当的介绍。但是恩格斯从这种内容中所学到的东西，一种现代的马克思主义文学批评，应该能在形式本身之中证实它的机制。因此，现在正是这一模式才有助于我们阅读那令人困惑的、庞大的真实实体，而这种模式则是作为真实的投射而发端的。

I

全面说明这些历史模式的理想材料，无疑应从尽可能远离日常生活的领域内汲取：譬如非欧几里德几何学或者科幻小说的种种逻辑世界，因为在这些领域里，我们自己的宇宙在实验层面上得到复制。于是，从视觉艺术史或者数学发展史中派生的例证，对我们的目的来说，比文学或哲学的再现性方式更为有用。因为在对后者的辩证处理中，倾向于产生一种从形式到内容的滑动，而这只能使要阐述的方法论要点变得模糊不清。

因此，我们前面对巴尔扎克原始素材积累特征的描述，目的是在形式层面上发生作用，旨在强调两种形式过程之间的平行。

然而，由于巴尔扎克的素材，即他的内容，恰好是我们用以同形式相比的那种原始资本积累，所以这一类比又变得复杂起来：因为第一桩生意和第一宗财产的起源，处于他必得讲述的原型故事
12 之中。因此，文学作为一种模式就不像那些更抽象的艺术有用，而与小说发展的比较，下面也将作为即将提供的中心模式的类似物，而不是作为历史投射本身来加以强调。

然而，即便是专门化的东西有时也被视为当然。甚至高度精密的技术，在日常生活普遍的混沌之中，也可能显得自然。因而其结果是，为了充分评估阿多诺有关历史幻象的独创意义，我们就必须使某些习以为常的社会现象增添一种新的陌生性：例如，用一个外国人的眼光凝视冠冕堂皇、在扶手椅里正襟危坐的一排排人群，其中每个人仿佛与相邻的人毫无接触，然而同时又奇怪地与直接映入眼帘的景象漠不相干，眼睛时而俨然全神贯注地闭起来，时而心不在焉地遥望大厅里的上楣。对于这样一个旁观者来说，这种独特行为和器乐声音形成的令人迷惑的交响之间的意义关系，不是一下子就能弄清楚的。器乐声音如同在幕后演奏的阿拉伯乐师一样，似乎为这种行为提供了一种背景。我们视为想当然的东西，对局外人并不是显而易见的，即音乐大厅本身所环绕着的这种活动，完全由对于进入耳鼓的声音模式之流的注意力构成，注意一种非言语符号系统的有组织、有意义的前后相续，如同注意纯乐器言语一样。

这是因为，西方的多声调音乐本身是“不自然”的，而在其他文化中并不具备达到如此程度的、体制化的对等物。虽然西方音乐源于仪式，虽然其最早形式与舞蹈和歌咏，与其他文化的纯粹颂歌在本质上没有不同，但它在自己最典型的形式方面，却割断了与那些原始音乐活动的联系。在原始音乐活动中，音乐本体
13 依然介入具体生活和社会现实，因此可以说仍然是再现性的，保

留着某种类似于内容的东西。在旧有的功能性音乐和西方音乐之间，不再仅仅是程度上的不同，而是一种绝对的不同。这种音乐拓发了自己的自足性，独自地取得了一种事件的地位；它要求参与者停止其他活动，施展从未使用过的某种警觉的而又是非言语的心智能力，深信在实际上静止不动的十五分钟到二十分钟之内，发生了某种真实事情。仿佛发明了一种新感官（因为标志着这种听赏的主动的领悟意义的全神贯注与普通的听闻的区别，恰似数字语言与普通言语之间的区别），仿佛发展了一种新器官，形成了一种新类型的知觉。特别值得注意的是，形成这种新知觉的那些物质贫乏；因为耳朵是诸感官中最古老的，而器乐的声音远比语词或者视觉符号更抽象，更无表现力。然而，就表示辩证过程特征的那些悖论颠倒而言，正是这一原始退化的起点决定着艺术中最复杂的艺术的发展。

最后，我们必须说明，由于西方音乐并不是自然的而是历史的，由于它的发展如此强烈地依赖我们自己文化的历史和发展，因此它也不是永驻的，它内部包含着作为一种真正活动的死亡，当它达到了自己的目的，或当它一度满足的那种社会需求不复存在时，它就会消失。今天，所谓古典唱片的生产成了一桩大生意，这不应当使我们对西方音乐的黄金时代和中欧之间的特许关系视而不见。在中欧，这个集体的相当大一部分演奏音乐，并且 14
从内部了解音乐。其演奏和了解的方式，同我们自己时代的被动消费者有质的不同。颇像书信体小说这样的文类，在书信不再是日常要务和体制化交际形式的时代，同样也丧失了自己存在的理由，丧失了社会和语言学的基础。同样，某些类型的抒情诗也从文化当中消失。在这些文化中，会话和词语表达苍白而没有活力，缺少雄辩或者比喻那两种孪生的拓展形式的任何能力。

因此，正是这种西方音乐，一开始便把自己从作为一个整体的文化中划分出来，使自己重新构成自足自主的领域，远离那个时代的日常社会生活，仿佛与这种社会生活平行发展。音乐不仅借此获得本身的内部历史，而且也开始在较小的规模上，复制社会和经济宏观世界自身的所有结构和层次，展示自己内在的辩证法、自己的生产者和消费者、自己的基础结构。

比方在音乐中，正如在工商业这个较大的世界里一样，我们发现了发明和机械的小型历史。这可以叫作音乐史的工程方面，即乐器本身的历史，它们与作品和形式发展的因果关系，同它们在一般历史世界（工业革命）中的技术对等物（蒸汽机）一样，都是暧昧不明的。它们带着一种象征性的适宜性登上舞台：“把小提琴的充满深情的新音调列入笛卡尔时代的伟大创新，并不是毫无目的的。”[4] 事实上，在小提琴长期处于优势地位的整个时期，它和哲学思想舞台上个体主体性的出现始终保持着这种密切的认同关系。对于表达抒情主体的情绪和要求，它仍然是一种特殊媒介，颇像教诲小说，小提琴协奏曲是个人抒情英雄诗的载体，而在其他形式中，集中起来的交响乐队的弦乐器，则按常规表现主体感情的倾泄和对客观世界必然性的抗议。由于同样的原因，如果作曲家们开始隐匿小提琴的婉转音调，不用弦乐器配乐，或者把弦乐器变成弹拨的，几乎近于敲击乐器（如在“鄙陋的”拨奏曲中，勋伯格的乱弹和“离奇的”伪声效果），小提琴发生的情况便被当作一种决心的信号：决心表达出那种压碎个人的东西，从个人不幸的感伤进入一种后个体主义的新框架。

同样，在商业音乐中，取代旧式民间群体艺术而起的萨克斯管的出现，也具有象征性价值：因为它的振动，在适当位置的前后震荡，取代了体现现代时期主体骚动的小提琴的激越，而全部由管乐器和变调栓塞演奏出的金属音响，虽然“在铜管乐器和木管乐器（‘后者从物质上与前者相联系，而在演奏上仍然是木管乐器’）之间进行调停”的意义上显出“矛盾的性心理”[5]，但却取代了表达生命的旧式乐器的生动热情，而新式乐器则只是刺激生命。

如果说音乐形式在对公众作出的反应中进化（教堂和沙龙音乐正在一点一滴地被中产阶级观众形式所取代），那么它们同样也受到演奏者不断变化的社会功能的影响。身为伟大指挥家的瓦格纳，首先创作了于其中可以预见指挥大师作用的音乐，将这种作用纳入总谱的结构之中。如同议会的蛊惑煽动，听众怀着一种 16
受到催眠般的诱惑屈从于指挥。他们听赏的质量衰退了，失去了胜利的中产阶级先辈带入自己艺术实践中去的那种自主判断和高度集中。结果，他们越来越听不懂像贝多芬奏鸣曲那样精心结构的任何东西，作为主题及其在时间中发展变化的变奏的替代，瓦格纳为他们提供了某种更粗粝、更容易把握的东西，即像广告口号一样易于识别的主题的重复，由指挥者的专断手势为听众的利益而“致命地”突出出来。

与此同时，主旋律的展开必须按照音乐传统本身独立的辩证法，作为音乐法则缓慢形成过程中的一个阶段和音乐素材固有的可能性之一来理解。从这种观点出发，瓦格纳的主题，因其刻板和没有发展的性质，必须被视为从贝多芬主题的一种退化，而后者在功能上不可能与其语境分离。对于音乐，在粗暴地把旋律或主题从它有理由存在的肌质中撕裂出来的过程中，如果说存在着诸如“释义邪说”一类的东西，那就必须补充指出，这种做法的最初刺激，与其说来自个别听众的任性或者对形式的无知，毋宁说在于作品本身结构中形式与内容之间那种更深刻的等同或者分裂。

对于贝多芬来说，奏鸣曲代表着对音乐同一性和音乐变化问题的一种综合的解决。形式的种种特征——把主题调遣到最遥

远、最出乎意料的音调上去（目的在于这一次它可以带着一种终
17 结性返回到它的源始点），它在一次次变奏中所要经历的彻底变形（目的在于更有把握地说明它和自身的同一性）——与声调体系本身的确立是一致的，因为它们等于在听者面前，把调性重新具体规定为一种通过形式再次确认的不言而喻的法则。

不过，对于瓦格纳，问题是在旧的意义上无法改变的主旋律之间来确立某种关系，因为现在是乐曲的主旋律而不是其基调变成了永恒的因素。如果把必须做的事当作出于善意来做的话，这种说法既确定了辩证过程的本质，同时又界定了瓦格纳在历史境况方面的自由。为了设计出能够解释古老而累赘的静态重复现象的建构原理，瓦格纳发现自己不得不发明其本身便含有未来音乐技巧的最先进、最进步种子的某种东西。的确，瓦格纳的管弦乐陡峭垂直的洪亮音调，沿着把各种主旋律彼此分开的半音上下切割的方式，最终必然要完全破坏奏鸣曲的形式和构成其基础的协调性。然而与此同时，这种新的半音阶论甚至超越了无调性，指向了未来的十二音组的再体系化，因而可以用作一种颇富启迪的实例，来表明历史上的新事物产生于某个特定境况和时刻的矛盾，也可以用作辩证分析中诸如进步的和退化的这类术语的功能的例证。凭借这些术语，一个给定的复合体的诸因素便被区别开来，其目的纯粹是为了在它们的不可分割性之中更有把握地重新识别它们，从而有可能对历史连续统一体中某个特定时刻的位置形成一种差异观念。

18 因此，作为一个在自足体系内发展的例证，瓦格纳发明的半音阶论，为我们期待在社会—经济史的宏观世界本身内发现的那些变化提供了一个小型的模式。所以，举例说，正是 19 世纪德国的经济落后，才使由 1848 年革命引起的创立议会政府的努力归于失败，才在德国民族主义和中产阶级更进步的西方式民主追

求之间导致了那种臭名昭彰的致命分裂。由是，社会—经济的落后产生了政治上的极权主义；然而，与其他国家议会制度相比，由于后者能远为更有效地刺激工业发展，初始的差距最终产生出一种辩证的飞跃，使德国于19世纪末在生产上与最大的竞争对手并驾齐驱，并且拥有欧洲最新型的工业工厂。

而且，在基础结构中通行的东西，也为其他艺术的发展产生出某种类比。我多少有些随意地从小说史中选择了普鲁斯特为例子。在这个例子中，最初对作为一种谈话方式的随笔的偏爱，与最初对作为现时存在经验的漫长的静态场景的事先安排结合起来，以便取得某种意想不到的组织上的革新。因为普鲁斯特把自己的形式场景扩展到了这样一种地步：随笔风格的枝蔓和论述可以接连不断地添加进来，但并不产生多大干扰，就像在漫长的午后招待会上，话题或谈话伙伴都不会发生多大变化。同时，场景本身虽然十分广袤，现在却由话题重新连接起来，而其方式与随笔事先选择题材的固定方式十分相似，通过一天当中的几个钟头，或通过在火车上的逗留，或者最终事实上通过斯万和戈尔芒特①两家的生活方式本身在地域上的真正同一性，重新连接起来。
然而，在普鲁斯特的想象中，最初由某种讲故事的缺陷所决定的 19
这种相当固定的布局的结果，却是对时间流逝的更复杂的处理，远比迄今为止传统的线性叙事要复杂得多。

因此，对于阿多诺来说，艺术家的名字是形式历史上的许多阶段，是境况和发明之间经历过的多种统一，也是矛盾和新矛盾从中产生的决定性解决之间经历过的多种统一。现代历史发展的整个幻象，就构筑在我们借以观察从贝多芬到勋伯格和斯特拉文斯基的音乐进步的镜头之内。尤其是后面两人更说明了在阿多诺

① 均系普鲁斯特的《追忆逝水年华》中的人物。——译者注

的心目中什么是典范的原型对立，代表着 20 世纪创造的孪生象征的可能，而实际上也代表着在艺术本身之上和之外，留给对此后极权主义世界中思想和行动进行取舍的真正的原型。因此，我们现在要转而讨论的，是他以《新音乐哲学》为题对这两个人所进行的颇有影响的创新性研究。

Ⅱ

人们常常指出，自从浪漫主义运动和中产阶级取得权力以来，艺术变革愈益加快的速度，包含着对艺术过程内部新艺术功能价值的一种变更。[6]新颖现在被认为不是相对次要的自然的副产品，其本身就是一种追求的目的。现在，关于过去创新的知识，提供了建构个别作品本身的新刺激，因此，像勋伯格那样的
20 技巧革命，今后必须在两个层面上解读：不仅作为形成整个音乐史特征的那种材料自主渐进中的又一阶段，而且首先作为独特现代现象中的一个颇富启迪的实例——单凭形式创新，努力以你的方式思考历史本身的未来。

因此乐声的进化，最初可以在整个音乐效果进化的背景下来理解。音乐效果似乎有它们自己内在的生命，经历其成熟阶段，然后衰弱，最后寿终正寝。例如普通的三和弦，给它最早期的听众留下了永远不会再有的强烈印象。这些声音最初是在一种对位体系的语境中，作为音调和谐所取得的成就听赏的，但对我们来说，它们从今以后只不过是世界上淡而无味的和声罢了，因为在这个世界上，和谐的事业早已取得胜利，它最初的新奇性早已变得平凡陈腐。

在很大程度上，我们可以用同样的方式来讨论写作史中某种类似进步的东西。不过，这与其说是个人风格的创新问题，不如

说是阅读公众的习惯问题，需要根据充斥于特定历史环境中的语词数量加以测度。譬如，区区几个简单人名和普通名词、极少的描述，对于前几百年的读者显然就具有暗示价值，而当前在我们自己时代以之为特征的语言泛滥中，它们就不再有这种价值。因此，风格就像红王后①一样，开发了愈益复杂的机制，以便保持讲说同一事物的能力；而且，在后期资本主义的商业天地内，严肃的作家必须运用语言的震惊效果，借助重新结构过分熟稔的事 21
物，或者诉诸心理的那些更深层面，来再一次唤醒读者对具体事物的麻木感觉，而只有那些更深层面，才保有一种断断续续的不可名状的强度。

当然，在音乐领域里，某一特定历史阶段上的效果强度问题，可以用肯定和否定的说法描述，因为一个特定的和声体系的持续价值，同不谐和音在这种体系内部所取得的效果也相一致。然而，如同阿多诺向我们表明的那样，这些效果大大地超越了事物的音乐组合，达到了不谐和音也有象征性的社会价值，与“无意识概念在整个中产阶级历史均衡中所起的作用”相似。因此，这种对谐音的侵越，其作用“从一开始就是隐蔽地再现一切不得不为秩序戒律而牺牲的事物。它代替了受到潜意识压抑的本能倾向，并在痛惜被强迫的克制中还包括着一种作为强力的里比多的阶段”[7]。因此，瓦格纳式的开头减七和弦，表达了没有解除的痛苦和性期待，即渴望最终的解放，拒绝重被纳入乏味的秩序；然而，由于它多年来已经变得熟悉而可以容忍，所以现在只是感情和情绪性的一种时代符号、一种方式，而不是具体的否定经验。

当然，这样吸纳受抑制的材料一直是艺术的社会功能之一；

---

①　卡罗尔的《镜中世界》中的人物。——译者注

然而在瓦格纳时代，它却经历了与上述革新作用变迁相关的某种变更。因为过去不谐和音的存在，只是为了更有力地确定和认可它所依凭的、肯定的音调秩序；而现在它作为“自诩的主体性”和“对社会状况及其规范法则”的反抗的性质，则倾向于自身变
22 成一种目的。“现在，所有的精力都投入不谐和音中去了；相比之下，个别的和弦转变愈益变得稀少，只是任意的装饰或者修复的宣言罢了。张力变成了基本的组织原则，如同否定之否定，即对每一不谐和音的债务的最终取消，在某种巨大的信贷体系中被无限期地推迟一样。”[8]我们在后面的一章中将看到，这一现象须在今日社会中对否定的更大压抑的背景下予以审视，关于这一点，阿多诺的同行赫伯特·马尔库塞则是理论的巨擘。在文学领域内，它通过最伟大作品愈益增强的反社会性质，通过伴随而来的在社会一方吸收并抵消其释放出来的冲动的努力，而显现出自身。因此，里昂奈尔·特里林在《超越文化》中，强调了由美国大学对这些现代“经典”进行的体制化，同这些作品本身的深刻颠覆精神之间的矛盾，因为这种精神的源泉首先是对体制化本身的拒绝和否定。

勋伯格的作品带有这一情况的深刻印记。这可以由作品中肯定（积极）和否定（消极）两者的失去比例的位置判断出来：绝对的自由，即在可以称作他的表现主义或者无调性时期狂暴地摆脱和谐的约束；以及重建的秩序，即加强于自身的十二音制的严格性。这种新秩序包含着更大的强制性，远远超出在勋伯格始而废除继而恢复的音调秩序中所想象的任何东西。然而，两个阶段归根结底，只能从具体历史境况的语境，即按照一般现代世界上听赏的退化来理解。在这个世界上，在文明领域的各个角落里，我们都淹没在低下的声音和录制音乐的环境当中，倾向于把我们
23 的知觉调节到知觉对象的水平上，结果带来了听赏的恶化，而作

曲家则必然要根据这种听赏来工作。

于是便出现了这样的情况：我们听不到音符本身，而只听到了音符的基调，它自身又对我们变成了象征性的；音乐的安慰或活泼的性质，它的忧郁或甜美，被认为是释放适量的惯例化反应的信号。音乐作品变成了纯心理的刺激或调节，仿佛在机场或超级市场上，顾客在听觉上平静下来一样。另外，音乐的伴奏在我们心灵里同产品广告密切联系起来，而且在广告长时间结束以后，“流行”音乐也好，“古典”音乐也好，两者都同样地继续起着那种作用。在这一点上，这些声音为作曲者或演奏者做着广告，是即将从产品中获得愉悦的标志，于是艺术作品沦落到了一般消费商品的地步。有关这方面，可以拿电影中当作指导情节“消费”手段的音乐所起的阐释作用，同作为一种艺术形式的歌剧中乐谱和叙事的关系做一比较。此后，当我们回想今日一般商业乐曲技巧的高超质量时，便开始懂得了这种背景音乐对流传下来的音乐会全部节目的毁坏性影响，其中（音乐会全部节目中）大部分都受到了腐蚀，掏空了它们内在的活力，而我们并没有清楚地意识到情况原来会有所不同。

因此，在这种情况下，旧意义上所说的新音乐是不够的，艺术不再仅仅和世代更迭所产生的趣味变化有关，而且和受到强化的，并在能力上提升到第二位的变化有关。这一变化是由在我们文化的各个方面对艺术技巧进行新的商业开拓造成的。新音乐不仅像旧音乐那样必须与我们的听赏妥协，也必须与我们的非听赏妥协。因而便产生了具体音乐，它试图把我们日常感性生活的无 24
意识内容，即工业化城市中陌生的听觉重压，改变成有意识的知觉对象。于是产生了一般现代音乐的那种凭意志造成的“厌恶”，仿佛在这种变态的迟钝和麻木中，只有痛苦才依然是对知觉的激励。

极为显而易见，这与语言是相同的。只需回忆一下对速读的一时爱好和习惯上有意或无意地浏览报纸与广告口号，就足以使我们从更深层的社会原因上明白，现代诗为什么顽固地坚持语言的物质性和不透明性，为什么坚持词语不是透明的而是事物本身。同样，在哲学领域内，那种仿佛是个人语言的密密麻麻的行话，应该一反广告将“清晰”当作“好文章”精髓的劝告，来对它进行评价：后者试图想让读者匆忙地忽略他已经接受的想法，而前者身上铭刻着作为努力标志的困难，但必须作出努力，才能产生真正的思想。

不仅我们的听赏而且作品本身也受到了影响。与我们自己断断续续的注意和全神贯注能力的降低密切相关，也与我们的心不在焉和普遍冷漠紧密相关，艺术作品受到了歪曲，变得支离破碎并受到了盲目崇拜。整体被部分所代替，不是把音乐感受为一个有组织的结构，而是在做别的事情时以听到它为满足，只要我们能够顺便属意于主旋律和主题就行。一度是完整和连续的话语，变成了无法区分的一团，间歇式地被鄙俗的主题歌曲所照亮。所谓鄙俗的主题歌曲指具体化为物体和符号的主题，像话语中的陈词滥调一样。我们的情绪鬼使神差地投进这些实体中去。而这些实体是纯粹的主观怜悯的源泉，它（这种怜悯）与原来完整的作品本身毫无关系，实际上是它的解体和缺乏任何完整反应的一种结果。因此，毫不奇怪，现代音乐是这样地没有旋律，这样决然地没有抒情性，这样地怀疑有关个人主体性的幻觉，怀疑它在其中确证其自身的歌曲。

正是就整个延伸形式的这种破坏而言，勋伯格的表现主义音乐才是一块纪念碑，才是对完成了的艺术作品观念的反拨，才是对以自在和自为而存在的自足性杰作的可能性本身的扬弃。由于形式总体上的组织价值的消逝，作品的表层被粉碎了，不再呈现出一种不间断的同质外表（schein），不再是完整的，仿佛是悬浮在这个世界的上空，相反，它陷进了这个世界，变成了诸多物体中的一个物体。这样，音乐作品就丧失了它最基本的先决条件，即自主的时间。在这种时间内，主题仿佛生活在自己的环境当中，能够在通过彼此的彻底相互作用方面，在悠闲地生发出被美学称作游戏（spiel）的所有形式的后果方面，按照自己的内部法则去展开。音调框架的毁坏使单个音调本身获得自由，摆脱了以前赋予它们以意义的任何东西；因为音调如同语言中的音素，在本质上是中性的，没有表义的成分，它作为一种意图从整个体系本身获得自己的功能价值——无论是作为谐和音还是不谐和音，也不论是在一个特定音调里的继续还是朝某个新音调的转调。因此，在调性当中，心灵将音乐的过去和未来连在一起，而在非调性的新领域当中，音调的存在只局限于它是现时音乐陈述的重要组成部分。在任何特定的时刻新形式和它的一切成分都必须保持几乎是实体的接触：无调性是音乐的一种唯名论。

于是，部分如今变成了整体，主题变成了音乐本身，当主题 26
完结时音乐也完结了；因此作品惊人地萎缩了，那构成 23 号乐曲的革命性钢琴曲，每一曲都只持续几秒钟，都谱写在不足一页的乐谱上。（在这一语境中，下一步可能是单个的音调，然后是沉默；这样，韦勃恩就可以看作是早期勋伯格作品这一倾向的合乎逻辑的完成。）于是便出现了“表现主义”一语，因为，当涉及的母题不再从作品本身的更大关系体系中找到形式上的确证时，它们必须以某种方式自我确证：纯粹的表现，像喊叫一样自主、易懂，像由心灵把单一思想连在一起的能力范围所限定的一个瞬息。这种情况在听者和作曲者身上同样放上了新的重压，因为每一部作品都在它自身内部重新发明了音乐的一切，如同言语一样，它的每一个语句都包含对制约着它的新语法的同时再创造。

对于形式适用的情况，同样也在内容层面上显而易见。勋伯格早期音乐的最显著的特点，无疑是他与同时代的奥地利艺术家所共有的那种世纪末神经症风格，通过这种风格，他的世界似乎和弗洛伊德的极其相似。《净化之夜》或者《吟唱歌》① 中不加掩饰的性期待，女性歇斯底里（Erwartung［期待］）的单人剧，点点滴滴地导致了无意识材料的新泛滥。“这不再是对激情的模仿，而是通过音乐媒介露骨地表达出于无意识的肉体冲动，表达对形式禁忌冲击的震惊和创伤，因为形式禁忌试图把自己的稽查强加于这些冲动，证明它们的合理，把它们转变成形象。勋伯格
27 的形式创新和所表达的事物的变化紧密相连，并帮助后者的新现实直达意识。最初的一些无调性作品是心理分析中梦的副本意义上的副本……不过，在表现上，这样一种革命的疮痍是一些污渍和斑点，它们作为本我的使者同样抗拒从事绘画和音乐的艺术家的有意识的意志，玷污表层，像童话中的血渍，很难由后来意识的矫正清除。真正的痛苦已经把它们抛在后面，留在艺术作品当中，作为它再也识别不出后者自主性的一种标志。”[9]

这样，在表现主义时代，艺术作品似乎降低到了证据和征兆、图表、图示、X 光片的地位。然而，如果弗洛伊德式的原材料（现在不大作为理论原理或者科学假说，而是其本身就是一种独特类型的内容：梦、失语、固恋、创伤、俄狄浦斯情结、死亡欲念等）本身也只不过是某一更大的历史转变的标志或征兆，那又会怎样呢？在这一语境中，弗洛伊德式的心理功能类型学，可以看成是一种新型寓言幻象的复归，看成是在西方中产阶级社会内自主主体的解体，是我思故我在或者自我制约意识的解体。现

---

① 系勋伯格根据丹麦诗人雅各布森的诗所谱写的合唱与器乐组曲。——译者注

在，这些典型的弗洛伊德现象，不再被视为在人类历史中等待着弗洛伊德去发现和揭示的永恒的心理功能，而是与弗洛伊德同时代的新事件，弗洛伊德是这些事件的理论家。实际上，它们标志着社会关系的逐渐异化，以及后者朝自主和自我调节机制的转变。根据这一点，个体的或独立的人格一点一点地降低，仅仅成了倾向和禁忌的组成部分，仿佛它们的存在，是这个体系本身各 28
个层面禁令的接收装置。原来的主体不再思考，而是"被思考"；他的意识经验原来一直和中产阶级哲学中的理性概念相吻合，现在差不多只是登录来自外在于它自身的诸区域的信号。这些信号或者来自内部和"下层"，如同在冲力以及肉体和灵魂的自主论中那样，或者来自各种相互联结的社会体制的外围。与此同时，仍然残存的自我则沦为它自己幻觉的牺牲品，它以为自己仍然保持着中心性。这就是说，不复是"自在"的东西继续"自为"地存在下去，而主体仍然错误地假定在它的内部单子经验和（经济的、历史的、社会的）诸环境的纯外部网络之间存在着某种一致。这种网络通过个体经验领域以外的机制，决定和操纵主体。

（自然，正是在这一点上，小说作为个体和社会维度的一种有意义的认同，开始在作为形式的缝合处断裂开来。既然个体经验中断了与社会现实的相符，于是小说就受到一对偶然性的威胁。如果它坚持纯粹的存在，坚持主体性的真实，那么，尽管纯个人历史具有全部有效性，它也可能变成无法概括的心理考察。另一方面，如果它试图掌握社会领域的客观结构，那它就会愈益受到抽象知识范畴而不是具体经验的制约，结果降低到论题和说明、假说和例证的境地。）

然而，无论无调性可以怎样证明在现代社会中理性控制的丧失，它在自身内部同时也带有新控制的某些因素，新秩序的必要条件只是仍然潜伏于那一历史阶段。因为不管趋向完全自由的意

29 志怎样，无调性作曲者仍然在一个僵滞的调性世界里工作，对于过去必须小心谨慎。譬如，他必须避免可能再次唤醒旧有听赏习惯的那种和声或调性和弦，把音乐重新编织成喧嚣或错误的音符。然而，这种危险足以在无调性之中召唤出新法则或新秩序的第一条原理。因为避免偶然调性和弦的禁忌本身便会使作曲者避免对单个音符作任何夸张的重复，以免这样一种坚持最终会对听觉变成新的调性中心而起作用。只需以更正式的方式提出避免这种重复问题，就能使整个十二音制本身呈现得明明白白。因为，说到底，唯一合乎逻辑的解决办法，是不重复特定音符，直到这个音程中的所有其他十一个音符都第一次被触及为止，这样，十二音的“音列”便诞生出来，并替代了调性。从此，每一部乐曲都不得以一个音调谱写，而必须“以”单独为它设计的独特的音列或对音列中十二个音符的重新编排来谱写。这样，在某种意义上说，十二音乐曲，就“只不过”是用个别音组作为主题所形成的一个巨大主题的变奏，是十二个音符的同样系列的多次重复，不过，这一次重复既不在水平维度上，也不在垂直维度上。

因为，这种新体系具有消除音乐当中一些最古老、最基本的矛盾的优点，即和声和配合旋律之间的矛盾、垂直和水平之间的矛盾，以及以大型交响乐队洪亮度的那些传统为一方，同以回首求助于具有赋格曲和双重轮唱的一种古旧对位的那些传统为另一方之间的矛盾。到目前为止，仿佛存在过相互排斥的垂直和水平类型的知觉，它们在一种格式塔式彼此干扰之中交替出现，迫使
30 听者在两种给定的声音重复的听赏之间作出抉择，或者作为流动中声音的暂时交叉，或者作为和弦结构中和声层面的巨大盘绕。现在，在勋伯格成熟作品的沸腾肌质当中，这一对立消除了，而且最初像是一种错综冗长、高度连接起来的主题或旋律的音列，还像某种精密复杂的分子一样，对总谱的垂直维度具有建筑材料

的作用。

于是，十二音制对于音乐来说，就是一种统一的理论场，在这个理论场里，和声材料和配合旋律材料彼此之间如今能够互译。正由于此，其他固有的困扰也迎刃而解：从此，在事物的整个组合中，没有什么因素微不足道得不能要求取得自己的地位，没有什么细节细微猥琐得不能用来提供自己的凭证，体现某种意义。例如器乐演奏曲这样比较传统的事情，现在进行了编码，以至在音色旋律（Klangfarbenmelodie）观念中，一连串特定的乐器音色（诸如序列小提琴、小号、钢琴等）取得了一个旋律中一系列音符的功能价值。这样，在音乐领域内就会完成所有现代艺术一般都有的那种基本倾向，即绝对肯定自己的一切因素，取消偶然，完全吸收原材料中纯粹偶然性的最后残余。这些残余此后被痛苦地同化到作品本身的结构里去。

（在小说形式中，这种进化遵循着一种严格的、典范的内部逻辑：最初的现实主义小说证实其偶然因素——描绘，历史背景，对特定题材的选择，如一个肥皂制造商或一个医生的生活——完全依靠纯经验性的根据，以为这些现象已经在我们周围世界上存在，因此它们无需加以证实。不过，就左拉来说，这种 31
经验的、纯描绘性的激发力量，又加上了第二种激发力量，它在前者背后奇特地矗立起来，如同一个受到压抑的冲动的征兆形成。这就是把那些本身似乎没有内在的自我确证意义的事实，转变成意义的象征或者粗疏地加以物质化的画面的那种倾向。这样，仿佛心灵不能承受这种经验现实的纯偶然性，本能地把无意识的、神秘的、象征性维度纳入这些现象，而对这些它在意识层面上是排斥的。最后，就乔伊斯的《尤利西斯》来说，它在当时虽然似乎是非常自然主义的、真实的一个生活片段，但这种冲动都变成了有意识的意图，而且文学材料过着两个分离层面，即经验存在层面和类似十二音制本身的整个关系结构的层面上的双重生活。其中，每一经验事实都被结合到整体中去，每一章都被某种象征复合体所主宰，而作品的主题则通过复杂的图表和交互参照等而彼此联系起来。）

这样，在主客体开始分裂的情况下，勋伯格的独创性就把主体性和表现性驱逐到它的外层界限，直到后者的神经心像和创伤在它们自己内部逻辑的压力下，缓慢地转入十二音制的新客体性，即更完整的秩序。这种解决的特性，也可用斯特拉文斯基截然相反的解决来衡量，他可以说是从现代困境的客体性的另一极工作的。

因为斯特拉文斯基运用的特殊形式芭蕾，可以看作一种应用音乐。这种音乐较之它同时代的“标题音乐”，在一种其他方面是非表现性的媒介中，更加引人注目地在内容和形式之间重新创
32 造出某种距离。这样它就能够避免纯音乐所面临的、由勋伯格以上述方式解决了的那些自我确证和自我决定的问题。因为它的音乐实践可以说已经由视觉造型所确证，已经由舞蹈者的实体动作所确证。这些动作对它能够认可，而它仿佛是它们的伴奏。

对这些作品的形式所发生的情况，在内容本身的层面上被重新制作出来，在俄国芭蕾舞中尤其如此。《彼得鲁什卡》和《春之祭》两者都把个体主体性对非人集体性的牺牲戏剧化，它们蓄意的尚古风格（连同《彼得鲁什卡》或者叫《士兵的故事》中对民间文化的那种求助，以及《春之祭》中那些本然的、古旧的、几乎是史前的节奏）诱使它们老练的听者、观者退化，使他们在纯属激情主义的大众反应当中趋向于才智的牺牲。这一超常的尚古风格或者音乐蛊惑（阿多诺甚至会走到把它与法西斯主义现象相提并论的地步），铭刻在这些作品本身的技巧当中。这种技巧和勋伯格的总体组织原理相左，偏爱一种巨大的、不相连贯的垂

直性。其仪式般的节拍和重复，被间隔和沉默所打破，而间隔和沉默又以从听者躯体反应返回的冲击波创造出一种切分音。与勋伯格不同，斯特拉文斯基根据内在于音乐结构的范畴，和涉及的因素组织起来，诸如乐器本身的分立音色和音质，或者它们的对立（高亢和柔和，激越和浑厚）所产生的心理效果等等。

诚然，斯特拉文斯基，特别是创作早期芭蕾舞剧的斯特拉文
斯基，正如勋伯格自己一样，也是一个有影响的重要音乐人；然
而只有比较，即比较每一个作曲家的革新各自源出的历史情境才
有启迪意义。特别是“斯特拉文斯基那些经常地、有些过滥地受 33
到强调的‘俄国’特征”：“人们常常指出，穆索尔斯基①的歌曲
同德国歌曲的不同，在于它们没有诗的主题或者组织观点，对待
每一首诗都像歌剧作曲者对待自己的咏叹调一样，不是当成一个
直接的主观表现，而是当成对无论牵涉到什么情绪的一种客观化
和距离化。艺术家没有做到和抒情主题相符合。在中产阶级形成
之前的俄国，主题的范畴，不像在西方国家里那样，还远远没有
牢固地确立起来。由此，举例来说便产生了陀思妥耶夫斯基的相
异性，而其根源在于自我和自身没有同一性：在西方文学的意义
上说，卡拉玛佐夫兄弟都不是‘人物’。现在，这种前个体性却
把后期资本主义的斯特拉文斯基置于优越的位置，证明他的个人
主体崩溃的合法性。”[10] 他的现代性因而是一种视力幻觉的结果，
也是一种历史悖论的结果。在这种历史悖论中，前、后个体主义
似乎汇聚到一起，只有凭借在表层下面起作用的更深刻的激发力
量，才能区分开来。由是，勋伯格的表现主义是为无意识材料设
计的减震器，最终是把握这些材料并同化到形式中去的一种手
段，而斯特拉文斯基的目的则是通过对其听众神经末梢的袭击，

① 穆索尔斯基（Moussorgsky，1839—1881），俄国作曲家。——译者注

重新产生出这些直接作为心灵活动的效果。

斯特拉文斯基艺术实践的价值和方向，最终可以由承继俄国这一时期的长系列新古典主义集成曲来判断。因为在这里，可以公开看到对于音乐客体性的偏见正在起着作用；在其作用方式中，作曲者扬弃了自己的声音，放弃了在现代引起争议的那种个人风格，并通过已故作曲者的僵化主体性讲话，以一种巧智的风
34 格伪装复活某一过去幽灵似的形式（在这一过去时期，音乐创作相对来说还没有内部矛盾）。于是，斯特拉文斯基的“方式”以贫乏的模仿，以谱写音乐的音乐而告终（有人说《帕莱斯特里那》[1] 有错误的音符）；事实上在最后强己所难的情况下，我们发现他也在用十二音制本身作曲，把他抽象的对手勋伯格当成自己最后的化身。（在文学中，托马斯·曼为这种集成曲和戏仿的使用在理论上提供了确证。对于他来说，利用消亡的文体［风格］，以反讽来讲说的行为，使言语能够出现在一种本来不可能出现的境况之中。再以乔伊斯为例，他象征着一种典型的进程：从流露出与沃尔特·佩特有某些时代类同的、派生的个人风格，经过《尤利西斯》多重集成曲，获得某种既超越文体又超越集成曲的东西，它如同音乐领域里的十二音制，是后个体主义性质某种未来语言结构的隐约表现。）

但是，不应该认为，阿多诺发现，勋伯格的最后解决，从长远观点看比斯特拉文斯基的较少有内在矛盾。如果勋伯格音乐的内部张力和真实性产生于这样一种方式，即它反映又拒绝它本身便是对其纪念的历史时刻，情况怎能是另外一种样子呢？也许正是在这一点上要讨论一下阿多诺关于艺术作品和它的直接历史境

① 《帕莱斯特里那》系德国音乐家普菲茨纳（1869—1949）的代表作，为三幕歌剧。1917年初演，叙述意大利作曲家帕莱斯特里那（1526？—1594）的生平事迹。——译者注

况的关系的概念。在这里，他的确仿佛一下子在各方面都下了赌注，同时采纳了基本模式的相互排斥的替代物或变体。艺术作品在它拒绝社会的同一程度上“反映”社会并且是历史性的，它代表着个人主体性回避可能粉碎它的历史力量的最后避难所。这是 35
阿多诺论《抒情作品与社会》（这也是他最出色的论文之一）的演讲中所持的立场，因此社会—经济便铭刻在作品里面，但却是作为凹面对凸面、否定对肯定而铭刻在里面。没有生存的焦虑（Ohne Angst leben）：这对阿多诺来说就是音乐本身最深刻、最基本的许诺。即使在它最退化的呈现中心也是适用的。

另一方面，反复把勋伯格的体系当作一种“总体”体系的描绘，则故意突出了那种作品和它所由以发生的极权世界之间的关系。因为同样正确的是，我们在十二音制中发现起作用的趋向于作品总体组织的动力，是现代世界本身社会—经济结构中客观倾向的征兆。的确，毫不奇怪，在反对使一般听赏力降低中找到存在理由的这种音乐，应当像镜中映象一样，以一种处处相关的方式显现出对手的所有长处和短处。而且，由于那种现象本身就是深刻的社会的，与现代世界的商业化相一致，所以现代音乐发现自己既深深陷于社会斗争之中，没有多么偏离纯音乐技巧的内部逻辑，同时又以缩影的形式凭借音乐领域的内在语言，重新产生出异化社会的结构。

这样，勋伯格体系的总体组织原则反映了这个世界本身的一种新体系化，对于它，所谓极权政治制度本身，只是一种征兆而已。因为，在垄断或后工业化资本主义的后期阶段，不只是小商业单位的多样性，而且还有分配，最后还有旧的商业和文化天地内的那些自由飘浮的因素，现在都被同化到单一的、无所不纳的机制中去了。现在，整个商业体系，连同它在政府以及军事和司 36
法部门中的投射，都依靠产品的自动销售而求得自身存在；产品不再和生物的或者实际社会的需求相对应，而且大半都彼此一致。在这种情况下，销售心理学迫使它深入到个人生活最后的隐秘领域内来征服这个世界，以便重新唤醒这一体系围绕着运转的人为的需求。这样，经济的总体组织便以异化它的全部人口的语言和思想而告终，便以消除较古老的主体或自我的最后残余而告终：现在，广告、市场研究、心理测验以及一整套其他复杂的神秘化技巧，彻底完成了对于公众的平面化，一方面掩盖古老意义上主体性和私生活的丧失，另一方面怂恿一种生活方式的幻觉。与此同时，主体所遗留下的痕迹，连同它对自主性的幻觉和它贫乏的满足，它那愈益萎缩的幸福形象，再也不能在外部暗示和内部欲求之间作出区分，不能在私人和体制化事物之间划出一条界限，因而它发现自己一股脑儿被置于客体的操纵下。[11]

这种把事物、人民和殖民地纳入单一市场体系的新的极权主义的组织，现在被艺术作品本身的平面化复制出来，无论在乔伊斯还是在勋伯格的作品中都是如此；现代艺术家对于所寻求确立的、自由飘浮的偶然性的最后残余，实行绝对有意识的控制，反映出体制日益增强的自主性，反映出对自然和社会两者日益加剧的“征服”，他们发现上述现象在他们周围的这个历史阶段内正
37 起着作用。因而，毫不奇怪，阿多诺对于艺术和社会之间关系的描绘是暧昧不明的。这种暧昧已经在托马斯·曼的《浮士德博士》中得到强调，阿多诺激发了他那些有关理论的章节。在《浮士德博士》中，十二音制作曲家利佛尔奎因的一生，分明是以讽喻的方式暗指魏玛德国的解体和它步入法西斯主义。托马斯·曼的本意并不是依照温德姆·刘易斯的方式强调现代主义的“罪恶”，而是强调现代时期悲剧的性质：人被历史决定论所迷惑，历史本身对生活和艺术创作所拥有的不堪忍受的力量，艺术创作身不由己地反映它所反对的东西。

时代的矛盾就以这种方式再次进入艺术作品的微观世界，同时宣判它的最终失败。这样，勋伯格的体系，非人地体系化了的社会的产品，本身就变成了一种约束，一种强制的而不是解放的惯例。音组毕竟没有替代调性，而只是让自己去模仿它，新音乐不但没有演化出新形式，反而以十二音制返归到奏鸣曲的创作。但是旧形式代表着对于事物抵抗的胜利，这是它们原材料中某种顽固逻辑所产生的结果；这些新形式如同后工业世界本身同样遥远地距离自然，它们的素材像塑料一样，都是事先赋予了形式，缺少任何真正的内部逻辑。也没有真正取得垂直和平行的认同，只是凭意志使然而已：其象征仿佛是所有十二个音调的巨大和弦，使贝尔格[①]的《鲁鲁》以一种所有因素的茫然混沌或者死气沉沉的撮合终曲。

最后，听者的听赏力不可能充分再生出来，而整体和部分同时存在的具体经验在现时代也不再可能。一部勋伯格作品最成功的听觉效果所产生的不是丰盈，而是一种幻影作品，一种视力上 38
的幻觉。其中，整体在某种程度上飘浮于具体部分之上，在任何特定时刻都不和任何部分真正一致；其中，诸部分本身逃离了听赏，延伸到现在以外，与实体的音符相分离。而正是通过这些音符，诸部分才得到表现，并在音符之外显现为一种附加上去的混沌或意象：试图在一个对整体性毫无经验的时期想象整体性所产生的被歪曲了的结果，而进行想象所依凭的环境，则注定要使这种试图从一开始就归于失败。

① 贝尔格（Berg，1885—1935），奥地利作曲家。——译者注

Ⅲ

如此，我们就渐渐地被导向思索历史变化这样一种辩证幻象或完整或完成的某一历史阶段的某种假说间的联系。在辩证幻象中，各个阶段根据主客体之间种种可能的关系连接起来；而其他的历史阶段，则要依靠对某一完整历史阶段的假说来判断和估量。这样一个阶段自然首先只是一种逻辑的可能性，即阿多诺在主体和客体性之间、存在和世界之间、个体意识与它首先浮现于其内的事物和体制的外部网络之间称之为和解（Versoehnung）或调和的概念。这种逻辑可能性在历史编年领域内的天真投射，只能导致形而上的怀旧（衰落以前的黄金时代，初民的极乐境界等），或者导致乌托邦理论。然而，一切所谓“历史理论”，都以某种更精微的方式，倾向于围绕着完全是这样一个完整阶段的隐蔽假说来组织自己：想一想杰弗逊时代的美国或者玄学派诗人的
39 “敏感的统一”；想一想中世纪经济学说的仁慈，或者尚未被弑君或政治自决的傲慢所玷污的古代制度的有机连续性；更无需说古希腊对意识形态的难以历数的开拓了。

不过，在文化领域里，主客体之间基本作用的对立被转变成了内容和形式。这种假说也许有更大的有效性，在任何情况下都更能加以验证。因为我们如果无法判断过去任何特定时刻的生活具体性，至少我们能够评估在其文化杰作里形式对内容是否适合，能够测度意图和中介是否协调，也能够测度在何种程度上一切意义可见的事物都是形式，而一切意义或表达都是具体的体现。

正是这样，对阿多诺来说，贝多芬的作品才是一个固定不变的点，音乐史中更早或更晚的时刻都凭它来判断。这自然不是天

才的程度问题，而是历史发展自身的内部逻辑问题，是形式可能性的积累问题。贝多芬是这一积累的受益人。这积累突然使一切未完成的趋势都可以意外地达到终结，实现对一切空白领域的填充，将隐含音乐原材料自身的潜力具体化。

用音乐术语来说，作为贝多芬历史机遇的那种独特的和谐，采取的是一种不稳定的平衡形式，即在旋律和展开之间，在主体感情新的更丰富的主题表现和它在形式自身的客观完成之间，达成一种不稳定的平衡，不再有 18 世纪音乐那种比较机械和先验的实用演奏的任何东西。因为，部分地说，18 世纪伟大作曲家如此大量的产品，产生于遗留给他们的相对简单的演奏体制和程式。为管弦乐队谱曲也还没有变成这么复杂和个人的事情：封建 40
公国宫廷乐队还没有其后中产阶级管弦乐队那些花样繁多的乐器，更遑论那种全然精湛的技巧了。由于这一切原因，18 世纪作曲家的主题不能说已经真正取得了主体的充分存在，莫扎特的旋律还不是自足的，仍然是从功能上构想的，带着形式作为一种不可分割的组成部分的痕迹。

另一方面，贝多芬的旋律也没有达到 19 世纪晚期极端主体性作曲家所设计旋律的极端自主性和过分成熟。姑以柴可夫斯基为他们的原型。对于他们，对位作品被贬成纯然微不足道的东西，主题的完成是敷衍的告诫性重复，而在他们的作品中，音乐创造的重力中心则转移到全然的乐器表现力和管弦乐队的特色方面。

贝多芬的旋律处于这两极之间，表现一种功能性和表现性的短暂综合：由于冗长而清晰，它展示出自主性的出现，与此同时，考虑到即将经历的对位或变奏的种种发展，它又巧妙地得到安排和事先处理。相应而又相反的是，展开的种种次音，仍然具有相对独立的和内在的意义，而对于浪漫主义后期那些作曲家是不能这样说的。它们有个人或个性的某种东西，使它们不同于早期音乐中与之对应的十分图解式的机械的东西。因此，主体性和个人性就赋予总谱以至它的最小因素以活力，不过是通过客体性使它洋溢而生动，而不是以后来音乐的强大和弦与着色的偏见把
41 它抹去和窒息来做到的。正如上文我们已经见到的，对于部分适用的也适用于整体的形式，因为奏鸣曲作为大范围内有意义组织的一种短暂的可能性，心灵能够在转瞬间窥见一个具体的总体，它在它展开的每一刻都完全存在。

对于贝多芬和他在西方音乐史上所代表的东西，纵使不存在确切的文学对应物，文学判断最终也要依凭上述有关形式和内容的预设。因此，托尔斯泰在小说史上的特殊地位，如果更细微地加以考察就会证明有一种类似的基础。在俄国，中产阶级文学的发展相对迟一些。这使 19 世纪的俄国小说家有很大的自由：在俄国主题方面，百事待兴，不像巴尔扎克或狄更斯的继承者，负荷着前几代小说家和琳琅满目小说的重压。然而，正因这些俄国小说家迟了，他们的时代才有最娴熟的小说技巧，才有莫泊桑和自然主义作家，因而使俄国现实主义小说，特别是托尔斯泰的小说，能够一面世便羽翼丰满。在其他地方付出辛劳而获得的技巧，在这里似乎可以奔流自如，产生出主观意图和小说之客观社会材料之间那种独特而典型的协调。我们把这种协调同托尔斯泰的名字联系在一起。而在这种协调中，社会的和个体的经验都仿佛是小说家自己的创造一样，从他的笔下涌流出来。

我们否定判断的辩证结构甚至更显而易见。想想我们在巴尔扎克作品中所反对的那种自鸣得意的怪相和讽刺：难道那不只是急匆匆地努力把客观社会材料——人物、家具、体制等——同化
42 到作者本人的个人热情中去，为了自己的目的把它们专横地变形和扭曲吗？另一方面请想一下福楼拜刺耳的尖刻：它源自对作品

主体性方面过分严厉的和手术式的抑制，以致《情感教育》中的主人公变得像进行记录的眼睛那样空洞贫乏，作品最后在《萨朗宝》中沦为电影摄影术的幻觉效应。想想亨利·詹姆斯的“特殊风格的”性质：在有意义的只言片语之间的那些巨大停顿，为了尽力对其灌注主观意图而对小范围客体性的仔细观察，以及由“蕴含的”沉默所环绕的一个随意字眼变成预示意义的方式。想想乔伊斯的综合的不确定性：其中物质似乎再次暂时和精神谐和，除了在缝合处可以见到破绽之外，城市的一切物体和瓦砾都由于主体性而闪光，仿佛由立体性赋予了活力；各章彼此之间的关系存在着任意武断的东西，新的谐和像勋伯格在音乐中那样付出了昂贵的代价。小说始终是协调作家和读者的意识同一般客观世界的一种尝试；因而情况是，我们对伟大小说家所作的判断，并没有落在他们身上，而落到那个历史时刻上面，小说家反映这一历史时刻，他们的结构也对它作出宣判。

因此，毫无疑问，贝多芬作品的特殊综合，同他的时代社会结构中的某种独特的自由相吻合。事实上，历史自由随客观条件自身扩张和收缩，但似乎从来没有比在这些过渡时期中有更大的自由。在这些过渡时期里，生活方式还没有一个时代风尚的那种拘谨，那时不附带任何相应的义务就突然产生了从旧时期向即将取而代之的那个时期的过渡。拿破仑这个主宰一切的人物本身，
象征着那个阶段的基本暧昧性，这一阶段紧接着欧洲封建秩序的 43
崩溃，又先于战胜它的中产阶级的新的伦理、政治和经济体制的最后确立。他把封建制和神圣王权逐渐消失的价值中的某些东西，同其后中产阶级社会具有超凡魅力的政治领袖的明显世俗的、宣传性的号召结合起来；然而同时，既不能说他是 16 和 17 世纪那些头戴假发的独裁君主，又不能说他是 20 世纪那些蛊惑民心的政客。即便是拿破仑时期的新古典主义也值得注意，它指

向了两个方向：它似乎是那些大陆风格的最后一种风格，那些风格——哥特式①的或文艺复兴式的，巴罗克式②的或洛可可式③的——一浪接一浪地席卷欧洲，在它们身后留下了纪念碑式杰作的积淀；而在另一方面，它又是现代主义的最初形式，因为它是神秘的集成曲，是关于艺术的艺术。它通过中产阶级世界内在的矛盾，成为后来每一艺术运动特征的方式，记载了中产阶级世界的矛盾。

因此，贝多芬在主体性和客体性之间的调和，忠实地记载了那一革命性转变时期本身扩大了的境域。当时，中产阶级在夺取政权的斗争中，其积极、普遍的思想还没有让位于金钱、商业和唯实主义政治（Realpolitik）的严肃精神（esprit de sérieux）；当时，人类自由的抽象观念，还没有转变成对阶级特权所作的一种意识形态上的辩护，虽然它的乐观态度和勇武精神在《菲岱里奥》④ 里久传不衰。对音乐适用的也适用于思想：哲学从神学漫长的压榨之下挣脱出来，还没有经历对科学经验主义的实证主义归纳，还没有放弃对社会学或心理学之类新开拓学科的权利，更
44 无需说以 20 世纪逻辑实证主义的方式对自己的有效性提出质疑了。在历史的这一关节上，思想依然一心关注最大的事物，而且正是对于可能性的这样一个时刻，或两个世界之间悬而未决的时刻，黑格尔的哲学才是最负雄心、最深刻典型的杰作。

在本书最后一章，我们将试着在一种马克思主义框架内，重新界定黑格尔主义被指派的作用。十分清楚，这个问题与较早的

① 在建筑上，指尖顶拱形式建筑；在文学上，以恐怖、凄凉和衰败为特色。——译者注

② 原特指 17 世纪欧洲的一种过分雕琢的建筑风格；扩而大之，也指文学、音乐中结构复杂、形象奇特的风格。——译者注

③ 18 世纪欧洲的一种建筑和艺术风格，以纤巧、浮华、琐细为特征。——译者注

④ 贝多芬的歌剧名。——译者注

中产阶级革命和今天的革命意识与需求的价值之间的关系是一致的。然而，同样显而易见的是，在我们上文描述的辩证分析中起作用的原则，即主客体相适应的原则，以及我和非我、精神和物质、自我和世界相协调的可能性原则，本身就是黑格尔体系的前提，可以说实际上是黑格尔的智力创造。

因为，前人对外在客观世界和精神世界的同一仅仅作了抽象空洞的证实，而黑格尔则作了具体的证实，并开始证明实现这种同一性的方式的多样性。从客体角度看，《精神现象学》正是对同一性的这样一种论证，表明看上去最外在的或者物质的现象（诸如我们感官感知客体和科学研究的对象等）都被赋予了精神特性，都被观念存在深深地笼罩着、渗透着。但是从主体角度看，《精神现象学》是对提高和发展的叙述，是对一些前后相连阶段的描述，意识通过这些阶段丰富并固化自己，从它最个人的、受到主体限制的时刻渐渐达到绝对精神的境界。意识在绝对精神境界中得悉，它最终会在自身内部包括外在客观世界的所有的丰富性和多样性。黑格尔通过在主客体尚未分裂的某个阶段找 45
出他的出发点，能够克服这种分裂：在纯经验阶段，主体仍然和客体相一致，还没有获得自我意识，还没有学会把自身作为一种分立的、抽象地独立的实体区分开来，还没有能够抽身后退，透过一片虚空审视事物本身那个分立的同样抽象的实体。

辩证方法恰恰是选择这种具体的总体，而不是那些分立的、抽象的部分。然而，这比对一种纯外在总体的任何客观领悟都更为复杂，正像在各个科学学科中发生的情况那样。因为在这些学科中，思考着的心灵本身依然冷静，未受影响，熟练但不自觉，能够忘掉自己和自己的思维过程，把自己整个沉浸于内容为它提出的问题中。但辩证思维是思维的二次乘方，是对思维自身的思维。在这种思维中，心灵必须像处理自己加工的材料那样，处理自己的思维过程；而在这种过程中，所涉及的特定内容以及适合内容的思维方式，必须同时在心灵里结合起来。例如，对一个数学问题的辩证思维，除了意识到这个问题本身之外，还包括一种含蓄的比较，即把感觉到的心灵进行数学演算的方式，和它对其他截然不同的科学和非科学运作的经验感受加以比较。因此辩证思维在其本身的结构上便具有深刻的比较性，即使在它思考个别孤立的客体类型时也是如此；《精神现象学》的各章顺序，完全是对已经内在于它的一套比较性的客观处理。然而，比较包含着
46 差异，而从一章到另一章、从一种意识形式到另一种意识形式的运动，则是一系列跳跃的运动，是从一种原材料向另一种似乎和它不相干的原材料的不断转化。

确实，用小说术语来说，《精神现象学》给现代读者印象最深的方面，是它没有表现出视角的统一。各章之间的过渡，不一定都与个人生活中成长变化的各阶段相对应。各章的内容是参差异质的，有些取自集体或历史经验，有些取自个体或伦理经验，有些关乎行动，有些关乎纯知识。与这两种结构上的不规则性相对应，对黑格尔体系的攻击趋向于分为迥然不同的两类。一方面，存在主义对黑格尔的反对一向认为，认识两个阶段之间的过渡，同经历这种过渡有着重大的不同：拯救奴隶可能出于一种禁欲主义，这对于人性会产生一种全新的内心生活，但是从性质上达到人性这新阶段以前，势必要有几代个体奴隶付出生命。另一方面，从客观角度审视，《精神现象学》最终也不会更使人满意，它似乎离析成一系列随意的观察和分析，一系列历史注释，心理学的、哲学的、科学的、艺术的资料，只有按照各有关学科分别对它们进行分析，才能对它们的有效性作出假定。

然而，这些批评是以我们自己的历史高度为基础的。它们在界定科学的各个领域和方法中，事先假定科学中的知识专门化会

日益加剧，并假定对个体生活的结构和价值会有更大的心理意识。因此，它们表现的不是一种对黑格尔的内在逻辑的批判，而是在时间中他和我们各自阶段之间的一种差不多实实在在的脱 47
节。这种悖论恰恰是阿多诺阅读黑格尔的核心。虽然我们不能实现黑格尔的总体性幻象，但并不能因此说这种幻象不如我们能立刻想象的东西更充分、更丰富、更完整。对于我们，黑格尔体系的不可能性，并不证明它的思想局限、方法烦琐，也不证明其上层建筑是神学性的；相反，它是对我们和我们在其中生活的这个历史阶段的判断，在这个阶段内，不可能再有这样一种对事物总体性的幻象。

正如贝多芬的奏鸣曲是对整体和部分的不稳定的综合，黑格尔的哲学也是整体辩证组织和个别阶段之间一种长期存在的张力。整体辩证组织以绝对精神为这一过程的最终结果；而个别阶段则是这种辩证的步骤，是沿着这个过程对形形色色经验的具体分析。两个组成部分互为依凭，不能分开考虑：对黑格尔思想的满意阅读，无论从哪一点上说，在结构上都与贝多芬奏鸣曲所要求的听赏相似；其组成部分，即音符或短句，必须从它自身及其与整体的关系两方面来理解，把它们当作变奏、转调、反复等等。因此，不可能把个别的洞察从这一体系中挑选出来，不可能把有效的同不再相关的分离开来。各章的术语和知识配备对经验预设一种一般化的态度，若想真正理解就需要具体阐述。关于自我意识和认识、一般和具体、具体概念和一般概念的关键思想，不能由它们自己进行分析，因为它们全都依赖于更大的绝对精神的理想，依赖于一种意识，并且是其一部分。对于这种意识，最高价值是借同化外部世界来发展的自己的权力，直至最后达到它 48
自身识别出客体世界中一切事物的种芽，并能以某种方式认识到后者和它具有同样的实质。

然而对于我们，整体辩证组织再也不可能理解。其组织框架，绝对精神的概念，孤立的主体性达到完全自足的境界、达到等同于真实世界本身的可能性，在现代社会中已经变得不可容纳，甚至无法想象。在这个社会里，个人主体性极为有限的价值是再清楚不过的，人们无可挽回地相互联系在一起，同时又必须透过他们在整体中所处地位的歪曲物象的窗口来审视整体。因此，即使可以重读黑格尔，我们也永远不能达到最后一章的高度，从而使我们最终能够瞥见这部作品的整体。这种综合仍然是不完善的，只是一种取得统一的规则，一纸空文，而且，这种不完善的核心，甚至对小至个别语句的阅读和译解也是适用的。对出版的极其冷淡，该体系借以流传到我们手里的那些未修订的近似版本，以及这些版本提出的悖论——“一种由这样一些无限的断言构成的思想，放弃以明确的和确定的形式使其自身永在的企图”——暗示出黑格尔自己也意识到这一困境。“在我们现在谈到的反物质的意义上，”阿多诺说，“黑格尔的文本是反文本”[12]。这样一种结构说明了一位哲学家提供的独特的困难：对这位哲学家，人们只能在片段中读他，而且只能从整体角度理解他。

事实上，在黑格尔生活的时代，过渡性的不确实性，赋予他以一种侥幸的蜃景，即绝对精神的视力幻觉；而这种唯心的、抽
49 象的实际是想象的概念，却能够用作组织框架，对世界本身进行一系列深刻的现实的分析。因为完成这一工作与其说依靠哲学家的气质，还不如说依靠内在于他所能运用的组织原则的种种可能的发展。例如，马克思把黑格尔的唯心主义称作“倒置的辩证法”，当他把它扶正时就产生了一种颠倒，在这种颠倒中，他自己的材料既是更人道的又是更不仁慈的，他发现自己局限于经济学中高度技术性的题材。他把黑格尔置于现实当中，同时又把自己约束在特殊化之中，由此便很难重新形成他的先驱所打开的种

种更广阔的可能。

黑格尔把他的思想编织进去的那个体系，他认为是事物本身某种特性的体系，因而只是潜伏在事物内部，还没有在实际的历史世界上实现。一个被完整体现的哲学体系，一种在我和非我、主体和世界之间具体的、理智的协调，只有在下面这样的社会中才可能实现：在这个社会里，个人实际上已经同他周围的人与物相协调，即具体的协调必然先于对它的抽象阐述。因此黑格尔体系的失败并不奇怪，正如作为它在 20 世纪的对应物出现的远大的艺术综合，在其精心设计的、普遍化的托词的重负之下纷纷瓦解一样。但是，它们已经在语言的较低层面上发生——不再在理解的层面上，而是在更基本、更直接的物质和情感的知觉层面上；真正令人奇怪的①不是黑格尔体系的失败，而是它居然能被构想出来并付诸运作，甚至达到了它现在仍然具有的那种具体程度。

Ⅳ

也许，在一个破碎的世界上，若要保持对黑格尔体系化精神 50
的信念，唯一方式就是断然成为非体系性的。在这种意义上，阿多诺的思想是深刻的黑格尔式的，以真正的黑格尔精神彻底思考它的母题，由此正视它的主要的形式问题：当不再有任何整体的可能性时，怎样撰写一种现象学的章节？当整体不仅不再可见，而且甚至不可设想的时候，怎样分析作为一个部分的部分？当任何可以想象的综合（更不用说它在具体经验中的存在）都不存在时，怎样能继续使用作为对立面的主客体这些术语（这些术语为

① 或译“真正的奇迹”。——译者注

了具有意义，事先假定某种可能的综合)？当一切参照体系都被纳入主宰体系本身之内时，用什么语言来描述一种异化的语言，又求助于哪些参照体系？当赋予历史意义的运动和方向似乎于瞬息之间被吞噬时，又怎样从历史的角度来审视现象？

现在，阿多诺自己以把论文[1]作为一种形式的理论家的姿态，把它在德国没有得到发展归咎于德国著述家不愿沉溺于它预设的那种几乎是琐屑的、没有意义的自由，归咎于他们不愿在破碎的、短暂的事物中间进行学术生涯的苦行学艺，不愿抵制基础工作（Hauptwerk）和里程碑式著述所带来的本体论的安慰，也不愿站在历史本身的长河中，容忍他们暂时性的建构，经历在时间中构成理念之生命的无休止的变形。

因为，辩证著述家的基本形式问题，恰恰是连续性的问题。凡是对历史本身的巨大连续性有强烈感觉的人，都在某种程度上
51 为这种意识所惊呆，正如在知觉的超载中一样，知觉的物质性过大便不再和语言相适应。在历史的各个方面以共时性的方式相结合的地方，早期历史学家单纯的线性叙述就不再可能；现在是历时性和连续性变成了有争议的、只不过是运作上的假说。阿多诺的更大的形式将因此是一种建构而不是叙事。在上文我们约略讨论过的勋伯格的作品中，形式的连续性不是勋伯格按年月顺序发展的连续性（虽则保持着松散的年月次序感），而是一系列抽象的阶段的连续性，是在视为一个完整体系的勋伯格的作品中，基本因素或基本组成部分的内部的相互生发的连续性。因此，单个的艺术作品被理解成内部器官之间的一种平衡，一种我们在后面一章称之为文体（风格）性质的决定性范畴的交叉。这些范畴分立而又深刻地相互依凭，以至范畴的变更（例如乐器音色强度）

① 原文为 essay（随笔），此处指与长篇专著相对的单篇文章。——译者注

直接涉及其他范畴的比例变动（作品的时间维度、对位发展等等）。在艺术家的发展中，变化的发生是对作品本身基本范畴之间的关系进行这种变更的结果；不过，辩证的批评家会按照自己的图解，把这种变化设计成一系列阶段，它们相互生成于自身的内部矛盾。[13]

现在，当我们转向较短的论文，特别是转向或许是阿多诺的代表作《文学札记》那个系列时，我们发现，它们作为思维的运作，恰恰存在于对那些范畴或组成部分的知觉记录和分离当中，也确乎存在于实际上是第一次对它们的创造和命名当中，那种更 52
大的辩证形式曾经是它们的一种相互联结的建构。姑以其中一些议题——标题同著作的关系、对于句读的敏感、杂以外文词语的运用、书籍所产生的物质性印象——来说明运作方法本身：它们蕴含着辩证的自我意识，一种突然的疏远化①，使得阅读经验中最熟悉的因素再度显得陌生，仿佛第一次可以看到作品出乎意料的接合变为确定性的范畴或组成部分。前提仍然是最彻底的内部关系网，因而正是对明显无联系的外部事物的理解，比如对小说家喜爱在每章前面使用引语的领悟——才为一种启发原则导向那些更深层的形式范畴，依靠更深层的范畴把表层组织起来。这些论文因此是阿多诺自己产品的那种形式范畴的具体完成。这一点我们此前已在脚注的标志下描述过了：就他的方法是一种模仿而言，这种看法本身就可以看作对他的方法的一个贡献。

因此，这种论文是永远不会生成的整体性的碎片或者脚注，我想说，把它们统一起来的，并不是它们的主题内容，而是它们的文体（风格）——作为辩证思维过程本身在时间上是永恒的现在——和它们基本的知识坐标。因为尽管其原材料已经分散，但

① 或译“距离化”。——译者注

它们作为碎片仍然分享着共同的历史境况本身，即那个历史阶段。历史阶段以这样或那样的方式表示并改变它所产生和包含的一切文化现象，并对我们理解这些文化现象具有框架的作用。对于具体的历史境况本身，语言形成重大的告诫性幻觉：这个受到
53 支配的世界，这个体制化的社会，这种文化工业，这种毁坏了的主体，都是我们历史性现在的意象。这是阿多诺主要的社会学贡献，然而正如我们此前已经指出的，它从来没有直接以论题的形式表现出来。更确切地说，它的介入乃是作为事先假定我们已经熟悉的事物状态的一系列参照，作为假定我们极为熟稔的现实的一系列参照。这一方式是典型的德国嘲讽，它可以说是尼采对于语言的贡献。在这种嘲讽中，愤世的俗语不停地戏谑，把耻辱的真实世界拒之门外，而抽象的词语和埋葬了的概念性韵文，又拿它来和不可能实现的理想相比照。

与此同时，在这种迂回后面，对我来说又似乎有一种深刻的文体（风格）性的激发力量。我们说过，对于阿多诺，确如对于黑格尔和所有达到真正辩证境界的辩证思想家一样，辩证思维完全是辩证语言的书写。它是对一种文体（风格）上的服从，与那种对艺术作品本身的制约相似。在艺术作品中，决定原材料选择的是语言的形态本身，它高于并超越所有的意识反映。同样，观念的性质在这里也受到它借以表现的语句类型的裁定。因为，辩证思维是思维的思维，是思维的二次乘方，是对对象（客体）的具体思维，同时又在思维行为中仍然意识到自己的智力运作，所以这种自我意识势必要铭刻在语句本身当中。而且，就辩证思维独特地涉及对立面的关联或至少在概念上迥异现象的关联而言，辩证语句确实可以说是超现实主义者关于意象所说的那种东西，
54 就是说，它的力量按照相关现实的彼此疏远和彼此相异的比例而增强。

因而，阿多诺的著作如果在哪方面都不产生关于看上去是其先决条件的那个被支配世界的直截了当的陈述，如果他在哪方面都不屑于以道地的社会学术语来表达关于这个“体制化社会”的结构理论，而这种理论又对所分析的诸现象充当潜匿的解释和本质上的互相参照，那么就只能这样解释：这种材料属于基础结构的研究，而不是意识形态材料的研究，它已经寓于经典马克思主义经济学当中；而且，首先要由这样的感觉来解释：这种直率的陈述，这种纯系关于内容的直率表述，在文体（风格）上是错误的，这种文体上的失败本身就是思维过程中某种本质上的失败的标志和反映。因为，在纯社会学表述中，思考着的主体使自己黯然失色，似乎让社会现象作为一个事实或一个事物的本质客观地进入视野。然而，尽管如此，对于被观察的事物，观察者仍然有某种观点，他的思维仍然是意识的运作，即使他不再意识到这种运作时也是如此。因此，对内容本身的公开表述，无论在社会学还是在哲学的论著中，都要受到谴责，认为它又回到辩证思维企图克服的实证主义和经验主义的幻觉当中。

然而，如果萨特所称的阿多诺体系中“不能总体化的总体性”，即它虚在的中心，无法在概念上以自己的方式说成是一种实证的“社会理论”，如果所谓客观思维的无地位因这个体系完全介入自我意识而被排除，那么，仍然还有另一种方式召唤这一虚在总体性。正是在这种最终会强人所难的处境中，阿多诺带来了他的两部最后的、最系统的、从技术上说最富哲理的著作：55
《否定辩证法》和《美学理论》。确如前一书的题目所暗示，两部著作都企图提供一种关于不可理论化的理论，用于表明辩证思维何以同时既是不可或缺的又是不可能的，用于保持体系观念本身的活力，同时又不妥协地驱散那些妄称任何偶然的、已经实现的体系都有有效性乃至存在的主张。

依我看来，《否定辩证法》的本质论点和阿多诺的最终哲学立场，是那种方法论在理论层面上的清晰表述。我们在他早期美学论文和批评著作中，已经看到这种方法论在以具体的、实用的方式发生作用。因为我们在那些著作中发现，一部艺术作品的内容，归根结底要从它的形式来判断，正是作品实现了的形式，才为作品于其中产生的那个决定性的社会阶段之种种有力的可能性提供了最可靠的锁钥。现在，这同一种方法论的发现，在哲学思维本身领域内证明是有效的，否定辩证法的实践包含着一种不断的运动，如远离一个观念的官方内容——例如说自由或者社会的“真实”性质与事物本身一样——和趋向于这些观念所采取的种种确定而矛盾的形式。这些形式在概念上的局限和不足，乃是具体社会情境本身局限的直接体现或征兆。

因此，从一开始，正是关于辩证法自身的这种观念，才在黑格尔论著中产生了“作为其基础和结果的那种主体的首要性，用《逻辑学》绪论中的著名措词来说，那种同一和非同一的同一性”[14]。不过，世界本身现代经验的真正标志是，完全这样的同
56 一性是不可能的，主体的首要性是一种幻觉，主体和外部世界在现在的历史条件下，永远无法找到这种最终的同一或偿还。然而，如果辩证思维所趋向的最终综合证明是不能达到的，那么就不应该认为，那种综合的条件，构成其主客体的概念上的对立面，有哪一个还能令人满意。就自身来考虑的客体，作为可直接理解的内容的世界，导致单纯经验实证主义的种种幻觉，抑或导致经院式的思维。后者错误地把自己的概念范畴当成真实世界本身某些实在的部分和片段。同样，完全躲避在主体当中，也会导致阿多诺所说的海德格尔存在主义的主观唯心主义，即一种非历史的历史性，一种没有任何真实内容的对于焦虑、死亡和个人命运的神秘性。由是，否定的辩证法除了肯定最终综合的观念和价

值以外别无选择，同时又要否定在综合之前出现的每一具体情况中的可能性和真实性。

因此，这种思维在矫正自己每时每刻不可避免的虚假的同时，旨在保持同具体事物的接触，继续痛苦地思考世界自身的过程，从而看上去像是阐明它所能取得的一切东西。然而又不全然如此：因为所获得的真正内容仍然存在，尽管以黑格尔所说的一种被取消和超越的方式存在；而且，否定辩证法并不导致空洞的形式主义，而是导致对形式的彻底批判，对思维本身各个阶段所有可能的本质进行艰苦的、几乎是永久的毁坏。因为无可避免的是，每一种关于世界的理论，在其形成的非常时刻，都倾向于变成心灵的对象，带有真实事物本身的一切显赫和持久性，从而消 57
除它于其中形成的那一辩证过程的痕迹。否定辩证法旨在驱散的，正是这种对思维自身实体性所产生的视力幻觉。

举例来说，正因如此，阿多诺在一篇经典性的论社会的文章中，不仅表明我们对社会所形成的每一个可能的观念何以必然是片面的和不完善的，何以是不充分的和矛盾的，而且还表明那些形式矛盾本身也是最宝贵的指证，指出在现阶段我们对社会生活自身的具体现实处于怎样的位置。因为很明显，社会不是某种经验的客体，我们不能在自己的经验中直接见到并加以研究：在这种意义上，新实证主义批评认为社会观念是一种不能承认的抽象建构，或者仅是一种没有其他类型真正存在的方法论的假说，就得到了确证。与此同时，社会——完全采取这样一种不可能的、超个人的抽象形式——存在于对我们清醒着的生活的每一个时刻都是一种最终强制的形式之中：它摸不着，看不见，甚至不能成立，同时又是我们必须面临的一切现实中最具体的东西，“虽然关于社会的观念不可能从任何个人的事实中推演出来，另一方面也不能理解为某种个人的事实本身，然而仍然没有任何社会事实不是由社会整体来决定的”[15]。因此，纯思维的矛盾也反映了它们矛盾客体的矛盾，而且，就在那些最初的概念矛盾似乎禁止我们达到真实客体的那一刻加以反映，并且被假定为与这一客体相一致。同理，在遗著《美学理论》中，美学哲学的传统基础，也
58 由于艺术实践中的世界历史事实和抽象的概念范畴之间不断地穿梭往返，既受到怀疑，又被赋予新的确证。通过抽象的概念范畴，艺术实践得到了领悟，同时这些范畴也反映了艺术实践。

我们因此可以说，“否定辩证法”表现一种挽救哲学自身和哲学化观念的意图，使它们摆脱时间上的盲目崇拜，摆脱停滞和持久的视力幻觉。这种反体系的体系化，连同它涉及的一切深层的内部矛盾，使我想到的不是别的，而是现代文学艺术那些同样矛盾的杰作，它们在把一切事物都说出来的努力中，到头来只说了那一件事；它们在骚动不安地呈现自己的努力中，以几乎是中世纪的方式，像真正关于世界本身的书卷，到头来只不过是这样一个世界上的其他书籍中的一本，而这个世界如此迥异，没有哪一种单一的思想可以把它概括无遗。因此巴尔特对普鲁斯特的评论：“他的全部作品对文学本身同时构成了一种接近和延迟”，也可以用于阿多诺的哲学立场：“作家由此再度陷于时间的权力之中，因为在时间连续统一体内部，若不同时详细阐述一种肯定的艺术就不可能进行否定，而这种艺术反过来又必然遭到毁坏。因此，现代最伟大的作品在一种奇迹般的悬浮态中，尽可能长时间地耽留于文学自身的门槛，耽留在等候大厅的情境里。其中，生活的不透明性已经给出并得到延长，还没有被一种符号秩序的创造所毁灭。”[16]

因此，并不是由于《否定辩证法》受到怀疑，才说它归根结底是一个巨大的失败，或者换个说法，说它是思维的真实总体的一种高度的意识的抽象。阿多诺的著作从整体上体现了这一抽

象。无疑，强调否定辩证法的方法和理论而不是强调其实践会有 59
风险，则可能赋予失败的契机以夸大的、受到歪曲的重要性，而这种失败的契机在一切现代思维当中都存在。因此对于我来说，正是这一过分强调，比任何其他因素都更能说明其缺乏政治的责任。激进的学者在阿多诺晚年所斥责于他的也正是这一点。然而，他的具体研究仍然是这种辩证过程的无可比拟的典范，他的论文既是有系统的又是偶然的，其中辩解和意识会合在一起，形成虽然短暂但却是最富启迪性的关于历史可理解性的修辞或转义："知识，如同它的对象一样，仍然受到决定性矛盾的约束。"[17]

【注释】

[1] 泰·维·阿多诺：《新音乐哲学》，法兰克福，1958，第62—63页。

[2] 然而这不应理解为，在阿多诺自己的著作中，存在着两种交替出现的、尚未完全达成一致的辩证思维方式的证据。相反，这里有一种可以说是阐明所讨论文本之结构特殊性的实在的原因，它恰好是一条完整的脚注：《新音乐哲学》脚注之多，以及它们在文体学和哲学上的性质，本身也"绝非事出偶然"，并且具有代表性的价值。在这个语境中，脚注实际上可以视为一种不大但却是独立的形式，有其自己内在的法则和惯例，以及自己与制约它的更大形式的确定性关系，——有些像寓言故事的寓意或风靡于19世纪小说的各种类型离题的枝节。在现在这个例子中，作为抒情形式的脚注，使阿多诺暂时摆脱了主要文本所研究的材料中的无情的逻辑，使他可以转向其他方面，转向基础结构和历史思辨的更广阔的视野。脚注的局限性（它必须扼要而又完整）本身便允许释放智力的能量，因为它们可以遏制有可能是不切实际的思辨倾向，遏制我们在后面所说的"历史理论"的扩散。所以这样的脚注指的是一个瞬间，在这个瞬间之内，系统的哲学化和对具体现象的经验研究本身都是错误的，而从它们中间压挤出来的生动的思想，却在书页下面的小号字体中追求其不规则的存在。

[3] 马克思和恩格斯：《论文学和艺术》，柏林，1953，第122页。

［4］泰·维·阿多诺：《试论瓦格纳》，法兰克福，1952，第8页。

［5］泰·维·阿多诺：《音乐要素》，法兰克福，1964，第123页。

［6］例如参见雷纳多·坡吉奥里：《先锋派的理论》，麻省坎布里奇，1968。

［7］《新音乐哲学》，第147页。

［8］《试论瓦格纳》，第67页。

［9］《新音乐哲学》，第42—43页。

［10］《新音乐哲学》，第134—135页。

［11］有关这一过程的最全面的描述，可参阅保罗·巴兰和保罗·斯威齐：《垄断资本》，纽约，1966，特别是第5、10和11章。

［12］泰·维·阿多诺：《关于黑格尔的论文三篇》，法兰克福，1957，第136页。

［13］在结尾一章，我们要回过头来再讨论这一问题，这涉及黑格尔的辩证法和马克思主义辩证法的相对有效性。

［14］泰·维·阿多诺：《否定辩证法》，法兰克福，1966，第17页。

［15］泰·维·阿多诺：《社会》，载《百衲》杂志第10—11期合刊（1969年秋季号—1970年冬季号），第145页。

［16］罗兰·巴尔特：《写作的零度》，巴黎，1953，第58—59页。

［17］《新音乐哲学》，第33页。

第二章　马克思主义诠释学的变体

Ⅰ．瓦尔特·本雅明或怀旧 60

> 每一种情感都附丽于一个先验的客体之上，后者的显现就是前者的现象。
>
> ——《德国悲苦剧的起源》①

于是，从本雅明文章的字里行间流露出来的那种忧郁——个人的消沉、职业的挫折、局外人的沮丧、面临政治和历史梦魇的苦恼等等——便在过去之中搜索，想找到一个适当的客体，某种象征或意象，如同在宗教冥想里一样，心灵能让自己向外凝视着它，在里面觅到短暂的、哪怕是审美的宽慰。它发现了它：在30年战争②的德国，在“19世纪首府”的巴黎。因为两者一个是巴罗克的，一个是现代的，在本质上却又都是讽喻的，都同这个讽喻理论家的思维过程相匹配，这一过程是脱离现实的意图，寻觅可以在其中成形的某种外在客体，而它本身在形诸文词之前，就已经是讽喻的了。

---

① 通译《德国悲剧的起源》。这里“悲苦剧”德文为Trauerspiels；为与德文的Tragödie（悲剧）相区别，谨参照某些英译“sorrowfulplay”或“sorrowfultragedy”的做法，姑译如上。——译者注

② 指1618—1648年在中欧进行的战争。它使德国遭到严重浩劫，长期陷入四分五裂的局面，而法国则在战后成长为欧洲大陆上的头号强国。——译者注

确实，在我看来，瓦尔特·本雅明的思想，最好理解成一种讽喻的思想，一系列平行而不相连续的深思的层面。这些层面，同但丁所描述的讽喻作品那种最终模式不无相似的地方。后者在给坎·葛兰德·戴拉斯卡拉①的信中，谈到了他的诗②的四个维度：原义维度③（他的主人公在来世的历险），道德维度（他的灵魂的最终命运），讽喻维度（在这种维度里，他的遭际重新呈现
61 出基督一生的此一方面或彼一方面），以及神秘维度④（在这里，他自己的戏剧性事件预示出人类自身走向最后审判的进程）。[1]要使这一图式适应 20 世纪的现实并不困难，只要我们把原义（的）读作心理（的），让第二个即道德维度原封不动；只要我们用艺术宗教的最普遍意义上的宗教，来替代基督一生占主宰地位的原型模式，把耶稣降生看作语言意义的降生；最后，只要我们用政治取代神学，从而把但丁的末世学说变成一种现世的末世学说，我们就可以做到。在后一种学说里，人类不是在永恒里而是在历史本身当中获得拯救。

对于我来说，本雅明的著作仿佛镌刻着一种痛苦的勉强，他力图达到某种心灵的整体性或经验的统一性，而历史境况却处处都有可能把这种整体性或统一性粉碎。一种对于由废墟和碎片构成的世界的幻象，一种在即将淹没意识时的古老的混乱（不论属于什么性质），——这些都是可能重现的一些意象，或者在本雅明本人身上重现，或者当你阅读他时，在你自己的心灵里重现。当然，整体性或统一性的观念，并不是他的独创。有多少现代哲

① 坎·葛兰德·戴拉斯卡拉（1291—1329），维罗纳王子，以但丁的保护人闻名。——译者注

② 指《神曲》。——译者注

③ 原文为 literal，或译“实际维度”。——译者注

④ 原文为 anagogical，或译“超世俗维度”。——译者注

学家描述过我们在现代社会中所过的“被损坏的生活”，由劳动分工和专门化所造成的心理损伤，以及现代生活各个方面的普遍异化和非人化？然而，这些分析大部分仍是抽象的；通过它们表露出了知识分子专家对于自己被戕害的现在的无可奈何或对于整体性的梦想。在这种梦想里它坚留不去，使自身依附于某个别人的未来。本雅明在这些思想家中之所以独树一帜，在于他同时想挽救自己的生活，于是他的著作便产生出独特的魅力，其无可比 62
拟不仅由于它们辩证的禀质，甚至也不仅由于它们所表现出来的诗的敏感，最主要的恐怕还是由于他心灵的自传部分找到象征性满足的方式，它在客观的掩饰之下，在抽象地表达的观念形态中找到了那种满足。

从心理学上说，趋向统一性的冲力所采取的是一种受到过去和记忆烦扰的形式。真实的记忆决定着“个人是否能了解自己，是否能把握自己的经验”[2]。“每一种激情都毗连着混乱，但集合激情者的激情则毗连着记忆的混乱”[3]（而且正是在集合者的意象中，本雅明找到了自己最惬意的同一性）。“记忆锻造了传统之链，使事件代代相传。”[4]这是一些奇怪的思考，对于一个马克思主义者来说，是一些奇怪的思考题目。（令人想起萨特对他同时代的正统马克思主义者的尖酸评论：“唯物主义是那些对自己的主体性感到羞耻的人们的主体性。”）然而，本雅明在自己发现共产主义很长时间以后，仍然对普鲁斯特保持着信任，翻译过他的作品；他像普鲁斯特一样，在自己最喜爱的诗人波德莱尔身上，见到了一种类似的回忆和偶然记忆的烦扰；而且，在他题为《1900年前后的柏林童年》一书对自己童年的片断回忆中，也以随笔式的素描，以对于梦幻、孤立印象和经验的记录，再现了他的生活，不过他没有能够把这些推向伟大作家那种最终的叙事的统一性。

也许，他更能意识到的是那阻止我们同化自己生活经验的东西，而不是这样一种完美生活所采取的形式——例如，他受到弗
63 洛伊德对无意识的记忆和有意识的回忆行为之间的区分的强烈吸引。对于弗洛伊德说来，后者基本上是摧毁或根除前者旨在保存的那些东西的一种方式："意识出现在知觉体系之中，替代那些记忆的痕迹……意识和一种记忆痕迹的遗留，在同一体系内是互不相容的。"[5]在弗洛伊德看来，意识的功能是防御机体不受外部环境震动的影响。在这种意义上，创伤、歇斯底里的反复发作和梦，就是这种未被完全同化的震动试图进入意识，从而达到最终平息的一些方式。在本雅明手中，这种观念变成了历史性描述的工具，变成了一种说明的方式，说明在现代社会里，或许是由于机体现在所受震动的数目的增加，这些防御机制何以不再是个人的防御机制：一整系列的机制替代物在意识和它的对象之间进行调停，也许是保护我们，然而同时又剥夺我们，使我们毫无办法同化自己发生的情况，或者把自己的情绪转变成真实的个人经验。这里仅举一个例子，报纸对于新奇性的冲击起着减震器的作用，麻木我们对于本来可能使我们无所措手足的事件的感觉，而同时又把这些事件变成中性的，与个人无关的，把它们改变成从定义上与我们个人存在毫无共同特性的东西。

此外，经验是由社会制约的，因为它依赖于事件复现和相似的某种节奏，而从起源上讲，这些事件完全是文化性质的。因此，即使在生活于相对碎裂的社会的普鲁斯特和波德莱尔的身上，仪式化的手法，虽则往往是无意识的，也是形式建构的首要
64 因素：我们在波德莱尔的《生前》和通信中，在普鲁斯特沙龙生活的礼仪中，都识别出了它们。而且，在现代作家（例如卡夫卡）试图创造出一种永恒现在的地方，那些事件固有的神秘，似乎并非产生于它们的新奇，而是产生于它们只是被忘却的那种感

觉，产生于它们在某种意义上是“熟悉的”感觉，即波德莱尔对这个词所说的不易忘怀的意义上的感觉。然而，由于社会愈益衰败，经验的这种节奏也愈益不易得到了。

不过就这点来说，心理学的描述似乎莫名其妙地进入了道德判断，进入了过去和现在相调和的一种幻象，一种在某种程度上是伦理的幻象。但是对于西方读者，本雅明著作的整个伦理维度很可能叫人困惑，它实际上混合着由歌德编集成典的一种伦理心理学。这种心理学在德国变成了传统，深深扎根于德语之中，不过我们除了有艾里克·艾里克森[①]著作之类的文化移植外，并没有与它对应的东西。这种处世的睿智（Lebensweisheit）实际是某种中转站[②]，它位于人性不变的古典观念及其关于体液、激情、罪愆或者性格类型的心理学与纯历史性及境况和环境的决定性影响的现代观念之间。作为个体人格范围内的一种妥协，它类同于黑格尔在历史自身领域内的那种妥协。对于后者，某种普遍的意义是特定历史阶段固有的东西，而对于歌德，在某种意义上人格及其发展的总体目标存在于所讨论的特定情绪，或者潜在于个人成长的特定阶段之中。因为体系是以人格充分发展的幻象为基础的（例如深受歌德影响的作家纪德，对这种伦理只做了苍白的、自恋式的反映，表达了中产阶级在其历史性胜利时刻的个人主义）；它既不像基督教那样的情况，旨在根据戒律的某种纯外部 65
标准打碎人格，也不像大部分现代论理学那样的情况，把它弃之于经验心理学的毫无意义的意外事件，相反，它把个体心理经验视为在自身内包孕着自身发展种芽的某种东西，或者伦理的发展作为一种内化的神意而内在于它里面的某种东西。例如，歌德的

① 艾里克·艾里克森（Erik Erikson，1902—1994），美国心理学家。——译者注

② 原文为 halfway house，系为长期监禁或住院者重返社会而设立的训练所或康复中心，此处姑译如上。——译者注

《俄尔浦斯的话》或《威廉·迈斯特》① 的结尾几行："你叫我想起了索尔·基什的那个儿子，他去向他父亲献媚，却发现了一个王国。"

本雅明在他对这一歌德式伦理学最全面的表述中，即在论述《亲和力》② 的长篇论文中，居然强调那些威胁人格的危险，而不强调它最终发展的情形。但这正是他的特色。因为这篇文章使用了歌德式生命心理学的语言，同时也是对把这种心理学变为已有的德国社会反动势力的批判；它利用神话概念阐明观点，同时也是对那些蒙昧主义意识形态的攻击，因为这些意识形态把神话观念变成了自己重整旗鼓的呐喊。在这一点上，本雅明的论战姿态，对于我们当中的一些人是很有启迪的。他们不按辩证法行事，由于神话概念常用于意识形态，他们甘愿简单地完全拒绝这一概念。对于他们，这个概念如同相关的巫术或超凡的概念一样，仿佛不是为了对非理性进行理性的分析，而是为了借助语言对它进行的一种奉献。

但是对于本雅明来说，《亲和力》可以视为一篇神话式的作品，条件是我们要把神话理解成作品试图从中解放自己的那种因素：这正如本能力量的某种早期的混乱，像毁坏真实个体性的东西一样，是初始的、顺乎自然的、前个体性的，以至于意识如果
66 想获得自身的任何真正自主性，如果想跻身于适当的人类生存层面，那么就必须克服这种无序的混乱。在神话力量和个体精神之间的这种对立中，见出本雅明关于过去和现在的思想的一种乔装的表达，见出一个有记忆的意识把握自己过去的方式的意象，见

① 共分《威廉·迈斯特的学习时代》和《威廉·迈斯特的漫游时代》两部。——译者注

② 《亲和力》是歌德的小说。——译者注

出把本来会淹没在机体的前历史之中的东西揭示出来的那种方式的意象，这难道是牵强附会吗？我们也不应忘记，论《亲和力》这篇文章本身就是复原过去的一种方式，不过这一次是文化上的过去，委身于原始法西斯传统的那些黑暗神话力量的过去。

在通过关注歌德小说[①]的形式而表达这种神话观念的方式中，可以看出本雅明的辩证法技巧。这部小说在西方文学中无疑是最离奇的小说之一，它把18世纪的礼仪同奇妙地造作的讽喻品格的象征结合起来：出现在非视觉叙事风格空白中的一些事物，仿佛在一片虚空中被孤立出来，仿佛以一种几何意义而具有预言性质；审慎挑选的景色细节极为匀称，不可能没有意义；一些类比，例如赋予小说的标题的化学类比，得到了极充分的拓展，不可能没有象征意义。读者自然在现代小说的各个方面都熟悉象征手法；但是一般来说，象征手法是构筑在作品之内的，就像在益智箱内的谜板中放上了一纸说明书。在这里，我们感到了作为读者的我们所负内疚的重压，因为我们觉得自己几乎没有从文化上继承的思维方式，即只有那种文化的一员才能企及的思维方式；而且，毫无疑问，歌德体系确实是以这样的方式，以断言它的普遍性来投射自身的[②]。

本雅明的独创性在于，他径直穿越了对象征的武断解释和茫然不知其含义这两者之间的了无结果的对立：《亲和力》不应该
当作象征派作家的一部小说，而应该当作一部关于象征手法的小 67
说来读。如果在那部作品中具有某种象征性质的事物赫然在目的话，那不是因为它们（事物）被选择出来以张扬的笔法强调通奸的主题，而是因为真正潜在的题材恰恰是人们向象征权力的投

① 按：指《亲和力》。——译者注

② 原文为 project itself，或译“使自身具体化的”。——译者注

降，他们丧失了自己作为人的自主性。“当人们沦落到这种境地的时候，甚至明显无生命的事物的生命也成长壮大起来。冈道尔夫①十分正确地突出了这部小说中事物的关键作用。然而，这种类似事物的东西闯入人类生活，正是神话世界的一种尺度。”[6]我们需要阅读这些象征事物的二次乘方：与其说是直接在它们中间破译出一对一的意义，不如说是觉察到象征手法本身就是征兆性的。

事物如此，人物也如此。例如人们常常评论说，奥蒂莉②这个形象，即戏剧性事件环绕其发生的那个圣洁的年轻女人，在某种程度上是以不同的方式塑造的，她不同于其他更加从经验的角度进行刻画的且在心理学上更加真实的人物。不过，对于本雅明，这与其说是瑕疵败笔或者前后矛盾，毋宁说是一种提示：奥蒂莉不是现实而是现象，那种十分外在的、视觉的刻画人物的方式所传达的也正是这一点。“显然，这些歌德式的人物出现在我们面前，并不是按照外部模式塑造的人物，也不是完全凭借想象创造的人物，而是以某种方式处于迷狂状态的、仿佛受到了魔力吸引的人物。因而他们身上就有了与纯视觉形象相异的一种朦胧晦涩，只有把他们的本质当作纯现象来看的读者才能理解。因为在这部作品中，现象不是当作某种主题来表达，而是含蓄于表达自身的性质和方式之中。”[7]

68　本雅明著作的道德维度和歌德的一样，清楚地代表着一种不稳定的平衡，一种在心理学和美学或历史两方面之间的过渡。作为预言的神话力量的胜利，作品中对事件所作的纯伦理的描写，不可能使心灵长期满足；它（心灵）竭力作出历史的和社会的解

① 冈道尔夫（Friedrich Gundolf，1880—1931），德国文学批评家，著有《莎士比亚和德意志精神》（1911）和《歌德》（1916）等书。——译者注

② 《威廉·迈斯特》中的人物。——译者注

释，结果本雅明自己也迫不得已表明这样的结论："作家躲藏在沉默之中：也就是说，当那种激情试图和富裕的中产阶级的安全达成契约时，它便在真正的人类道德法则之下丧失了自己的一切权利。"[8]不过在本雅明的著作中，由道德向历史和政治的不可避免的滑动，是一切现代思想的特征，它受到了美学的调停，凭借对于艺术作品品格的关注而被揭示出来，正如上述结论由对《亲和力》中那些方面的分析所清晰表述的那样。《亲和力》的这些方面最好的是描述为讽喻的，而不是象征的。

因为，从某种意义来说，本雅明的毕生事业，可以视作形形色色讽喻事物的巨大博物馆，或一种热情的搜集；他的最富成果的工作就是以研究讽喻装饰即巴罗克风格的那个巨大工作室为中心的。

《起源》一书，与其说是论述德国 Tragödie（悲剧）的起源，不如说是论述德国 Trauerspiel（悲苦剧）的起源：这种区分在英语里没有对等的词语，但对于本雅明的释义却至关重要。因为他把"tragedy"（悲剧）① 作为一种现象局限于古希腊，这是一种祭献的诗剧，其中，主人公被奉献给神祇以得到赎罪。而另一方面，Trauerspiel 则包括整个巴罗克时代剧作家、伊丽莎白时代剧作家、卡尔德隆②以及 17 世纪德国剧作家，是最初适合作为庆典（悲伤肃穆的庆典）来描述的某种东西——这样说，这个词就会得到最恰当的解释了。

作为一种形式，Trauerspiel（悲苦剧）把历史的巴罗克式幻象反映为编年记事，反映为命运之轮的无情转动，反映为世上权 69
势人物如王子、教皇、衣饰华丽的女皇、廷臣、假冒者和囚徒等

① tragedy 相当于德语的 Tragödie。——译者注

② 卡尔德隆（1600—1681），西班牙诗剧作家和诗人。——译者注

在舞台上的无休止的更迭——文艺复兴胜利所带来的精美所产生的一种死亡之舞。因为编年记事还不是现代意义上的历史性："无论巴罗克式的意图多么深刻地穿透历史的细微末节，它那琐屑细微的分析，在被视为纯阴谋的实体中，永远也没有停止在政治上的苦心求索。巴罗克式诗剧所认为的历史事件，只是谋划者的堕落活动。在无数叛逆者中，没有哪一个具有一息真实的革命信念，他们出现在巴罗克时代君主面前，而君主自己也固定于基督式殉道者的姿态之中。不满——这就是行动的古典动机。"[9]而且，这种历史时间只是更迭相续而没有发展，实际上是隐秘的空间性的，它把宫廷和舞台当成了特殊空间的体现。

乍看起来，在前马克思主义著作《德国悲苦剧的起源》中，把生活当作编年记事的幻象，可以用唯心主义和韦伯式方式加以解释：身为马丁·路德信徒的本雅明说，德国巴罗克式剧作家熟悉一个信仰与作品全然分离的世界；在这个世界中，即使加尔文教派的先定和谐也不会介入，以便恢复构成人类生活更迭相续的空洞行动的细微意义。这个世界因而仍然是一个没有灵魂的实体，正如被剥夺了任何可见功能的事物的躯壳。然而同时，这依然又是一个悬而未决的问题：智力和形而上学的立场，是否引起了处于巴罗克式悲剧核心的那种心理经验？或者，是否它本身不仅仅是各种相对抽象的表达方式之一，通过它一种敏锐具体的情
70 绪，力图表现出自己？因为后者的关键，在于王子自己那谜一般的重要形象，而这种形象又介乎于理所当然地遭到谋害的暴君和忍受自己激情的殉难者之间。从讽喻角度理解，他是一个遭到打击的世界上忧郁的化身，哈姆雷特就是他最充分的表达。这种把悲哀肃穆的庆典当作变态忧郁的基本表达的解释，具有同时解释形式和内容两者的长处。

对于内容，就是说从这些人物的促动因素来说："王子的犹

豫不决只是忧郁的麻痹。农神①的影响使人们漠然、踌躇、迟缓。暴君的覆灭是由于他的情绪呆滞。同样，廷臣的性格也标有不忠的印记——农神主宰地位的另一痕迹。廷臣的心灵，像在这些悲剧中刻画的那样，本身就动摇不定：叛卖是他真实的元素。在这些剧作中，寄生者几乎无需考虑时间，便出卖了他们的主子，爬到敌人一方。这不应归咎于写作时的仓促，也不应归咎于人物塑造的不足。毋宁说，他们行动中显而易见的那种缺乏性格——确实是部分有意识的马基雅维里主义——反映出极度沮丧失望地对邪恶星宿的某种难解的会合的屈服，仿佛是一种带上了浓重的、几乎是类物（thinglike）特色的会合。王冠、皇家的紫红色、权杖等等，归根结底，一切都是这种命运悲剧的特征，它们本身携带着命运的先兆，而廷臣则是第一个向它屈服的，正如对灾祸的某种预兆屈服一样。他对自己同胞的不忠，同他对这些物质象征所抱的那种更深刻、更沉思的信仰相一致。”[10]

本雅明的敏感又一次用于说明那些时刻上面。在其中，人类
发现自己委身于事物的权力；巴罗克式悲剧的熟悉内容（我们从 71
《哈姆雷特》中辨认出的那种忧郁，在伊丽莎白时代次要剧作家例如韦伯斯特②笔下那些忧郁的邪恶：贪欲、谋逆、残暴等）缓缓地转变为形式问题，转变为客体（对象）即讽喻本身的问题。因为讽喻正是对世界占支配地位的表达方式。在这个世界上，事物不管出于什么原因，都与意义、精神、真实的人类生存切断了。

按照从形式而非内容的角度对巴罗克形式所进行的新的考察，处于戏剧中心的忧郁沉思的形象，便一点一滴地改变了中

① 又译“沙特恩”，传说他曾吞食自己的儿子；上句中“忧郁的”一词，是saturn（沙特恩）的派生形容词。——译者注

② 韦伯斯特（约1580—1625?），英国剧作家。——译者注

心；悲哀肃穆的庆典的主人公，便一点一滴地变成了巴罗克剧作家本身，最高的讽喻作者，或本雅明所说的，冥思者（Grübler）：那种关于预兆的迷信而又过分挑剔的读者，即以更神经质的现代乔装，在爱伦·坡和波德莱尔歇斯底里的主人公身上重现的那种读者。“讽喻之于思想领域，正如废墟之于事物领域”[11]；显然，本雅明自己在充斥于他字里行间的那些抑郁而具有高度意识的空想家中，就是名列前茅的。“那个客体（对象）一旦在沉思的忧郁目光之下变成了讽喻的，生命一旦从它里面流泻出来，客体（对象）本身便滞留在后面死亡了，然而又为了一切永恒被保留下来；它摆在讽喻作家的面前，无论是好是坏，都最终委身于他。换句话说，客体（对象）本身因此不能投射它自己的任何意义；它只能带有讽喻作家愿意赋予它的那种意义。他对它灌输他自己的意义，自己也屈尊栖身于它：这不应从心理学的角度而应在本体论的意义上来理解。在他的手中，所讨论的事物变成了某
72 种别的东西，谈论别的东西，变成了打开隐秘知识领域的锁钥。他把这誉为整体象征。这就是形成作为脚本的讽喻性质的东西。”[12]

是脚本而不是语言，是那种文字而不是那种精神：这些就是巴罗克世界碎成的碎片，奇怪地容易识辨的符号和象征，它们弄得那过分好奇的心灵不得安宁，并满载着玄妙的意义列队缓缓地走过舞台。在这种意义上，对于我来说，仿佛是第一次向我们交还了讽喻——不是当作纯历史兴趣的一种奇特式怪物，或者像柯·斯·刘易斯笔下那样，当作本质上是宗教精神的中世纪的兴旺标志，而是当作在现代世界上我们过分熟稔的一种变态。我们自己的批评倾向，曾是以讽喻为代价来赞扬象征的（即使是那种批评——英国过分强调的独特风格和但丁——所提出的那些特殊的客体［对象］，更恰当地说在性质上也是讽喻的；正像在其他

方面一样，本雅明在他这一方面的敏感中，和托·斯·艾略特那样的作家具有不少共通的地方)。对于象征手法的偏好，也许更多的是表现现存诗歌现象的某种价值，而不是对它作某种描述：因为象征和讽喻之间的区分，是客体（对象）和精神的完全调和同只是达到这种调和的意志之间的区分。不过，本雅明分析的用途，还在于他对一种时间区分的坚持：象征是时间当中那种即时的、抒情的、单一的时刻；而且在现代世界上，这种时间上的局限，也许表现出持久的真正调和在历史上是不可能的，表现出它除去是一种抒情的、偶然的现在以外，不可能是任何别的东西。相反，讽喻是我们自己在时间中的生命的特许方式，是从一刻到另一刻的笨拙的意义破译，是异质的、不相联结的瞬间恢复连续性的苦心尝试。“象征随着它的消失，按照拯救灵魂的方式显露 73
出大自然的面容，而在讽喻里，则正是历史的希波克拉底[①]病容(facies hippocratica)，像一片冷淡的景致呈现于观察者的眼前。一切具有反常、痛苦和失败的事物的历史，都在那张面容中表现自己——不，确切地说，在那个象征死亡的骷髅头中表现自己。而且，虽然这样一种讽喻方式可能当真在任何‘象征的’表达自由中，在任何古典的相貌和谐中，在任何人类事物中，都十分贫乏，但这里的谜语形式自诩地表达出来的东西，却不仅是一般人类生活的性质，而且是个人在其最自然的和在机体上最腐败的形式中的传记性的历史性。这种把历史当作世界蒙受苦难故事所作的巴罗克式的、世俗的阐释，正是讽喻性知觉的本质；历史只在痛苦和衰微的停泊所才获得意义。意义的含量同死亡的出现和衰微的势力恰成比例，因为死亡是追踪成长事物和意义之间那条参

① 希波克拉底（约前460—前377），古希腊医师，“体液学说”的奠基人，提出在治疗上要注意患者的不同体质等。——译者注

差不齐的线段的东西。”[13]

标志巴罗克讽喻特征的东西，同样适用于现代讽喻，也适用于波德莱尔；只是在后者身上它是内化的。“巴罗克讽喻只从外部瞥见那具僵尸。波德莱尔则从内部瞥见。”[14]或者也可以说：“纪念（Andenken）是崇奉圣物的世俗化形式……纪念是对经验的补足。在纪念中，人类愈益加剧的异化找到了表达，他们把自己过去的库存当成了没有生命的商品库存。在19世纪，讽喻扬弃了外部世界，结果只是开拓内部世界的领地。圣物出自僵尸，纪念则出自过去死亡了的事变，这些事变被委婉地称作经验。”[15]

然而，在后期这些论述现代文学的文章中，出现了一种新的
74 关注，标志着本雅明由占支配地位的审美维度向历史的和政治的维度的迈进。这就是对机械和机械发明的留意，它首先在电影研究（《可以复制的艺术品》）中典型地出现在美学领域，只是到了后来才延伸到一般历史研究（例如在《巴黎——19世纪的首府》一文中，对这个时代的生活感受，借助于对它的典型的新事物、新发明的描述传达出来，诸如推销大厅、铸铁的使用、达盖尔照相术①和全景照片、巨大的博览会、广告业等）。然而有必要指出，这样一种对待历史的方法无论看似多么唯物主义，却没有任何东西比把发明和技术强调为历史变化的首要原因更远离马克思主义的了。的确，在我看来，这样一些理论（此种理论把蒸汽机视作工业革命的起因，近来又在马歇尔·麦克卢汉著作中以流线型的现代主义形式得到重演）具有替代马克思主义史纂学的功能，其方式提供了可以与经济学题材相比拟的具体感觉，同时又取消了对于人的阶级因素和社会生产组织的任何考虑。

在我看来，本雅明对历史上新发明的作用的迷恋，从心理学

① 即银版照相术，以发明人达盖尔（1789—1851）命名。——译者注

或审美的角度完全可以理解。例如，如果我们遵循他对过路人和波德莱尔笔下人群的沉思，那么，在想过波德莱尔的物质的和文体的特色以后，在讨论过这篇文章前面约略叙述的震动和机体防御以后，我们会发现，本雅明材料的内部逻辑导致他走向机械发明："安逸孤立了。同时，它把它的占有者转移到了物理机械的更深处。在本世纪中叶左右，随着火柴的发明，开始出现了一系 75
列新颖小巧的物品，它们共有的特色是用单一的手腕挥动代替了一套复杂的操作。这在其他一些实例中是显而易见的。例如电话，现在不需要转动老式电话机曲柄的那种连续运动，只要拿起话筒就可以了。让机械滑到适当位置、设置信号或者启动机械装置等，在各种这类动作中快速拍摄照片的动作具有特别的意义。揿动一下手指就足以把事件无限期地凝结起来。可以说，这种装置给这个瞬间以消逝后的震动。除了这类触觉经验以外，我们还发现视觉经验，例如报纸上的分类广告，甚至大都市的交通。要穿过后者就涉及整整一连串的震动和冲突。在危险的十字路口，刺激就像电池充电一样，交叉穿过行人。波德莱尔把淹没在人群里的人描绘成一个蓄电器。因此，他管那个这样选择震动经验的人叫作具有意识的万花筒。"[16]接下来，本雅明又以对工厂工人和他对机器运转的心理服从的描述，完成了这些事例的罗列。然而在我看来，除了这段文字的价值是对机械产生的心理影响的分析以外，在本雅明尚有第二层的意图，它满足了心理的要求，这在某些方面来说，也许甚至比正式的智力要求更深刻、更重要；而且可以当作波德莱尔心态的具体体现。这篇文章确乎是以相对脱离现实的心理状态开头的：诗人面对着现代时期语言的新情况，面对着对报刊文体的贬黜，作为大城市的居民，面对着日常城市 76
生活的愈益增多的震动和愈益加剧的知觉麻木。这些现象本雅明极为熟悉，但他不知为什么似乎觉得这些现象并没有得到"足够的”处理；他不能从精神上占有它们，不能恰当地表达它们，除非找到体现它们的某种更鲜明、更具体的有形意象。机器和发明的清单，正是这样一种意象；读者十分清楚，我们把这段表面上是历史分析的文字，实际上视为讽喻沉思的练习，找到确切象征的练习，以便把现代独特焦虑的心态固着在这种象征里面，而这就是本雅明的题材。

由于这个缘故，对机器和发明的偏见，在本雅明身上并没有导致一种历史因果论；相反，它在其他地方发现了自己的完成，在关于现代客体（对象）的理论中，在“灵氛”（aura）的观念中。对于本雅明，灵氛在它仍然滞留的现代世界上，是人类学者称为原始社会中的那种“神圣的”事物的对等词；它之于事物世界，正如“神秘”（mystery）之于人类活动的世界，正如“超凡”（charisma）之于人类世界。在一个世俗化的世界上，它也许在它消逝的那一刻更容易找到；消逝的原因在于普遍的技术发明，即用知觉替代物和机械延伸来替代知觉，而这些替代物和延伸便是机器。因此很容易明白，在电影中，在这一“可以复制的艺术品”中，最初在剧院此地此刻产生于演员实体存在的那种灵氛，怎样由于新的技术进展而被葬送（然后又怎样以真正弗洛伊德式的征兆形成的方式，通过试图在银幕以外赋予影星以他们自己的新型个人灵氛而被替代）。

77　然而在客体世界上，构成某物灵氛的实体存在的强度，也许可以借助回视的意象、回返的智力得到最好的表达：“对灵氛的经验，以社会反应向无生命事物或自然与人的关系的转变为基础。那个我们注视的人，那个认为自己受到注视的人，也反过来注视我们。经验一种现象的灵氛，意味着赋予它（现象）以反过来进行回视的力量。”[17]

在别的地方他还这样界定灵氛：“［它］是对于距离之单一

的、不可重复的经验，无论这经验多么贴近。在夏日午后憩息的时候，凝视天边一座高山的轮廓，或者把绿荫投射于观照者的一条枝丫的轮廓，这就意味着去呼吸高山的灵氛，枝丫的灵氛。”[18]因而在某种意义上，灵氛是讽喻性知觉的反面，因为在它里面，客体（对象）的神秘整体性变得可见了。讽喻的破裂碎片代表着由毁坏力量构成的某个事物—世界，人类的自主性被淹没其中；而灵氛的客体（对象）则可能是一种乌托邦的确立，一种乌托邦的现在，它不是被剥夺了过去而是吸收了过去，是事物世界上某种充分的存在，哪怕是在极短暂的瞬息之内。然而本雅明思想中的这种乌托邦的组成部分，虽然凭借历史上机械化的现在而展翅翱翔，但对这位思想家来说，却只有在更单纯的文化的过去中才能够得到。

因此，他对于非讽喻艺术的召唤，他论述尼古拉·列斯科夫①的文章《故事②的讲述者》，或许正是他的代表作。正如演员遭遇到可以复制艺术的技术进展一样，故事也面临着现代的通讯系统，特别是报纸。报纸的功能在于吸收新奇所产生的震动，通过使机体对这些震动变得麻木来减轻震动的强度。然而，与此相反，总是围绕某种新奇而构建的故事，却是用于保持它的力量； 78
机械的形式“穷尽”新材料愈益增加的数量，而旧的口头表达交际（通讯）本质上则以把自身委托于记忆为特征。它的可复制性对意识不是机械的，而是自然的；的确，使故事被记忆、使它似乎“值得记忆”的那种东西，同时也是使它同化为听众个人经验的手段。

把本雅明对故事（及其隐含的同小说的区分）的分析与萨特

① 尼古拉·列斯科夫（1831—1895），俄国作家。——译者注

② 原文为 tale，或译“传说”。——译者注

的分析作一比较，是颇具启迪意义的。他们在某些方面非常相似，然而在其最终的强调上又迥然不同。对于他们，两种形式的对立不仅在于它们的社会起源（故事产生于集体生活，小说产生于中产阶级的孤独）和它们的原材料（故事利用人人都能识别的共同经验，小说利用不同寻常的、高度个体性的经验），而且首要在于它们与死亡和永恒的关系。本雅明援引瓦莱里的话说："几乎像是永恒这种观念的消逝，才同愈益不喜欢任何类型的、在时间上持久的作品相关。"与真正故事的消逝同时发生的是，在我们社会里对于死亡和弥留（dying）的愈益加剧的掩饰；因为故事的权威最终源于死亡的权威，它赋予每一个事件以绝对的独特性。"一个在35岁死去的人，在他生命的每一关节上，都是一个即将在35岁死去的人"[19]。因此，本雅明以反心理学的方式，把我们对故事人物的理解描写成他们自己定数的简单化的代表。不过，把他的敏感吸引到古老作品去的东西，正是萨特宣判为不
79 可靠的东西，即对真正生活过的人类经验的亵渎。这种经验在它自己的现在所给予的自由中，从未觉得自己是命运，对于它来说，命运和定数一向是他人经验所特有的，而从外部审视起来，他人的经验是某种封闭的和类物（thinglike）的东西。由于这个缘故，萨特才把故事（诚然，他所想到的是19世纪末情节安排得绝妙的、迎合中产阶级读者的故事，而不是本雅明所关注的、相对来说是佚名的民间产品）和小说对立起来，其任务完全是在现在当中表达这种开放的意识经验、自由的经验，而不是命运的视力幻觉。

毫无疑问，这种对立与某种历史经验相符合，旧式故事，还有19世纪的古典小说，表达了一种社会生活。在其中，个人是用一次曝光的、无可恢复的选择和机会呈现出来的，他不得不在骰子的一次滚动中进行全面赌博，他的生活确乎因此而全然倾向

于带上了命运或定数的外貌，一个可以讲述的故事的外貌。然而在现代世界（即是说在西欧和美国）上，经济这样繁荣，以致没有任何事物在这种意义上当真是不可改变的：于是便产生了自由的哲学，于是便出现了萨特在这里充任理论家的现代主义的意识文学；于是也显露出了情节的衰微，因为在没有任何事物是不可改变的地方（按照本雅明意义即不存在死亡的情况下），也就没有任何可以讲述的故事，唯一存在的是一系列分量相等的经验，它们的次序可以任意地进行颠倒。

本雅明和萨特一样明白，故事，以其命运的外貌，如何亵渎我们现在所生活过的经验；但对他说来，故事也公平对待我们过去的经验。它的“不可靠性”应该视为一种纪念方式，因而那个华年早逝的年轻人是否明白自己生活过的经验是命运的安排，便当真无关紧要了。对于以后怀念他的我们，他在一生的各个阶段 80
都是而且将永远是一个要适合这种命运的人，于是故事便给予我们希望，“希望我们读到有关死亡时，自己所感到的不寒而栗的生活能变得温暖起来”[20]。

故事不仅是与过去相联系的、纪念过去的一种心理方式，对于本雅明，它还是接触一种消逝了的社会和历史存在形式的方式。正是在讲述故事的活动和某种由历史确定的生产方式的具体形式之间的这一关联中，本雅明才可以作为马克思主义文学理论的一种最富启示的模式。故事讲述的两个源泉的古老体现，可见于“定居的耕农和航海商人两个方面。两种生活形态事实上都产生了自己特有类型的故事讲述者……不过，真正由故事讲述延伸到历史的最宽广范围的可能性，若不经过这两种古老类型的最彻底的融合，是不可能实现的。这样的融合是中世纪在工匠的团伙和行会中实现的。定居的师傅和漂泊的学徒在同一个作坊里一起干活；而实际上，任何一个师傅自己原先也都是漂泊学艺，后来才在家乡或者一个外国都会里安居下来。如果说农民和水手是故事讲述的发明者，那么行会制度则是它取得最高发展的所在。在那里，远方的口头传说由羁旅者带回，与从未离乡别土的人最充分地展示其丰富多彩的过去的口头传说结合起来”[21]。故事因此是一种工匠文化的产品，像鞋匠制作的鞋子或者陶罐那样的手工产品；而且，如同这样的手工制品一样，“故事讲述者的润色，好像陶匠的手摩挲那上釉的陶器表面一样紧贴着故事”[22]。

81　在对文学和政治关系的最后阐述中，本雅明似乎试图使这种方法对现在的问题产生影响，因为这种方法在处理过去的客体（对象）中曾获得成功。然而，这种转变不无困难，本雅明的结论仍有疑问，特别在他对现代工业文明的暧昧不明的态度上面——这种文明使他感到沮丧，同时又吸引着他。他坚持认为，艺术中的宣教问题，能够借关注艺术作品的形式而不是其内容来得到解决：进步的艺术作品是利用最先进的艺术技巧的作品，因而艺术家以技师的身份来经历他的活动，并且通过这种技巧的作品，他找到某种与工业工人在目的上的统一性。“专门家和无产阶级的团结一致……除了是一种调停的团结一致外，永远不能是任何别的东西。”[23]他用以对抗法西斯“机器美学化”的共产主义的“艺术政治化”[24]，旨在为革命事业利用其他马克思主义批评家（例如卢卡契）所敌视的那种现代主义。无疑，本雅明最初是通过他作为专门家的经验达到一种激进的政治的：在自己的文学活动领域内，他逐渐意识到公众的变化和技巧的拓展，对艺术作品产生的重大影响，简言之，也就是历史本身产生的影响。可是在文化领域里，虽然历史学家无疑能够说明一种特定艺术的具体技巧的发展与整个经济的一般发展相对应，但是却很难看出一个技巧先进而困难的艺术品何以不能有政治上的“调停”效果。自然，本雅明十分幸运，在他面前摆着那种艺术实例，因为他用布

莱希特的史诗剧阐明了自己的论点，也许史诗剧确乎是曾经产生 82
过直接革命政治影响的唯一的现代艺术革新。不过即使在这里，情况仍然暧昧不明：一位精明的批评家指出，本雅明一方面寄兴趣于布莱希特，另一方面又“终生被儿童书刊（儿童书刊：象形文字——简化的讽喻象征和谜语）所吸引”[25]，这两者之间有一种秘密的关系。因此，在我们认为形成历史的现在的地方，事实上又重新投入了烦扰心理的遥远的过去。

不过，怀旧如果作为一种政治促动因素极为频繁地和法西斯主义相联系，那就没有理由说，一种意识到自身的怀旧，一种根据记忆的丰富而对现在表现出清醒而残忍的不满，为什么不能提供一种和其他一切促进因素同样充分的革命促进因素：本雅明的实例就能证明这一点。不过，他自己宁可以宗教的意象来观照自己的命运，正像下面这段摘自《历史哲学论文集》的文字说明的那样（根据格肖姆·肖勒姆的看法，这是他最后的著作）：“的确，在探索时间发祥地的秘密的那些占卜者看来，时间既不被认为是空虚的，也不被认为是同质的。凡是记住这一点的人，都能够以同样的方式，来把握过去的时间是怎样在纪念中被经验到的。众所周知，犹太人被禁止探求未来。相反，《摩西五经》和祷告诫律教导他们纪念过去。因此对他们来说，占卜者的门徒仍然受其奴役的那种未来，便被剥夺了其神圣的权力。然而尽管这样，它在他们眼里并没有变成单纯空虚的、同质的时间。因为未来的每一秒钟都
在它里面配有那扇小门，弥赛亚①可以穿过它进来。”[26]② 83

---

① 犹太人所期待的救世主。——译者注

② 这里大意是说，弥赛亚的降临即意味着世界的改变，或革命的终极形式。按犹太传统，弥赛亚降临的时刻无法确定，他可能随时降临，因此，未来的任何时刻都至关重要。——译者注

新领报祷告（Angelus novus）①：本雅明对那个天使的最喜欢的形象是，它的存在只是为了在上帝面前唱圣歌，发出声音，然后立刻消逝在没有创造出来的空无之中。因此，本雅明对时间的经验最深刻之处是：一种处于未来门槛上的语言的现在，以转过眼睛冥想过去、尊崇未来。

Ⅱ. 马尔库塞和席勒

(1)

> 只有自由这个字眼仍然使我感到鼓舞。
>
> ——安德烈·布勒东：《超现实主义宣言》②

有多少观念，我们可以说在理性上理解了，却忘记了它们在所有本原意义上的含义。甚至这种情形（在这种情形中，思维和真实经验各自按着分离的道路前进，而且这种情形以这样那样的方式，在现代文化和现代语言中对一切事物都留下了自己的印记），实际上也还是以它所有的平庸熟稔对它自己命题的一种阐释，但是，仍然不能让我们带着任何真正领悟的惊奇加以理解，除非我们在自身之内找到了一种手段，来构建其中情形尚非如此的某一过去的历史时刻，即我们可以把它放在自己所处时刻的旁边，从而能进行想象的乃至本能的比较的时刻。譬如，让我们设想某个民族不能保持它所创造的观念：这些观念的称谓因此就成了事物本身的符号，带有原始符咒之一切的粗俗和起源之一切神
84 圣的惊惧。然而，假设某种诸如对上帝的内心经验消逝了，甚至

① 为纪念天使加百列奉告圣母玛利亚将生耶稣这个节日所做的祷告。——译者注

② 发表于 1924 年。——译者注

连空洞的声音也不复存在，那么，就没有什么冷漠的字眼或者不可破译的象形文字幸存下来困惑未来世代的人们。在这样一种文化中，诠释学，即复活掩盖在死亡语言层面之下的活的观念，便成了无用的学科，因为在湮没的沉默和人类知解力的瞬时透明性之间，不可能存在着任何过渡状态，环绕这些状态的词语就像一张张表情熟悉的面孔，于是，通过比较经验的性质和对更原始、更自然和更本原的过去的这种假设性的重构，我们衡量我们在自己的文化和自己的历史阶级中的经验的特性，实际上是在"理解"一词最强的意义上第一次理解这种经验的特性。因此，我们可以说，那种过去的意象，与其说发挥了历史的功能（因为从来没有存在过这类文化），不如说发挥了诠释的功能。

因为从传统上说，诠释学虽是宗教用以复原抵抗它们的文化文本和精神活动的技巧，但它也是一个政治学科，提供在停滞时代同革命活力的源泉保持接触的手段，在压抑的地质年代隐蔽地保持自由概念本身的手段。确实，正是自由的概念，同爱或正义、幸福或工作等那些其他可能的概念加以比较，才证明是政治诠释学的特殊的工具，而且反过来，这概念本身也许最宜理解成释义手段，而不是哲学的本质或观念。因为自由的概念无论再一次被理解成什么东西，它在一切事物中总是以不满的觉醒出现的，而且在一切事物中都与否定本身的产生相一致：永远不是被欣赏的一种状态，也不是被观照的智力结构，而是一种本体论的渴望，其中那强制性的境况本身，恰恰在遭到拒绝的那一刻被第 85
一次察觉。从法西斯国家的有形恫吓，到令人痛苦的神经症的反复发作，自由的观念都采取了同样的时间形式，即对无法容忍的现在的一种突然知觉，而同时，虽然是含蓄地、不论多么隐约地表达出来的，却是对另一状态的窥察，并依凭这另一状态对第一种状态①作出判断。因此自由观念涉及知觉的叠加；它是解读现在的一种方式，但看上去更像重建死亡语言的一种解读。

自由的概念这种形式上的特征，正是有助于政治诠释学的东西。它倡导类比：把物质的牢笼同化为心灵的牢笼，它用作统一生活所有这些分离层面的一种手段，确实发挥了某种转换等式的功能，从而使一个层面所特有的资料可以转换成其他层面的条件。因此，毫不夸张地说，自由的概念使我们能够超越现代生活中的最基本的矛盾，即外在和内在、公众和私人、工作和消闲、社会学和心理学、我为他人和我为自己、政治和诗、客体性和主体性、集体和孤独——社会和单体之间的那种矛盾。这是由马克思和弗洛伊德两相对峙而象征性地戏剧化了的一种对立；这种人为的对峙的继续（如里奇、超现实主义者、萨特、左翼结构主义，更无需说马尔库塞本人了），突出了现代人寻求克服自己的双重生活，自己的分散破碎的存在的紧迫性。

1793—1794 年那个命运攸关的冬天，席勒开始创作《论人类
86 审美教育书简》。当时标志着革命的生活的绝对政治化，即使在外国观察家看来，也正迅速朝着恐怖或彻底反革命的最终抉择演进。“哲学家和深谙世故者的视线期待地系于政治领域，人们认为，人类命运本身正处在危险当中。一个人不能投身这场大论争，难道不就暴露了他对社会福利抱有应该受到申斥的冷漠态度？”[27]

然而，正是在这样一个历史时刻，他毅然献身于美学理论，献身于对艺术冲动本身的再估价，因为这与人类的其他活动是有联系的。“我希望你们相信，”他说，“这个题材与其说不符合我们历史时刻的需求，不如说不符合这个时刻的趣味，正是这条经

① 即“无法容忍的现在”。——译者注

由审美问题的道路，才使我们得以理解政治问题的任何最终的解决，因为通过美，我们才能获得自由。”[28]游离于政治只是一种表面的游离；事实上，席勒的宗旨在于描述艺术的过程，通过这种描述，使它的原政治性质仍然可见，即使对于一个被政治弄得疲殆的世界的公民来说也仍然可见。

这种描述的步骤对于现代趣味来说是十分烦累的。席勒的论辩是 18 世纪后半叶特有的那种假说性的、先验的、体系化的一个实例，卢梭在《论人类不平等的起源》开头那句著名的话，可以作为这种体系化的格言：“让我们把一切事实搁置在一边来开始吧。”这种结构的缺陷，无疑是由于把纯逻辑论辩和演绎应用于历史领域本身所造成的，仿佛社会的发展同演绎推理一样是受理性影响的。然而由浪漫主义运动贬低为好奇心的这些著作，也 87
许并不是全然没有它们自己的力量的。路易斯·阿尔都塞对于 17 和 18 世纪的各种关于社会起源的假说作了这样的评论：“自然状态的各种特性，交替说明人类从中发展出理智的原因，并暗示未来社会的特征和人类一般关系的理想。自相矛盾的是，正是这种丧失了任何类型的社会关系的状态，才在它自身内部含有并且事先显现出一个尚未达到的社会的理想。历史的终结铭刻在它的起源之中……”[29]在本节的结尾，我们将回过头来讨论这种先验社会模式的特殊性质。

但现在只注意到席勒从他的模式中汲取非凡的优点就够了，因为把笛卡尔的逻辑——内省的逻辑，我思的逻辑——应用到社会机体上来，就已经意味着内在和外在的认同；而且，席勒对从黑格尔到弗洛伊德等思想家产生影响的深刻的独创性，也必然把这种认同逆转过来，把劳动分工、经济专门化的观念，由社会阶级转移到心灵的内在功能上面。在这里，它呈现出一种心智功能笼罩于其他心智功能之上的本质的外貌，呈现出一种恰是外部社会世界经济异化的对应物的精神变形。

不过，这样的一些变形是抽绎出来的，而不是被观察到的，它是最后应该出现的东西——得到更充分发展的人类个性的幻
88 象。这实际上是一种理想的预设，一种理想的和谐，借此异化的各种形式都可以如实地被识别出来。这一理想的和谐恰恰是“自然状态”本身（而且必须从温克尔曼的希腊而不是从初民的角度来考虑），它可以用两种本质特征予以界定：“只要我们只是大自然之子，我们就会幸福和完美；一旦我们自由，两者就都丧失了。因而对于自然就产生了双重的、最不平衡的渴求：渴求她的极乐，渴求她的完美。只有耽于声色的人悲叹第一种事物的丧失，只有讲究伦理的人痛悼第二种事物的丧失。”[30]这种双重性对席勒体系的范围和意蕴产生了重大影响：也许与其说是双重性，毋宁说是一种重叠，对于两种冲力的同时满足。因为这两种冲力的重叠使席勒能够满足两者，同时找出其中每一种的条件，使他能够把第一种的代码翻译成第二种的代码，能够以心智功能（意志、感官知觉、想象力等）和它们相互关系的更为传统的哲学语言，处理快乐原则（这一术语在那时还有待于弗洛伊德的创造）的现象。在自然状态的这两种基本特征中，无论强调哪种特征，都会产生一个不同的席勒：强调完美产生荣格的《心理类型》的席勒，具有其意识一体化的理想；而强调快乐原则则产生《爱欲与文明》的弗洛伊德式的席勒。在历史上，席勒的这种悖论恰恰在于，为了达到对幸福的陈述（对此，用他的术语是什么也无法讲的），论证势必要以完美的语言和心智功能的语言来表达，从而使对立的条件相互影响。

这两种力量——种种物质主义激情和欲望背后的题材冲力
89 （Stofftrieb）或冲动，以及形式冲力（Formtrieb），或者对理智的吸引，在它的影响下，“我们不再是个体，而是种属—生

物"[31]，——无论哪一种都没有得到特许；两者最终都要变形，而且哲人与腓力斯人一样，抽象的雅各宾品格，完全与隐入直接的自我功利和对客体的满足的那种品格一样，都达不到它们可能性的充分发展。

结论自然隐含于出发点之内，而这仍需识别出某种第三冲力。在这冲力中，其他两种冲力可以同时得到满足，可以在单一活动的框架之内协调起来，任何冲力都不会以其他一种为代价而受到抑制。这样一种冲力就是游戏冲力（Spieltrieb），即游戏冲动，它是一般艺术活动的基础，对形式的欲望和对物质（内容）的欲望两者都在其中得到满足。这种冲动的对象，即纯粹现象（Schein），本身既是形式又是物质（内容），它在你寻觅物质（内容）的地方变成形式，在你寻觅形式的地方又证明是物质（内容）。它是某种训练的标志，人类必须经过这种训练才能取得统一，才能使自己摆脱发展中受自己历史制约的缺陷和失误。

在这一点上，自由只不过是这两种（趋向物质［内容］和形式的）巨大冲力的相互中和：像弗洛伊德的快乐一样，是从张力中的释放，是对世界的接近和窥视。在这个世界上数量被质量所取代，力量、重量和质量被美所取代，或者转变为美。确实，正如对于柏格森一样，美对于席勒是自由在感觉领域的真正显现；援引最常用的套话说，美是自由在感性现象领域内（"Freiheit in der Erscheinung"）所取的形式。这种限定足以提醒我们，席勒 90
的体系主要不是一种美学体系，而仍然是一种政治体系：美的重要性对他来说，在于审美经验为未来的真正政治和社会自由提供切合实际的训练的可能性。在艺术中，意识使自己为世界本身的某种变化做好准备，同时学会对真实世界提出加速那种变化的要求。因为想象力的经验（以一种想象的方式）提供对于个性和存在的总体满足。从这个角度看，真实世界就要受到谴责；也是从这个角度看，乌托邦的观念，革命的蓝图，就可以设想出来。

无疑，这样的思辨作为实用的政治策略，至少会给现代心灵以不切实际的印象；人们会说，进行革命并不像攻修一门艺术欣赏课程。的确，席勒考虑的是德国中产阶级革命，他的纲领比上述思辨所表明的要稍微具体一些。因为其宗旨完全在于创造一种民族的、中产阶级的新文化，而要确立这种文化，主要是通过一种民族戏剧和民族诗剧：通过剧场教育德国资产阶级，使他们取得政治上的统一和自主。

不过，暂时回过头来审视一下我们自身和我们的反应，都是更加有益的和辩证的。倘若我们所判断的事实是对自己的判断，而不是对我们无法认真对待的那种乌托邦式思辨的判断，情形会是怎么样呢？倘若我们的判断本身就是我们自己没有能力支持这种思想的一种尺度和征兆，本身就是我们自己压抑未来原则的一种尺度和征兆（在现实原则的现实主义之下，在真实情况的重压之下，未来原则被窒息），情形会是怎么样呢？倘若它就是现实原则本身的那种唯心理论，那种愤世的简化论，而这种原则却原来不是现实而只不过是另外一种征兆，情形又会怎么样呢？因
91 此，当我们在赤裸裸的色欲梦幻和性白日梦（例如《忏悔录》第9卷）中，发现了卢梭政治思辨的源泉时，我们震惊了；我们发觉自己太欣欣然愿意以前者为其因来否定后者，而不理解这样一种论证可以两面解释，不理解这一过程恰恰可以视作对诗和政治、色欲和政治冲动的共同源泉的复归，而这复归又标志着现代世界碎裂意识的一种重新整合。

席勒确实首先对文化革命的这种二律背反进行了沉思：只有在发生革命性变化以后，新型的人，其后可能得到的人性，才可能诞生；但是恐怖（以及我们时代的斯大林主义）却是一种警告，警告清洗不能完成人们尚未对其准备好的过程，换言之，客

观社会条件尚未成熟的过程。那么，是否能因此说，只有当人们在心理上能够接受革命的要求时，也就是说，当革命首先不再是真正必要时，革命才能最终成功呢？成熟的席勒自然不再是激进派；而且如同在西方概念中常见的那样，当文化革命被理解成社会革命的替代物时，就可以怀疑它发挥了与革命后社会（例如中国）中十分不同的功能。

然而，席勒的体系提供了另外一种稍有不同的切实出路，正是这一点形成了他学说中的诠释学部分。因为艺术自由之实现的概念，只有当席勒在《论素朴的和感伤的诗》中沉潜于艺术作品本身的细节时，才变成具体的概念。在艺术作品的细节中，他指点我们把作品的技巧结构看作争取心灵事例的那场斗争的一个形象，并在意象、语言特性、情节结构类型中见出自由本身的（想象方式的）形象。

在艺术作品中，自然状态和文明状态之间旧有的对立，是由 92
具体诗即“素朴的”或原始的诗人的诗和现时代的抽象诗即“感伤的”艺术家的作品之间的区分所概括的——“感伤的”一词意味着“精明的”、“理智的”、“矫揉的”之结合。关于“素朴的”诗，在某种意义上我们只能以回溯的方式讨论。这样的作品特别见于希腊文学，但确切地说，由于它们反映一种总体的具体经验，所以我们不可能对它们真正讲出什么，因为我们所讲的一切，我们所用的任何用语，已经在那种丰富性中预设了某种分裂。因而我们甚至几乎不能讨论“素朴的”诗人本身，因为这样的诗人的标志，是他已经使自己失去了独立的立体性，取消了（毋宁说一向不知道）主客体之间的距离，而这距离正是现代的标记，是我们从自然状态沉沦的标记。

由是，如果除了把“素朴的”诗说成是具体丰富的一种经验，就难以用任何其他方式来描述其特征，那么，形形色色的现代的或者“感伤的”诗，就可以用几乎是抽绎的方法把它们说成是多种可能的关系置换：在形式和物质（内容）之间，在主体和客体之间，以及此后在一种孤立的单体和它从中异化出来的世界之间，进行各种可能的关系置换。显然，在讲述被遗弃的主体本身情况的文学，和描述环绕着它的沉沦的、无意义世界性质的文学之间，其品格上是有本质区别的。前者的特性可以说是一种哀歌方式，而后者则是一种讽刺方式。由于现代敏感性不能和世界取得任何真正的重新统一或一致，依然在自身内部发现它梦想这样一种丰实的状态，并试图对那种状态投射出一种枯竭的幻象，
93 所以对合乎逻辑的第三可能性即田园方式仍然存在余地。而田园方式的非现实性，则铭刻在它的诗难以实现的不可能性之中。

这些可能性的方式，远远不是把自己降低为仅只是文类的问题，事实上，席勒的模式可以应用于艺术作品的任何维度，无论是文体的或是心理的，历史的或是意识形态的。在黑格尔的《美学》及其把艺术史想象成主客体两极之间一系列的不同关系中，在卢卡契的《小说理论》及其主观、客观的分类图式中，基本模式都变成平面时间上的进展，并成为历史理论的基础。在美国的“新批评”中，对从“素朴诗”到“感伤诗”的沉沦的关键洞察，也许是无意识地以诗的敏感性的分裂而得到重新表达。这种分离于是变成了一种精确分析的工具，用以确定一个既定文本中诗的抽象程度和类型。在诺思罗普·弗莱的论著中，文类的类别又一次受到召唤，用以象征我们和存在关系的更具体的方式。但是所有这些对于席勒的修正，虽都指明他基本模式的丰富多彩，却在性质上仍然是理想主义的；而反归于席勒本身，则使我们想起这一体系背后的本来政治意图。一旦丧失这种意图，思辨的思维便徒劳无益，就走到一些界定明确的死胡同中的一个胡同口；它以一种“历史理论”终结，或者用宗教的诠释替代政治的诠释，抑

或最终而且最典型地陷于类型学的贫瘠的循环运动，权衡现象和静态分类体系的循环运动。这些体系，无论在早期的卢卡契、弗莱的著作中，抑或在荣格的《心理类型》中，总是历史思维中途受阻的信号，即一种在通向具体历史的道路上受到惊恐的思想， 94
试图把它的洞察转换成永恒的本质，转换成人类精神摇摆于其间的属性。

我们已经表明，席勒的模式是一台诠释机器，使批评家能够把艺术作品的具体经验和自由的更广泛问题一致起来——首先在个性整合和快乐原则的心理层面上，然后超出这种层面而在政治层面本身上面。这与其说是把这些层面彼此联系起来，或者以彼一层面解释此一层面的问题，不如说是提供一套转换等式，以便使从内部对艺术作品所作的内在的纯文学陈述，有可能转译成全然不同的心理学或政治代码，但又不损害任何这些体系的首尾一贯而又自足的结构。

然而席勒的思想却是征候性的，而不是预言性的。作为新古典主义者，乌托邦对他来说在本质上应从古希腊的过去中寻觅，他的思想受到当时德国中产阶级视野的局限；即使在艺术问题上，他的理论在素朴和感伤之间、在自然和自我意识之间似乎投射出的综合，原来也只不过是古装的诗剧和对于古代教训的冥想罢了。吸引人而又辩证地对称的说法是：席勒的幻象是凭借在时间顺序上接踵而至的浪漫主义完成的，他在构成方式上不能实现的、对于新艺术和新世界所抱的那种幻象，在浪漫主义里得到实现。但是，从理论角度看，浪漫主义之新纯属无意：它确实如同机体躲避打击一样，可以视为一整代人试图保护自己的方式，以此回避世界的总体性的空前的大转变，即世界从此进入贫瘠的物质主义的中产阶级资本主义环境。因此，一切封建世态和政治白 95
日梦，一切宗教事物和中世纪事物的氛围，对旧式等级社会或原始社会的复归，旨在还原旧貌的复归，都应该首先理解成防御机制。然而，断言某种浪漫主义实现了席勒的体系，重新预言式地在精神和文字、诗和政治方面创造了自由的幻象，将不会是错误的。这种新浪漫主义的代言人说：“此刻，正当法国当局荒唐地准备纪念浪漫主义 100 周年之际，我们特此宣告：这种浪漫主义——我们甘愿充当其历史上的排尾，然而，在这种情况下，又是怎样一个赫然在目的排尾！——在现今的 1930 年，从本质上说完全存在于对那些权威和庆典的否定之中；对于它，100 年只不过是它的青春期；那被错误地称为它的英雄时代，老实讲不过是一个生命的啜泣而已，它的愿望只是到了现在才通过我们让人们有所察觉……”[32]

超现实主义，指对“一种绝对现实和超现实（如果可以这样说的话）中两种表面上十分矛盾的状态在未来所做的解决。这两种状态就是梦和现实”[33]。因此，为超现实主义提出下面的要求就显得自相矛盾，这就是，要求返回自然和天真想象力的地位，要求综合本能和意识的地位（这种综合由席勒的体系标示出来但又不在其体系之中）。当超现实主义形象看上去是席勒主客体关系中那种合乎逻辑而又不可能的第四种置换（即主体一极从中被完全勾销的纯物质生产）的更合适的候补者时，这种自相矛盾的情况就越发显而易见。然而，席勒的思想是辩证的，其中现象凭
96 借相互对照来加以界定，即凭借其情境、环境，以及它们被用来克服的冲动来界定。我们记得，对于席勒来说，应该排除并使之停息的敌对冲动，即题材冲力（Stofftrieb）和形式冲力（Formtrieb），仍然是比较匀称的，因而它们的解决依旧可以采取和谐形态。倘若在社会—经济发展的某个后期，这些冲动不再彼此平稳，情形会怎么样呢？倘若冲动占据了压倒一切的主宰地位，抑或它们彼此重新组织成某种远为荒谬的压抑的东西，如同

肌肉在一个不相称的障碍面前可能得到不相称的发展一样，不可避免地把自己的畸形给予试图从它里面得到解放的那个时刻，情形又会怎么样呢？

到20世纪20年代，席勒所说的形式冲力（Formtrieb），在自然的逐渐人化中，在市场体系的组织中，已经大大地超过了与之竞争的其他力量。在商业时代，物质本身已渐渐地不复存在，让位于商品了。这商品就是智力的形式，抑或智力化的满足的形式，也就是说在商品时代，纯粹物质的和有形的需要（作为某种“自然的”东西），已让位于人工刺激、人为期盼的结构，以致在它们中间再也不能把真与伪、基本满足与奢侈满足区分开来。

这就是超现实主义为什么首先把自己表现为反对理性化，反对最广泛意义上的逻辑，同时又容纳哲学的理性，容纳中产阶级商业社会常识性的“功利”，最终还容纳现实原则本身。因此，超现实主义形象是一种打破客观世界商品形式的极端努力，它以巨大的力量，使这些形式相互碰撞：“极像是在切割台上，一架缝纫机和一把雨伞的偶然遭遇一样！”雷弗底把超现实主义者为 97
自己所取的这种形象，界定为两种相距极远而又毫无联系的现实之间的有力而随意的相互结合。这显然完全符合席勒的观念：自由产生于压抑冲动的中和；只是现在商品冲动又返回到自身，返回到它自己内部那些转变成自我毁灭原动力的矛盾上面。

不过，或许正是他们的叙事理论才最引人注目地表明，超现实主义者是如何提出建议要重新唤醒我们周围的外部麻木世界。从表面看，它是对于叙事的一种全然否定：因为布勒东仇恨小说，认为对物质环境的强制性描绘，是向现实原则的最卑劣的一种投降，因为这种描绘中，与我们最表面的觉醒意识相对应的事物的纯知觉层面，被当成了存在本身。这就是说，就我们在其中行动的物质世界来说（《爱的火焰》和《巴黎的农民》中那些伟大的“漫步的超现实主义者”提醒我们，超现实主义者以怎样的激情爱恋着巴黎的真实街道），最令人感兴趣的不是别致的建筑的功能，而是活生生的市区中那些奇异的并列物和奇怪的偶然事件和事物。后者不仅允许心理的认同，而且也用作释放其他受到禁锢的心理能量的口实。

因为布勒东和弗洛伊德一样，也把心灵想象成一种不间断的无休无止的幻想，在单调的醒觉生活的表层下面绵延相续，或者是一曲无穷尽的旋律，或者是“不会枯竭的喁喁声”，在言语的层面上由自动写作的技巧导引出来。正是小说复制醒觉生活的
98 “非连续性”，才使它从超现实主义角度看来没有价值。超现实主义的目的完全在于重构无意识自身的基本连续性。[34]它是一个没有终结的语句，我们可以在任何时候、任何类型的活动中突入其中：“此刻，我坐在写字台旁，无意识的声音正向我诉说着有一个人从壕沟里爬出来，自然没有跟我指明那人是谁。如果我稍微坚持一下的话，它就会给我十分详尽的描述：不，我肯定不认识那个人。但这时候，我写了所有这一切，而他也已经消失不见了……”[35]

在弗洛伊德理论中，梦的明显意义或表层故事，不仅是受到压抑的无意识愿望的伪装，也是那个愿望受到压抑的无意识幻想—满足（fantasy-satisfaction）的伪装。这样，在心灵的局部解剖学中，起作用的就不只是一个而是两个故事，一个是意识的，另一个是受到抑制的。确实，这一观念对于弗洛伊德非常重要，以至在很长一段时间里，他认为无意识的幻想在现实中确曾发生，因而形成了童年诱惑神经症理论。事实上，从历史层面说，他毕生相信那种对于原初父亲的真正的躯体谋害，对于他，文明就是借此建立起来的。然而，即便是在个人心灵领域里，当他后来扬弃了童年诱惑假说时，他仍然一直坚持它作为一个场景在戏

剧或叙事上的价值；正如同他一直突出无意识或复归思维在本质 99
上的比喻性质一样。这就是说，对于弗洛伊德，根本没有纯粹的或实体状态的本能或冲力（Trieb）这种东西：一切冲力都通过意象或幻想的调停，通过它们的对象语言的调停，通过弗洛伊德所谓的一种难以确切选择的表达方式，即“再现性呈现”（“Vorstellungsrepräsentenz”），或“再现呈现冲力”（“den Trieb repräsentierende Vorstellung”），或“再现性表述”的调停。[36]超现实主义者旨在使之浮出表面的，正是无意识的对象语言。

因此，和一个外在对象的某种偶然接触可能比我们有意识的意志的枯竭生活中所发生的任何事情，都更加深刻地使我们“想到了”我们自己。因为我们不知道，我们周围的对象都在我们无意识的幻想中过着它们自己的生活。在这些幻想中，由于超自然力或禁忌，由于象征性的吸引或排斥，它们充满活力，变成欲望的那巨幅画谜中的语词或象形文字。

对于事物或“描绘”是如此，对于人们，对于我们给自己讲述的可能是最真实故事的“人物”，情形也是如此。不过，这往往是一种经过理性稽查的死气沉沉的表达，是那些最传统的、想象的陈规的表达：“［传统小说家］记载的每件事情都具有偶然的、徒劳无益的琐细性质，这就不免使我认为他们是在拿我开心。举凡他们对于人物所产生的种种踌躇不决，我也都无一幸免：他头发是不是金黄色的？他该叫什么名字？该不该在夏天第一次见到他？众多的问题都仅仅是机缘凑巧地永远获得了解决……”[37]这样，小说家的第一个鲁莽冲动，人们可能认为是不
可靠的冲动，是借认可来决定（一劳永逸地确定）人物的全部轮 100
廓和眼鼻口舌，仿佛在现实生活中，人们对于我们不是无意识的象征（符号），不是在我们仅仅逐渐地、仅仅部分地意识到的幻想中，过着第二重生活；仿佛讲述故事本身的真正兴趣，不在于

人物借自己的动量在我们眼前发生的那种缓慢自主的转变，叙事过程因此类似于心内的冥想，而不是新闻公报。这对于超现实主义者来说，比任何其他因素都更能说明洛特雷阿蒙①的特殊立场。在他的作品中，读者能够意外地发现，意象、幻想和人物从觉醒状态的空虚闲散中涌现出来。在此状态中，作品的主体——以可能的最具体形态出现的主体——正是它自己的阐发、蹒跚、踌躇，是自动性或者心灵和叙事连续性巨大延伸的突然展现。布勒东谈到刘易斯②《僧人》中的人物玛蒂尔时曾说："［她是］人们必然归功于这种形象化文学样式的最动人创造……与其说是人物，倒不如说是一种常在的诱惑。"[38]这话甚至在更大程度上适用于洛特雷阿蒙的虚构事物。这虚构事物显然就是能量。在这些虚构事物中，主客体的觉醒范畴本质上被融化了，或者被超越了，与弗洛伊德的"再现性呈现"恰相吻合。

因此，为了坚持使用布勒东既和弗洛伊德用语又和我们诠释学语汇相一致的词语，可以毫不过分地说，对于超现实主义者，真正的情节、真正的叙事，乃是可以充任"欲望"③本身形象的东西。这不仅因为在弗洛伊德的意义上，这样的纯心理欲望是意识不能企及的，而且还因为在社会—经济语境中，真正的欲望在构成市场体系的巨大网络中，有受到融化和丧失的风险。就此而
101 言，欲望是自由在新的商业环境中所采取的形式；这样一种自由，除非我们既从一般"欲望"的平静又从它的苏醒来考虑，我们甚至认识不到我们已经丧失了。

超现实主义实践的这种解放和升华的效果，恰好可以由这一形象化观念予以解释。用稍加变通的话，我们可以说，与普通的

① 洛特雷阿蒙（1846—1870），法国超现实主义先驱之一。——译者注

② M. G. 刘易斯（1775—1818），法国作家。——译者注

③ 此处原文系大写，因加引号以示区别，以下均仿此。——译者注

看法相反，自动写作包含着一种内省的要素，一种自我意识的维度。因此，布勒东严厉申斥了那些人，“他们一般满足于让笔在稿纸上滑动，而不稍加注意在这样一个时刻，他们内心的活动是什么——不过，这种自我意识比普通的自觉写作的自我意识更易于把握，观照起来也更有兴趣”[39]。正是表面上非内省的、纯自动文本的这一内省维度，才比任何其他因素更能从纯文学角度来解释历史上超现实主义那种摇摆不定的立场：在它们自身之内，这些文本是局部的和偶然的，它们的效果无疑依凭于我们自己的幻想，和我们自己所受到的诱惑。只有在它们被认作超现实主义的例证时，它们才再次开始呈现出它们起源上的更浓烈的色彩。这就是说（如果你想这么说的话），超现实主义的观念，比实际文本更是一种解放的经验。布勒东在把所谓“右翼异端分子”即那些过分依赖于艺术本身及艺术客体生产最终价值的超现实主义者排除在外时，他自己头脑中几乎不可能有任何别的念头。但是我们还可以进一步引申，因为对于由这一观念创造的我们存在的准实体性拓展（在这一方面，正如在其原因中一样，同惠特曼和哈特·克兰更加扩展的作品相类似）恰恰是文体激发的关联物，它由其背后更大的比喻意义或者归纳所形成。因此，在惠特曼的 102
清单中，个别的有限项目，便在它们所代表的一般的、实际上是普遍的背景之下，被释放出来。所以，在超现实主义中，存在着一个起作用的诠释过程，其中“欲望”在个人联想体系的一切个别的、有限的欲望背后被识别出来；其中“自由”在意象和语言更受局限和偶然的自由背后被本能地觉察出来。在我们时代，我们习惯于把具体当成偶像，而且通常以此来理解特殊：然而，这里所讨论的那些效果却相反地证明，特殊在某些条件下可以是一种奴役，并且在这些条件下特殊完全可以是作为解放而出现的抽象的运动。因此，凡是把超现实主义说成是对于“欲望”形象的一种冥想的人；在同一时刻也是在描述一种从单个受限制的欲望释放主体性的技巧。这种欲望“仅仅如此”，因而同时又是放弃别的欲望的欲望。通过这样的释放，一切欲望——作为力量的“欲望”——都得到了满足。

这一新的满足，席勒在回溯自然状态时称为极乐，它在其超现实主义变体中，通过“神秘”这个字眼得到恰切的传达。确实，这两个用语在两种体系里的地位是类似的，而且在超现实主义中还有些重叠的、附加的双重性。大半出于同样的原因，我们在席勒对于自然状态的描述中也曾发现这种重叠的、附加的双重性。因为就神秘感觉讲是无话好说的：它实质上只是一种信号，说明那种长期企盼的对我们存在的拓展，即摆脱现实原则的压抑重荷已经出现，生活突然再一次在性质上得到了转变，在某种程
103 度上重获了它原来的存在理由。如果我们想就这种相对来说不可言喻的价值多作讨论的话，那就必须更换成更精确的至少是更清晰的术语。而且正是在这一点上，超现实主义者求助于那些用于特殊经验的语词，在这些语词中，神秘感极为经常地得到了释放，诸如爱情、梦幻、笑声、自动写作、童年等等。不过，它们描述的是快乐原则的外在条件、必要的情境，而不是这种原则本身的性质。

这是否是说，超现实主义，作为一种理论和实践，为我们保留着那种有过自己全盛时期的炽烈的现实性？答案就蕴含在问题之内：因为在理论仍然是事实的同时，实践却不再如此了。其原因不仅在于上述文本的观念之间的那种内在矛盾，也深深植根于历史条件本身当中，或许还可以借返回到我们同超现实主义相联系的意象的种类和性质来得到最好的把握——当然，这些意象，不是指客体（对象）本身，神秘的破烂碎片，仿佛隐含某种信息的费解的人工制品，从路过的店铺橱窗跳出来的像是奇迹般的巧

合的文字或稍微掩饰的某种预告的文字，廉价影剧院里上演的二流情节剧，那些如今早已支离破碎的内部走廊里的贮货橱窗，市区的花卉鸟兽等等。它们的象征价值，作为照片的存在被装订进书，借本身的文本而得到了强调，仿佛它们有必要带着超言语的不透明性出现在读者面前似的，即带着某种有形的现实部分（reality-quotient），单独赋予它们以梦的客体的晦涩，使它们能抵御梦记录的词语的贫乏和枯竭。

这些客体（对象）——客观机遇抑或超自然启示的地位——
对于我们，可以直接认定是尚未充分工业化和体系化的经济的产 104
品。也就是说，这时期产品的人为起源，即它们和它们所由产生的劳动的关系，还没有全部隐藏起来；在它们的生产中，它们依然显露着工匠劳动组织的痕迹，同时它们的分配也依然主要由小店主系统来保证。广告业，就我们如此熟悉的各方面而言，几乎没有发展；事实上，广告本身，无论是张贴广告，《尤利西斯》中前后挂着广告的人，还是由格特鲁德·斯坦因引荐，而给油画增添了秘密声誉的那种绘制在空墙上的粗糙画面，都依然可以根据它们自身理解成具有吸引力的客体（对象）。因而，使这些产品做好准备，接受超现实主义所特有的心灵能量投入的，恰恰是印在它们身上的人类劳动、人类姿态的那种粗粗勾勒而尚未抹去的标记；它们依然是冷淡的姿态，还没有同主体性完全分离，因此依然同人类躯体本身一样，蕴含着神秘性和表现力。

同理，它们依然永远与我们社会—经济发展中的一个确定阶级相联系。这一点，如果我们以对于行将消失的传统城市郊区的怀旧情绪来回顾那个业已完结而今已成为历史的阶段，就能看得更加清楚。布勒东仿佛没有意识到超现实主义形象的可能性在何种程度上受到历史的制约，尽管他非常清楚它的原材料的历史特征：“不可思议的东西，”他对我们说，“并不是在任何历史时刻都一模一样的；它悄悄地参与一种普遍的启示，而只有这种启示的细微末节流传到我们手里：浪漫主义的废墟，现代的时装模特儿，或者易于在某个时间骚扰人类情感的任何其他的象
105 征……"[40]时装模特儿，是整整一个时代情感的名副其实的象征，是超现实主义改变生活的最高图腾，——在其中，人类躯体本身作为一种产品出现在我们面前。在模特儿身上，对另一个存在的令人困扰的意识（像怕与我们相遇的、从玩偶眼中射出的蓝色凝眸似的），一个无生命声音即将对我们开口说话的那种隐秘预兆，全部象征性地昭示出超现实主义对它周围客体属性的重要发现。我们只需把时装模特儿作为一种象征，同大众艺术的摄影客体（对象）、康伯尔汤罐头、玛丽莲·梦露的照片，或光效应绘画艺术的视觉珍奇等并列在一起；我们只需把美国超级高速公路上的加油站、杂志里的上光照片，或美国杂货店的赛璐玢天堂，换成小作坊和杂货店柜台的环境，换成旧货市场和大街上的货摊，就能够认识到，超现实主义的客体（对象）已经逝去，没有留下一丝痕迹。从此，在我们称为后工业资本主义社会里，我们所取得的产品丝毫没有深度：它们的可塑性内容完全不能当作我们心灵能量的导体，如果我们可以这样表达自己的意思的话。在这些客体中的一切里比多的投入，从一开头便被排除在外了。我们当然可以自问：如果我们的客体世界真的从此不能产生任何"能够……激起人类情感的……象征"，那么在这里，我们难道不正是面对一种程度巨大的文化转变，一种出乎意料的、绝对性的历史突破吗？

只要召唤——与其说是一种充分发展的概念，毋宁说是一种本质上的神秘和本身应该予以探索的问题的标志——那种原先的、依然属于席勒的有关自然的词汇，就足以让我们认识到这种业已完成转变的程度了。因为，难道这里的问题不正是世界最终

的和总体的人化，旧式“自然”经济的最后的幸存钱袋的最终消 106
亡，正如在农业中一样，一切生产方式都确定无疑地从属于电脑集中控制的、具有强制标准化的市场体系？难道这不标志着纯粹人类即反事物原态的君临地球的最终确立？从这方面看，超现实主义者的浪漫主义就变得更清楚了，因为他们的本性正是城市本身，他们以浪漫派作家凭借风景的存在来满足的那一切深刻的企盼，使自己隶属于城市；颇具讽刺意味的是，他们之所以能做到这一点，完全是由于那个时代法国经济是衰退的、古老的，是作为自然经济的残余出现在他们面前的。不过，从此以后，正是对自然本身的记忆似乎面临着消失。

(2)

岁月！默然的岁月！不变的岁月！无言的记忆女神！
她倾听！她凝睇！
她感受（因为是灵魂内的感觉），
纯洁、朴素、不可玷污！她牢记不忘。
她是心灵的负荷。她是表现为
美丽数字的比率。她的
丰姿无法描绘，
躺在生命的脉搏上。

——保罗·克洛岱尔①：《五大颂歌》

正是在这一语境中，赫伯特·马尔库塞的见解和著述的独到，才能够得到最有条理、最清晰的把握：他的论著采取对黑格

① 保罗·克洛岱尔（1868—1955），法国象征主义诗人。——译者注

尔和马克思、对弗洛伊德和席勒进行评述的形式。其目的恰恰在
107 于按照第二次世界大战末期开始出现的后工业资本主义的崭新的社会—经济环境，对这些早期体系以及它们所产生的后果，重新进行思考。在这新的环境中，坚决消灭贫困和饥饿的可能性，与在社会生活领域内进行空前未有的控制和总体组建的技术可能性，在历史上第一次携手并进。它既不完全是技术的发展，也不完全是政治的发展，因为，从海洋获取食物和世界政府的纯科学的乌托邦，听起来空洞虚假，而与此同时，比较陈旧的阶级分析，也似乎不再适用于这样一种情况：历史进程的“代理人”已经不复存在，工人阶级在其价值和政治上被同化为资产阶级，而“权力精英”与比较古老类型的统治阶级相比，往往看上去既是它所支配的那些巨大力量的主人又是它们的爪牙。

丰裕和总体控制，这是悖论的语境。在这种语境里，马尔库塞准备重新思考弗洛伊德和马克思，重新估价他们二人都关注的个人幸福和社会组织之间的古典的对立。的确，马尔库塞的文化见解，可以当作弗洛伊德在《文明及其不满》中那些见解的一种富有讽刺意味的颠倒，这部著作在社会演化的进步和个人受到压抑的心灵的不幸之间，在个人自我否定和心灵能量为集体宗旨的转移之间，假定了一种无法逆转和不可避免的相互依存性。对于马尔库塞，站在后工业资本主义巨大分水岭的另一边，情况不再完全一样了；结果，正是更多的性自由，更大的物质丰裕和消费，更自由的文化享受，更好的住房，更广泛的教育福利，以及增加了的社会的（且不说汽车的）流动性，伴随着愈益加剧的操
108 纵和最复杂的思想控制形式、伴随着精神和智力生活的愈益贬低、伴随着生存的堕落和非人化而出现。因此，我们愈是幸福，我们就愈益确定地甚至不知不觉地受制于社会—经济体系本身的权力。

正是马尔库塞思想的这一特征，使古代柏拉图关于善的本质的辩论获得了新的现实性，因为恰恰是他的分析提出了幸福的问题，迫使我们问道：在一个洗脑和操纵成为日常机制的世界上，人们能否知道对他们什么是善？社会的善能否以一种主体的满足感来判断？与此同时，他的著述也成了典型的反对哲学巨擘或哲学精英的可信赖性的鹄的，这些精英被期待着在没有发自人们自身的可靠声音的情况下，对社会的善作出终极的判断。

不过，在我看来，这个问题从相反方面提出是极为有用的。假使我们把这些概念上的孰先孰后颠倒过来，不是把幸福而是把否定本身的性质当作他的基本主题，那么，对马尔库塞著作中的锋芒和说服力，及其基本的一贯性，就会感受得最为深刻。的确，他对弗洛伊德本能动力学的讨论，同他的社会学学说（就其源于马克思而言）以及他的见于《压抑性宽容》和《论解放》中的战术立场所共通的东西，是这样一种观念：消费社会，丰裕社会，已经丧失了所有形式的否定经验，从文化的和个人的角度看，只有否定才最终是硕果累累的，真正的人类生存只有通过这种否定过程才能获得。

如此审视起来，马尔库塞同阿多诺和法兰克福学派的关系，就成了实践与理论的关系。因为在阿多诺草拟否定的或批判的思想（抑或“否定辩证法”）理论的地方，在他的论述文学或哲学 109
或音乐的论文中追溯否定的某种削弱对上层建筑所产生的影响的地方，马尔库塞的著作则可以视为对同一个历史大转变的心理和社会—经济基础结构的探索。

因为从本质上说，我们发现，是那些相同的情况在现代生活的各个层面上起着作用，无论是在政治的还是心理的层面上，无论是在行动的还是观照的层面上。据此来看，一切弗洛伊德学说必然重新思考的这种基本发展，就是家庭的离析、独裁的父亲的消失，也即在家庭这一细胞单位层面上的压抑的消失。由于这种自由化，俄狄浦斯情结和超我两者本身便大大削弱，以至于表面上得到解放的个体，同时也被拒之于通往真正心灵个性的道路之外，虽然他对父亲的叛逆一度为他提供了这条道路。现代人的自我“萎缩到了这样一种程度，本我、自我和超我之间的多种对抗过程，不再能以其古典形式展开自己……它们的原始动态变成了静态：自我、超我和本我之间的相互作用凝结为自动反应。超我的物质化伴以自我的物质化，以冷漠的品格的姿态呈现，在适宜的场合和时刻形成。愈益不受自主性羁绊的意识，可能只用于协调个体与整体的调节任务”[41]。在社会层面上，社会压抑的强迫升华的那种公开负荷，也差不多以同样的方式被取消：原先的“原始心灵资本积累”时期特有的那些强制，已经让位于“压抑
110 性的沉沦”。其中，性活动丰富的社会鼓励公开的但又专门化的性活动，把它当成减少那种体系内部意识的不幸，排除意识对那种体系不满的方式，而与此同时，从情绪的或里比多的角度看，又补偿了环境必然加剧的枯竭——一种我们前此描述过的现象。

在政治层面上，取消对父亲叛逆的权利，再现为不可能有效地从整体上否定那个体系。阶级斗争的削弱，工人阶级同化为资产阶级，是这一普遍调和的客观条件；随着传播媒介的延伸，在电视演播者所说的由于过度曝光而造成原材料“穷尽”的意义上，叛逆的内容和姿态也被穷尽了。在这种意义上，我们社会的宽容，可以说是真正压抑性的，因为它提供了使最危险的、最富颠覆性的观念变成无害的手段；不是检查而是转变成一种时尚，这是摧毁富有潜在威胁的运动或革命性的最有效的方式。

俄狄浦斯情结的冲淡，阶级斗争的消失，叛逆同化为娱乐型的价值——这些就是否定的消失在后工业资本主义富裕社会里所取的形式。在这些条件下，哲学家的任务是复活否定的观念本

身，因为这一概念在对现状的普遍屈从之下几乎被消灭了；它同自然和自由的概念一道受到了现实原则的压制，被驱赶到了隐蔽的地方。马尔库塞把这一任务阐述为乌托邦式冲动的复活。因为在原先的社会中（正如在马克思的经典分析中），乌托邦思想代表着革命能量转入闲散的事事如愿和想象的满足，而在我们自己 111
的时代，乌托邦概念的性质则经历了一种辩证的颠倒。现在，正是注重实际的思想，在各个方面代表着对那种体系本身的投降，证明那种体系甚至具有把它的对手转变成自己镜像的力量。相反，乌托邦观念使一个在性质上完全不同于这个世界的世界有可能富于生气，它采取一种执着地否定现存一切的形式。

因此我们可以说，对于马尔库塞，正是这乌托邦概念——“在行动原则之外，设计一种文化理论建构的企图”[42]——从此吸收并替代了席勒和超现实主义者的艺术功能，体现了一种最新的自由的诠释学。因为乌托邦思想可以说是联合了哲学的和艺术的两种冲动，同时又超越了两者：是哲学变成了具体的，是艺术把生活本身而不是产品和作品当成了它的对象。那种只有快乐原则在其中依旧是纯粹的和不受压抑的幻想冲动，现在否定了现存的真实世界，那个“现实主义的”世界，并为那个世界准备了一种未来。因为阿多诺也以自己的方式表明，在我们时代，艺术作品的生产受到了强大的内在矛盾的破坏，由此产生的艺术客体也立刻被吸收到现状的无限之中。现在，马尔库塞在这种新的敏感和新的性政治当中，看到了如何把艺术冲动用于对新生活方式本身的创造，用于对乌托邦冲动的具体运作。

但是，这新的敏感的政治局限，是诠释学观念所固有的：它的政治意蕴，只有在其自身被理解为乌托邦的彩排，被理解为具体社会最终解放的一种预示时，才是一目了然的。新生活方式所 112
带来的那些直接的偶然自由，势必因此发挥一般“自由”的形象的功能。在它们当中，没有我们前此描述过的从特殊到一般、从个体经验到这种经验所代表的那种普遍解放的典型运动，它们就依然是一个个体麻醉状态的问题，一个只有在集体海难当中个体才能得救的问题。我们现在确实能够更好地来解决上文呼唤的幸福问题了；因为只有个体的幸福和主体的满足不是肯定的（在由消费社会造成的最终餍足的意义上说）而是否定的，是对那个社会所能提供的一切事物的象征性拒绝，那种幸福才能恢复它的权利，被视为人类种种可能性的一种尺度和拓展。

不过，马尔库塞的著作并没有被这种描述所罄尽，因为在它展开乌托邦思想极其重要的紧迫性的同时，首先替这种思想的可能性奠定了基础。它在发展一种新的诠释学的同时，确立了一般诠释活动的存在条件。这种理论基础采取了一种深刻的、几乎是柏拉图式的维持人类生存记忆和回想的形式。确实，完全可以说，在马尔库塞的思想中，记忆女神同爱神和死神在弗洛伊德后期心理玄学中所占的位置有些相似，都处于象征性的、创造神话的地位。

记忆的功能价值，可以根据弗洛伊德认为它是有意识的思想的真正源泉来加以判断，后者“只是从满足的记忆……通往同一记忆的完全相同的精力倾注的一条弯路，通过原动经验的道路再
113 一次达到这种精力倾注”[43]。鉴于弗洛伊德不少著述的诊断性质，我们倾向于主要以痛苦、创伤来思考记忆，而实际上，记忆的首要功能，则在于为快乐原则服务。“满足的记忆，”马尔库塞告诉我们，“处于一切思想的源头，重新体验过去满足的冲动，是这种思想过程背后的潜藏的驱动力量。”[44]

现在，乌托邦思想的起源已经十分清楚，因为正是记忆在内在和外在、心理和政治之间起着基本调停者①的作用；而它们的

① mediator，或译“中介（者）”。——译者注

分离，我们在本文开头已经描述过了。由于我们知道，在生活的肇始有一种充分的心灵满足；由于我们知道，在一切压抑之前的一段时期内，如在席勒的自然中一样，对后来更复杂的意识的详细、专门的阐述尚未产生，主体从客体分离尚未出现，因此记忆，甚至对个体心灵中那种史前福地的依稀朦胧的和无意识的记忆，仍然能够完成它深刻的治疗的、认识论的乃至于政治的作用：它的“真理价值在于记忆维护诺言和潜力的那种独特功能，这些诺言和潜力被成熟的文明个人所叛卖，甚至宣布为非法，而在他模糊的过去中，却曾一度得到实现，并且永远不会完全忘记”[45]。革命活动的原始能量，就来源于对史前幸福的记忆，个人只有通过这一记忆的外化，通过它对整个社会的重新确立，才能再一次获得它。因此，对诸如自由和欲望这样一些概念的意识的丧失或者压抑，便采取了某种记忆缺失或遗忘性麻木的形式， 114
而诠释活动，对记忆的刺激，作为对此时此地的否定，作为乌托邦的投射，则具有消除这种形式的功能，为我们恢复了我们自己最有生气的冲力和愿望中那种原初的清晰和力量。

记忆理论确实为诸如席勒的这样一些先验的社会模式提供了出乎意料的理论确证，因为我们可以说，这种表面上不能自圆其说的推理，仿佛是记忆披上的概念乔装；似乎是18世纪的哲学家能够重新创造个体生存的心理真实，他们只需想象自己正在通过理性来抽绎自然和一般原初人类社会历史状态的特征就行。因此，看似极为抽象的东西，在迥然不同的出乎意料的层面上，却原来是具体的东西，而席勒关于自然客体的那些名言，也赢得了新的深刻的回响：“它们过去是怎样，现在还是怎样；它们是我们势必再一次变成的那种样子。正像它们一样，我们就是‘自然’，我们的文化必然引导我们沿着‘理性’和‘自由’的道路返回‘自然’。它们因此是我们童年的表现，永远对我们弥足珍爱；由于这个原因，它们使我们满怀着某种悲伤。与此同时，它们又为我们象征着我们在‘理想’领域里的最大可能的圆满，而且由于这个原因，它们在我们内心唤醒了最高贵的昂扬。”[46]但是，席勒视为人性本身的假说的起源，原来只是理性对个体心灵的史前史进行错误释义的方式。

马尔库塞对于弗洛伊德的位置，在许多方面显然都与面临康德批判哲学的席勒相似。康德哲学为自己设定的任务是，探索既
115 存事物在概念上的先决条件，阐发感官知觉和美、自由意志等经验可能性的必要条件。正如我们已经见到的那样，席勒继续抽绎可能性的条件，但是，这些条件现在不是一种现存状态而是假说状态的先决条件。换言之，席勒希望确定，为了使一种真正自由和谐的人格有朝一日变为一种真正的可能，人的心灵将不得不如何建构；然而根据这种论证，仍然有那种逻辑上的取舍，说明这样一种存在不会也永远不可能存在。

大致出于同样的原因，弗洛伊德的本能理论，旨在解释真实的、现存的心智现象的结构，解释歇斯底里、神经症和精神病的结构，而马尔库塞运用这种理论却具有更富思辨性的假说性的色调，因为它的目的在于描述某一社会的可能性的条件。在这个社会中，攻击将被消除，从里比多上满足的工作也将成为可以想象的。因此，举例来说，对于一个“母性的超本我”[47]的独创性假说，则是用以表明在一种乌托邦的未来当中，快乐原则和某种社会道德形式明显矛盾的要求，怎样通过对本能自身的局部解剖达到和谐并得到确证。

自然，总是存在着这样一种社会根本不可能存在的可能性，而且，先验模式让我们考虑的这一最后抉择，本身就是马尔库塞现实主义的根源，由此他一再提醒我们，拯救在历史上绝不是必然的，我们甚至不会发现自己处于革命前的——更遑论革命

的——形势之中，而且整个体系还可能最终成功地从地球表面上，把否定的记忆以及伴随否定形成的自由的记忆抹掉。

然而，无论结果如何，再次思考自由观念顽固地再生现象都 116
使我感到高兴。这种再生以三种迥然不同的形态在三个迥然不同的时期出现：历史学家—戏剧家对它的重新创造，他们在自己毗连旷野的小封建城邦中，由于受到革命胜利消息的激励——几年以后拿破仑军队的震撼将使大地颤抖——而梦想富于政治雄辩的英雄姿态；诗人的重新创造，他们在自己魔幻的游乐园里昂视阔步，在街头景象的幻觉般的画谜背后，寻找客观机遇的虹霓预兆，而在大街上，永远听得到由殖民帝国进行的恶毒的、永无止息的军事绥靖的玩具枪似的枪声；哲学家的重新创造，他们离开在加利福尼亚州那种住房的巨大发展，从超级市场的一排排货物中，从高速公路的咆哮和交通警察钢盔的不祥样式中，从军事运输机队在头顶上不停地穿梭之中，又仿佛从超越这些的未来之中，缅怀、再次唤醒并重新创造几乎湮灭的乌托邦观念的形式。

Ⅲ. 恩斯特·布洛赫和未来

> 因此，我们的口号应当是：意识改革不是靠教条，而是靠分析那神秘的连自己都不清楚的意识，不管这种意识是以宗教的形式或是以政治的形式出现。那时就可以看出，世界早就在幻想一种一旦认识便能真正掌握的东西了。那时就可以看出，问题并不在于从思想上给过去和未来划下一条不可逾越的鸿沟，而在于实现过去的思想。
>
> ——马克思致卢格[①]的信（1843）

① 卢格（1802—1880），德国政论家，青年黑格尔分子，资产阶级激进派。——译者注

讽喻和共产主义是一对陌生的伙伴。我认为，如果把对恩斯特·布洛赫著述的最精湛的把握，看成是对马克思主义试图起到
117 上述四层意义对中世纪基督教义所起的那种作用，并提供具有巨大灵活性和深度的诠释技巧，那么，在其整个活动上面，就仍然浮动着这种暗示：在马克思主义和尚待清理的宗教之间，存在着某种更基本的契合；就仍然浮动着这种怀疑：布洛赫与其说是马克思主义哲学家，或者是马克思主义宗教哲学家，毋宁说（根据托马斯·缪恩泽的说法）是“革命的神学家”。

因为，所谓马克思主义本身就是一种宗教的见解，乃是种种反对共产主义的主要论点之一；这种看法无疑是说，它是谦卑的宗教，不想知道自己名称的宗教。然而，在我看来，这一向是匪夷所思的非难，适用于两方面的非难：特别是马克思主义被同化为宗教，似乎就更把宗教降低到纯粹世俗意识形态的地位。换言之，这个富有启示的类似，在这一点上与其说是马克思主义和宗教的类似，毋宁说是宗教和马克思主义的类似。更普遍的情况是，我觉得非信徒总是因其倾向而加强他的对手的地位。这种倾向（我们可以指出，这全然是一种迷信倾向）是：把某种独特的、专门化的、内在的、其他类型的心理或精神经验归之于信徒。尽管在神学文献中，从一开始便清楚地说明，信仰从本质上说应该被描述为获取信仰的期待，但信仰的性质与其说在于对上帝存在的某种领悟，毋宁说是对他的沉默、他的不在的领悟——简言之，从根本上说，在信徒和非信徒之间本来就没有任何真正的不同。

马克思主义与基督教义所共有的基本上是一种历史境况：因为马克思主义现在投射出了对于普遍性的那种要求，以及确立普遍文化的那种企图，而这也是基督教在罗马帝国衰落的岁月和中
118 世纪鼎盛时期的特征。因此，它的理智工具和基督教用以教化毫

不相干的不同文化背景的人们的那些技巧（其中有形象的分析），毫不足奇会有某种结构上的类似。中世纪的诠释学确实发挥了两种基本功能：教义的功能（用来满足信徒本身的智力和哲学的需求）和教会的功能（旨在吸收那些依然处于教门之外者的文化或宗教观念，比如将异教的节日同化为基督教的）。[48]所有更表面的相似，都源自马克思主义和基督教义的这一共同的历史使命。因此，比方说，假如马克思和恩格斯的著作变成了人们揶揄地所说的神圣文学，变成了滥加征引和错误释义的源头，这并非导源于对《圣经》的某种无意识的戏拟，而是导源于一种普遍文化自身的本质结构，导源于这文化内部那个文本或文字的中心位置；围绕着这个中心位置它被组织起来，起到共同语言或代码的作用，但不是对普遍强加的内容构成一系列共同的解释或教条，而是构成一系列共同的问题，构成一种共同的形式，通过这种形式，那些在文化上最异质的境况便可以得到理解。

更局限地说，每当要求我们确定我们称之为右翼文学的地位时，马克思主义诠释学的问题便会出现，而无论所谓的右翼文学是指过去传统的保守文学，如福楼拜或陀思妥耶夫斯基的作品，还是指我们时代高质量的法西斯文学，如温德罕姆·刘易斯①或德里耶②或塞林纳③的作品，如果这就像马克思主义一向断言的那样，即根本不可能存在一种右翼哲学，法西斯体系是一种用语矛盾，不是思维而只是思维的视力幻觉；如果这确实说明法西斯 119
革命总是不得不借用右翼的服饰，把自己乔装成民族“社会主义”；那么，这些反动作者的官方立场和地位，则可以视为一种

① 温德罕姆·刘易斯（1884—1957），生于美国的英国小说家、画家。——译者注

② 德里耶（1893—1945），法国小说家和随笔家。——译者注

③ 塞林纳（1894—1961），法国小说家。——译者注

表面现象，是为了取得更基本的能量来源所做的文饰和伪装，但是根据弗洛伊德的无意识模式来看，他们并没有意识到这一点。于是，马克思主义的诠释学就负有任务，为那种能量恢复其本该属于它的政治方向并使它再次能为我们所利用。“（一种仿佛马克思主义思想的）真正独创性和特殊性，并不意味着这种无需借助外在的思想，不能同时着手研讨一种遗产。”[49]布洛赫的哲学为这种再转化过程，这种对显然异己的或者对抗的文化杰作的剥夺，提供了一种可能采取的形式，虽然正如我在别处希望表明的那样，这不是唯一可能的形式。

这种诠释学运作，可以通过许多并列的情况加以确定。例如，我们必须在保罗·李克尔所谓的否定和肯定诠释学之间，在怀疑诠释学和恢复被忘却意义[50]的原初诠释学之间，在作为非神秘化，作为幻觉毁灭的诠释学，和另辟蹊径的、提供抵达某种生命本质源泉的诠释学之间，作出区分。自然，对于李克尔，后者只能想象为神圣的，因而他能设想出来的肯定诠释学的唯一形
120 式，依旧在本质上是一种宗教的诠释学；另一方面，否定诠释学则与现代哲学本身一致，与我们在尼采和马克思以及弗洛伊德（布洛赫对我们说，“对于弗洛伊德来说，梦的明显的内容，从本质上说，是戴着面具的狂欢时刻；对梦的释义则是随之而来的圣灰星期三”）[51]身上发现的那些对意识形态和幻觉意识的批判相一致。由于这些成对的不可调和的特征，即非神秘化的特征和本质上恢复了解决方法的特征，任何真正成功的和具体的诠释学的必要条件便已经给出，而且布洛赫借以在世俗基础上设法满足两者的独创性，也可以得到判断。

不过，我们可以据以评价种种诠释努力的，还有其他一些并列的情况。例如中世纪的诠释，由于其四个层面的意义，可以被视为是垂直运作或理想主义运作（如果你愿意这么说的话），是

将愈益增加的概念的丰富性引入本身依然相对静止的客体的一种方式。相反，布洛赫的诠释则在其客体多样性中找到了自己的丰富性，而它最初的概念内容，却依旧相对地单纯，相对地没有变化。因此，无论我们向哪里审视，世界上的一切就一点一滴地变成了某种原初形象的变体，显现出那个向着未来、向着与理想化世界即乌托邦终极同一性的原始运动。而这个理想化世界的有力存在，不管在什么歪曲之后，也不管在什么压抑的层面之下，总是可以凭借希望自身的工具和装置察觉出来，无论它是何等的依稀朦胧。

因此，布洛赫的主要著作《希望原则》，便获得了真正的百科全书式品格，它不像黑格尔的《精神现象学》那样，是一排递升的形式阶梯，而是在现实各个层面上，对希望的显现进行大量的杂乱无章的探索；从本体论自身出发，在对人类时间重要而关
键的分析中，向外扩展，触及存在主义心理学（这些现象意味着 121
焦虑和失望）、伦理学（对传统理想和价值中被体制化的希望的研究）、逻辑学（关于可能性的概念范畴）、政治科学（既是对国家和社会组织的各种理论进行研究的传统类型的政治科学，又是对革命策略进行分析的马克思主义性质的政治科学）、各种乌托邦概念所固有的社会计划、技术（不仅是未来世界科学成就意义上的技术，也是它改变我们同周围诸客体关系方式上的技术）、社会学（以对广告和大众文化的满足愿望的分析为其形式），以及意识形态和文学批评（对艺术、神话和宗教中的乌托邦原型进行无所不包的描述）。因此，《希望原则》在其概念形成上，必然不成体系：或者太长或者太短，它的基本图式可以在几页的篇幅里予以重演，也可以为了同世界自身的无限现实相匹配而无限扩展。

不过，这种探索的开始，并非没有带着对自己可能性条件的

某种最初关注，并非没有带着对过程本身的某种最初观照。凭借其过程，希望的形象，一切事物对乌托邦无法察觉的倾向的形象，在广袤宇宙自身最小细胞内部激起震惊的微观作用的未来的形象，这些使我们认识到它们本身是内部和外部世界的踪迹(Spuren)：痕迹、印迹、标志和记号，“我在这里应该读到一切事物的署名”。布洛赫这一概念的中心地位，可以用本雅明原始文本和讽喻碎片的脆弱世界来测度，其中只有无法理解的记号作为一场被忘却了的灾难的标志幸存下来；也可以用德里达的“印痕”的理论来测度，其中只有纯时间的指义过程运动本身，在把
122 自己注入客体或文字时才被保留下来，而对运动的方向或意义绝无任何终极的观念。

因为布洛赫论述中的踪迹，既是外在客体又是直接经验：在进行任何有意识的理智的释义以前，它的可靠性单凭借我们面对这些鲜明象征而踟蹰的诧异感便得到证明。在这些象征中，某种强制而又完全是个人的秘密，仿佛被隐匿了起来。在这里，哲学作为对我们在世界本身面前所感受到的诧异的探究重返自己的源头；然而，布洛赫说，又有多少哲学家“信守着这些开始所暗示出来的方向？他们几乎没有一个人在第一个答案出现之后，仍然保持疑惑惊异的姿态”[52]。因此，对布洛赫来说，诧异（姑且使用一种不同的哲学术语）是我们在世的、尽可能具体的模式之一，是世界本身的某种客体倾向在主体一方的关联物：“正如所经历的瞬间黑暗代表着意识期待和世界期待倾向的一极，物质性诧异（Realstaunen［真实诧异］），以那彻底的充足（即内容）构成了另一极；每一极都强有力地牵动了另外一极，最高和最后的象征性意图，包含着最初或最相近的黑暗。［诧异］是世界自身的源泉或源头，永远在所经历的瞬间黑暗中起着作用，并且隐匿于其中：这源泉随着本身消逝在自己的港湾，第一次在这些港

湾的署名中意识到自己。”[53]

因此，在形而上学传统的正式抽象的下面，在所经历的经验自身及其细微末节之中，在肉体及其感觉之中，在这一词语形成其存在的源泉之处，真正的哲学论证，才从根本上开始。这就说 123
明，在布洛赫的论著里，为什么从头至尾都存在着那些极细小的表现主义的勾勒。它们往往如同佛教禅宗中僧人的当头棒喝①一样莫测高深，经常与更正式的哲学论述相交替，仿佛反复使我们注意在诧异自身之中对思想进行某种更原始的更新。

毫无疑问，在布洛赫的事物图解中，不但为最伟大和最富启示的现实，而且为最琐细的现实，即日耳曼意义上的卑微现实，留有一席地位；这种现实如果不是鄙俗的，那么至少是他称之为“道家农民”的简朴，这典型地见于赫贝尔②和杰瑞米亚斯·戈特赫尔夫③的作品中（他们在他的价值群中所占的地位，或许同列斯科夫对于本雅明的地位相类似）——田野里青灯闪烁的窗牖，从田垄中的归来，作为象征和形象的劳作之后的休憩，还有以自己的方式实现的乌托邦等等，所有这些都带来有限的幸福。

但是，布洛赫这方面的敏感，必须严格地同我们见于海德格尔笔下的农家景致的那种奥秘区分开来，正如必须把布洛赫的诧异经验与海德格尔的存在问题（Seinsfrage）中那些更具仪式性的神秘区分开来一样。布洛赫拒绝海德格尔所系统阐述的“形而上学问题”（“何以存在某物，而非一无所有?”），因为对于他，存在决不是圆满的，而是处于进行之中，尚未全然在那里：令人震惊的与其说是存在自身，不如说是正在起作用的将在的潜伏因

① 禅宗和尚接纳初学信徒，常猛击一棒或大喝一声，要对方作出应答。——译者注

② 赫贝尔（1813—1863），德国诗人。——译者注

③ 杰瑞米亚斯·戈特赫尔夫（1797—1854），瑞士德语小说家。——译者注

素，或未来存在的迹象和预兆。由于这个原因，我们可以认为布洛赫对事物真义的顿悟，与海德格尔那些顿悟（譬如我正在思考《艺术作品的起源》所召唤的梵·高那幅放在椅子上的农民鞋子的油画）相反，是戏剧性的而不是抒情性的，它不涉及观照性知觉，不按照世界网状系统由某个静止的中心客体产生的方式考虑
124 其存在，而是涉及客体内部的痉挛性骚动，一种在时间内展开自己的骚动。因此，《踪迹》的内容是对奇闻轶事和特别经验的一种流连，对矛盾的命运、嘲讽的传奇、具有意外力量的客体的一种译述：如“引发踌躇”的东西，最宜于在故事讲述而非在描绘中表达自己的东西等。因为，就诧异构成对隐匿于存在之中的未来的一种明晰或含蓄的知觉而言，它已经在自身内部带有一种故事线，带有尚未完成者的轨迹，或未完成者可摆脱迄今尚无定型的状况的斗争：“简而言之，用寓言进行思考也是有益的。因为，凭借着它的发生，甚或凭借着对它的完美讲述，仍然有不少东西是无法穷尽的。例如说事物的不断持续具有奇特的方式，这里的某个地方存在着一个问题，它指着这个方向，或开始给人以印象。这样的故事不仅被重新考虑，而且你也考虑是什么通过它们使本身被人听到，或者你竖起耳朵：是谁在那里？一个出乎意料的‘标志’（!），从极寻常的情况中出现；再不然，是一个已经在那里的‘标志’（!），昭示出它在各类有意义事变中存在的踪迹和例证。它们吸引我们去注意我们讲述故事时多少应该使我们反思的东西；或者在我们反思时使我们讲述故事的东西；这是一种不十分正确的东西，因为它同我们和其他的一切都格格不入。因而，仅只通过这样的故事，就能够把握到许多东西，而且不是以气势宏大和充分发展的方式，或者起码不是以同一种方式。现在，我们试图讲述和表示的是某些这类事物何以引起注意；可爱的是，在讲述它们之中表示它们，在表示之中注意被讲述的东

西。它们是生命和其他未被忘却的事物中留下的小小特性，如今有许多东西应该抛弃。可是，也还有那种古老的听故事的冲动，听美好的以及无足轻重的故事，听不同类型、不同时代的故事，听值得注意的故事，而且故事如若结尾，还必须用感动我们的结尾才 125
行。这是一种对痕迹的阅读，而痕迹无所不在，存在于各个方面，存在于以种种方式分割成为残编断简之中。因为归根结底，我们遭遇的一切，我们特别注意的一切，都毫无二致。”[54]

(1)

明年在耶路撒冷！

——古老的犹太祈祷文

在我看来，对于布洛赫本体论的任何描述，都必须在哲学体系和它的诠释学运用之间作出明显的区分。对于哲学体系，存在着表达人类现实的正确方式和错误方式，真理和谬误的判断仍然作为有效的概念范畴而存在。而在诠释学运用中，“伪”只不过是“真”的一种乔装，纯概念层面上错误的东西本身可能最终生发出那种秘密真理：真理作为一种形象寓于这错误东西之内，甚至赋予它以真理所具备的那种活力。

从哲学角度看，这首先是一个时间问题，是个有待专门考虑的问题。因为哲学史是随意观察者所得到的印象，是对未来本身不够注意，仿佛在如此众多的事物已然存在的时候，考虑那尚不存在的事物就会有某种本质上琐屑的因素。在这一点上，哲学家们与“所有罗马人中学识最为渊博的”特兰提乌斯·瓦洛①相仿，

① 特兰提乌斯·瓦洛（前116—前27），古罗马学者和作家。——译者注

他“在其头版拉丁文语法中，据说忘记了将来时态”[55]。

然而，仅仅为时间性留下一席之地还是不够的。在现代，柏格森首先揭示了逻辑概念在本质上的空间性，并坚持与这些概念
126 相对的所历时间和持续时间（durée）的独特性和专一性。但即便是他，也没有推演出对于时间现实的充分的系统阐述。因为就他把后者界定为过程或变化而言，从另一种意义来说，它在任何时刻总是相同的。柏格森从没设法打通自己的思路来考虑那个基本的概念范畴。这个范畴统辖着未来的经验，并且确实是新的范畴，彻底的出乎意料的新，这种新以其绝对的和内在的不可预言性而令人惊奇，而对于柏格森，“新只是在毫无意义的时尚变化的形式之下被设想和颂扬为……纯属重复的抽象对立面，实际上往往只是作为机械一致性的逆反”[56]。

不过，在生存的情绪或情感领域的某种更深刻的层面上说，我们显然已经有了可供我们支配的两种不同的设想未来的方式，并且，远在任何概念系统阐述之前，我们的情绪本身，便发展了经历时间的两种迥然不同的独特方式。就是在这种意义上，布洛赫区分了“满足的情感或情绪”和“期待的情感”：前者（例如贪婪、嫉妒、膜拜）确实与后者一样，全然是时间性的，因为它们也要求未来的某种东西，骨子里也是某一种类型的愿望或欲望表达。然而，所谓满足的情绪，却把自己的愿望投射进全然不真实的一片心灵空间，投射出布洛赫所谓的“不可靠的未来”。因为它们要求在世界上得到实现，而这世界，除了要获取所欲求而现在又缺乏的特定客体以外，在所有方面都与现在的世界相同。这些情感，其原始和幼稚，达到了相当于魔法符咒的地步，达到了对所说客体的幻想与我们的希求完全相同的地步，同时也达到了我们魔术般地中止世界上其余的一切和我们自己的欲望，中止
127 一切变化和真实时间自身推移的地步。仿佛世界上的所有事物，

都不是以最令人惊讶的、最难以察觉的方式相互联系并相互依存的！仿佛为实现我们最终获取所希求的客体而要求于世界的变化，并没有冒着把这客体自身转变到使我们不再真正希求它的危险，或者把我们自己转变到不再希求它的危险！因此，这样一些情绪或情感就不只暗示着现在的一种褊狭（我们完全被抛进这种褊狭之中，以致不能想象在构造上可能根本是异体的一种未来）；而且对它们的分析还暗示着一种伦理，一种对未来的开放性的信仰，认为绝对意外事物的前景是唯一期待的时间生命：这就是所谓的确定，不是对抽象的，而是对具体的、无法设想其丰富性的新的确定。

就是在这种意义上，通过对比，那些所谓的“期待的情感”的目的，与其说在于作为它们欲望偶像的某种特殊客体，不如说在于一般世界的构造，抑或（归根结底是完全相同的）在于自我的未来气质和素质，而无论这些情感是积极（肯定）还是消极（否定）类型，是希望和信仰还是焦虑和恐惧。从时间性角度看，希望的经验在于逐步意识到那种蕴含在所有这些情绪中的尚不存在的事物的关系，因此可以代表它们的结构原型，同时又代表它们最具体的情感显现。

在这一点上，布洛赫体系中插入了一种自我确证的机制，在全部现代哲学中——它以这样那样的方式——是一个必要的构成因素，就是说，它是关于概念审查的一种假说，是对理智抵抗类型的一种解释。理智的抵抗，直到知识史上那种特定的时刻，不 128
让人们考虑所讨论的那种哲学体系，因为它把自己表现为真理。这种机制——柏格森的空间性，萨特的错误信念，海德格尔本体论问题的遗忘，弗洛伊德的审查说，马克思的阶级意识——在布洛赫著述中采取了他称之为封锁（Sperre）或“阻塞”的形式，对于新（novum）之内容，对于任何向未来本身的真正的开放，进行静态逻辑的抵抗；这种在未来面前的焦虑，这种从新事物的飞逝，在绝对存在的神话中，在下述的观念中，发现了一种概念文饰。这种观念认为，存在着类似于某种充分存在的东西，并且因此在本体论上也可能存在着类似于某种充分自足的现时瞬间的东西。

不过，自相矛盾的是，现在的这种实在，归根结底要凭借美化过去而告终。而且我们已经在马尔库塞的著述中，见到过绝对存在神话的革命性变体。这种神话的最执拗的哲学变体，却原来是柏拉图的回忆学说，是作为回归到生前的失去了的丰富源泉的记忆学说。对于布洛赫，希望学说确实不是有一个而是有两个基本的哲学论敌：虚无主义和回想；或者换句话说，希望的经验不是有一个而是有两个对立面：焦虑和记忆。不过，正如我们就要看到的那样，虚无主义的结构只不过是希望学说结构的颠倒或负面；而记忆学说则可以说是它的反面，它的绝对倒置，在现实中属于未来的一切事物，都在其中被认为是过去的，时间在其中也是概念上的头足倒立。

因此便产生了与弗洛伊德的对话。因为弗洛伊德的局部解剖，是强调环绕过去时间的最引人注目的模式，是明显向着未来
129 运动的一个画面，其至关重要的刺激埋藏于童年的早期；因为这样一种典型的理解在于回过头来向源头的一种运转。因此，弗洛伊德的无意识就是一种不复存在的意识，一种在现实原则的心目中已经正式停止存在的世界和自我的无意识：而这一系统阐述本身足以表明布洛赫借以矫正它的那些路线。因为在这种意义上，同不复存在的意识一道，还有一种新的、类型十分不同的无意识的一席之地，即意识的一种空白或地平线，这次不是由过去而是由未来形成的：布洛赫称之为未然意识，未来的一种本体论的吸引，一种施加于我们的浪潮式影响的意识。这种影响由处于地平

线之下目所不及的那种东西施加于我们，是对尚未出现的东西的一种无意识。

这一新的无意识，是某种有别于气息声音或纯逻辑建构的东西，它生发出至少等同于弗洛伊德无意识心力的一种心力，这可以凭借它所特有的某种类型心灵占有存在来进行判断。这种占有与弗洛伊德神经症和精神病的强迫性相一致，但这一次是一种吉利的、给予生命的占有，是一种趋向于未来并从中得到确定的占有。歌德认为，自己“在自然里头——不管自然是有生命的还是没有生命的，是有灵魂的还是没有灵魂的——发现有一种只在矛盾中显现，因此不能以概念，更不能以言词表达的东西之所在。这东西不是属于神，因为它像是没有理智；也不是属于人，因为它没有悟性；也不是具有恶魔性，因为它是善意的；又不是具有天使的性质，因为它往往使人觉得幸灾乐祸。它与偶然相似，因为它显不出有什么联系；它又与天道神意相似，因为它暗示有因果关系。这个东西可以突破那些限制，我们的一切境界；它像是按照我们的存在的必然条件恣意处理，它把时间聚拢而把空间展开。它像是只喜欢‘不可能’，而抛弃‘可能’，不屑一顾。这个 130
东西像是羼入一切东西之间，把它们分开，又把它们结合，我……称它为魔神之力（或‘超凡’之力……）”[57]。这魔神之力凭神召、凭命运、凭存在自身中某种强大的潜力，来命名这种占有；这些浮士德式的神召，如同精神疾患更加晦暗的回归性强迫一样，无疑是占有的形式，而且像被迫的存在一样确定地标示着它们的占有者。但在这里，它们被自己的魔鬼向前驱入未然存在，而不是向后被驱进童年固恋的无休止的重复。一切创造，一切生产，通过尚未在任何地方存在的作品代表着最具体的占有形式，就此而言，魔神之力实际上是统辖着一切创造和生产的东西。

与这种对回想传统和强调过去的时间模式的哲学矫正相一致，还有一整套艺术评论，因为，正如有人类时间的真伪模式一样，同时还有真伪形式，可靠和不可靠的形式，基于过去奥秘之上的形式，以及昭示人类现实实质上向着未来运动的形式。因此，比方说，布洛赫对童话和英雄传奇的区分，不仅基于它们原材料的农民或贵族性质，抑或它们各自的读者大众，而且首先基于童话和作为其特殊内容的那种愿望的典型关系，基于童话和心之欲望的那些最天真、最富象征性幻象的典型关系。这些幻象就是在丰盛的面包和热狗重压之下呻吟的餐桌，暖烘烘的炉火，终于欢快地回家的孩子。而英雄传奇则在一种不幸的魅力之下展开；命运的力量像死亡的裁决笼罩在它的人物的一切英雄姿态之上，最确切地提供了被一种过去所主宰着的象征，而这过去正是他们唯一的未来。

131 但是，形式对立面的这种建构的最惊人的例证，则见于布洛赫的代表作之一，即那篇不寻常的、两部分互为补充的文章：《侦探小说哲学观——艺术家小说哲学观》。因为，侦探小说是俄狄浦斯建构的真正原型，在其所用的方式里，小说中的一切，无论事件或者语句，都从过去的某个事件中获得它的终极价值，甚至它的意义，而这一事件必然外在于作品的结构。由于这一点，侦探小说表现出与那些以过去为取向的宗教宇宙论深刻契合，而对于那些宇宙论，世界本身是以罪恶或暴力起始的。“在所有这些俄狄浦斯形而上学种种变体的神话内容之上和之外，它们的真实之处在于，它们如果不是确定无疑地反映了任何初始的梦幻罪恶，那么起码反映了其起源的晦暗或者隐匿状态。所有基本类型的研究都和俄狄浦斯形式相关，而在其所用的方式中，它的隐匿状态与其说被当作逻辑形态的未知物，不如说被当作某种可怕的东西，甚至是对负载有自身也不清楚的东西。对于那种最基本的本体论的隐匿身份，那种唯一称得上斯芬克斯之谜的谜语，即最初为什么存在着事物，为什么存在着世界，还没有哪个俄狄浦斯曾经回答过，更不用说解决了。”[58]然而，对于布洛赫，这并非一个在时间本身开始时回答的谜语，而是在它充分完成时回答的谜语：因为，存在自身的意义如果还会产生的话，那么它只产生在世界过渡到乌托邦的时刻，产生在那种最终的乌托邦目标回指过去，赋予它一种方向辨别力的时刻。

对于这一回归性形式，艺术家的小说处于一种出乎意料的并列位置：因为艺术家的小说也总是环绕着一个虚在的中心运转，但这中心不再是关于过去某个事件的某种秘密，而是那种想象的艺术作品的空虚的地盘，唯有它才使小说的主人公有权称为一个 132
艺术家，称为一部艺术作品，其虚在对小说家本身是一个审美规则但从结构上说又是他必然无法实现的规则。因为，人人都晓得，对于想象艺术作品的描述，对于并不存在的绘画或者小说抑或几阕乐曲的描述（这些也许在托马斯·曼的《浮士德博士》中有明显的例外）都失于不实，而且这种失误并不是偶然的而是不可避免的：一部艺术作品不是一个客体（可以在艺术上得到表现或使用），而是一个关系的体系。不过，对于布洛赫，这一作品之内的作品虚空，这一处于中心的空白画布，正是未存在自身的所在；恰恰是艺术家的小说这一本质上破碎的、美学上不能令人满意的结构，赋予它以自己的本体论价值，作为我们面前没有完成的未来运动的一种形式和形象。

在这一切当中，如果我可以这样说的话，布洛赫的体系仍然是从批判的而不是从预言的角度运作的。换言之，我们还仍然处于哲学判断的领域，还未进入诠释学释义的领域。当我们转入后一领域时，真伪问题便让位于转换技巧，让位于发现那种甚至在最富回归性的形式中也是真实和本能事物的方式，让位于对绝望或命运在直接外表现实下面的那些希望形象的破译。

这就是说，与弗洛伊德的对话，对回想的攻击，让位于对海德格尔和存在哲学的一种质疑，包括其居主导地位的焦虑经验，以及它对现在而不是过去的强调。在这一语境中，布洛赫所使用的转换机制存在于价值对比的变化，一种由否定到肯定的转化，暗示着每一否定都以某种方式包含肯定的更深刻的基本原则，而
133 这种肯定从本体论上说是先于它而存在的；因此，每一否定实际上可能作为达到它所隐藏的那种肯定的一个手段。

由是，一个人如果无法驳斥像焦虑一样的经验，那么至少可以把它转变成作为它的关联物的那种肯定的预期。这甚至在生理学自身层面上也是如此。在这一层面上，两种情绪在有限的躯体中同在的情况（心跳疾速、出汗、皮肤温度下降、粪便灰白）完全相同。确实，生存境遇的异常扩大，灵魂借自己力量的高举，足以将最剧烈的焦虑转变成一种气喘吁吁的渴望，一种对不分欢乐和恐怖的未来的期待。

如同生理上的感觉，作为一种世界观的虚无主义自身，那些乏味或荒诞的幻象，那些最确切地描述现代在世感觉的死牢的意象，也同样如此。因为绝望，无论是个人的或者是历史的，都依然是趋向未来的一种情绪，一种以希望那样的总体方式“意指”未来的情绪：只是它最终投射的是虚无而不是一切，是徒劳而不是至上。在这里，我们远离了那种自以为是的伦理的拒斥，例如现代艺术和所谓的虚无主义从卢卡契的手中接受拒斥；但是对于布洛赫来说，恐惧和黑色情绪，就其也构成那种基本的本体论诧异的形式而言，是弥足珍贵的。这种诧异，是我们意识到潜在于我们自己和事物中的未来的一种模式。布洛赫对这些情绪的运用，同样也不能同化为历史或个人类型的任何轻而易举的乐观主义：这里，不是用希望替代焦虑的问题，不是向受难者揭示新的

境遇，或者在绝望的最后几个阶段造就皈依者的问题。相反，布
洛赫希望在否定本身之内确定出肯定紧紧把握否定，在肯定通过 134
它显露自身的时候，把它当作对于肯定的证实；我认为，把这种宣教同那种达到上帝的否定之路进行比较，是颇有启发的。后者是宗教神秘主义的经典形式之一，可是，按照布洛赫对先后顺序的倒转，现在又可以视它为世俗真理的一种歪曲的预兆。通过罪恶、过失和绝望，通过上帝本身的虚在来寻求绝对，于是便成了一种理想主义的形象，它表示这种阅读焦虑的技巧乃是我们希求乌托邦的最有力的形式之一。

然而，十分清楚，希求并不必然是找到；同样清楚的是，不能认真考虑灵魂不朽的这种哲学，依然是一纸空文，除非它以或此或彼的方式，与死亡本身达到妥协。这既适用于现实的个人和本体论层面，又适用于其政治—历史层面，因为社会主义建设的最紧迫问题，依然是个人牺牲的问题，是现代人为他们见不到的未来数代人的利益作出舍弃的问题。

当然革命像旧有的宗教那样有它们的殉道者，因此将教会的殉道者同布洛赫提供给我们的《作为革命神学家的托马斯·闵采尔》的描写相比照，是富有启迪意味的。因为，从某种意义来说，正是受难的基督圣徒的信仰本身，才对我们消解了他们生存的苦难：他们在天国扮演的那种角色尽管是想象的，却把事件本身转变成了辉煌传奇的装饰。它给那些为美好事物而死去的人们（印第安人和湮没无闻的土著部落，巫师，在不见于史书的起义之后身遭杀戮的农民，从开天辟地以来对潜在的捣乱者的折磨和私刑）保留着，以便十分痛苦地瞥见极端绝望中的死亡。这里，
从人们心灵中湮没是死亡自身忘却的一种形象：闵采尔的被处死 135
不仅标志着农民战争的终结，而且——毫无疑问，对于他这个本身以及信奉他的人们——也标志着历史本身作为一个有意义的过

程，作为希望的彻底瓦解。由于这种绝对性，任何历史的辩证法最终也必须达成妥协：对于这些血腥画面的沉思，包括其中世纪的苦刑器械——铗钳、拉肢刑具、皮鞭、火刑柱——从宗教的观照而言，并不是用来抚慰而恰恰是用来激起那种终极的焦虑，只有超越了这种焦虑，革命的神召才得到认可。

这样，当布洛赫（十分正确地）召唤直面革命者死亡的无畏时，虽然他们已经转变到集体一致的层面上，不再真正拥有原来意义上的个人生命的牺牲，然而他们仍然停留在经验心理学或者政治伦理学的领域——如果可以这样说的话——仍然没有同死亡焦虑和死亡本身更深刻的本体论本质达成妥协。此外，诉诸乌托邦的技术方面——医学在延长寿命上的进展，相对无痛苦的死亡的前景——在这方面甚至更不令人满意。然而，不经过现在自身，不经过瞬间绕上个大弯，我们就不能理解布洛赫的终极反应，因为，从时间角度看，死亡的特征恰恰是它瞬间性的结构，在那一瞬间内，任何未来（和希望）都不再可能。

对于布洛赫来说，时间上的现在最主要的特点是没有任何真正的存在，没有任何存在的真正的丰富性：它是一种空虚、不足和晦暗。我们想起了马拉美的话，这些用艺术语言讲出的话同样回响着想象中未来盛世的余音："这不是现在，不——不存在什
136 么现在……那宣称繁富的人错了，错了——完全错了！宣扬自己当代特性的人，其所闻所知是不对的。"[59]对于布洛赫，现在的确是某种类型的盲点，其怪诞的象征是恩斯特·马赫置入自我知觉分析中的那幅素朴的绘画，它透过自己的视野展示出一具平躺在睡椅上休憩的躯体，从在远景中粗略勾勒的变短了的下肢，到沿着知觉边缘或框架处的胸膛飘逸的胡须——头颅据说就在此处——观察者自己正透过这里凝视着。[60]

因为现在的晦暗，它的时间性的结构，与整个同一性本身的

问题相一致，与我们最终能够重新结合或者占有我们自身的程度相一致："因此，正是对那个深刻的时间因素的非自我占有，还没有随着在时间内的展开揭示出它作为过程的内容。它不是那种最遥远的，而是最切近的，仍然是一切之中最晦暗的，而这完全是因为它是最切近的和最内在的；生存之谜的症结也在于这一切近（他使用了海德格尔的术语此在［Da-sein］或存在于此［Being-there］）当前的生命，真正是最深刻类型的生命，还没有来到它自身面前，还没有当作已见已示的某种东西被带给它自身，它绝不是一种此在，一种存在的启示。生存的当前将其他一切驱向前去，而其他一切也被向着它驱来。它是那种决然未曾经验到的东西……于是就产生了那种奇怪的情况：任何人均尚未真正地存在于此，任何人均尚未真正地生存过。因为生命同时意味着处于现在，它并不仅只意味着此前或此后，预期或回味。它在最单纯而又最彻底的意义上意味着抓住时机，意味着具体地抓住'当前'。但是，确切地说，对于这个世界那种最切近、最真实、连 137
续不断的现时存在，绝非真正是这一类现象，就此而言，起码在这种意义上，没有任何人真正地生存过……"[61]

这就是为什么——尽管强调希望和愿望——在我们自己不完善的此时此地的具体世界上，这些经验本身总是尚未充分展示自身愿望的形象；同理，满足最深刻愿望的那些瞬间，按照古代心理学的洞察，也总是在本质上令人失望。因此，布洛赫在蒂宾根就职演说的题目，在这一语境中就是一个令人诧异的题目：《希望竟然能够受挫?》。这个题目得到的答复甚至更令人诧异：希望总是受挫，未来总是某种有别于我们试图在那里找到的东西，某种在本体论上是过分的和必然出乎意料的东西。于是，否定又被重新并入肯定，不是作为温顺的抚慰，而是作为希望自身的一条受难之路（via crucis），亦即扩大我们的期望，包括并发现在它们自身否定中的满足。

对于布洛赫来说，这一过程的基本讽喻是埃及的海伦的传说：墨涅拉俄斯从特洛伊渡海回家途中，在法老的岛上登陆，却只发现与原先那个在各方面都一模一样的第二个海伦，于是携带着她登上海船。埃及的海伦扬言，她是真正的海伦，被众神秘密带到岛上藏身，在十年特洛伊战争中得以保住贞操，未受玷污，同时一个替身代她投入了帕里斯的怀抱。墨涅拉俄斯不相信。“我相信战争当中经受的磨难，却不相信你！”他在欧里庇得斯的剧本中嚷道。但听到这些话，船上的海伦在一片火光烟雾里不见了。墨涅拉俄斯只得消受他的愿望的这种满足。在各个方面，这种满足都和他长久地、满怀激情地欲求的那种满足相同；然而，这种满足虽则真实，却在骨子里是空虚的。“就其能充分实现而
138 言，在每一实现之中，仍然存在着一种极为特殊类型的希望，其存在模式不是现在现实的存在模式，至少不是如其当前的现在现实的存在模式……”[62]正是处于希望核心的这种本质上的不满足，向前驱赶着时间，将每一偶然愿望转变为乌托邦愿望本身的形象，将每一偶然现在转变为乌托邦终极存在的形象。“然而，在埃及的海伦被赋予特洛伊海伦的全部声名的那天，安息便也来临了。”[63]

把这一学说同海德格尔的学说加以比较是颇有启发意义的。同样，正如格奥尔格·里希特海姆所提的精神建议，还应该与萨特的学说，至少与《存在与虚无》中的萨特的学说作一番比较。对于萨特，布洛赫表现出一些惊人相似之处，尽管他们在文体上和文化上相去悬殊，还有某些甚至更明显的差异。因为萨特也坚持推动（pro-jects）我们向前进入未来的现在的空虚品性，不过对于他来说，这种空虚是匮乏的空虚，而不是愿望的空虚；他还表明，时间性何以应被视为意识的激情，以克服这一本质上的本

体论匮乏，达到那种终极的同一。这种同一可以见于意识或匮乏同它所匮乏的那种存在的联合，换句话说，也就是同外部世界的联合。（确实，萨特甚至还草拟了一种形象的学说，他认为形象由人类现实的推动［pro-jection］积淀于外部世界诸因素——布洛赫称之为“现实密码”——之中，可求助于巴什拉尔①对物质的分析来加以探索。）

但是，从萨特的角度看，意识和存在的联合是一种措词矛盾，仍然是永远无法实现的。因此，十分清楚，对于萨特来说，布洛赫的体系依然是《存在与虚无》试图祓除的视力幻觉的囚 139
徒。布洛赫的乌托邦学说也因此发现自己被还原成了一种似然（as-if）哲学，一种有助于生存的谎言。

按照布洛赫的观点，这一辩难并非不能答复，但是回答涉及其基本条件的转移。因为，看来很清楚，从《希望原则》的立足点出发，存在主义本身就是一种视力幻觉，一种由对现在本身的绝对维持而产生的幻觉。帕斯卡尔的情形就已经如此。对于他来说，生存的真正孤寂的真理只有通过彻底地把生存还原成现在的瞬间，才能被昭示出来：只有我们抛弃未来和过去两者的蜃景或者本体论的消遣（divertissements），只有我们与现时生命的空虚达成妥协，现实才对我们变得可视可见。萨特的情形也是如此，对于他必须指出，尽管他强调我们在时间中的向前推进，未来在最可怕的意义上仍然是想象的：实际上，企盼在未来发生改变的单纯愿望，或者与此相当，企盼在过去已经发生改变的愿望，即痴心的白日梦或懊悔，最确定不移地推倒了萨特反讽中的全部腐蚀力量。现实当中的这些愿望，只在现在具备其功能：人们想要改变（想想厄勒克特拉血腥的白日梦——仿佛凭某种可怕的误

---

① G. 巴什拉尔（1884—1962），法国哲学家、诗人、科学家。——译者注

会——真正实现时她的恐惧)①，只是为了感到自己优于一种无法容忍的现在，只是想使自己在心智上脱离不屑于看见的眼前现实。于是，萨特把这种愿望还原成它作为现时一种幻觉的结构，而布洛赫却把它的抽象（概括）性，它的本体论不足，读作具体的即将到来的未来的象征和原因。然而，如若不把萨特体系当作对于一切意识的必然结构的无时间性描述，而是当作对于历史上
140 此时此地生存感觉的特别敏锐的反映，即对于现代工业资本主义空虚的现在的生存感觉的反映，那么，历史就又一次被重新引进到哲学的论辩之中，而且再也不能十分肯定恰恰是布洛赫的体系，从长远看在“乌托邦”一词的贬义上才更是“乌托邦的”。

不过，仍然存在着关于那种终极的乌托邦的同一的性质问题。这种同一，对于萨特是不可能的，而对于布洛赫则是乌托邦自身实现的信号。正是在这一点上，《浮士德》才对布洛赫相关，实际上，他的全部著述在某种意义上都可以视为是对歌德这部诗作的宏篇评述（据此，他的辩证法奇特而又非传统的特征便可以得到解释，其所据的前提是：他的辩证法是一种马克思主义，但不是发祥于黑格尔，而是发祥于歌德其人，不是发祥于《现象学》，而是发祥于《浮士德》）。因为，人们会记得，歌德的作品是环绕着魔鬼赌赛的关键插曲编织起来的，下赌注的条件，涉及对那一“瞬间”的拒绝或赞同。浮士德的传统意象是烦躁的不满足的体现，是追求更多经验的量的欲望的体现。这种意象过于简单化，与《浮士德》第二部中赌赛的决定无法达成妥协。因为，在那里，浮士德最初夸下的海口——他将永远找不到一个如此愉悦的瞬间，以至使他希求让时间驻足——得到了矫正；并且，由于围海开垦了田地，由于新的、转变了的集体生存的前景（“我

---

① 据古希腊神话：厄勒克特拉和哥哥杀死母亲为父亲报仇。——译者注

愿看见这样的人群/在自由大地上居住着自由的人民!”），一种现在来临了。正是对于这种现在的来临，才可以说出那些至关重要的渴望的话语。由于这一真实具体而又的确深刻的政治幻象，这“瞬间”第一次抛却了其本体论的匿名状态：“此时此地，处
处呈现为一个问题的形式和存在（布洛赫在此处有意颠倒了海德 141
格尔式存在问题［Seinsfrage］的口号），把世界—存在的一切充分或半充分的意象当作过程来完成。不过，只是在其自身恰切的鉴识或启示的刹那间，那种情形才会第一次出现，而这本来在整个宇宙之内已经以奇异的形式被宣告和预示出来：这就是，同一性的形象……奇异既是发自主体又是发自客体的一道闪电，据此，再也不存在任何异化的东西，而主体和客体同时也不再彼此分离。主体，连同其最真实的特征，即‘渴求之物’（Desiderium）或渴求的客体，已经不复存在；客体，连同其最不真实的特性，即异化，也已不复存在了。这一实现乃是胜利，而胜利女神犹如古代的尼刻女神①，踞于独一无二的立足点上：作为那种存在的集中，对真实的人创造出来并聚集起来……”[64]浮士德得到拯救的事实，突出了这一终极真实的具体“瞬间”，和那些次要的现在时刻之间的一种深刻的质的不同。靡非斯特试图利用这些次要时刻诱惑浮士德，并且俘获他的灵魂。

正是在瞬间形式的递升阶梯的这种观念上，《浮士德》与黑格尔《现象学》极为相似。这种相似不单布洛赫曾经指出过，而且阿多诺和卢卡契也曾指出过。说到底，如果歌德式幻象在布洛赫著述中取得了胜利，这是由于那种绝对精神本质上的唯心主义的缘故。对于黑格尔，绝对精神是实现的最后时刻，其主要特征是从主体中彻底消除任何外在客体自身的残余，消除客体性本身

---

① 尼刻为希腊神话中的胜利女神。——译者注

142 的任何最后的残存碎片。正如我们在对阿多诺和马尔库塞的批判中所看到的那样，黑格尔体系的终极目标，不在于同世界的调和，而在于对它的总体吸收，在于对它的完全消化，包括其全部的偶然性和异体性，其转变为自我和转变为纯立体性。但是，依布洛赫看来，无论在现象学还是在情绪意义上说，意识若无客体就会消退，对客体一极的这种最终压抑，在构成上是令人厌恶的；布洛赫唯物主义实践的源泉，可以见于对自行其是的意识表示厌烦的信念，以及对客体的必然性的信念。客体的必然性所确证的，不是这个沉沦世界中工作意义上的劳动，而是乌托邦外部世界的一种更高的、非异化的歌德性质的活动；乌托邦的外部世界现在同自我达成调和，但并未因此而被吞没于其中。

自然，浮士德的瞬间，只不过是许多其他象征之中的一个可能的终极象征：确实，歌德这部诗剧的结构力量，在于这个象征本质上飘忽不定的特性，在作品自身内部进行复制的方式。因为浮士德从未真正生活于所说的那一时刻；相反，他像我们想象诗剧本身一样想象那个时刻。表达他的关键性话语的条件从句，标志着这个寓言整体本质上的比拟特征。从某种意义上说，乌托邦的时刻确实是我们不太可能想象的，除非作为不可想象的事物；因此，一种讽喻结构便被构筑于这种乌托邦冲动自身的向前运动，它总是指向某种其他事物，永远不能直接揭示自身，永远要用形象说话，而且总是要求结构上的完整和解释。我们很快要审
143 视一些个别的形象，然而目前只需指出，艺术和宗教及其象征和讽喻的表现，都生发于存在本身这一更深层的讽喻结构。

不过，对于这种终极乌托邦瞬间的丰富性，还有一些生存经验可以作为它是什么样子的预兆来理解：这就是对宗教神秘联合的感觉；更具体地说，它是音乐最真实的功能，表达对内在和外在的统一的一种有限而纯粹的感受，而乌托邦在生存的各个方面

都将确立这种内在和外在的统一。因为，在音乐当中，单调本身就是可以想象的最崇高的客观生存，它进入我们的耳膜并同我们的存在相混合，但尽管如此，它永远不会丧失本身作为一个迥异的客体从本质上与我们分离。此外，奏鸣曲本身就是音乐经验所固有的某种辩证的证明，借此，这种对音调的本体论关系，便在时间之内的展开中得到了实现，在时间过程和趋向未来丰富性的运动中得到了实现，这也就是我们所熟知的音乐形式。由此，音乐在其形式和内容上都是深刻的乌托邦式的。[65]

现在可以看得更清晰的是，乌托邦的瞬间，或实际是乌托邦的永恒，假如无法取消死亡，何以至少可以使自己摆脱其刺激；因为一般说来，在死亡时刻，个人与他唯一可能觅到圆满的未来被残暴地猛然拉开，而现在，乌托邦那种变了形的时间，则提供了一个永恒的现在，其中存在着每个瞬间的一种具体而又完整的本体论的满足。

然而，在这种死亡的征服中，又可划分出一些阶段；因为在起初，即使是在我们自己的世界上，也有一种死亡和现在瞬间（作为晦暗或虚空）相互联系的观念："非客观化的生存，即尚未 144
对世界变为此在（Da-sein）或真正存在的单纯的生存事实，无疑处于即在本身的未来源泉之中，处于努力将那种生存以一种中介的此在加以外化的未来源泉之中；不过，就其是这种存在进入过程的源泉而言，它也是事物消遁的源泉。而且，在这一点上，这个瞬间未能充分外化自身的程度，恰恰是生存这一单纯事实尚未得到实现的程度。但是，由于我们存在的中心瞬间还没有进入其客体化过程，因而也未进入其实现过程，正是由于这一原因，它不可能成为衰败的战利品……正是因为生存的核心还没有诉诸单纯的过程和变化，它不可能被那个变化所固有的瞬息性所触动；在死亡面前，它被尚未生存的保护圈所环绕。然而，存在的内在核心倘若进入过程，那么，甚至自我客体化，以及最终的那种自我强化和由此而来的自我实现，也不复是过程的内在核心了：由于这样一个突然出现的瞬间，吞噬性的瞬时（Chronos）统治便会完结……结果，生存的核心，由于终于被产生出来，并因此在这里得到实现，便第一次通过实现本身对死亡形成了治外法权；因为死亡会随同其所属于的那种以过程为取向的不足，变得无足轻重，实际上它自身就已经消亡。”[66]因此，正是乌托邦的公民，虽然依旧生命无常，却熟悉了永恒的生命；这种不死的许诺，这些强烈的、仅仅是能够隐约知觉到的战胜死亡的暗示，处于希望的终极象征之中，它们在其专修来世的宗教形式之中受到曲解，现在则以世俗革命令人振奋的全部力量归还给我们。

(2)

145 艺术是对一切劳作在高生产力制度下必将实行的那种方式的一种期待。

——乔治·索雷尔①：《暴力的沉思》

这样，对于布洛赫来说，世界是形象的一个巨大贮存库，哲学家或批评家的任务是一种诠释的任务，他们被要求揭开“每一生存瞬间的匿名状态”[67]，破译寓言和作品、经验和客体下面隐约不定的意义。环绕着我们的这些寓言和作品、经验和客体，仿佛以某种特异的个人方式吁请我们注意。

这种诠释学分析的特殊客体，自然是神话和艺术；它们的彼此区别，不是大众文化对精深文化的区别，而是内容对形式的区

① 乔治·索雷尔（1847—1922），法国社会哲学家。——译者注

别。因为，在神话和童话里，表达愿望的行动是乌托邦冲动最可靠的戏剧化，它构成寓言本身的故事线索。童话或者神话的详尽阐发，本质上是那种基本内容的转变或乔装、扭曲或置换的一个过程，而且无疑是与逃避检查的种种方式相吻合的运作；弗洛伊德在《释梦》中对这些模式做过不厌其详的描述。如我们所见，只是对于布洛赫，它才不是史前的愿望，而是乌托邦式的希求；这希求藏匿于诸神的象征后面，抑或藏匿于黄金时代的转变之中，或者转变为外部的超自然事物，或者转变为时间初始的天堂。

可是，当文学作品试图像形形色色的文学乌托邦本身那样，以世俗方式直接把这种乌托邦材料用作内容的时候，由于乌托邦观念的众多层面还原为单一的、比较抽象的社会计划领域，结果就会产生一种枯竭的现象。自然，还有一种观念，认为全部情节 146
在其获得这些基本张力的某种终极解决之中，可以视为一种走向乌托邦的运动：这就是卢卡契在《小说理论》（1918）中的立场。《小说理论》实际上与布洛赫的《乌托邦精神》是同时代的，因此可以用来提醒我们：布洛赫信守的偏见，也是整整一代知识分子的偏见。然而，乌托邦观念的这种运用已经是一种形象化的运用；在现在的语境内，我宁愿说是一种形式的运用，因为这与其说只同主人公的愿望表达有关，倒不如说同作品所有的种种因素在形式时间内的发展有关。

布洛赫从未系统地阐明其思想所蕴含的形式分析的模式；然而，十分清楚，在他的体系内，有关形象的理论又受益于双重编码，这种编码与前章论述席勒时的描述颇为相似。因为布洛赫手头拥有两种本质上不同的语言或术语体系，用以描述乌托邦实现的形式性质：处于时间中的世界朝未来终极时刻的运动，以及标志该时刻内容特征的客体对主体那种充足的更富空间性的观念。

乌托邦实现的这两个方面，可以分别描述为现在事物的“倾向”和“潜在因素”：一方面是历史发展的动态可能性，另一方面是同一个客体的更富感性的或审美的潜力。因此，它们同未然存在显现的戏剧和抒情模式相一致。

与此同时，从形象化角度看，这一对立又同布洛赫在讽喻模式和象征模式之间所作的典型区分相吻合：讽喻模式是向异体性或差异性的一种开放；象征模式是让一切事物回到同一事物统一
147 性中的一种折叠。毫无疑问，讽喻自身渴望象征的终极统一，而且，就在那种程度上，两种运动是相同的，象征“制约着某种类似目的决定论的东西，应该同通过异体性表达出来，作为对异体性的同一性关系的讽喻区别开来；因此，从本质上说，[后者是]一种方法的决定。艺术在其方法的再现方面，完全是讽喻性的。这与它为了决定那种方法的目的（尽管有其全部的统一性和总体性，这种目的依然是一种人类的目的）而依然受惠于象征毫无二致”[68]。然而，就象征的现实尚未在世界自身之内被给定而言，就世界尚未达到由象征所标示的那种存在的统一性而言，它还存留着某种早熟和任性的东西，正如讽喻具有某种支离和不足的东西。实际上，在这一层面上，两者与宗教和艺术之间的差异相吻合：“艺术是一种多元状态，它在其再现模式上，尽管有其自己的内在意义，仍然遵循着讽喻模式间接的、多义的运动，而集中化的宗教，尽管运用了透明的诗的模式，其宗旨则在于采取单一的方向，在于完成诸象征的汇聚。”[69]

不过，在再现现实的抒情性而不是戏剧性模式的语境中，两种再现类型均可视作圆满的形式：“诚然，有关上述事物的学说，对于现代人，远非像诸神近在咫尺的那些神圣时代那样可以企及；然而，正是鉴于这种原因，人们中的艺术家才再一次拿起久已搁置不用的表达的箭矢，朝着迄今仍是奥秘的方向飞射；而

且，由于神圣者无法像在艺术作为自身内部那样更加接近大地，
表现主义艺术晦暗色彩的闪光透明性，连同其乌托邦的内容取向 148
和客体取向，就必然被尊奉为未来基督再临居住之前的庭院……如同我们面前的小小的海岛，艺术的意象就像玻璃上的绘画，它们刚刚开始焕发光焰，激起我们的凝视，人们对它们进行说明和阐发，然后又将它们抛却。从其终极范畴的观点看，这的确是判断一种纯粹审美启迪的标准：这个世界上的事物，在它们没有启示性地停止存在的情况下，何以能得到完成……”[70]因此，例如奏鸣曲形式在时间内所完成的，穹窿则在空间内完成了，正如地球那圆顶的形象，“对于哥伦布来说，它是‘地上天堂的标志’，当时，他将后者由阿拉伯地理学家所确定的锡兰移至奥里诺科河①三角洲（无疑在他心目中，仍然紧挨着锡兰），实际上超过了那个地方，移到了那个人们无法涉足的地域，在那里，大地变成了伊甸乐园，化入蔚蓝天空的穹窿”[71]。

在绘画中，一般在抒情表达中，我们瞥见了未来世界客体的转换和变形：“正如弗朗兹·马尔克②所说，图画代表着我们自己在一个不同位置上的重新出现。因此，在这里，在无固定位置的情况下，在这个内心和外视以来世感相互贯穿、相互弥漫的所在，一种整体生存便出现于他处：在那里，除了这无处不在的愿望一景象或这种宇宙中的无拘无束之外，不复存在任何东西。”[72]恰恰是神秘感或奇异感，遭到了现代文明的否定，而无论这神秘感或奇异感是由超现实主义，由佛兰德艺人的静物写生，还是由一幅文艺复兴时期装在豪华画框内的圣母像传达出来的。这种文
明的“最无可置疑的独创性成就”，布洛赫认为就在于“现代浴 149

① 流经委内瑞拉和哥伦比亚境内的河流。——译者注
② 弗朗兹·马尔克（1880—1916），德国画家。——译者注

室和厕所，它们无疑就像洛可可艺术风格的家具和哥特艺术风格的教堂，提供了一个时期建筑的主要因素，该时期的其他风格都围绕着这些主要因素来组织自己。现在，可冲洗性占了主宰地位，水从各堵墙壁上倾注下来，现代卫生设备的魔力，作为已完成的机器生产的演绎结果，甚至不知不觉地介入了我们时代工业技术弥足珍贵的成就”[73]。

这并不是说，功能主义必然是非审美的，因为正是比较低劣的人工制品，雕凿粗糙的农家烟斗和水杯，体现出一种最真实的方式；人以这种方式力图通过其周围的事物重返自身，力图通过对工具和人工制品的热情塑造，重返其终极的同一，因为人生活工作在这些工具和人工制品中间，并通过它们使自己外化。人工制品的制作，因此是抒情表达中心的基本原型，是最基本的姿态。[74]

现在，当我们转向时间形式，特别是寓言在时间中的展开时，显而易见，作品的时间本身就可以成为乌托邦发展的一种形象：“每件伟大的艺术作品，在其显性内容之上和之外，其得以实现都以未来篇幅的潜在因素为转移，换句话说，都依据尚未产生的未来内容而定，实际上，都以尚未知晓的某种终极解决而定。”[75]小说时间形式的现象学，就蕴含于这一观念之中，但这种现象学超越纯粹的类型学，是论述由形形色色叙事模式所体现的关于种种具体时间经验的乌托邦的含义。

150 正是这种含义将其真理内容赋予艺术，把艺术实践本身变为对世界进行的前概念的哲学探索：“艺术的出现（Schein）……具有某种存在被驱向前的感觉，这感觉隐藏于意象之内，但又只能通过意象方可传达。其中，寓言自身的风格因袭和建构，再现了真实事物的一种本体论的预期（Vorschein）。这真实事物既超越作品那种局限的、在时间上发展的客体，同时又意指这一客体，在审美的固有方式上，恰恰是可以再现的本体论的预期。这里，不论在个人事件中还是在社会或自然事件中，呆滞或者习以为常的观念仍旧很难察觉的东西便得到了说明。……”[76]

在这一语境中，艺术作品的种种技巧或范畴，只有对它们的分析被一直追索到本体论层面自身的时候，方才获得它们的终极意义。在这一层面上，它们变得像乌托邦实现的模式那样透明：“艺术同时是得以实现之可能性的一个实验室和一场狂欢。”[77]

无疑，所有这一切都依旧是抽象的，且其自身是未得到实现的，是一套空洞的批评的规则，不具备对这一方法发挥功能的那种方式的具体技术论证。而且，由于布洛赫对基本上是通俗的或至少是传统的艺术例证的典型选择，情况尤其如此。例如，我不知道他到底是否论述过普鲁斯特。本雅明翻译过普鲁斯特的作品，马尔库塞把他的《韶光的重现》视作本能回想的原型，看来普鲁斯特的杰作的确提供了艺术家的小说的范例；然而，在我看来，普鲁斯特的创作表明，其自身便是乌托邦诠释的特殊材料，既是说明又是检验的例证。

因为每当我们阅读布洛赫对希望命运的说明时，每当我们观
察他的敏感（包括对实现的经验、对绝望的经验以及对满足的反 151
讽的敏感）时，很难不时常想到普鲁斯特。普鲁斯特作品的故事线，正是愿望的故事线；实际上，作品的力量就在于以最强有力的初期形式出现的愿望的经验：如对客体的一种希求，一次幽会，一张晚宴的请柬，一趟奔赴剧院之行，如此全面以至一时间它遮蔽了世界其余的东西，如此绝对以至使它具有孩童欲望中的所有专断性力量。而恰恰是这样一些愿望，生发出乌托邦冲动最纯粹的原型。

由于这样一种愿望的结构，普鲁斯特的叙述时间也就确定了。正如在布洛赫著述里那样，普鲁斯特作品中的未来，也总是

最后成为多于或有别于所期待的东西，即便是所期待的东西最终也是不满足本身的。例如那封盼望已久的吉尔伯特的来信，叙事者在心里反复地构思这封信，直到出于害怕他才停止了构思："我明白，要是我接到吉尔伯特的来信，也决不是那封特定的信，因为我自己已经把它构思出来。从那一刻起，我强迫自己不再去想我喜欢她写给我的那些话了，害怕由于我自己说出的那些话，正好就是那些话——那些最亲亲热热的，最希望听到的话——从可能实现的地方给排除出去。"[78]这样，对于普鲁斯特，无论未来的内容是什么，未来也势必伴随着全新的、全然出乎意料的力量而来，叙述者因而被驱迫到想象那种愿望的一种令人苦恼、自相矛盾而又极端迷信的过程之中：有意识地想象得少一些为的是得到更多，以某种方式阐述那种愿望，仅只是为了让它以秘密渴求
152 的更强烈的形式实现这愿望。

因此，普鲁斯特的情节是由一系列插曲构成的，每一件插曲都否定前面紧挨着的插曲，同时又将它提到一个更高的水平；从情绪上看，这种否定之否定具有极大的效果。我们只需考虑开头的片段即可。在这片段中，接吻遭到了平素如此随和的母亲出乎意料的拒绝，尔后又得到了平素如此严厉的父亲同样出乎意料的允许。这样，普鲁斯特就重复了他的先师巴尔扎克那种典型的情节节奏。后者的小说也是环绕着一种愿望或欲望的表达运转的；不过，在巴尔扎克的小说中对于初期资本主义外在商品和事物的强烈欲望，在这里却得到了内化，被普鲁斯特转化到心理的层面上。

这就是我们可以称之为普鲁斯特作品的内在情节，其内容是叙述者的内心生活。现在，当我们转向外在情节，转向其他人物和他们意想不到的命运时，显然这种期待的效果，虽然可以说非常深刻地象征着我们与未来的关系，但却已经由情绪转移到沉

思，由主人公转移到读者。因为，在这些命运和声誉的众多颠倒中，普鲁斯特对意外事物的迷恋，相当于布洛赫在《踪迹》中的迷恋；构成普鲁斯特作品的种种轶事可以用作后者的素材：愚笨的科塔尔医生，原来同时是一个天才的诊断学者；伟大的画家艾尔斯蒂尔，原来是维尔迪兰夫人初期沙龙的粗俗笨拙的常客；维尔迪兰夫人自己变成了盖尔芒特家族的郡主，奥黛特变成了公爵夫人；斯旺和盖尔芒特家族隐匿身份的行事方式本身，原来一向没有什么不同。正是在对这种素材的分析中，在对这种素材的兴趣的分析中，或许我们才能以一种扩展的诠释学来面对一种还原 153
的诠释学。因为从某种心理学的观点出发，不难看出，命运的这些扭曲，正是普鲁斯特自己对外部现象，对自己的势利和轻薄的声誉的报复方式，是他以一种富于惊人创造力的邪恶信念（mauvaise foi），证实他也不同于自己外表的方式。这样的激发力量，这种满足愿望的极端粗糙的形式，并没有遭到《希望原则》诠释体系的否认，而是被这种体系所超越。可以说，它本身就是“希望的诡计”之一，即最古老童话和神话的内容之一。在这些童话和神话中，王子或者公主中了妖术，以癞蛤蟆或丑老妪的丑陋形象等待着。人们不得不进行一种二次方的辩证颠倒演算，不得不对还原心理学自身的激发力量提出质疑，也不得不对现象脱离愤世嫉俗的现实的幸灾乐祸（schadenfreude）提出质疑，以便理解我们对隐匿于邪恶信念背后的那种肯定的动机力量的误解。这种力量是对完善自我的强烈的渴望，它隐匿于所有浅薄的利己主义背后，是通往一个本身已被美化的世界的一种冲力的重要部分。

当我们此刻转向普鲁斯特作品的实际社会内容时，势利和在社会上向上爬之类的热情的隐蔽含义，便立即被揭示出来：那种希求完善的神秘化形象如此众多，都属于一种尚未意识到的乌托邦冲动。与此同时，这样的社会原材料，连同其永恒的招待会、客厅和它所宣称的阶级局限，以及普鲁斯特描绘腐朽的、即将消失不存在的贵族的审慎的意图——所有这些事似乎都不是反动的而是预期的。因为恰恰是这一阶级的舒适安逸，即完全沉湎于人际关系、聊天、艺术，以及社会计划（如果可以对投入沙龙建设
154 的精力作出这样描绘的话）、时尚、爱情等，才以最歪曲的方式反映出这个世界的可能性。在这个世界上，异化劳动将不复存在；在这个世界上，人与外部世界的斗争，人与自己神秘化的、外在的世界图景的斗争，将让位于人与自身的对抗。普鲁斯特的有闲阶级，是对那种无阶级社会的一幅讽刺画：它怎么可能是另外的样子？然而，既然这是（至少在普鲁斯特的社会如此）存在着的唯一有闲文化，那么对于这种乌托邦是什么样子的具体意象，只有他才能作为一种源泉。当然，在普鲁斯特身后矗立着他的另外的样板——圣西门；路易十四的宫廷，在它提供世界中心自身的画面中——自身完美，没有需求，然而又充满最热切的人际关系——产生出类似的魅力：在巴罗克专制主义残暴之内的一种真正人类生存的后宫。在这种意义上，也许可以这样说：谈天说地——聊天和艺术的聚会地点，圣西门和普鲁斯特二人（实际上还有处于不同社会环境中的巴尔扎克）深刻丰富的瑕疵——对于人类来说，本身就可以作为那样的热情在其细微末节上被歪曲了的形象，而这也是我们在这个变形社会和变形世界上的形象。

有一种错误的观念，认为普鲁斯特的小说是循环的，认为其结尾由于躲避生活和暗示软木镶嵌房间而果真标志着返归开始。这是一种错误的观念。在这种语境中，作品毋宁视为受到压抑的艺术冲动自身形式的远大现象学，是一种表达企图的阶梯（在其中，谈天说地回到了它的次要位置，对于势利和地位的热情被置于远景当中）：从年轻的叙述者在一个美好的日子里首次发出热切的“呸、呸!”声，从奥黛特满怀爱抚精细地整理她那谁也不

会看见的服装，从在其他方面平庸的科塔尔医生那诊断的眼光， 155
一直延伸至艾尔斯蒂尔的绘画和叙述者的艺术才能。因而，这部小说内部还有向未来前进的第二结构，这种结构是一系列的形式，它们都盲目地争向艺术实践自身的明晰性靠拢；而这种对于艺术的维持本身就是一种预期的现象。索雷尔说“艺术是对一切劳作在未来社会中必将感觉到的那种方式的一种期待”[79]①：或者换一种方式说，未来社会的一切活动，都会像在我们自己社会中的艺术实践那样，极令人满意而不受任何限制。

然而，对于普鲁斯特，艺术却在时间的本体中，在同布洛赫描绘的极为相似的现在瞬间的晦暗中，发现了对自身的直接确证。同时，在普鲁斯特的作品里，现在仅只给予我们真正经验的原材料，而不是经验本身。无论出于什么原因——现代生活的过度智力化，对我们自身的一种强烈而固执的高度意识——只有当我们最不期待真实生活时，不妨说，只有当我们偶然朝另一方向凝视时，真实的生活似乎才能够出现。因此，在我们的世界和社会里，人们获得的经验势必是些碎片；它从未以充分的和真正的自我意识被人经历过（这种自我意识布洛赫归之于主体对客体的终极适应）。艺术和语言的任务就是恢复经验的这种整体性，或者使这种整体性第一次成为可能。因此，普鲁斯特的艺术，无论就什么意义而言，都不能说是以记忆为取向的，不能说它摆不脱过去和过去的重建：确切地说，那种过去本身在结构上就有缺陷，在本体论上就不充分，只有借语言进行表达的时刻，它才能仿佛第一次被经历过。这样，普鲁斯特的作品，以及对普鲁斯特作品的阅读，本身就是永恒经验的一种形象，一种乌托邦充分适

① 这段话应与本节开头的引语为同一段话，但由于引语系由法文转译，这里系由英文转译，故译文稍有不同。——译者注

156 应的经验形象；艺术家小说内部那种空洞的空间，那种构成他的公认艺术作品的空洞的画布，也第一次由语词表达的具体时间填充起来（在这个倾颓的世界上，在这种普鲁斯特式的经验重合以及对这经验的表达中，从小说结局之外，从世界结局之外，由叙述者填充起来）。

这样，普鲁斯特作品中有力的乌托邦现实，就与它的官方哲学的局限相矛盾，与那种柏拉图式的回想的局限相矛盾。这种回想原来只是在外表上返归过去；仿佛乌托邦冲动本身只能借助伪装来完成它的工作，必须在怀旧的神秘氛围的笼罩下来实现它对未来的投射。

艺术是“被置换了的预言式天命”[80]：这句话或许最恰切地阐明了布洛赫体系中艺术和宗教的关系，所谓的艺术宗教的真正价值，同时还有布洛赫自己语言的更深层的源泉。特别在早期著述中，布洛赫的语言具有一种审慎的预言色彩，明显受到《圣经》预言者的感悟；他的语言还借其修辞的铸造和拆解，模仿并以幻想唤出那个启示性时刻，用闵采尔的话说，这时“上帝将有力地在他身边泥罐中间放上一根铁杖”①。

把宗教力量同艺术本身较少约束而又较多沉思的游戏区分开来的东西，是绝对信仰和集体参与的结合。这种信仰和参与是以太平盛世或者千年幸福的概念统一起来的。通过这对概念中的第二个概念，宗教与哲学区分开来。从理论上说，哲学里存在着唯一真理这样一种东西：在闵采尔的神学里，神学学说的心理系数，是由集体的需要，由众生自己的信仰和承认来测度的。因
157 此，一个神学观念，同一个哲学观念相对照，就已经在其结构中

① 这时刻，据作者自述，即革命性毁坏和惩恶的时刻，抑或世界末日善恶决战的来临。——译者注

隐含着它周围的一个教会或者群体的信仰者，因此它也就在原始政治而不是纯理论的层面上存在。

然而，宗教的“严肃性”，它的信仰的绝对性质，从更大的意义上说，也标志着它对于实践和政治的从属。我很想把布洛赫这方面的描述，同萨特对情绪的生理伴随物的讨论作一番比较。萨特说，这种伴随物构成类似主体感情的“严肃”（sérieux）的某种东西：没有真正机体的羞赧、战栗、冒汗、心跳加快，情绪就减缩为纯心灵的许多臆构事物，飘浮和贯穿于意识当中的许多单纯愿望。宗教的这种绝对信念也是如此，它标志着我们获得人类最真正的乌托邦希求，即“无论蛀虫或锈渍还是某一当代‘哲学观点’的煤酚皂液都不能腐蚀的那些财宝”[81]。

因此，宗教对于革命活动的价值就在于它的结构，它是绝对信念的一种实体，一种意识到那些最深刻乌托邦愿望的激情的内在主体。没有这种主体意识，马克思主义就仍然是一种客观的理论，既被剥夺了它最有生命力的回响，又被剥夺了它最基本的心灵营养：“‘要明白’，《光明篇》① 的一部古代手稿就这种意义而言，‘对于一切世界，都存在着幻象的一种双重形态。一是揭示它们的外部，以及这些世界根据其外部形态制订的一般法则。一是揭示它们的内部本质，亦即人类灵魂自身的本质。与此相应，也存在着两种行动方式，劳作的方式和祈祷的方式；因为劳作的目的在于按照这些世界的外部表象来完成它们，祈祷则使一个世界踞于其他世界之内，并把它们高扬起来’。在解放和精神、马 158
克思主义和宗教之间的这样一种功能关系中，由于它们统一于一种趋向终极王国的单一意志，它们最终的汇流便把众多邻近的溪流聚拢在一起，包括灵魂、救世主、启示录等等。这是对总体性

---

① 犹太教神秘主义对《摩西五经》的注疏。——译者注

的醒悟行动所采取的一种形式，产生出既是理论的又是实践的最后冲动，并构成一切政治和文化的先验性。”[82]因此，就其终极的双重源泉而言，布洛赫的思想是宗教和政治“连通管”① 的爆破式重新开放。

(3)

> 这一科学［诠释学］曾经有过奇怪的命运。它只在某个伟大的历史运动期间，才赢得敬佩。就这个运动而言，对于历史生存的奇特作出这种理解，已经成为紧迫的理论问题，而过后又只有消失在晦暗之中。
>
> ——威廉·狄尔泰②：《〈诠释学起源〉笔记》

看起来，无论在布洛赫生活工作过的两个德国中的哪个国家里，他的著作与其说产生了影响，不如说受到了尊重；在本书讨论的所有哲学家和批评家当中，他自然在国外是最鲜为人知的。这无疑部分是由于他的体系的总体的、无所不包的性质所致。正如这个体系所表达的普遍文化一样，它含蓄地要求，将一切我们习以为常的次要哲学语言和视角，都纳入到它自身中去。更加困难的是，我们不得不与一种比喻学说发生关系，但对这种学说却没有基本的术语，没有任何思想觉得是绝对的语言基本原则。由此还需要一种执着，而其性质或许是宗教的而不是哲学的。

不过，对布洛赫的忽视，主要是由于他的体系，即希望和本

① “连通管”（vases communicants）系布勒东一部著作的标题：Les Vases communicants。对于超现实主义者，这象征着意识和无意识之间的关系，特别是在梦的过程中，一方向另一方的渗透。——译者注

② 威廉·狄尔泰（1833—1911），德国哲学家。——译者注

体论预期学说本身就是一种预期，是对尚未诞生的一种普遍文化 159
和普遍诠释学问题的解决。这样，它硕大无比而又令人难以索解地横亘在我们面前，仿佛从空间陨落的一块陨石，满刻着神秘的象形文字，放射出奇特的内在的热和力，显露出符咒和解开符咒的线索，耐心地等待着它们自己最终得到破译的时刻。

与此同时，他的著作如同马尔库塞和本雅明的著作一样，可以用马克思主义诠释学所能得到的某些方式，用作一种实物教学，以便恢复保留在我们文化著作中的迥异文本的真实政治维度：不是凭借着某种轻而易举的象征性或讽喻性释义，而是凭借着将这些文本自身的内容和形式冲动解读为无法压抑的革命愿望的比喻——无论是心灵整体性的比喻、自由的比喻，还是趋向乌托邦理想化冲力的比喻。

【注释】

[1] 这比本雅明致马克斯·里希纳函中自己提出的那种模式，至少是更熟悉而且不那么令人生畏的一种模式。他说："如果可以这样说的话，我除了从一种神学意义上探索和思考以外，从来没有能以其他方式进行，也就是说，就《摩西五经》（即《圣经·旧约》的前五卷。——译者注）的每一段落的意义都有49个层面而言，是遵奉犹太教法典传统的。"（引文见《瓦尔特·本雅明》，载《泰晤士报·文学副刊》，1968年8月22日。）

[2] 瓦尔特·本雅明：《文集》（两卷集），法兰克福，1955，第1卷，第429页。

[3]《文集》，第2卷，第108页。

[4]《文集》，第2卷，第245页。

[5] 引文见《文集》，第1卷，第432页；同时详弗洛伊德：《超越情乐原则》，纽约，1959，第49—50页。

[6]《文集》，第1卷，第71页。

[7]《文集》，第1卷，第124—125页。

[8]《文集》，第1卷，第121—122页。

[9]《文集》，第1卷，第207页。

[10]《文集》，第1卷，第279—280页。

[11]《文集》，第1卷，第301页。

[12]《文集》，第1卷，第308页。

[13]《文集》，第1卷，第289—290页。

[14]《文集》，第1卷，第489页。

[15]《文集》，第1卷，第487页。

[16]《文集》，第1卷，第447—448页。

[17]《文集》，第1卷，第461页。

[18]《文集》，第1卷，第372—373页。

[19]《文集》，第1卷，第248页。

[20]《文集》，第2卷，第249页。

[21]《文集》，第2卷，第231页。

[22]《文集》，第1卷，第430页。

[23] 瓦尔特·本雅明：《试论布莱希特》，法兰克福，1966，第115页。

[24]《文集》，第1卷，第395—397页。

[25] 见罗尔夫·蒂德曼为本雅明《试论布莱希特》一书所写的后记，第149页。

[26]《论瓦尔特·本雅明》，法兰克福，1968，第162页。

[27] 席勒：《哲学论文集》，巴塞尔，1946，第79页。

[28]《哲学论文集》，第80页。

[29] 路易斯·阿尔都塞：《孟德斯鸠》，巴黎，1959，第16页。重点号是我（作者）加的。

[30]《哲学论文集》，第226页。

[31]《哲学论文集》，第124页。

[32] 安德烈·布勒东：《超现实主义宣言》，巴黎，1969，第110页。

[33]《超现实主义宣言》，第23—24页。

[34] 在我看来，正是由于朝向连续性的绝对冲力，才不得不对布勒东

的散文风格作出透彻的分析。其中，修辞手段的分散曲折——同位、逻辑虚词、倒装、省略、附属从句、详尽限定……不仅必须对读者提出这一对要求，即关注过去和未来作为在语句序列内部的相互纠结的句法体系；而且最重要的是标明某种更深刻的逻辑，某种已经掩埋而又不可抗拒的隐蔽思想的连续性。对于这种连续性，手法本身成了重大的引喻，它们在它上面被无情地裹挟着前进。

[35]《超现实主义宣言》，第 116—117 页。

[36] 详见保罗·李克尔：《论释义：弗洛伊德论》，巴黎，1965，第 120—153 页；同时参见 J. 拉普朗什和 J. B. 庞达黎：《新颖的幻想·原始的幻想·幻想的源泉》，《当代》，第 215 期（1963 年 12 月），第 1833—1868 页。

[37]《超现实主义宣言》，第 15 页。

[38]《超现实主义宣言》，第 25 页。

[39]《超现实主义宣言》，第 116 页。

[40]《超现实主义宣言》，第 26 页。

[41] 赫伯特·马尔库塞：《爱欲与文明》，纽约，1955，第 90、93—94 页。

[42]《爱欲与文明》，第 144 页。

[43]《爱欲与文明》，第 29 页。

[44]《爱欲与文明》，第 29 页。

[45]《爱欲与文明》，第 18 页。

[46]《哲学论文集》，第 210 页。

[47]《爱欲与文明》，第 209 页。这对马尔库塞来说，也许是马克思和恩格斯对社会发展中母权共产主义阶段予以维护的心灵等价物。

[48] 参见米歇尔·范·艾斯布鲁克：《诠释学、结构主义和评注》，巴黎，1968，第 113 页及以下诸页。

[49] 恩斯特·布洛赫：《希望原则》，法兰克福，1959，第 1380 页。

[50] 参见利科：《论阐释》，第 33—44 页。

[51]《希望原则》，第 91 页。

[52]《踪迹》，第 286 页。

[53]《希望原则》，第 353—354 页。

[54]《踪迹》，第 15—16 页。

[55]《希望原则》，第 4 页。

[56]《希望原则》，第 231 页。

[57] 歌德：《诗与真》，译文引自中译本，商务印书馆，1983，第 835—836 页。

[58] 恩斯特·布洛赫：《异化》，两卷本，法兰克福，1963，第 1 卷，第 58 页。

[59]《马拉美全集》，巴黎，1945，第 372 页。

[60]《异化》，第 1 卷，第 14 页。

[61]《希望原则》，第 341 页。

[62]《希望原则》，第 213 页。

[63]《希望原则》，第 213 页。

[64]《希望原则》，第 1549—1550 页。

[65] 特别参见恩斯特·布洛赫：《乌托邦精神》（法兰克福，1964）中“音乐哲学”一节，第 49—208 页。

[66]《希望原则》，第 1387、1390—1391 页。

[67]《希望原则》，第 1548 页。

[68]《希望原则》，第 951 页。

[69] 恩斯特·布洛赫：《蒂宾根哲学导论》，两卷本，法兰克福，1963—1964，第 2 卷，第 46—47 页。

[70]《乌托邦精神》，第 151 页。

[71]《希望原则》，第 908 页。

[72]《希望原则》，第 980—981 页。

[73]《乌托邦精神》，第 21 页。

[74] 详见《乌托邦精神》，第 17—19 页。

[75]《希望原则》，第 110 页。

[76]《希望原则》，第 247 页。

[77]《希望原则》，第 249 页。

[78] 普鲁斯特：《追忆逝水年华》，第 3 卷，巴黎，1954，第 1 章，第 409 页。

[79] 乔治·索雷尔：《暴力的沉思》，巴黎，1953，第 53 页。

[80]《乌托邦精神》，第 150 页。

[81]《异化》，第 1 卷，第 158 页。

[82]《乌托邦精神》，第 345—346 页。

第三章　关于乔治·卢卡契

160 对于西方读者，乔治·卢卡契的观念往往似乎比现实更加有趣。这在柏拉图形式和方法论原型的某个领域，仿佛是一个等待着马克思主义文学批评家的位置，（在普列汉诺夫之后）只有卢卡契曾经严肃地试想填补这个位置。然而，归根结底，就连对他更加同情的西方批评家，也在不同的幻灭程度上背离了他：他们准备观照这种抽象的观念，实际上却发现要求自己所作的牺牲太大了。他们对卢卡契其人嘴上赞同，而那些文本本身却不是他们心目中的那些文本。[1]

这种困扰很难说是出乎意料。因为这标志着西方相对主义对
待它自己概念局限的态度：我们确实把我们的文化设想成一座巨
大的想象的博物馆，在其中，所有的生命形式和所有的思想见
解，一并都受到同等的欢迎，如果它们只是用于观照的话。这
161 样，与基督教神秘主义者和19世纪无政府主义者，与超现实主
义者和文艺复兴人文主义者并行存在的，还有只是其他哲学体系
中的一个体系的马克思主义。妨碍马克思主义以这种方式被同化
的，也不可能是绝对信仰的某种需要，因为转换成意象的宗教本
身，在我们所熟悉的选择性传统中很容易同时共存。不，不可能
是这样，历史唯物主义结构的特殊性，在于它否认思维自身的自
主性，在于它自身作为思维而坚持纯粹的思维，以伪装的社会行
为方式来发挥功能的方法，在于它令人不快地提出了精神中的物
质现实和历史现实。这样，作为一种文化客体，马克思主义又转
而反对一般的文化活动，贬低它，揭露它为自己享受而事先设定

的阶级特权和闲适。于是，它便毁坏了作为精神产品自身，葬送了文化消费过程，而在西方语境中，它却已经从事着这种文化消费。因此，正是历史唯物主义的结构——思维与行动统一，或者社会决定思维的学说——才可能还原为纯粹的理性或沉思；而且这观点——西方中产阶级哲学传统只能理解为这体系中的一种瑕疵，就在我们设想自己拒斥它的那一刻拒斥了我们。

因此，无怪乎卢卡契的毕生事业无法从内部得到理解，作为根据其内在逻辑和契机而相互生发出来的一系列的解决和问题；无怪乎他的著述被视为武断观点的外在标志，是些本身毫无意义的、只有根据党的路线的转移才能理解的征兆。他的思想发展被一种卢卡契事业的神话所代替，他所有的西方评论家都不假思索地以这种或那种形式重复这一神话。他们说，经历过新康德时代 162
以后，在与齐美尔和拉斯克一起进行研究并且同马克斯·韦伯有过接触以后，撰写《小说理论》（1914—1915）的黑格尔式的卢卡契便初露锋芒。而且，正如这个康德主义者变成了黑格尔主义者一样，在战争期间，这个黑格尔主义者又变成了马克思主义者，加入匈牙利共产党，跻身于贝拉·库恩①的革命政府。第三个卢卡契是一个具有强烈行动主义倾向和顽固的黑格尔倾向的布尔什维克，但因为出了一部创新著作《历史与阶级意识》（1923）而受到党的谴责。紧接着他的自我批判以后，最为人熟知的成熟的卢卡契便露出了端倪：20世纪三四十年代斯大林主义的卢卡契，文学现实主义的理论家。这种现实主义很容易同化为同一时期官方的社会主义现实主义，并在战后出版于东柏林的著作中表现出来，例如《巴尔扎克与法国现实主义》（1945）、《歌德及其时代》（1947）、《世界文学中的俄国现实主义》（1949）、《历史小

① 贝拉·库恩（1886—1939），匈牙利革命家，共产党领导人。——译者注

说》(1955)以及关于19和20世纪德国文学和思想的大量论文。随着解冻的来临，一个更稳健的卢卡契在《论批判现实主义》(1958)中重申了他的总的立场，并在匈牙利起义之后宣告退休，准备撰写两卷本的《美学》。在这部著作中，连同已经构想的《伦理学》和《本体论》，他又回到了自己青年时代的新康德主义理论目标，但采取了一种马克思主义的观点。

应该注意，这一传记神话的详尽阐发，依赖于把他一生划分为不相衔接的“时期”，是一种呈现出双重优越性的做法。一方面，由某一时期向另一时期的转变处于这一神话本身之外。因而，由此一立场到彼一立场的过渡，其结果或者多于（如在半宗教性地皈依于共产主义观念中）或者少于（如在奴性地服从党的路线的现象中）甚至最富同情的历史意识所能重新体验并从外
163 部理解的东西。另一方面，现在可以使各个时期互相抵牾，而我们自己则不必对任何时期表明态度。于是，年轻的马克思被用来反对年老的马克思；早期的卢卡契（无论是《小说理论》抑或是《历史与阶级意识》的卢卡契）被用来怀疑后来的现实主义理论家；实际上，最后期的卢卡契，由于返回到了开始阶段，势必暗示出他整个事业的失败和空虚。

然而，倘若确实只有从其后期著述的角度出发才能充分理解其早期著述的话，那会是什么情况呢？倘若卢卡契的一连串主张确实远非一系列的自相背叛，而是对诸问题单一综合的渐进探索和拓展的话，那又会怎样呢？在以下章节里，我们将表明，卢卡契的著述可以视为对于叙事作品、它的基本结构、它和它所表现的现实的关系，以及它与其他更抽象的哲学理解方式相比较时的认识论价值的一种不断的、毕生的沉思。

I

在卢卡契对文学的全部考察中，主要的概念对立是人们熟悉的黑格尔式的具体与抽象的对立。自然，黑格尔的独到之处，在于将这一纯逻辑的区分转换为本体论的区分；在于演示了所历经验和生活形态何以能从这个角度相互评估；在于推演出了一种比较的或者确实是辩证的思维方式，因而对于某一种既定经验或作品的每一种感知，同时又是对那种经验或作品否定的一种意识。很清楚，对具体性的感觉，对存在充满不透明性的感觉，或者对经验的抽象性和枯竭的感觉，从本质上说正是来源于一些含蓄的 164
对比，如这一经验与另一经验对比，这一作品与另一作品对比，这一历史阶段与另一历史阶段对比。

也许不那么明显的是，这种黑格尔式的对立同当代更熟悉的异化观念的重叠程度：因为，毫无疑问，抽象和异化是对同一客体的命名。只是很容易看出，为什么西方思想家一般更喜欢异化这个概念：后者允许对明显崩颓堕落的现实作出分析判断，而不要求心灵相应地极力想象人不再异化的状态。因此这是一种否定的、批判的概念，乌托邦的要素从中被悄悄地消除了；而同时，抽象一语则通过它作为对立面的结构，迫使我们维护并发展那种具体性的观念以完成我们的思想。

对这一对立最典型的马克思主义运用，自然是把社会自身看作是个体生存的具体性或抽象性的终极源泉。用文学术语来说，这意味着在任何一定的历史时刻，社会都被设想为事先存在的实际上是预先形成的原材料，它最终决定着在其内部创造的艺术作品的抽象性或具体性。“人们自己创造着自己的历史，”恩格斯在一段著名的话中说，“但他们是在制约着他们的一定环境中，是在既有的现实关系的基础上进行创造的，在这些现实关系中，尽管其他的条件——政治的和思想的——对于经济条件有很大的影响，但经济条件归根到底还是具有决定意义的，它构成一条贯穿于全部发展进程并唯一能使我们理解这个发展进程的红线。”[2]①
165 不言而喻，飞机和百货商店，仪仗队领队和妇女解放问题，不可能是来自社会的艺术作品的要素，这些要素在社会中并不存在；更重要的是某种特定的社会原材料的影响，它不仅对作品本身内容产生影响，而且对作品的形式本身也产生影响。

在一个前工业化的、农业的或部落的社会中，艺术家的原材料是处于人类标尺之上的，它有一种直接的意义，不要求作家事先的解释或确证。故事无需时间上的背景，因为那种文化不熟悉任何历史：每一世代都重复同样的经验，重新创造同样的基本人类境况，仿佛那是第一次似的。社会体制不被视为是外在的传统，不被视为是令人生畏的、不可理解的大厦；国王或牧师被赋予权威，为他们所固有。他们作为人类的演员，以三维的方式充分表达了这种权威。这样一个世界的物质客体同样是直接的：它们显然是人类的产物，是预先规定的仪式和直接可见的乡村居住等级的结果。即使是这种生活方式的超自然的、巫术或宗教的意识形态，也以诸神的拟人形态以及人格化的力量返回于人类；这无疑是一种投射，但是，投射的机制在神话讲述的结构中，仍然是朴素地未加伪装的。表示这些社会特征的艺术作品可以称为具体的，因为它们的要素从一开始便都具有意义。作家使用这些要素，但不必事先表示它们的意义；用黑格尔的话说，这种原材料不需要调停。[3]

---

① 按：这里作者有误，这实际上是恩格斯致瓦·博尔吉乌斯的信（1894年1月25日），见《马克思恩格斯全集》，中文1版，第39卷，199页，北京，人民出版社，1974。——译者注

当我们从这样的作品转向工业时代的文学时，一切都发生了 166
变化。作品的要素开始脱离了人的中心；人的一种消亡切入进来，即一种离心的消散。在其中，各条轨道在每一点上都通向偶然事物，通向残酷的事实和事物，通向非人的事物之中。连故事（小说）里最基本的那些成分，即人物本身，也变得有疑问了：现在他们具有人格，而人格特征的选择，作为空想理想主义而不是作为愤怒和愤世嫉俗的主人公的刻画，要求在作品自身之内得到有机的确证。这样，主人公的气质就用他父亲和家庭情况予以解释；或者可能以与现存社会及其主要价值的某种关系的象征被呈现出来；或者表明它带有蔑视世界形而上学价值；或者干脆最终也没有得到确证，于是，作品可能降低到偶然事故的层面，变成一种个人的历史。

同样，直接可理解性的丧失也发生在其他层面上：发生在作 167
品的时间上，形成它的背景的体制上，人物于其中活动的事物上。因为乡村生活那种毫无疑问的、恪守仪式的时代已经一去不返；此后出现了公与私、劳作与闲暇之间的分离，故事（小说）必须在人们生活由日常劳作和睡眠分裂的世界上，找到自己的活动的余地。因而小说家的情节安排便发生在周末（加缪的《局外人》），发生在假期（托马斯·曼的《魔山》），发生在日常生活分崩离析的大危机之中（战争文学）。倘若主人公的职业使他有充裕空闲消遣私人生活（乔伊斯的《尤利西斯》），那么，职业的选择本身也必须以某种方式予以确证（作为语言作品的广告）。在拥有继承财产和闲暇的情况下，这或者基于一种不加详查的社会的预设（例如为 19 世纪英、俄小说提供行动者的地主乡绅的情况）；否则便仍然只是家族的偶然事件，而问题并没有解决，只是延伸到过去，延伸到以前的世代（在这里，这一过程的象征，很可能是亨利·詹姆斯没有提到那只夜壶，但他私下承认那是《专使》中纽塞姆的原始财产)。

故事(小说)本身的构架也是如此:人物于其中经历戏剧性场面的现代世界的体制,最后仅仅以既定的某种东西而结束,以作品在特定民族环境、特定历史发展时刻的偶然产生的结果而结束。乡村和城市本身就是整个世界;而高速公路、现代大学、美国陆军或者大工业都市等所有这些事物,则都在艺术作品中构成
168 了没有实现的,而且最终也无法实现的外来主体。适用于整个社会组织的东西,在一个特定社会的个别商品中,在人物于其中活动的各种事物和产品中,越来越清晰可见:椅子、摩托车、食品、住宅和左轮手枪,不再被视为人类直接活动的结果,他们十分像是僵死的家具寄托在作品之中,很像是外来的无机物质撕破了作品的人类表层。

可以看到,现代文学发展了特殊的技巧,发展了煞费苦心的象征主义手法,特别希望将意义赋予这些顽固抗拒的事物,使其同化为艺术作品的人化了的事物。象征主义本身是现代文学的主要现象,这一点我们以后还得详加讨论。现在要说的是,作为对这一困境解决办法的思想的象征和象征化方法,不论有什么价值,它们在作品中的存在,也始终是一种暗示,说明事物的直接意义业已消失:如果事物在性质上不是变得可疑,这一过程就不会首先产生。

对于现代生活中这种偶然性的现实,可以作出更有力的反驳;可以说这只是表面的偶然性。其实,所有这些表面上非人的体制和事物,在起源上都是极端富于人性的。世界从没有像在工业时代那样得到如此全面的人化,从没有这样多的个人环境成为人类历史自身而不是盲目自然力量的结果。因此,倘若现代艺术作品真的能够充分地扩展视角,倘若它能够将这些全然不相干的现象和事实充分联系起来,那么非人的幻觉就会消失:作品内容

就会再一次从人的角度完全可以理解，甚至在比以前更广泛的尺
度上也是如此。然而，恰恰是这一扩展，才与文学的形式和结构 169
不相协调。艺术作品的构架是个人所经历的经验，就这些局限而言，外部世界仍然顽固地受到异化。当我们由个人经验转到那种集体维度，转到人类体制在其中再次对我们缓慢地变得透明的社会学的或历史的焦点时，我们便进入了游离的抽象思维的领域，把艺术作品抛在身后。这种在两个不可调和层面上的生活，与现代世界结构的基本谬误相应：我们能够理解的作为抽象心灵的东西，我们不能在自己个人生活和经验中直接地经历它们。我们的世界，我们的艺术作品，此后也是抽象的了。

因此，我们可以通过强调艺术中这两种基本具体性的特征，对初步的讨论做一总结。首先，艺术的情况是这样的：我们可以从纯粹的人的角度，从个别人的经验和个别人的行动角度，来感受这些情况中的一切。其次，这种作品可以使生活和经验被视为一个总体：它的所有的事件，所有的部分事实和要素，都作为一个总体过程的部分而得到直接把握，尽管这一基本的社会过程，仍然可以从形而上学的角度予以理解。因为对于我们，这一总体感受的最重要方面，在目前并不是赋予它的那种意识形态的解释，而是它在特定社会生活中的直接存在或阙如。从这种社会生活中，作家汲取自己的素材。正如我们已经表明的那样，如果直接整体性和相互关系的这种感受，一开始就不存在于真实生活当中，艺术家手头便不具备恢复它的手段，充其量他只能对它进行模拟。

在《小说理论》中，卢卡契第一次试图将这些范畴应用于文学。这些范畴采用本质（Wesen）和生活之间的一种对应形式，
换言之，一方面是意义，另一方面是日常生活中的事件和素材。 170
形式在古希腊的发展为他提供了这种基本对立所固有的种种可能

性、种种关系的尺度模式或辩证神话。（此刻，我们应当补充，这种有关古希腊情况的历史精确性，对于我们无关宏旨，我们可以仅仅把它当作表述卢卡契有关现代小说讨论的一个方便的概念框架。）

卢卡契在希腊文学中发现的三个基本阶段中，第一个是史诗阶段，它在上面阐发的意义上是具体的：在这一阶段，意义或本质依然内在于生活，而真正的叙事，史诗的叙事，只有在仍然感到日常生活具有意义，并且直到其细节都可以直接理解时才是可能的。在本质和生活合一的这种乌托邦以后，两方面便开始分离开来，史诗的位置由悲剧所取代。因为在悲剧里，意义和日常生活相互对立：它们只在悲剧危机的时刻才重合起来，那时，主人公在自己的痛苦中将它们瞬间聚合在一起，即使摒弃他的无意义的外部世界即将使他毁灭时，还坚持自己对生活的绝对要求，坚持自己寻求意义的最终激情。悲剧因而不复提供一种连续性，而只是围绕着危机的那些增强的瞬间进行组织并依赖于它们。这些瞬间在结构上是不规则和不稳定的。当它们亦复消失，意义和生活无可挽回地分离开来时，这时希腊艺术的第三阶段即柏拉图式的哲学阶段便近在咫尺了。这里，在一个日常生活素材变得毫无价值的世界上，本质或意义躲避在理念的纯理智领域里，而且，除了在柏拉图式神话和寓言里表现自身之外，它自己也变得无法实现。

171　尽管有着共同的方法论，但是，撰写《小说理论》的卢卡契和黑格尔本人，特别是和《美学》中的黑格尔之间的区别，业已显而易见。尽管黑格尔赋予希腊人以巨大价值，他仍然把西方艺术史和一般的历史视为形式递升，从东方艺术的象征形式（在其中，精神依然陷于物质并禁锢于物质，禁锢于亚述和埃及神祇的怪异形式），经由希腊的古典形式（在其中，精神在纯人类形象中得到表现)，上升到现代世界的浪漫主义艺术（在其中，物质一点一滴地消退，纯粹的精神逐渐用语言表现出来）。毫无疑问，黑格尔业已在卢卡契的意义上觉察到，小说是现代对史诗的一种替代。然而，众所周知，对他来说，艺术的完成不在于任何艺术形式，而在于它的自我超越，在于艺术向哲学的转变：人类最初天真地投射于宗教的东西，他们后来在艺术创造中使自己可以见到的东西，只有在哲学自身中才能最终恢复自我意识。

可是，正像我们将在形形色色语境中一而再、再而三地看到的那样，对于卢卡契，纯思维作为了解现实的特殊手段，永远没有绝对价值。相反，叙事对他来说才是绝对的，即便是对希腊艺术三阶段的初步划分，也以叙事的首要地位为前提。只是史诗可以看作纯粹的叙事形式，而悲剧则是诗剧，即是说，只表现一些瞬间，不再求助于叙事连续性的技巧；自然，在哲学中，纯思维的统治远非一种长处，它消除作为一种形式可能性的叙事，而又恰恰是如此对它判断和评价的。

正是在这种预述的背景中，出现了《小说理论》的基本观念：小说作为一种形式，是试图在现代时期重新获得史诗叙事的 172
某些品格，作为物质与精神、生活与本质之间的一种调和。它是在此后使史诗不可能出现的生活条件下对史诗的一种替代：“它是被上帝抛弃的一个世界的史诗。”[4]

依此看来，小说不再像悲剧或史诗，不再是一种具有内在常规的封闭的既定的形式；相反就其结构本身来说它颇不确定，是一种在其发展的每一个阶段都必须重新进行创造的混杂形式。每一部小说都是一个过程，其中每一种叙事的可能性都必须从无开始，没有任何既成习惯的力量：它的特殊题材因此将是在一个目标和路线均未预先确定的世界上的寻觅。这是一个过程，在这个过程中，我们目睹对那些问题的虚构，而对问题的解决便是它的故事。史诗主人公代表着一种集体性，构成了有意义的有机世界的一部分；而小说主人公则总是一种孤独的主体性：他是不确定的，这就是说，他必然总是面对他的背景，面对自然或者社会，因为这正是他同它们的关系，是他与它们相结合的情形，而这种结合也是随时会出现的那种问题。[5]在主人公和他的环境之间（作品从开始便给出环境，而不是在其过程中费力地赢得环境），
173 任何调和都是一种违禁的预设，一种以形式进行的欺骗，其中整个小说作为过程将失去效用。小说主人公的原型因而是狂人或者罪犯；而作品则是他的传记，是他在世界的虚空中为“验证自己的灵魂”而陈述的故事。不过，他当然不可能真的这么做，因为真正的调和倘若可能的话，那么小说本身就不再存在，就会再一次让位于史诗的整体性。

因此，小说作为赋予外部世界和人类经验以意义的尝试，始终是主观意志和主观意愿的产物。这种统一并非像在史诗中那样来自世界，而是来自小说家的思想，这思想试图以命令式将它强加于人。由于这个原因，小说家的活动总是在德国浪漫主义称之为反讽的标记下进行；因为浪漫主义的反讽具有一种结构上的特征，在这种结构中，作品考虑它的主观起源，创作者则通过指向自身来完成创作：产生出面具。因此可以说，人类自由的最基本意象，对于卢卡契，并不是小说主人公，因为他对终极意义的追求永远不可能成功；而是小说家本人，他在讲述失败的故事中获得成功——他的创作是主人公为之枉费心机的那种精神和物质的暂时调和。小说家的创作活动是“无神时代的否定的神秘主义”[6]。

因此，小说具备伦理意义。人类生活最终的伦理目的是乌托邦，亦即意义与生活再次不可分割，人与世界相一致的世界。不过这样的语言是抽象的，乌托邦不是一种观念而是一种幻象。因

此不是抽象的思维而是具体的叙事本身，才是一切乌托邦活动的检验场。伟大的小说家以自己的文体和情节本身的形式组织，对 174
乌托邦的问题提供一种具体展示，而乌托邦哲学家则仅只提供一场苍白而抽象的梦，一种虚幻的愿望满足。

既然存在着卢卡契理论所依赖的精神与物质之间的对立，显然小说也倾向于分成两大类，依强调哪一方面而定。然而，在另一种意义上，这种类型学的简单性却具有欺骗性，因为小说的出发点势必总是主观的，势必总是人类的经验：客观的一面，外部世界，几乎不会去梦想它与人的调和。因此，以世界为取向的小说（卢卡契称这为抽象的理想主义小说），却原来以一种视觉幻象为基础。其主人公的特点是，对世界的意义怀有一种盲目而不可动摇的信念，对自己此时此地追求的成功，对真正调和的可能性怀有一种未经证实而又摆脱不了的信仰。对于这样一种着了迷的主人公（其原型自然是堂吉诃德），真实世界的明显的抵抗，可以由魔法和邪恶巫师的敌对法术轻易地予以说明。因此，他从未真正地与外部现实发生接触，只是与作为他的出发点的外部现实乌托邦幻象发生接触。对于形式所持的这种态度的悖谬效果是，抽象的理想主义小说将导致一系列客观事件和历险，将提供看似客观的表面，即使这种表面的客观性只不过是疯狂和主观着迷的结果。

创作《堂吉诃德》的先决条件是这样的一个社会的世界，在其中，世俗的理性仍然没有全然摆脱中世纪迷信和仪式的世界观，因而，堂吉诃德的疯狂并非任性，而是与外部世界自身的现实相吻合。这一现实自然以骑士传奇和梦想的形式内化于小说之 175
中，因此，就整体而言，这部小说没有成为这些流行冒险故事中公认的、格调低下的故事讲述，而是对故事讲述本身可能性的一种思考，是对叙事逐渐形成的一种自我意识。然而，随着现代世界愈益世俗化，给予《堂吉诃德》以活力的张力便开始消散：抽象理想主义的主人公，在自己的历史时刻再也找不到对自己的确证，而是愈益倾向于变为武断的十足的怪人，其固定的观念(idée fixe) 便是任性的；而在狄更斯这样的小说家身上，我们发现一种静态的无生气的对立，一方面是令人发笑的古怪人物，另一方面是感伤化的中产阶级世界（所以感伤化，正是由于小说家看到的是它的表面价值，在作品中夹带进对于那种外部现实性质的偏见，而小说的任务正是不带任何偏见地探索那种现实）。

也许只有在巴尔扎克身上，抽象理想主义小说的某种终极形式才成为可能；而且即使在这里，在而今世俗化的世界上，它也以形式的特殊力量为基础。一方面，我们发现了熟悉的、着迷的主人公，即具有一种固定观念的人、发明家、诗人、商人和艺术家。然而，对立的另一方面，即张力不可缺少的外部现实，现在只不过是《人间喜剧》里所有其他着迷人物的总和，或者换句话说，是社会自身的总和。于是就再次产生了一个真正的总体，在其中，这个系列的其他作品提供了一种密集的外部现实，提供了一种巨大的、抗拒的外部世界，提供了可以用于任何特定故事中的个体冲突。然而，显然这一张力是用巨大代价换来的：《人间喜剧》，萨特称之为一个破坏了总体化的总体；它永远不会完全呈现于任何个别作品之中，只有整体的片段才在我们面前充分实
176 现。由于在巴尔扎克的作品里，抽象的理想主义小说作为一种形式被穷尽了；现代世界的现实，再也不能为它的建构提供充分的材料。

于是，渐渐地，叙事的第二大类型——浪漫的幻灭小说，便代替第一类型而产生。这里实际强调的是灵魂自身，是主人公的主观经验，主人公的任务是从自己的意识内部来解释世界。第一种形式可能分解成一系列空洞的历险，分解成虚假的流浪冒险或

娱乐性文学，而第二类型的小说则直接受到唯我主义的威胁。它的主人公是被动接受的、沉思的，他的故事永远处于化为纯抒情和片段的边缘，化为一连串主观瞬间和心境的边缘，其中真正的叙事则已消失。

然而，在这一点上，卢卡契作出了他最非凡的论断之一（人们常常指出，在这种论断中，他预示了 1914 年时现代小说的整个方向，当时，现代小说还只是刚刚产生）。因为，鉴于早期小说形式中的外部世界，主要是空间性的，鉴于这样一个世界的主人公的经历采取一连串历险和在地理空间里浪迹的形式，所以现在在浪漫的幻灭小说里，外部现实的主导的存在方式，便成了时间本身。正是形而上学强调之点的这一转移，才拯救了诸如福楼拜《情感教育》之类这种形式中最著名的范例，使它们免于沦为单纯静态的诗歌，并在它们自身内部再次确证并开启一种真正的叙事。现在，被动—沉思的主人公又能够行动，他的生活也能够当作故事来讲述了；然而，这些行动现在是时间里的行动，是希望和记忆。现在，小说再次能够表达意义和生活的某种统一，但 177
却只是一种伸向过去的统一，只是记忆中的统一。因为在现在，世界总是打败主人公，挫败他对和谐的期盼；然而，当他记起自己的失败时，自相矛盾的是他同失败相一致。记忆过程因而把抗拒的外部世界纳入主体性，在那里，在过去之中，恢复与外部世界的统一。在这一点上，不断记忆的主人公与小说家本身有点相似：对于这两者，时间在性质上极为含混，是一股既给予生命又毁灭生命的力量。在主人公的生活里，它是一切痛苦、一切损失的源泉，是他逐渐明白人类生存的空虚的真正因素。然而，时间也是生活本身的组织，对于读者以及主人公来说，是经验的真正实体；它因此既是持续又是流动，它缔造叙事的密度，同时后者又讲述一切事物的悲剧性过渡和短暂性。

论述过叙事的这两种基本类型以后，卢卡契又在歌德的《威廉·迈斯特》和托尔斯泰的小说中，向我们提出了进行综合的尝试。正如我们可以预料的那样，这些综合本身分别极化为主观和客观方向，在《威廉·迈斯特》里，一个相对地被动接受的浪漫型主人公，其结局是发现一个富有意义的外部宇宙，一个不再抗拒个人而是实现他的主观才赋和潜能的社会环境：这个社会环境的特征不是非人化的、异化的体制，而是反映它的各个层次任务的目的，因而再一次形成人的等级。然而，这一调整的基础是某种特殊的力量：因为作品的总体形式依赖于在结尾出现的那个共济会精英的存在。威廉·迈斯特一切看似偶然的历险和遭际，原来是由这一全知的教士特权阶级为他设计的蓄意考验和客观日课，而且他最后也被接纳入这个等级。因此，歌德小说的表面完整性，是沿着愿望实现路线对外部现实的一种强制、一种变形的
178 结果：乌托邦不是具体地按部就班地获得的，而是在书的结尾靠意愿强行确立的，而这种意愿又返回来改变了开头。

另一方面，托尔斯泰受惠于在他的历史境况中存在而在西欧小说家的经验里所缺乏的因素：自然本身的存在，以更新了的完整性为刻画外部世界奠定了基础，为刻画小说对立中的第二个方面奠定了基础。在西方，有关个人及其激情的诗剧，同他社会中那种空虚的常规性相对立，而在托尔斯泰的作品里，这两种现象都视为最终是变形的和腐败的，两者均与自然本身，与所看到的某种主要的、重新统一起来的、真正的自然生存处于对立的地位。然而，这种张力亦复是不确定的，因为它不依赖对自然方面即自然生活的任何实现了的和充分达到的叙事，而是依赖于这种生活的可能的实况的纯抒情的闪现。在这种意义上说，托尔斯泰没有重新创造史诗，只是创造了力争史诗性统一的片段。

因为卢卡契十分清楚，在他作品的结尾，作为小说转变成史

诗的先决条件，不是小说家的意志，而是他的社会和世界的转变。除非世界本身业已改观，得到了再生，否则更新了的史诗不可能产生；他最后的评论，即认为陀思妥耶夫斯基的小说使人看到这样一个终极的、总体人性化的乌托邦，必须以预言的方式而不能以形式分析的方式来考虑。

《小说理论》的巨大丰富性和启示性，是其思辨框架允许它提出问题的结果，而不是它提出的解决办法的结果。首先，书中存在着形式与内容之间的矛盾，这矛盾最终就书的结论提出了疑问。因为，在形式方面上说，《小说理论》作为对小说家本身的 179
分析，作为对他不断努力调和精神与物质的分析，是无可指责的；然而，就该书也包括一种主人公的理论、一种小说内容的理论而言，我们会惊奇地发现一整套暗含的预设，一种完整的预想的心理学，与该书其他地方中立的或纯形式的黑格尔式的概念框架是相抵牾的。实际上，我们在这里发现，卢卡契把主人公的追求描写成一种企图，企图“证实自己的灵魂”（勃朗宁语），企图凭借形而上学意义上的“返回家乡”（诺瓦利斯①：《永远的家!》），凭借重逢灵魂最初寓居的“超验场地”，来克服存在的原初的怀乡症。这种异议并非针对着这种学说本身，因为这种学说对现代心灵具有自己的吸引力，并且暗示了海德格尔和克尔凯郭尔的观念；可是异议却针对着这种学说与卢卡契把小说作为一个过程的形式描写的不相容性。在这种过程中，没有事先给定任何准则，因此，即使对人在世界上形而上学的追求和这种表示特征的描绘，在这个世界中也是不允许的，它是一种预想的价值，强加于不定型的最初生存之上。

我们可以通过回想卢卡契对小说的所有分析依赖于一种文学

① 诺瓦利斯（1772—1801），德国浪漫主义作家。——译者注

怀旧的程度，依赖于对希腊史诗中叙事的黄金时代或者失去的乌托邦的看法的程度，用另一种方式表述这种矛盾。正如我们前面指出的，这一文学史概念，对于该书的具体分析来说，无疑可以完全当作一种有机的虚构，当作一种方法论的框架；然而，从长远看，框架在历史上的不可接受性，终久会返过头来使个别分析失去效用。同理，框架的任何变动，又必须对小说自身的经验史作出深远的再评价。显然，一个和谐的宇宙的最终实现，现在将被投射到未来之中，而随着这样一种观点上的变动，我们就已经
180 深入到马克思主义历史理论内部。但还不仅如此，我们还将期待排除黄金时代的观念会引起对现代文学的新的释义，并以《小说理论》中整个历史系统看似排除的一种方式，考虑现代时期至少是部分调和时刻的可能，至少是真正具体的艺术作品的孤立例证的可能。

然而，即使在该书本身黑格尔式的框架里，也存在着卢卡契后期著作试图矫正的弱点：该书宗旨是创立一种类型学，在历史本身以年代顺序的发展中，对纯形式的可能性创立一种典型的黑格尔式的运作。这样一种类型学的观点，其明显的弱点可见于一些文字段落。在这样的段落里，卢卡契把浪漫的幻灭小说确立为一个普遍的范畴，确立为一个类别，然后承认，它或许只有一个代表或成员，即福楼拜的《情感教育》。正像马克思树立黑格尔的辩证法时把他的一系列理想形式分解为历史本身的经验现实，同样，从《小说理论》这一逻辑缺陷来看，它近乎放弃小说类型本身，而把福楼拜的作品本身理解为一种独特的、具体的经验的历史现象，一种独特的小说历史的阶段，一种无法概括的环境的结合。因此在这一点上，我们期望沿着《小说理论》的路线进一步展开，通过一系列具体的历史专著，通过融入具体文学史本身，引发出对无所不包的类型学理论的替代物。

最后应该指出，即使在《理论》自身的框架里面，也还存在着某种重要观点变动的迹象。在关于类型学的前两章里（即界定抽象的理想主义小说和浪漫的幻灭小说那两章里），小说内容以 181
人和外部世界之间的对立为特征。甚至对主人公的对抗以其他人物的形式出现时，卢卡契也基本上从人与其环境、人与宇宙、人与事物的斗争来考虑这一对抗：冲突中的人的因素总是被纳入由世界本身、非我、自然存在等构成的更普遍范畴。看待人类生活戏剧的这一方式，只能是形而上学的，因为基本模式总是人与外在于他自身的某种绝对之间的关系。

然而，当翻到论歌德和托尔斯泰的几章时，我们发现，也许卢卡契绝没有自觉地认识到，这一形而上学的第二方面——世界，已经不知不觉地滑进了一个新的方面——社会。不过这时一切都发生了变化，对立的性质也有所不同：新张力不是形而上学的张力，而是历史的张力，人与社会环境的关系也不再是他在宇宙中的形而上学境况静态沉思的关系。因为社会是一个演进变化的机体，而社会第一次呈现于小说的主人公；卢卡契认为，主人公不仅以固定方式观照他与外部现实的距离，而且还要改变它。现在外部现实对于他不是异质的，而是像他自己一样属于同样的实质，因为现实就是历史，是人们活动的结果。于是，在这一点上，介入了维柯的伟大洞察，它对马克思主义非常重要，实际上对一般的史纂学也非常重要，它使我们理解自己所创造的东西，并因此认识到构成人类知识特许客体的是历史而不是自然。[7]这
样，在解决《小说理论》本身那些问题的过程中，就存在着由形 182
而上学世界观到历史世界观那种变动的决定性标志，这可由卢卡契皈依马克思主义而得到证实。不过，我倒的确想按照对它的一般构想把这种因果关系颠倒过来，并断定如果卢卡契变成共产党人，恰恰是因为《小说理论》中所提的那些叙事问题需要一种马

克思主义的框架来加以思考，直到得出它们合乎逻辑的结论。

Ⅱ

不过，卢卡契接下来的著作《历史与阶级意识》，似乎与这些纯文学问题没有多少关联。书的题目就足以让人产生误解，因为这部新著与其说是关于政治的，毋宁说是关于认识论的，目的在于以技术方式为一种新马克思主义认识论奠定基础。因此，所谓“阶级意识”，卢卡契的意思与其说是指一种经验和心理现象，或者由社会学探索的那些集体显现，不如说指一种先验的局限或优势，通过附属于资产阶级或者无产阶级而被赋予领悟外部现实的心灵能力。这样，卢卡契这部影响深广的著作，同较为熟知的西方意识形态的批判，例如卢西安·戈尔德曼和萨特等著作家所实践的那种批判，一开始便迥然不同。因为这种意识形态概念业已蕴含了神秘化，并传达一种飘忽不定的心理学世界观的观念，
183 一种从定义上与外部世界本身已经无关的事物的主观图景。结果，即便是无产阶级世界观也被相对化，被视为意识形态的，而真理的终极标准则变成了某种“意识形态目的”的实证主义标准，使我们置身于事实自身的存在，而没有任何主观的歪曲。

不过，由于卢卡契十分认真地对待所谓的资产阶级哲学，所以他能够推演出一种适当的无产阶级认识论。我们可以说，谬误的东西对于他并非是中产阶级经典哲学的内容而是它的形式；而且在这一点上，卢卡契把马克思在其对中产阶级经济学批判中曾经使用的方法，应用到了哲学领域。因为马克思对他的前人（斯密、萨伊①、李嘉图）的批评，目的不在于他们著作的细节——

① 让·萨伊（1767—1832），法国经济学家。——译者注

地租、市场流通和资本积累等等理论——其中大部分他都纳入了自己的体系，而在于那种总的模式，或缺少这一模式。在这一模式中，这些细节得到自己的解释，并被当作某一更大总体的一些部分或者功能来审视。马克思不仅能够揭示出中产阶级经济学家无力推演出一种统一的场理论，使形形色色靠经验观察到的现象可以在里面得到结合，而且实际上还揭示出他们本能地避免这么做。仿佛他们觉察到，后来在《资本论》里体现的那种经济现实的总体和系统模式所带来的危险的社会和政治后果；为避免这些后果，他们不得不仅只在片段和经验层面上继续他们的研究。

马克思主义往往被误解成一种物质或经济功利的理论，尽管在个体心理学的层面上，自我功利观念的起源要早得多，在霍布斯和拉罗斯福哥[①]时代便已出现。然而，主张马克思主义是一种 184
集体或阶级自我功利的理论，就不是那么错误。因为，发现一个人为了某种更伟大的理想或事业而甘愿牺牲自己个人的直接利益，决不会令人感到惊讶或自相矛盾，而热忱信奉这样一种事业，信奉这种事业的凝聚力量，几乎可以肯定是生发于这一事业的集体基础，生发于它作为该群体或阶级防御机制的结构，而个人则觉得自己和这个群体和阶级相一致。因此，一个特定阶级的成员，与其说保护他自己的个体生存和特权，毋宁说从总体上保护这些特权的先决条件；在思想领域里他也愿意冒险，但只限于对那些先决条件刚开始提出怀疑。我们因此可以以更抽象的方式说，阶级意识对思想的影响，不是在对现实个别细节的感知中，而是在整个形式或者格式塔中被感受到的，根据这种格式塔，那些细节得到组织和释义。

如同马克思对中产阶级经济理论的批判，同样对于卢卡契的

---

① 拉罗斯福哥（1613—1680），法国作家。——译者注

《历史与阶级意识》来说，中产阶级哲学的局限，也由其无力或不愿与总体性范畴本身妥协而显示出来。这绝不是单纯的外部判断标准，而是经典哲学家自己所关心的一种困境。这可在前马克思主义德国哲学围绕个别主体或认识者普遍性问题的定向上发现出来——这种普遍性只在康德的超验自我概念或黑格尔的绝对精神中以抽象的形式存在。卢卡契的独到之处在于，他使这一抽象哲学问题复归于它在社会现实自身中的具体境况，并提出了认识论层面上的普遍性和个别思想家本身的阶级属性之间的关系问题。

185 因为康德的批判哲学已经把它的局限归因于中产阶级理性主义所希冀的那种普遍性。（对于康德，这些局限自然不是中产阶级思想独有的局限，而是一般人类心灵的局限；然而提出问题的这一非历史性方式，只是标志着他和他正在研究的那类思想的深刻认同。）依照康德的观点，心灵能够理解外部现实的一切，除了它的存在中本来就不可理解的、偶然的事实之外：它能详尽处理它自己对现实的感知，但从不能与实在（本体）或物自体达成妥协。不过对卢卡契来说，以康德体系为其里程碑的这一经典哲学的困境，产生了对世界所持有的一种甚至更基本的、前哲学的态度。这种态度在性质上最终是社会—经济的：就是说，从中产阶级的倾向出发，以静态和沉思的方式，来理解我们与外部客体（以及随之而来的与我们对这些客体的认识）的关系，仿佛我们与外部世界事物的基本关系，不是一种创造和利用关系，而是在时间停滞的瞬间，跨越其后思想不可能连接的鸿沟，一动不动地凝视的关系。于是物自体的困境，就变成了一种视觉幻象或谬误的问题，变成了对这一基本不变境况的歪曲反映，而这种反映是中产阶级认识的特殊阶段。

然而，这一与认识客体的静态关系，本身就是对中产阶级在经济和社会领域内生活经验的一种反映。他们与自己创造的客体、与商品、与工厂、与资本主义结构本身的关系，是一种观照的关系，因为他们不知道资本主义是一种历史现象，本身是各种历史力量的产物，在它自身内部也存在着变化或急剧转变的可能 186
性。他们除了自己社会环境本身的单纯历史存在以外，能够理解关于那个环境的一切事物（它的成分，它的功能，它隐含的规律等）；他们的理性主义除了有关目的和起源的终极问题可以容纳一切。在这种意义上，资本主义本身就是第一个物自体，是后来更加专门化的抽象困境由之产生的基本矛盾。

现在，当我们转向工人的阶级意识，转向无产阶级认识论的结构所固有的那些新的思想可能时，只断言哲学问题有所不同，旧的问题和困境已经过时，显然是不够的。卢卡契必须表明，无产阶级思想恰恰有能力解决中产阶级思想因其本质而无法应付的二律背反。他们必须表明，在无产阶级思想本身的结构中，某种东西何以能触及总体或现实，触及作为资产阶级经典哲学绊脚石的总体化认识，以及对从中产生出典型的中产阶级困境的静态认识模式，何以能最后加以替代。一定要在无产阶级自身生存境况中找到某种东西，作为一种具体的现实，来符合主体和客体、认识者和被认识者的那种统一。黑格尔认为这种统一是对纯思维领域里康德式的物自体问题的解决。矛盾的是，工人状况的这一特殊性质在于它狭隘的非人的局限：工人不能以一种静态观照的方式认识外部世界，因为在某种意义上说他不能全面认识它，因为他的状况没有给他闲暇来进行中产阶级意义上的直观认识；因为即使在他把外部世界的各种因素断定为他的思维客体之前，他就 187
觉得他自己是一个客体，而这种在他自身内部的最初异化比其他一切都更加重要。然而，工人地位的力量恰恰在于这一可怕的异化：他最初的举动不是对作品的认识，而是对他自己作为一种客体的认识，对自我意识的认识。然而这种自我意识由于是对某种客体（他自己，他作为商品的劳动，他有义务出卖的生命力）的最初认识，所以他能够获得对外部世界商品性质的真正认识，而不是对中产阶级的“客观性”的认识。因为“他的意识是商品本身的自我意识，或者换句话说是对以商品生产和流通为基础的资本主义社会意识的启示”[8]。

在这种新型的自我意识里，隐含着成功地解决那些认识论困境的所有因素，而中产阶级思想发现它自身也陷入这些困境之中。正是商品建构了我们与世界诸客体的原始关系，形成了我们借以审视一切其他客体的范畴。然而这些客体是含混的；按照它们强调客观性质或主观起源的情况，它们相应地以不同面貌出现。因此对于资产阶级，商品是一种实在的、物质的东西，其起因相对地无关紧要，相对地处于第二位：资产阶级与这样一种客体的关系是纯消费关系。另一方面，工人知道，完成的产品只是生产过程本身的一个阶段，因而他对外部世界的态度将大大地改观。

188 因为他将从变化的角度来看待周围的客体，而不是以中产阶级世界的无时间性的“自然的”现在及其相应的对人是普遍性的强调来看待周围的客体。此外，由于他明白工具和设备的相互关系，他将逐渐把外部世界看成一切事物都依赖于其他一切事物的总体，而不是分离的、互不关联的事物的会合。因此，以这两种方式，他将逐步领悟到现实即是过程，而在中产阶级看来已经将外部世界凝结在里面的那种物化，也将受到消解。同现实的特殊关系，认识世界的特殊方式，不再是静态观照方式，不再是纯理智的或抽象思维的方式，而是马克思主义者称之为实践的思想和行动的联合，是意识到自身活动的方式。至此，有关物自体，有关存在的本质这个康德式问题，便获得了双重解决。首先，存在被发现是一种抽象，而把它当作分离的现象来考虑，势必会导致二律背反，因为世界的基本现实是变化和变化过程的现实。其次，正像在黑格尔体系中已经预示过的，外部世界，作为人类劳动的结果，现在被视作历史而不是自然，它与工人自己的主体性一样，属于同一种实质，现在人的主体性可以视为同样一些社会力量的产物，这些力量创造了商品，并且最终创造了人于其中生活的整个世界现实。

此后，卢卡契按照列宁在《唯物主义和经验批判主义》中的方式，把认识过程本身的特征，归结为对现实的反映过程。但是，这种所谓的反映认识论所引发的种种争议，通过在这种修辞格中发现一种有待阐发的理论的迹象而不是理论本身，是可以避免的：“一种反映的发现……总是暗示至少在两套关系体系之间 189
存在着一个表述清晰的纽带；在这一点上，反映的观念以这一表述清晰的纽带的暗示（‘信号’）而发生作用。可是，当这是一个考虑该纽带本身的问题时……那么，只有过程这个概念才是真正运作性的，就是说能够产生对这一纽带的认识。”[9]在思维之中，现实反映的这一修辞格，因此只是一种概念性的速记，它用以标志我们在别的地方描述成历史转义的那种类型的智力运作的存在。所谓历史转义，就是使两种截然不同的、不可公度的现实相互接触，一种在上层建筑之中，另一种在基础之中，一种是文化的，而另一种是社会—经济的。

现在，从《历史与阶级意识》对卢卡契前此所关注的文学问题的含义中，我们可以得出某些结论。看起来，的确是认识论以及一般的抽象哲学，由于它自己的内在动量，倾向于把这种反映现象变成一种静态类型的心智意象，或多或少地适宜于外部现实。但是，卢卡契描述为无产阶级真理的东西，相反是一种在现在之内起作用的力量感，是现在的物化表层化为各种冲突着的历史倾向的共存，是由静止的客体到行动和潜在行动以及行动后果的转化。实际上我们想说的是，对于撰写《历史与阶级意识》的卢卡契，康德式困境的最终答案，不能在19世界各哲学体系自身中找到，甚至不能在黑格尔的体系中找到，而是在19世纪的
190 小说中找到：因为他所描述的过程与科学认识的理想并无多少相似，而与精心构想的情节却颇多相似。

这样，《历史与阶级意识》因其对中产阶级哲学的羞辱，为卢卡契后来在《美学》中彻底解决审美经验的那种区分奠定了基础。[10]在《美学》中，叙事的确得到了维护，因为它预先假定的既不是客体的超越（如在科学中），也不是主体的超越（如在伦理学中），而是两者的中和或两者的相互调和。这种中和或调和在其结构上预示着一种乌托邦世界的生活经验。

然而，由于乌托邦的构建现在不再归于文学，而是归于实践和政治行动自身，所以《小说理论》的整个组织框架现在必须重新考虑。对史诗整体性仍可能于其中存在的某个黄金时代的那种怀旧幻象，现在实际上让位给一种历史观；在世界自身必然是人类劳动和行动结果的意义上，这种历史观认为人类已经含蓄地与其周围的世界相调和。然而，外部世界物化面的无法识破本身是受历史制约的：因为在19世纪之前，当现代资本主义以环境的彻底工业化和市场体系在世界范围内的组成而奠定其基础时，真正历史地理解生活的必要条件尚未完成。因此，以前根据人与命运或自然之间的冲突来理解（和表达）的东西，直到19世纪，才以纯粹的人类和社会的范畴，即卢卡契后来所说的现实主义的范畴叙述出来。

Ⅲ

因此，在《历史与阶级意识》之后，再回到对小说可能的结构进行黑格尔式的和类型学的演绎上，本来是不成问题的，卢卡契本人在《小说理论》里也对此有所研究。但现在相反，卢卡契却给自己提出这样的任务：对能够以最具体的历史性“反映”社会现实的那些作品的可能性条件，简而言之即对从理论上阐明他称之为伟大的现实主义作家，如歌德、司各特、巴尔扎克、凯勒、托尔斯泰等存在的原因，进行探索。他后来更可疑地从描述转移到惯例，用某种先验的现实主义模式攻击现代作家，但并没有使这一出发点失效，因为在这里词只是指明需要探索的作品之具体实体的经验性存在。 191

无疑，说明现实主义与众不同的地方，其最明显和最直接的方法在于对现实主义作品的分析，特别是对作品里的人类母题、对人物本身的分析。对于卢卡契，现实主义人物因其典型性而不同于其他类型文学的人物：换句话说，他们代表着比他们自己、比他们自己单独的个人命运更大、更富有意义的某种原因。他们是具体的个体存在，而同时又和某种更普遍的或者集体的人类实质保持着一种关系。典型性的概念，对于西方文艺理论如果不是彻底可疑的，也已经变得陈旧过时。它曾出现在马克思主义文学批评的第一个完整的范例之中，即马克思和恩格斯同拉萨尔讨论他的剧本《弗朗茨·冯·济金根》的连续信函往来之中。因此它明显与历史戏剧或一般的历史艺术作品相关；卢卡契自己对这一 192
观念的看法，在他的著作《历史小说》中作了长篇阐述。

因为，即使它和其他文学形式的关联可以质疑，那么至少无可怀疑的是，其目的显然在于呈现整个历史时期画面的历史作品本身就因此带有可以对它进行判断的标准；据此，有关一部历史作品的人物和环境是否足以反映基本历史环境本身的问题，在形式本身方面便可以进行证实。问题是艺术作品中偶然和必然的作用问题：历史剧作家或小说家的自由塑造力量，是否因他（最初通过自由选择后）自己指定的题材而扩展到某些类型的自由？对于拉萨尔，济金根的悲剧（他原想把它写成 1848 年德国革命普遍悲剧状况的典型）在于一种道德和理性的错误：在德国改革的剧变时期，第一次揭竿而起反对那些大公爵的领袖因其根深蒂固的外交和政治心理而失败了，因为作为政治家，他让自己不适当地迷惑于现实政治（Realpolitik）的错综复杂状况和公爵们的诡计，看不清革命目标本身所产生的强大革命力量。拉萨尔为自己剧本的辩护，乍看起来是无法辩驳的：他告诉马克思和恩格斯，这就是他要写的悲剧，虽则同时还有许多别的悲剧可供他选择。他承认，倘若他讲的是托马斯·闵采尔的事迹，那么悲剧情景的整个基础无疑会大不相同的。

但是对于马克思和恩格斯来说，剧本所以谬误，是因为拉萨尔所强调的理性错误，不是济金根失败的真实原因。这不是道德的而是社会的原因：济金根永远得不到革命农民的支持，因为他
193 的基本社会目标同农民的目标大相径庭，其焦点不是分散土地，而是重新确定挣扎于大公爵和教会统治之下的小贵族的地位。对于马克思和恩格斯，济金根的悲剧情境，因此是一种客观的情境，与他思想上任何痛苦的道德选择，与他可能在舞台上作出的任何夸张的道德姿态均毫无关系。照剧本的情况看，济金根的性格并不代表真实的历史困境，剧本并没有提出那个时期发挥作用的各种势力的真正模式；马克思和恩格斯指出，剧本的所有弱点（它的滔滔不绝的演说，它令人想起席勒而不是莎士比亚）都源自这一更基本的弱点，即作品没有充分表现它的素材。对于这一

分析，以及卢卡契在《历史小说》中那些差不多沿着同一论证路线进行的分析，我们的兴趣在于这样一种观念：作品形式依赖于素材自身某种更深刻的逻辑；“典型的”这个字眼儿只是用作一个名称，表示这一基本的现实由个别人物表达，而这种基本的现实才是艺术作品的实体或内容。

自然，这个范畴在庸俗马克思主义的实践中，受到了粗暴对待。这种实践把人物只是缩变成社会力量的讽喻，把“典型”人物只是转化成阶级的象征，诸如小资产阶级、反革命、土地乡绅、空想社会主义知识分子等等。萨特曾经指出，这些范畴本身就是唯心主义的，因为它们事先假定了各社会阶级永不改变的形式，永恒的柏拉图式的理念：它们所抛弃的正是历史自身和独特历史环境的概念，而这却是卢卡契在他的批评中始终信守的。

这里，我们无法讨论卢卡契对历史小说（人物）类型的论述 194
中的一些更直接、更引人入胜的特点，特别是他对世界—历史人物（就是说，历史上的伟大人物，如黎塞留[①]、克伦威尔或拿破仑）和一些普通的、较不知名的杜撰出来的人物（例如司各特置于他小说中心的那些人物）的区分。这里只需指出，如同在任何地方一样，卢卡契在这里使用的方法，是一种形式的方法；在这种情况下，它转向对戏剧和小说形式的区分，转向每一类型中人物之间在功能上的相对差异。伟大的历史人物，历史上真实的主要演员，在戏剧中是重要的（如麦克白、华伦斯坦、伽利略），因为戏剧性冲突是一种远为更集中和强化的冲突；而旨在呈现历史背景总体画面的小说，只能容许这些人物具有次要的、插曲式的外貌，因为他们只是以这种有距离的次要方式，出现于我们的日常生活之中，出现于我们自己的实际经验中。

---

① 黎塞留（1585—1642），法国路易十三的宰相。——译者注

然而典型的本质特征要从别的地方去寻找：应该特别注意的是，对于卢卡契，典型永远不是照相式的精确问题。在巴尔扎克与左拉的那种长期对峙中（这一点我们还要在下文论述），他指出，巴尔扎克式的人物，事实上由于其浪漫主义的夸张和非现实主义的怪诞，是感情上夸大的人物，这种人物较之于左拉的落入俗套的极为图解式的人物（富裕农民、矿工、工厂主、店主之类）更能表现基本的社会力量，具有更深刻的典型性，尽管乍看起来后者似乎远更符合现实主义本身的基本宗旨。在左拉的作品里，这种观念，这一预先设想的理论，似乎介之于艺术作品和被表现的现实之间：左拉已经知道社会的基本结构是什么样的，而这正是他的弱点。对于他来说，基本的素材、职业、由社会决定
195 的人物类型，事先已经确定下来。这就是说，他受到了抽象思维的诱惑，屈从于对社会的某种静态的、客观的认识的幻景。他曾经含蓄地承认，实证主义和科学优于单纯的想象力。但是按照卢卡契的观点，这意味着，左拉笔下的小说不再是对现实进行分析的特殊工具，而是沦为对论题的单纯演示；因为卢卡契认为，叙事是基本的范畴，抽象的知识至多只是第二位的。

然而巴尔扎克事先并不了解他将发现什么东西。《人间喜剧》的“前言”说明，他的目的是构建一种类型学，一种关于人类社会的庞大的动物学，但是作品的巨大能量是凭借有关某种方法的观念，而不是凭借事前发现某种基本元素表释放出来的。此外，巴尔扎克对于历史性和历史变化的感受如此强烈，无法从各种社会类型中想象出一种固定的原型，例如小资产阶级的原型：在他的作品里，小资产阶级始终代表一个特定的时代，一个特定的十年，其服式、家具、语言和心理，从拿破仑时代到路易·菲利普的最后岁月，一直处于不断变化当中。因此，一个巴尔扎克式的人物并不是某种像阶级那样的固定社会因素的典型，而是历史阶

段本身的典型；鉴于此，典型性观念的纯图解式的和讽喻式的联想便完全销声匿迹。至此，典型不是作品的个别人物（如纽沁根、于洛）和外部世界本身的固定不变成分（如金融贵族、拿破仑时代的权贵）之间的一对一的关联，而是作为各种力量冲突的整个情节，同作为过程的整个历史阶段本身之间的一种类比。

这里也许应该指出，整个这一关于艺术作品内容的讨论，其 196
实是一种形式的讨论。假如说我们似乎是以讨论内容开始的，那是因为历史小说或戏剧的性质使然，在这类小说或戏剧中保存着形式和内容之间的固有区别。因为普通小说呈现出绝对超脱的阅读幻觉，一种无需外部世界对象（客体）或模式的自足作品的幻觉；而历史小说的特点是，在实际阅读行为当中，它总是在我们眼前保持着这样一种模式，这样一种基本的外部现实。对于司各特描写的中世纪画面的历史精确性，对于福楼拜描写的迦太基画面的历史精确性，到底我们思想上有没有兴趣并不重要，但我们不能不凭直觉认识这种外部现实，不能不意指一个真实的对象（从胡塞尔的意义上谈），而无论多么空洞和模糊；我们对历史小说的阅读结构包含着比较，包含着一种对存在的判断。

这样，当我们离开这一专门化的形式而转向一般的现实主义小说时，我们就可以用纯形式的术语重述上面的讨论；不过在这些术语里，作品的人的要素即人物，像其他任何要素一样例如像书的物质背景一样，也变成了素材，而且典型的概念也不再适宜于这一更普泛的形式观点，而让位于另一种类型的术语。这里，文学现实主义的主要特征被认为是它的反象征品格；现实主义本身通过它的发展，它的故事讲述和内容的戏剧化，逐渐被突出出来；根据卢卡契一篇最优秀论文的题目，逐渐把叙事而不是描绘确定为它的特征。

也许，最容易的办法是从这个定义的否定部分入手，从卢卡

197 契整个生涯中恒定不变的那种对象征主义的敌视性的分析判断入手：对于他，象征主义不只是各种文学技巧的一种，而且代表着与现实主义方式有着质的不同的、一种领悟世界的方式。我们可以说，象征主义始终是第二最佳方式，始终是小说家对于失败的一种承认；因为既求助于它，作家的意思便是，客体（对象）某种最初的客观意义后来是他无法企及的，他必须创造一个新的虚构客体（对象），来掩饰这种基本的缺乏和事物的这种基本的沉默。自然，象征方式与其说是作家个人审美的结果，毋宁说是历史境况自身的结果：一切客体（对象）在起源上都具备人的意义。甚至自然本身也被人化了，通过人类在自然中安家立业，把它转变成为我所用的方式（这样，嶙峋荒瘠的希腊景物，就像手套一样翻了一个个儿，通过利用航海、贸易和工匠产品，以适应于它的经济而加以驯化）。客体（对象）的这一原初意义，只有当它们与人类劳动和生产的纽带被掩盖时才变得可见。但是在现代工业文明中，这种纽带是难以发现的：客体似乎过着我行我素的生活，而恰恰是这一幻象才是象征主义的源泉。在左拉的作品中，矿山被视为一只野兽，梦魇般盘踞在大地上，吞噬着人类的肌肤。在乔伊斯的作品中，报馆仿佛是管乐演奏者的洞穴：无论它具有什么现实的、历史的意义，对于艺术作品也似乎过于单调乏味。因此，《布万吞的赃物》里的家具，狄更斯和陀思妥耶夫斯基笔下的沮丧的城市，纪德和戴·赫·劳伦斯从道德上表现的景物，都作为自足的要素存在于艺术作品里，含有它们所固有的意义。即便是罗伯-格里耶的中性客体（对象），也是这一象征化过程的结果：因为它们也只通过沉默进行回答；而且眼睛仍然在
198 继续地搜寻它们，以便找到某种令人着迷的模式，某种直接的视觉上的可理解性，而这将永远是一个谜。

因此，象征主义并非产生于事物自身的属性，而是产生于创

造者的意志，他通过命令将意义强加于它：它代表着主观性试图徒劳地推演出一个完全外在于它自己的人类世界。就此而言，这与早期中产阶级道德准则、理想或者必然（Sollen）的伦理学十分相似，而卢卡契在《小说理论》中对这种伦理学进行了批评。在象征艺术作品里，我们努力找出与外部世界、与客观现实的某种有意义的关系，结果只是空手而归，在阴影中经历了自己的生活，在我们周围的世界上除了触及我们自己别无他物。

现在或许应该对卢卡契这一观念所包含的对现代艺术和整个现代主义的否定加以评论。在卡夫卡的《城堡》中，当其中一个人物向K表明，他的一切行动只能从一个十分不同的、远非有利的角度进行解释以后，主人公回答道：“倒不是说你的话有什么错处，只是这些话不怀好意。”这可能就是卢卡契对现代艺术进行论断的座右铭。它既是诊断又是判断；然而整个判断的维度又建立在模棱两可之上，因为它事先假定：现代主义作家在这个问题上具有某种个人选择，他的命运并不是由他所处历史阶段的逻辑决定的。同样的模棱两可也见于马克思主义的革命理论：除非所有的客观条件都已成熟，否则革命不能产生，但与此同时，列宁显然能凭借单纯的意志力强行取得这种条件，能在以前的中产阶级革命有时间完成其进程之前，创造出一场无产阶级革命。

因此，如果我们略去卢卡契这部著作里对艺术构成一系列可取之处的那一部分（这部分由于卢卡契同时针对着两类读者而复杂化了——既针对社会主义现实主义作家，同样也针对西方“批 199
判现实主义作家”），我们发现他对现代主义的分析基于现代艺术的一个基本事实，即对近代的一种质的飞跃的观察，对大致发轫于波德莱尔和福楼拜时期的、属于我们的那种文学和古典主义文学之间的一种绝对差异的观察。无疑，依据我们历史视角宽窄的不同，这一绝对断裂还可按法国革命和德国浪漫主义确定在更早的时期，也许在19世纪初期前后。在这种联系中，意味深长的是，卢卡契的态度几乎丝毫不差地再现了歌德和黑格尔对待浪漫主义本身的态度。歌德说过：古典主义是健康的，浪漫主义是病态的。而且黑格尔批评浪漫派主观主义所用的术语，几乎和卢卡契留给现代派的完全一样。这一判断是具体哲学势必传给抽象哲学的一种不可避免的判断，而且应该补充指出，往往正是通过一种比较旧式的、反对当代的乃至于反动的观点（参阅艾沃·温特斯，实际上还可参阅埃德蒙·伯克本人），才能对实际作出最透辟的分析。卢卡契优于现代富有同情心的理论家之处，在于他特有的那种鉴别区分的、深刻比较的思维方式。他并不处于现代现象之内，完全沉湎于它的基本价值，只能用它自己的眼睛看它；他能够界定它，划分它是不是一个历史阶段的界限；然而，这些比较就其结构说，始终像是隐含着一种站在过去一方的判断。

这里应该指出，卢卡契对现代主义的批评已经蕴含于《小说理论》本身之中。我们曾表明后者论述类型学的四章何以倾向于
200 分为两组，第一组（论述两种基本类型）以形而上学的方式来领悟人与世界的关系，第二组（讨论歌德和托尔斯泰）就社会或者历史方面来看待这种关系。前两章这么富于现代主义的启发和暗示绝非偶然：因为现代或象征艺术的特征，恰恰在于其非历史的、形而上学的观察世界上人类生活的方式。现实主义和象征派的现代主义之间的区别，因此业已存在于向一种小说的转变之中，这种小说根据人类的历史来领悟现实和人类环境。因此，通过一种迂回的方式我们发现，那部早期著作基本的方法论，即精神与世界、意义与生活之间的分离，在后期著述中仍然保留着它的活力：它只是隐蔽起来，并在放弃其熟知的黑格尔式的术语以后，将继续昭示现实主义和象征主义之间的区分，即对意义和生

活之间的纯意志的综合，同以具体方式在某种程度上存在于历史境况本身之内的综合之间的区分。

然而，对于卢卡契，这种再现的象征方式，本身只是他称为描绘的某种更深刻的基本领悟方式的征兆，就是说，是看待生活和经验的纯静态的观照方式，在文学中，这种方式与哲学思想中的资产阶级客观性的态度相对应。因为现实主义的表现方式，叙事本身的可能性，只在那样一些历史时刻存在；在这些历史时刻，人类生活可能根据具体的、个人的遭遇和戏剧性事件来领悟，其中某种基本的一般真理，可以通过个别故事或个别情节来讲述。然而在现代时期，这样的历史时刻已变得较为罕见，另外还有些时刻似乎永远不会有什么真实的事件发生，生活让人感到是没完没了的等待，是理想的永恒受挫（福楼拜）；人类生存的 201
唯一现实仿佛是盲目的例行公事和每日的劳作，日复一日，永远不变（左拉）；最后，事件的可能性仿佛销声匿迹，作家似乎相对地与一种结构相调和，在这种结构中，单是一天的真实便可以作为生活自身的微观宇宙（乔伊斯）。在这些历史境况中，甚至当文学作品本身看上去狂暴、痛苦时，这样一些迸发，细究起来也只是事件的模拟，即小说家从上方所强加的虚假的事件，他们对于从苍白的经验之流本身敷演出的任何真实事件都感到绝望。实际上，情节剧（如在左拉的作品里）是现代文学试图掩盖它的矛盾的重要手法之一：大于真实的集体单位（《萌芽》里的群氓，《萨朗波》里的野蛮人）抑或绝对善与恶之间的剧烈冲突，掩盖了个人实际经验中个人层面上的任何真正人类相互关系的阙如。在现代主义坚定地设想其境遇的情况下，它完全抛开了情节，摈弃了旧有意义上的叙事，试图从它的基本弱点中创造出一种实力。

这样，描绘作为一种主宰的再现方式，标志着某种与行动和行动可能性的有力关系业已破裂。卢卡契比较了左拉《娜娜》中的赛马与《安娜·卡列尼娜》中的类似插曲。前者是从外部观察的一个辉煌的凝结的片段，与人物命运没有什么关系。在后者当中，人物热情地卷入：冗长的外部描绘没有必要了，因为我们对事件强度的感受，不是通过视觉的观照，而是通过人物本身的希望和期待。因此，描绘开始于感到外部事件从人类活动中异化出
202 来，并被视为静态的物自体；但描绘实现时，甚至寓居于这些无生命背景里的人本身也非人化了，变成了无生命的符号，只是听凭由外部处置的活动的客体。

卢卡契想用两种方式解释文学现实主义的真正叙事要素：通过作家本人的个人境况和态度，以及通过其客观的历史境况。对现实主义主观先决条件的分析，形成了和《历史与阶级意识》对总体性认识先决条件的分析相对应的情况，虽则在文学层面上，这种解释可能看来相对地简单化一些。卢卡契对我们说，伟大的现实主义作家，是那些以某种方式充分参与他们时代生活的人，那些不仅是观察者又是行动者的人，是在较之萨特的熟知用法更少有局限的政治意义上的“参与”。然而，卢卡契在列举这种参与的例证时，遵循其唯物主义，得出了更进一步的甚至自相矛盾的结论：如果物质基础或社会境况，确实先于单纯的观点、意识形态或人对自身的主观画面，那么，我们会合乎逻辑地被迫断定，在某些情况下，一个保守派，一个保皇者，一个笃信天主教的教徒，比一个相对有社会主义同情心的作家，能更好地捕捉社会上那些起作用的真正力量。这就是卢卡契对巴尔扎克和左拉进行比较的最终力量之所在。断言德雷福斯的斗士[1]超然于他时代

---

① 阿尔弗雷德·德雷福斯，法国军官，曾被指控出卖军事机密，被判处终身监禁，但证据不足，引起政界和学术界的抗议。左拉也曾为他抗辩，故此处称他为德雷福斯的斗士。——译者注

的基本问题，可能显得固执和反常；然而，甚至像亨利·詹姆斯这样一个不问政治的作家，也精明地评论说，左拉的政治参与紧接着他在文学上的创作生涯的结束，是后者的替代；他甚至还说，这似乎也反映出作家私人生活中未能如愿以偿的某种令人烦恼的意味，他从来没有用真正的经验真正地把握住某种感情。而
且，毫无疑问，左拉的创作方法（一种理性的劳动分工，选择主 203
题先于人物，细心地进行背景的文献积累并作出札记，现场采访等等）是局外观察者而不是想象的参加者的方法。而巴尔扎克尽管在思想和道德上批评中产阶级时代，批评七月王朝现世的腐败，但在骨子里，在生活激情上，却经历过这个时代的基本抱负和动力，梦想撒丁岛银矿的富藏，梦想在戏剧上迅速地获取财富，狂热搜集珍宝赝品，装修一座座住宅，期待土地拥有者的极端安宁，从外部发现已在他内心充分发展的、他自己的历史时刻的引发力量，而无需从其他方面来发现这些力量。无疑，把这样一种生活推荐为现实主义作家的模式是徒劳的，虽然卢卡契有时看上去是这样做的。但是应该指出，更新型的心理分析，例如萨特对福楼拜，也只不过是利用心理分析技巧对这种基本模式所做的改进而已。因此，福楼拜在形式上的实践，被认为反映他脱离了自己环境中实践行动的可能性，仿佛是中产阶级的生活实际所拒不承认的一个非血亲的儿子。

但是，现实主义作家的这种主观气质，只是他在其中生活、他的作品反映的历史境况的客观可能性的反面。巴尔扎克在历史上的幸运，不是目击了福楼拜和左拉时代后期充分演变并完成了的资本主义，而是目击了法国资本主义的发轫；他是那种社会转变的同代人，这使他能够不把客体（对象）看作业已完成的物质实体，而是看作由人类劳作产生的；他还能够把社会变革理解为一种个人的故事网。我们可以把这一点戏剧化，指出在巴尔扎克

204 作品中，工厂本身尚不存在：我们观察的不是最终产品，而是伟大的资本家和发明家建造这些工厂的努力。社会和经济现实仍然比较透明，人类活动的结果仍然可以用肉眼看到。但是，福楼拜作品中唯一的工厂是那家陶瓷工厂，它只不过是阿尔努坎坷一生中的短暂阶段，弗雷德里克带着无边的厌烦穿过这家工厂，当阿尔努夫人耐心解释生产的机械时，他只是留神她的眼和手。（“这是些滞笨的船儿。”她说。他发现这个字眼很怪，不知怎么的，压根儿不适合从她嘴里讲出来。）福楼拜像弗雷德里克一样，受到他的历史境况的谴责，他要在对他全无意义的工业成就当中，过着单调的观光生活。而且，正如已经表明的那样，当左拉无法忍受这种巨大的单调，而想注入活力时，他只能求助于神话和情节剧式的暴力。

因此，现实主义依赖于了解特定历史阶段中力量变化的可能性。在巴尔扎克时代，这些力量是初期资本主义的力量，但是这些力量的性质本身并不那么重要：因为在另一种境况中，托尔斯泰的文学活力来自正在崛起的农民阶级在俄国社会的存在，他以乌托邦和宗教方式使自己与这个阶级认同，但是这个阶级存在所给予他的力量，却是他同代的西方人得不到的。（这里还应该指出，《小说理论》的分析得到了坚持：除了对托尔斯泰环境中某种基本性质的相对形而上学的阐述，卢卡契在这里换上了自然的理想和自然生活，即农民自身背后的那种社会现实。）

这样，铭刻在《小说理论》里的那种有关具体的理想，作为
205 重新确立史诗性叙事的一种意志，在后期现实主义理论中仍然完整无损；这种理论表明，按照《历史与阶级意识》的精神，实际上像革命实践本身一样，这一理想取决于那些特殊的历史时刻。在这些时刻里，通往作为总体的社会的道路，可以再次以某种方式重新开辟出来。与此同时，这里蕴含的对叙事的维护强调了一

种偏见，它对最有分歧的现代思想学派越来越重要。因此，在近来从分析观点对历史哲学所作的最出色的研究中，一个美国哲学家曾经指出，即使所谓科学的史纂学，也可以说具有在本质上是叙事的结构[11]；而像 A. J. 格雷马斯之类的语言学家，则根据故事讲述的模式（它本身便是句子本身的主要机制），通过分析所有类型的语言材料乃至抽象的哲学论辩，在他们的领域里增强这样一些兴趣。[12]不过，卢卡契的作品通过它坚持叙事和总体之间的关系，为这些本质上是经验的观察提供了一个理论框架：因此它证实了绝不亚于马丁·海德格尔的专家看法，在马克思主义中，他不仅窥见了一种政治或经济理论，而且最重要的是，他还窥见了一种本体论和一种恢复我们与存在本身关系的初始方式。[13]然而，就现在设想为社会和历史实体的这种对存在的开放而言，叙事既是它的形式标志，又是它的具体表现。

【注释】

［1］苏珊·桑塔格说："我也倾向于将这种怀疑带来的全部益处，给予卢卡契，哪怕只是为了抗议使过去十余年来不可能严肃讨论马克思主义的那场冷战造成的贫瘠。但是，对于'已故的'卢卡契，只有不完全认真地对待他，只有以审美的方式将其道德热忱当作风格而不是观念婉转地支持他，我们才可以对他慷慨大方……"（《反对释义》，纽约，1966，第 87 页）阿多诺说："卢卡契的为人是毋庸置疑的。然而，他为之牺牲才智的概念框架却如此狭隘，以致窒息了为生存而需要自由呼吸的一切事物：才智的牺牲（the sacrifizio del' intelletto）并不会使后者免受损伤……"（《文学札记》，三卷集，法兰克福，1958—1965，第 2 卷，第 154 页）乔治·斯泰纳说："德文是卢卡契的主要语言，但是他对这种语言的运用却变得尖利可怕。他的文体是流亡的文体，失去了活生生言语的习惯。"（《语言与沉默》，伦敦，1969，第 295 页）

［2］致施塔肯堡函（1894 年 1 月 25 日）（马克思和恩格斯：《政治和哲

学基础文选》，福伊尔编，纽约，1959，第 411 页)。

[3] “人的外在生活所要求的东西：住房、家庭、帐篷、椅子、矛剑、跨越海洋的舟船、驰骋战场的车骑、烹饪、屠宰、吃喝，所有这一切对于他来说，没有哪一样必然仅仅变成达到某种目的的僵死手段；他势必在所有这些东西中，仍然以自己的全部感觉和自我，感到生气勃勃，以便凭借这种与人类个体的密切关系，使本身仅仅是外在的东西被赋予一种人类激发出来的个体特征”(黑格尔：《美学》，两卷本，法兰克福，1955，第 2 卷，第 414 页，转引自卢卡契：《欧洲现实主义研究》，纽约，1964，第 155 页)。同时参见下面引述的论“散文世界”一节，第 352—354 页。实际上，作为现代读者，我们发现黑格尔《美学》中最引人入胜的章节，也许不是描述史诗结构的那些章节，而是直接地或含蓄地表明在现代世界中是什么先勾销这种整体性的那些章节。我们与其说是肯定地毋宁说是否定地阅读黑格尔的，而在这种意义上，卢卡契的《小说理论》，只是绝对精神消亡之后黑格尔美学的合乎逻辑的继续。因此，在现在这种情况下，黑格尔又补充道：“我们现今的机械和工厂，连同它们制造的产品，以及一般我们满足自己外在需求的手段，在这一方面恰恰与现代国家组织一样，同原初史诗所要求的生活背景不相协调。”

[4] 乔治·卢卡契：《小说理论》(新维德，1962)，第 87 页。从这一意义上说，卢卡契这部著作可以视为是把马克斯·韦伯社会分析的范畴运用于种种情节结构。这些情节结构以一种典型的韦伯式的辩证法处于人类活动和那种本质意义之间，而意义对它可能不再是固有的，而是超验的、来世的，或实际上如在官僚和世俗化的(entzauberte)世界上一样，完全丧失：韦伯的情况也是如此，这些分析在一种类型学中找到了它们的终极完成。

[5] 卢西安·戈尔德曼关于有争议主人公的理论，以牺牲其他更富形式的成分为代价强调小说内容的这一方面，在我看来，似乎比引发出这一理论的卢卡契的观念更有局限性。

[6]《小说理论》，第 90 页。

[7] “文明社会的世界无疑是由人类创造出来的……因此，它的原则应该从我们自己人类心灵的变化中去发现。无论谁去思索这一点都不能不感

到惊讶的是，哲学家们竟然倾全力来研究自然世界——这个世界既然是由上帝创造出来的，那就只有他才能知道；哲学家们竟然忽视了对各民族世界或者文明世界的研究——既然人类创造了这个世界，人类就能逐渐认识它”（维柯：《新科学》，纽约州伊萨卡，1968，第 96 页）。同时参见埃利希·奥尔巴赫：《维柯和美学历史主义》，收入《欧洲文学的戏剧场景》，纽约，1959。

[8] 乔治·卢卡契：《历史与阶级意识》，巴黎，1960，第 210 页。

[9] J. L. 胡德宾：《论对列宁的阅读》，见《泰凯尔：总体理论》，巴黎，1968，第 295—296 页。

[10] 不过，在早期的《艺术中的主客体关系》中已经大致勾画出来，载《逻各斯》，第 7 卷（1917—1918），第 1—35 页。

[11] “在我看来，我们能重逢一个作为叙事的科学解释的主张是恰当的，这同相反的主张一样；而且以叙事形式所作的陈述，不会丧失最初的任何解释力量。”（阿瑟·C·丹托：《分析历史哲学》，英格兰剑桥，1965，第 237 页）

[12] A. J. 格雷马斯：《结构语义学》，巴黎，1966，第 173—191 页。

[13] 海德格尔：《关于人道主义的信》，法兰克福，1947，第 27 页。卢卡契自己使之具体化的本体（Ontologie）在他与霍尔兹、考夫勒和阿本德罗思的《与卢卡契的对话录》（汉堡，1967）中进行了描述。

第四章　萨特与历史

206 我始终认为，像历史唯物主义这样卓有成效的工作假说，永远不需要形而上学唯物主义的谬论为基础。

——《超越自我》(1936)

总有一天，我将着手描述那一陌生的现实：它就是历史，既不全然客观，又不全然主观，在历史里，辩证法受到反辩证法的抵制、浸透和腐蚀，然而这种反辩证法本身在性质上仍然是辩证的。

——《什么是文学?》(1947)[1]

通常都把《辩证理性批判》说成是调和存在主义和马克思主义的一种尝试，而我一向认为，这暴露了对于关系的一种基本的、纯朴的看法，即一般思想和具体政治思想与我们整个存在的关系，与它所表现的那个总体人类现实的关系。思想体系在这里不是能够修补、调整、控制的见解，除非我们以某种方式尽力把它们适当地拼接在一起；而且，这样一种运作，在把两种显然否认思维先于存在的哲学方法（存在主义有存在先于本质的原则，马克思主义有社会现实决定意识的教导）当作它的对象时，就更富于讽刺意味。事实上，在我看来，情况恰恰是上述含义的反面；这样一种“调和”的构想本身，标志着它已经在所经历现实
207 中受到影响，两个体系所经历的综合已经以某种方式存在，在思想领域内它先于激起并建立这种综合的纯智力运作。

实际上，这正是萨特对自己思想发展的论述所证实的东西。因为马克思主义不是萨特在存在主义之后所接触的某种学说，而是与存在主义同时发生的一种兴趣，它在萨特的整个生涯中，一直与其他哲学并存。对于美国读者来说，应该强调欧美语境在这方面的深刻差异：因为马克思主义在欧洲是一种无所不在的活生生的思维方式，每个知识分子都必然以这样或那样的方式与它接触，并且不得不对它作出反应。因此，萨特在《存在与时间》问世两年之前的1925年研读了《资本论》；他的密友保罗·尼赞和雷蒙德·普利策，后来成了法国共产党的主要理论家。不过，用他的话说，意义最深长的"是马克思主义的现实，工人群众在我视野里沉重的存在，一个庞大忧郁的团体，它经历马克思主义，实践马克思主义，隔着远距离对小资产阶级知识分子产生一种无法抗拒的吸引力"[2]。我们以后还要回过头来讨论这种"远距离的吸引力"，因为这是《批判》一书给我们的基本教益之一。

这样，作为哲学的马克思主义，其最令人瞩目的特征之一，在萨特并非不典型的经验里便得到了强调：这样的马克思主义，无论出于什么原因，似乎都不排除信奉某种其他哲学；人们可以既是马克思主义者，又是存在主义者、现象学者、黑格尔主义者、现实主义者、经验主义者，抑或随便什么主义者。无疑，这一悖论部分的是动词"是"（to be）的模棱两可的结果，似乎它的意思是说，某某"是"（is）马克思主义者或是存在主义者，抑 208
或别的什么主义者。不过，更加基本的解释是，马克思主义当作其对象的，是与更经院或哲学体系的对象截然不同的某种东西；不可能存在什么矛盾（即使在两者的确切关系仍然没有解决的情况下，也是如此）。因为由每一种思维方式严格制约的两类迥然不同的现实，在半空中失之交臂了，可以说，在任何一点上都没有交叉。"我们深信，"萨特论及他的一代人说，"就在同一时刻，历史唯物主义对历史提供了唯一有效的释义，而存在主义仍然是研究现实的唯一的具体方法。”[3]马克思主义是从外部理解历史客观维度的方法，存在主义则是理解主观个人经验的方法。因此“寻找方法”，并不采取对相反事物进行调和的形式，而是一种统一的场理论，两种截然不同的本体论现象在里面可以分享一套共有的方程式，用一种单一的语言或术语体系表达出来。

这就是萨特描述一种“意识形态”（存在主义）同一种“哲学”（马克思主义）的关系时，他自己所表达的意思：此中的含义是一个真正的矛盾只能产生于同类的两个实体之间，产生于两种不同的“哲学”之间。不过，他的模式也许比他的术语更有用处，由于对这些语词的习惯运用，在我看来它会引发出一些虚假的问题。

不过，清楚的是，如果上面的描述正确，那么，把《批判》描述成同《存在与虚无》立场的根本决裂，在逻辑上就是不可能的了。事实上，新的著作以真正萨特方式改变了旧的著作；在
209 《批判》问世以后，《存在与虚无》便不能再以同样的方式进行阅读。两种立场之间在逻辑上不相一致的观念，是一种静态的观念：更令人满意的是认为，《批判》在某些基本领域完善了《存在与虚无》，在这些领域里，它仍然是抽象的，抑或是没有充分展开的；并认为，这种完善行动将所有的问题提高到一个更高的辩证层面，以完全改变早期体系的面貌而告终。

《批判》是一部艰涩的著作，似乎尚未完全得到它应有的注意，尚未产生它应有的影响。一方面它针对多种读者（正统的马克思主义者，正统的存在主义者，甚至美国的社会学家），另一方面它的文体反映了它所表达的观念向总体性的曲折的延伸（萨特自己曾说，“每句话像本身这么长，这样满是括弧，满是引号之间的话语，满是‘作为’和‘由于’，这完全是因为每句话都

代表着一个辩证运动的统一”[4]），但是，对于该书重要性的最适当的衡量，也许不在思想领域，而在历史行为领域本身之内。因为《批判》发表大约八年后发生的1968年的“五月风暴”事件，充分证明了它的结论，表明了它作为其历史时期某些最深刻倾向的表现所具有的意义。

I

《批判》以及先它出版的、简短的《寻找方法》，从相反方向着手于同一个问题。前者是关于集体的理论，在这些集体之内并通过这些集体追求我们的个体生活；后者是从内部的对这些个体生存进行释义的方法，从个体生活返回到历史的客观性。因此， 210
这本小册子完成了萨特在《存在与虚无》结尾给自己提出的任务：为存在主义精神分析理论奠定了基础。

与此同时，它又强令我们注意萨特著作中迄今尚未十分明显的东西：传记问题对于他一向具有的至关重要性；在他的著作采取的一切形式中，对传记模式的一种自觉意识所起的构成作用。因为绝非偶然，他的第一个主人公洛根丁竟是个传记作家，带着因自己安排并重新安排过去的变幻不定的力量而引起的奇特焦虑：“罗勒崩参与了暗杀保罗一世还是没有呢？这就是今天的问题：我已经走到这一步，拿不定主意就进行不下去啦。”[5]因为从本质上说，过去就是一个人必须对它“拿定主意”的那种东西：它完全是事实，静止不动，它必须凭借一种决定由外部来形成。在早期剧作中，特别在《幽闭》和《肮脏的手》中，对于过去的这一基本的不确定性，对于重新安排模式的这一令人晕眩的可能性，采取了关于动机的令人烦恼的踌躇形式：

加尔森：艾丝苔尔，我是个软骨头？

艾丝苔尔：可我不晓得，亲爱的，我跟你境遇不同，你得给你自个儿拿定主意。

加尔森：我拿不定主意。[6]

可是，这些剧作所提出的"解决"，正如洛根丁厌恶地放弃自己的计划一样，肯定是对历史写作及其知识主张的否认（"是我的错儿；我说了我压根儿不该说的话；我说不存在着过去。听了这
211 话，德·罗勒崩先生一声不响，又回到啥也没有的地步了"[7]）。在这些剧作里，加尔森和雨果①能够"真的"确定为什么他们做他们做的事的唯一方式，是用这样一种方式继续行动下去：他们的余生，他们未来的行动，证实或批驳了所确定的动机。然而，利用现在修正过去[8]的含义在于，这不是历史学家以明确的形式来决定过去事件意义的单纯假说，而只是时间中的另一个具体事件。传记作家的模式是三维生存的一种抽象；萨特现在用来修改过去事件片段的，不是强加上一种形式，而是增加一些新的事件，来改变它的相对比例。换句话说，他的批判是把动机观念当作自相矛盾的一种含蓄的批判。

我在前此的一部著作中，曾经指出萨特的小说怎样产生于两种不同力量的交叉：一种是现象学意义上客体（对象）的表现力，即客体（对象）反映意识状态的方式；另一种是情节剧的冲力，它将那些相对非时间性的阶段塑造成故事的线索。[9]不过，现在清楚的是，为了充分说明这些作品的具体决定因素，还必须假定第三种力量，而这正是传记冲力本身。因为，显而易见，《自由之路》里的人物构成（特别是当我们把他们同《墙》里以

① 《肮脏的手》一剧中的人物。——译者注

传记为取向的预备性素描相并列时）原来是一种尝试，它通过行动，通过小说家的实践，试图解决早期剧作为抽象思维所提出的那些动机和传记问题。在剧作中，证实了抽象的思想无力分析真正的三维动作；在小说中，萨特表明，即使通过一种明确的个性 212
实际产生的行动仍然是分析思维所不可企及的（那种生产行为，用他的术语说就是被称为自由的东西），但以想象的方式重新创造这种行动却是可能的。正是这一点赋予萨特小说的人物构成以特殊的不同性质。因为他的人物实际上都是环绕着各种公式构建的：《墙》里的冷静人物，困扰于垂垂老矣的老年人的鲍利斯，进行病理性内省的丹尼尔，乃至在哲学上游离的，“没有固定位置”的马蒂尼本人。然而，尽管如此，他们并不是没有生命的形象，因为他们没有把自己的公式或性格当成一种命运来服从，来体验，而是在每一个瞬间来重新创造它：“原初选择”理论是从思想上对这种性格统一的确证，我们在自己的自由中的每一时刻都不断地更新它、丰富它。这样的人物容易使人误以为是现实主义的，而我则认为，我们在他们身上所见到的，正如人物自身最终的客观形式一样，同样是他们详尽阐述的过程。他们像是一场赌博的结果，在赌博中，萨特唆使我们从内部目睹最可怕状态的再创造，这样通过创造行动本身表明，他们本身确乎是自由选择和自我创造的结果。在其他地方分析过并通过某些模式从理论上阐明的传记问题，例如通过对波德莱尔、热奈特和福楼拜的存在主义精神分析阐明的传记问题，在这里以一种传记—叙事的运用得到了解决。

从这种意义上说，戏剧形式总是更富于批判性的。在小说里，环境、性格、思想、行动、感情等一切的一切，必然都是从乌有中创造出来的。而在戏剧形式中，从开头便假设了一定数量的事物，即人物本身的存在和情境的存在，前者的存在不必在开

213 头加以证明，因为他们以演员的实体存在活跃于我们面前；后者的存在先于幕启之前，抑或作为真正动作发生的地点停留在舞台以外，与舞台自身提供的关于动作的戏剧对白形成对立。因此，在戏剧里，人物在某种意义上说，和观众一道都是他自己的过去，他自己动作的旁观者：我们集中于那个过去，那些动作，与他一道努力理解那些动作或把它们联结起来。

因此，在萨特后期作品里，特别是在《魔鬼与上帝》和《阿尔托纳的隐居者》里，戏剧采取了在我们眼前演出的一种精神分析的形式。葛茨和弗朗茨的实质问题，是解释他们自己的过去，是首先找出他们的原初选择到底是什么；而这种释义的分析工具只是胡塞尔的意向性，因为，如果说试图凭借内省来确定一个动作的意义毫无用处，那么，在这些后期剧作中，我们则从相反的方向入手，假定无论做了什么事情，无论所说的那个动作的客观效果是什么，它们都必然在某种意义上是演员自己的意志或欲望。这样，如果葛茨的善良，他的圣徒身份的游戏和他的乌托邦学说，最终都导致了灾变和普遍内战，那么，人们必然断定葛茨以某种方式隐约地要求那样。他得到的土地赠予，是摧毁他周围地主乡绅的一种方式，他们拒不接纳他为自己的一员；他对自己农民的慷慨，是对他们本能地怀疑他而进行的一种报复方式。

正是在《阿尔托纳的隐居者》中，这一精神分析结构拓宽并发展到了展示所有问题的程度，《寻找方法》就是围绕这些问题组织起来的。因为，在这里，可替代动机之间的选择，被昭示为两种不同的解释体系的一种共处，两种迥然不同的行为模式的一
214 种共处。弗朗茨在战争期间犯下的残暴行为，可以以两种方式中的任何一种理解：从心理上说，作为一个强有力的、剥夺了他变成自己一切机会的父亲的儿子，这些残暴行为是他坚持自己权利的努力，他试图通过绝对无法挽回的行动，通过单凭其父亲的财

富和影响不可能使之沉寂的动作，努力维护自己的权利。但是，就社会—经济层面而言，他可以视为一个工业帝国的王储，当他到了明察事理的年龄时，却只是面对着一个不复需要首领的管理结构。他的暴力因而既表现了这个经济帝国自身固有的帝国主义倾向，同时又以后者的毁灭为目的。

因此，如果在萨特这一阶段的思想中有什么“调和”的问题，它宁可采取马克思主义和弗洛伊德学说之间的一种调和的形式，在《死因》里两者被揭示为是一致的，是行为可以交互转变成的两种代码或语言。就存在主义要素本身与这其他两者的关系而言，该剧也是富有教益的；这种要素原来是情境本身的不可能性的一种功能，是历史已定的和最终的性质与个人无能为力的一种功能。因为在这种无能为力之中，只有我思（cogito）存留下来，即对他自己生存的那种完全无助的肯定，这种生存确乎在弗朗茨肌体死亡以后幸存下来，像从空空如也的舞台上一架磁带录音机里发出的声音那样作响，重复着普遍否定人类自由之中的那个可能性、那种确定性：“哦，你过去是、现在是、将来还是黑夜的法庭，我是！我是！”

独特的是，《阿尔托纳的隐居者》所暗示的马克思主义和弗洛伊德模式之间的这种解决，采取了一个简单等式的形式，即坚持动词“是”（to be）的形式[10]，或通过命令让这两个维度认同的形式。不过，在《寻找方法》里，萨特在其发展中的一个逻辑 215
上先在的时刻来着手这个问题：因为两个不同体系或模式或者一系列现象之间的关系，不可能作为一个出发点，除非两个体系真正以自己的面目存在着。这样，庸俗马克思主义把瓦莱里当作小资产阶级所作的分析（通过对小资产阶级心理提出一种分析而继续下去，并通过揭示瓦莱里何以可被视为那类心智的显现而得出了结论）是无法叫人接受的，因为这是一种货真价实的、伪装的唯心主义。在这种分析里，瓦莱里的具体作品同一种抽象的观念联系起来，并被转变成那种观念，即小资产阶级的观念，一种与德国思想史（Geistesgeschichte）里任何东西都一样的柏拉图式的和无时间性的观念。这一思想模式与德国思想史是同一时期的产物。把瓦莱里同真实的小资产阶级，同它在特定历史时期的某种确定形式联系起来，事实上会提出比所能解决的问题还要多的问题，因为若不是有意义地探讨诸如瓦莱里本人那样的一群个别的、具体的存在，我们就无法首先熟悉那个社会阶级，而这是需要首先解决的问题。

因此，萨特的“方法”，在这里采取过这种唯心论的伪马克思主义进行矫正的形式，而且在我看来，这种矫正基本上采取三种形式：首先，在反对把一个存在和一个抽象概念简单地从思想上等同起来的过程中，它试图用真正经历过的联系来替代那种思想上的联系。这就是说，对于萨特，调停的问题也是人物构成的问题、社会影响的问题、阶级与社会真正的实际经验问题。其次，通过表明对这个问题并没有什么永恒的东西，在社会和个人生活中我们一直面临着重合和时差，面临着同一时刻大量不同时
216 间组合的共处，它试图把这个问题放回历史中去。最后，它用动态的关系替代观念和人类生存的关系（在伪马克思主义那里，这曾经是一种纯逻辑关系：观念是它的普遍性，人类则是它的特殊性）。这种动态关系是存在作为投射的关系，是阶级关系和作为投射于未来而不是由过去决定的一种作用之自由创造的归属关系。

回到第一点上看，对于萨特来说，马克思主义者对弗洛伊德不曾有过任何用处，因为他们一贯忽视童年在成年人格（连同其一切意识形态和阶级归属）形成中的重要性。但这恰恰是弗洛伊德学说的领域，它的对象是童年自身和家庭经验。（马克思主义

者在忽视这一领域的研究时，也就忽略了马克思自己的暗示，他在17岁时写的一句话里称："从某种程度上说，我们的社会关系，在我们能够决定它们之前就业已开始了。"[11]）

显然，必须通过家庭自身的调停，儿童才能得知自己的社会归属和阶级价值；不过即使在这里，问题比乍看起来也更为复杂。我们并不是在我们自身内简单地（以审查的形式）复制父亲的价值，因为事实上，我们不知道那些价值本身是些什么；儿童总是过高地估价父亲，父亲像一个巨大的令人敬畏的身影隐隐屹立着。此外，这类分析一般都忽视母亲，没有注意家庭实际上是基于两种分离的社会和性格逻辑环境的一种建构的情况，其中既有母性环境又有父性环境，而两种环境罕有相同者。正是在这两种对性格的充分选择之间，儿童才享受到一定的自由：因为他自己人格的形成，恰恰产生于两种候补品质之间的选择（或者，这 217
说来仍是一码事，产生于两种品质的对立之间、它们的明确否定之间的某种选择，也就是说儿童能够反抗任何一个方面，并把它转变成它的反面）。因此，萨特模式所固有的必然部分（这种模式在西蒙娜·德·波伏娃对自己童年的描述中，已经预示出来。她在其中指出，自己的性格，包括她在文学和哲学上的抱负，怎样产生于虔诚拘谨的母亲和不求甚解、偏爱艺术的父亲之间的冲突），可以理解为与基因遗传模式相类似，其中新的生物体可以拥有两套完整的基因和染色体，并从中演化出它自己的特殊模式；独特的是，这种必然并不是决定论，而是对于进行自由选择的体系本身的一种固有的和外在的限制。儿童不可能知道，在他的封闭世界里，在他的家庭状况中，缺少什么特殊的人类成分、品质或者经验，而这完全是由于他身处其中，由于这就是他所知道的全部东西。

萨特最近论述福楼拜的章节，为我们提供了对这个过程的最复杂的综合描述。其中，后期福楼拜的艺术宗教，原来是出身贵族的母亲的宗教信仰，和离开家乡仅一代之隔的中产阶级父亲的分析怀疑主义之间的一种综合。在他的情况中，这种对立由于一个哥哥的存在而变得复杂起来。哥哥通过成为医生，而预先占有了以子代与父亲绝对认同的可能性，以至于次子不得不去作出更个人的决定，而决定同时也是一种社会性的麻痹。因而产生了我们在福楼拜身上所熟见的那些矛盾的性格品质：来源于父亲并且超越父亲而来源于18世纪启蒙时代的分析怀疑主义；由于既仇
218 恨父亲又仇恨作为无阶级怪物的自己而产生的对自己阶级的仇恨；源于母亲信仰的艺术神秘主义；作为社会的被动性和无力行动的女性气质（特别是在塑造包法利夫人本人时，所揭示出来的女性气质——“包法利夫人就是我！”）；作为他从外部发现的、想象是自己阶级（即他自己）事物的内化的鄙俗和粗鲁（“那个年青人”）等等。这些矛盾是一个总体运动的不同时刻，而对孩提福楼拜在家庭环境中所面临的以心理学问题掩饰的那些阶级冲突问题，这运动则是创造一种解决办法的过程。（我们在《批判》中还会碰到由心理学到阶级现实这种终极转变。不过，在那里，这将从另一个方向予以揭示：本质上是阶级冲突的东西，最终如何转变到个体生存的心理方面。）

在这一描述中，我们业已能够觉察出第二萨特原则的存在，即承认这种创造是一个时间过程，或者用不同的术语说，使本质上无时间性或共时性的伪马克思主义模式重新进入历时分析之中。很明显，儿童极其专注于过去一年的社会冲突；他在现在之中对自我的选择，产生于前辈的现实——即他父母的现实——的基础之上。的确，在某些情况下，体制的差距甚至更为引人注目，关于这点，萨特自己（在《词语》里描述的）孩提时代的经验是再好不过的说明：他失去了父亲，同他本质上认为是姐姐而

不是权威形象的年轻懦弱的母亲一道，在祖父的世界里长大成人，而祖父的典型价值观、品质和意识形态是在 19 世纪 40 年代形成的。因而，人们可以这样说，这就产生了萨特自己文学生产 219
中那种相对与众不同的性质，他能够跳过一整代的虚假问题，并以一种与仍然反抗着 1890 年和 1900 年现实的当代人全然不同的方式作出反应。

在文化层面上，这种现象采取了萨特称之为近匹配标记的形式，这就是，我们所使用的语言和观念的惰性——提前用《批判》的术语来说——包含着一种它们自己的反终结性，并使我们自己的思想和作品异化，使我们原初的意向因这种抵抗和这种材料本身的原先历史而发生偏斜。

在我看来，构成这一切的基础的，是坚持历史上个人生活诸代之间的绝对断裂的生存事实。在这种意义上，伪马克思主义在性质上也真的就是唯心主义的。因为它坚持把历史视为一种连续的东西，而唯一的（由有限个体生命的不断更新的波浪所构成的）历史连续性，是历史学家沿着数个世纪思考时，心目中的那种连续性。（由此可以说，历史上唯一真正的连续性，与其说必然来自死去的各代人，毋宁说必然来自他们身后遗留的物质对象和工业工厂——然而，这又一次提前使用了《批判》本身的题材。）

最后，蕴含于上面论述的两个原则之中的是这样一个必要条件，即新传记模式与其说把行动理解成某个更大的、通过所讨论的行动来“显现自己”的实体（例如阶级存在）的结果，毋宁说理解成指向未来的自由创造或本质上的一种投射。关于这一分析原则，萨特所举的例证是法国革命期间吉伦特派战争政策意义的 220
例证，这见于他对丹尼尔·盖兰在《第一共和国的阶级冲突》中关于同一题目的论述所作的批判。

对于盖兰来说，吉伦特派代表了波尔多商人的利益。他们对奥地利和普鲁士的宣战，是在与英国争夺商业优势的新经济斗争中迈出的第一步。而对于萨特，这样一种分析则过快地消融了纯政治“系列”（即国会的特殊作用、演讲、政策、战术、演讲者的人格、吉伦特派自身内部夺取显赫地位的斗争等等）的自主性。自然，这些现象不同于陈旧的纯政治编年史中所认为的那样，当真同经济现象相分离。然而，它们的确有自己的半自主性、内在的一致性，而盖兰在把政治动机还原为直接的经济动机并把它作为历史副现象排除的努力中，对此视而不见。（在这里，萨特从根本上说，仍然遵循着恩格斯在一封著名信函中的思路，这封信我们将在结尾一章中讨论。）[12]

但是，对于这一驳难尚有另外的一面，因为盖兰的分析说明了公式化的马克思主义的倾向，即用客观代替主观，用客观效果重新释义意图（于是就产生了“客观上的叛徒”这一经典的斯大林主义观念，即某人怀着世界上最美好的愿望，却进行了原来是叛逆的或于社会有害的活动）。吉伦特派在那一时刻不可能已经知道英国会参与战争（这场战争自然后来在性质上变成了经济性的），而且，若在更早的时候，把这一动机归诸他们，那就等于阻止我们发现他们确切的论证是什么，阻止我们发现那些特定的
221 具体行动的终极价值。十分奇怪的是，我们已经在对《魔鬼与上帝》的分析中见到，萨特在对诸如葛茨个人的、相对来说是心理行为的释义中，绝非不愿运用从客观效果出发的这种论点：你就是你所做的事情，你想必果真需要那最终发生的事情。因此，在个人经验领域里使用过以心理学和主观主义为背景的意向性学说和主观意图学说的萨特，在这里似乎回到了更守旧的历史写作流派，以表面价值来理解历史行动者的思想和言词。我们很快就会看到，情况并不完全是这样；但是，这种明显免除吉伦特派（基

于对他们自己存在境况的局限的看法）责任的做法，直到我们读到《批判》本身的结尾，才能真的置它于适当的透视之中。

这里，尽可能明确区分萨特给予我们的释义方法和正统马克思主义运用的方法是有用处的。实际上，通过在行动及其功能性的经济意义之间重新置入一整套调停加半自主系列，他的方法似乎倾向于恢复旧有意图和理性分析的史纂学。这相当于意识和无意识之间的区别，因为萨特提出的对所历经验的忠诚，就是布里索[1]、韦尼奥[2]、加代[3]有意识的思想和经验，是先于马克思主义史纂学对象的那种“无意识的”经济动机。

这一切都可以用一种简单得多的方式说明：萨特认为，正统马克思主义对历史和经验进行还原。这虽说不错，却可能在某种程度上有损于这个论点。因为可以认为，一切理解，一切抽象思维，在某种意义上都是还原性的：的确，抽象过程本身，从本质 222
上说，就是一种还原，我们通过它用简化了的模式，公式化的抽象观念，来替代四维现实的不透明性。因而必然歪曲现实和经验。另一方面，除了这种还原，我们很难看出，还能用什么别的方式来理解或者处理现实。

就存在主义在其起源上是对这一抽象过程的反拨而言，我们还必须看到，它依赖于抽象，把它当作一个先在的因素：绝不能返回到事物，返回到实际经验上去，除非我们首先在抽象过程中抛弃了它们。

人们会提出驳难，说这种抽象的存在主义批判，其矛头指向了因果关系的观念，不过我却不真的认为是这样。事实上，因果关系是还原本身的空洞形式，抑或，如果可以这样说的话，它是

① 布里索（1754—1793），法国大革命中吉伦特派领袖。——译者注
② 韦尼奥（1753—1793），法国演说家和政治家。——译者注
③ 加代（1758—1794），法国大革命中吉伦特派领袖。——译者注

心智运作的借口，这种运作简化了的经济商业模式，替代了吉伦特党人的心理、轶事和国会现实。情况之所以如此可由这样事实来判断：萨特的论辩毫无偏袒，既是针对马克思主义，又是针对结构主义，因为结构主义与这里讨论的正统马克思主义一样，也是一种还原性思维模式。只是结构主义把马克思主义经济动机或决定的术语，换成了符号（sign）的观念。在符号中，初始的表层现象是能指，它代表或表现了某种深层的基本所指，而理解过程正是由此及彼的转变或还原。（的确，马克思主义和结构主义还原过程的这种基本类似，说明了后者何以能把前者当作自身的一种变体，而加以同化。）

现在回到盖兰的著作。这种还原性思维用以理解历史所产生
223 的意义，以及以社会—经济模式指导释义时大量的材料和细节各得其所的方式，我觉得不能不给它的读者留下深刻印象。实际上，正是事件各得其所的这种感受，才是我们所说的理解历史的含义；正是最不相同的事实围绕一个模式安排自己的这种感受，才是断言历史具有某种意义的含义。因此我建议，这一还原性思维模式，应视为我们原先使用该术语意义上的一种“历史的转义”，作为时间之中的一类修辞格式或形式，从而避免认识论上的辩难，并强调时间性过程自身，借此思想正视现实并处理现实。

现在仍然有待决定的是那种十分不同的历史或修辞的辞格结构，萨特就是用它来反对还原性辞格的。我在别的地方[13]已经描述过这种过程：统观萨特的作品，抽象借这过程被召唤出来，却又仅只受到分解，回到本质上是小说幻象的东西里去。我认为，这就是本质上在这里起作用的过程。其目的不仅是（在上述还原意义上）理解吉伦特派，而且一旦达到了理解，还要把它用作返回本质上是对吉伦特党人实际状况本身的具体再经验的一种方

式，对他们的思想和行动以他们认为是历史小说家的某种形式再行展现出来。这确实就是萨特（步马尔克·布洛赫的后尘）称作“前进—逆溯方法”的意蕴：以分析方法从现在转向过去，回溯到必然是过去的行动在其发生时刻的意义和价值，然后以一种酷似它们原初的丰富和驳杂的方式，在思想里综合地重新创造它们。这也曾是马克思的方法，他在谈到对宗教信仰（从而也是对
一般意识形态现象）的理解时断言：“事实上，通过分析发现宗 224
教神秘的世俗核心，较之相反地从普遍的真实条件中推导出它们的崇高形式，要容易得多。后者才是独特的唯物主义方法，因此也是科学的方法。”[14]这样，萨特的理论就概括了他创作的全过程；幻象性行动被要求实现、完成，并以某种方式证实先于它的那个抽象分析过程。

我们可以凭借描述这种关系，来强调抽象和幻象这两种历史或者修辞形式之间的区别。每一形式都在现象的各种系列之间，抑或材料的各个层面（心理学的、雄辩术的、政治学的、经济学的、地理学的等等）之间暗示出那种关系，而特定的历史事件也由这种关系构成。[15]利用符号描述这一还原主义模式，是十分方便的。在符号里，各种系列彼此互为能指和所指，而且保留了符号学的基本规范，即能指和所指的关系是一种武断的关系（我们已经看到，这有些像关于无意识的假说）。这样一种模式所面临的基本问题或任务，因此是某种终极解释系列的选择，而解释系列可以作为其他更浮浅的能指的所指：在马克思主义里，终极系列自然是社会—经济系列，抑或生产方式；对于结构主义者，终极系列则是语言本身。

对照来说，萨特释义方式中各系列之间的关系，必然描述为
象征性的，这就是说，它们的关系恰好不是武断的，而是每一系 225
列都在自身里面反映着和蕴含着所有其他系列。因此，波德莱尔

独特的走路步态，最终（如果分析得当）包含着他的心理、社会—经济意识形态和诗的敏感性本身的秘密。因此，热内的风格概括了他的全部生活经验，而对于诸如粘性（viscosité）的一种纯粹可能的反应，内在地象征着存在的原初选择自身。当然，原先萨特坚持认为，基本的系列，终极的所指，就是与存在的关系。不过，现在十分清楚，即使承认经济系列在他现在思想里的优先性，这种特定的模式也并不要求任何特定系列优先于其他任何系列，因为分开来看，它们都是彼此相互蕴含的。[16]

这个模式所固有的真正的理论问题存在于其他地方。符号观念或关于无意识假说的魅力，恰恰源自它所运用的方式，即它允许用其事物，某种不合比例和不可公度的事物，来替代直接的意识材料本身。不过，现在萨特模式的含义是，历史的行动者以某种方式意识到他们正在做什么和为什么这么做；而这简直不像是恰当地处理我们对历史的非个性的感受，对历史过程所涉及的各种异化的感受，以及对个别行动者的相对意义的感受。

萨特前此已经面临过这样一种困境。当他攻击弗洛伊德无意
226 识模式（另一种这样的还原性模式，可以用符号学术语轻而易举地进行重新释义）时，他发觉自己不得不用别的东西来替代它。这种东西超越理性主义的意识，公平地处理我们在心灵方面所历的经验——换句话说，它保存弗洛伊德发现中的真理，同时又排除无意识的无法接受的假说。他对这一困境的解决，采取了邪恶信仰（mauvaise foi）的理论形式，他在其中表明，人们何以能够在非主题、非自我意识层面上，意识到自己的意图，而同时又无法在主题上抑或“有意识地”知道通常意义上的那种意图。邪恶信仰是一项自我神秘化的事业，旨在说服我们同意所讨论的令人不快的事实并不存在，而我们又依然一直隐约地意识到自己正处于如此说服我们的过程之中。这是一种自我欺骗的结构，它在我

们试图维护其存在的时候，变得益发盘根错节，并且可以借不让我们自己思考某种事物的绝望和矛盾的企图而恰当地象征化（为了获悉我们希望避免的是什么，我们又不得不思考那种事物）。因此，邪恶信仰的观念就提供了一种手段，凭借这种手段，一个特定的行动就可以视为既包含又不包含对它自己的基本意图或有意识的目的的意识。

在《寻找方法》中，当萨特希望用一种象征性释义模式来替代还原性模式时，他所诉诸的正是这一（没有命名的）观念。不过，在中间这段时期，这种观念又因为想象力和不能实现的整个调停而得到丰富[17]，并且采取与马克思本人的某些论断不相一致的形式：

> 自然会有人对我们说，布里索的追随者们所宣告的目标 227
> 是一个面具，这些资产阶级革命者把自己视为并表现为杰出的罗马人，但只有客观效果才能真正界定他们的作为，然而，我们不能掉以轻心。正像我们在《路易·波拿巴的雾月十八日》里所看到的，马克思最初的思想是试图进行意图和效果的一种困难的综合；当代对那一思想的运用是肤浅而不诚实的。事实上倘若我们把这个马克思主义隐喻推向其极端，我们会得出一种人类行动的新观念。请设想一个扮演哈姆雷特并进入角色的演员。他走过母亲的卧室，杀了藏在壁毯后面的普隆涅斯。然而这并不是他实际上正在做的事情。他正在观众面前穿过舞台，从“宫廷一侧”来到“花园一侧”，为的是维持生计，赢得名誉，而这个真实的活动界定了他在社会上的地位。但是人们不能否认，这些真实的效果以某种方式出现于他想象的行动中。人们不能否认，这位想象的王子的活动，以某种间接的、折射的方式，表现出演员

的真实活动；人们也不能否认，他把自己当作哈姆雷特的方式，是他自己认识自己是一个演员的方式。再回到我们1789年的罗马人身上来，他们自称加图①的方式，是让自己构成资产阶级、成为这样一个阶级成员的方式：这个阶级发现了"历史"，并且已经想阻止历史，它宣称是普遍性的，并且在一种竞争的经济中确立其成员的自豪的个体主义——简而言之，他们是某种经典文化的继承者。一切都在那里。宣称自己是罗马人和要阻止那场革命是同一回事。或者宁可说，优秀人物可以以布鲁图②或加图的面目出现，优秀人物将能够阻止那场革命。这一甚至对它自己都晦涩模糊的思想，却提
228 出了神秘的目的，将关于其客观目的的混乱意识围绕起来。这样，我们就可以谈论一种主观的戏剧（单纯的表象剧，不隐含任何东西，不包含任何"无意识"的因素），同时谈论为了获取真正目的而进行的一种客观的意向性的对真实手段的组织——这一切的组织无一通过意识或预先思考的意志进行。非常简单，想象实践的真实在于真实的实践，而且真实实践，就其将自身当作单纯的想象实践而言，也包括对作为自己释义的想象实践的含蓄指涉。1789年的资产阶级，不是为了借否定历史和用美德替代政治，来阻止那场革命而自封为加图；也不是为了就自己实行的而又把握不住的行动，为自己提出一种神秘领悟，而自言自语地说是自己恍若布鲁图。资产阶级同时做了这两件事。正是这一综合，使我们能够在每一件事中发现一个想象的行动，作为真实客观行动的偶对，同时又作为它的短阵。

① 疑指小加图（前95—前46），古罗马政治家，支持元老共和派反对恺撒。——译者注

② 布鲁图（前85—前42），古罗马政治家，追随庞培反对恺撒。——译者注

> 但是，如果这就是所说的意思，那么，布里索的追随者们，就其骨子里的愚昧来说，必然是对经济战争负有责任的始作俑者。这种外部的等级的责任，想必内化成了对他们政治戏剧的朦胧意识……[18]

这段关键性文字是萨特后期传记实践的基本理论，而且，如果就我们通过个人的行动来彻底审视的话，的确也是他的历史幻象的基本理论。应该指出，这一分析远非对历史释义的一种修正主义的削弱，事实上，只是用于强化吉伦特党人对自己行动的个人责任感。此外，对于他们自己的复杂意图和想象性的自我辩护 229
的强调，还产生了进一步的效果，即重新强调而不是解释那些个人意图在进入历史领域时所经受的异化和歪曲。关于萨特式模式的这一终极变体，如果还存有什么争议的问题，那它就和对吉伦特派的判断的性质有关：把他们描述成某种类型的资产阶级革命者，等于从外部将他们范畴化，从他们不可能熟悉的更大语境中对他们进行评估。甚至就他们以某种这样的方式，以萨特在这里描述的那种朦胧的自我意识认识自己而言，这种自我认识也只能来自敌人外加于他们的某种先在的判断。这些敌人从某种角度审视他们，在他们身上贴上某种标签并加上某种罪名，而他们自己为了进行辩护，又复原和内化这些标签的罪名。因此，在这里，我们开始沿着由外部作出判断的方向，从存在主义角度看来似乎是不合理的方向，走出了存在主义分析的传统领域。为这些判断奠定基础，是《批判》自身的最终目的；而在这样做的过程中，用历史终极意义本身的一种更绝对的意蕴，替代对任何既定的自在和自为的历史时刻（如吉伦特派）的内在分析所固有的相对主义。

Ⅱ

初读《批判》的困难，来自这样一个事实：它的开头几章与其说阐述真正的社会生存，毋宁说阐述构成这种生存基础的抽象
230 结构。如标题所示，这部著作试图为业已做过的研究，为业已做过的分析，奠定一种哲学的基础。在这种意义上，萨特的著作自然而然地承认马克思主义历史分析的有效性，正如康德承认自己时代自然科学的有效性一样。因此，它提出了这样一个问题：为了使历史在其运动中证明是辩证的，需要什么样的先决条件？人类生存结构必须是什么样的？

分成综合的三组问题来讨论这一基础，似乎不无益处。这三组问题是：实践或总体化、否定以及相互性；或者用另外的方式说，辩证行动本身，以及看似由它本身分化的两极——一方面是我们和客体的关系，另一方面是我们和其他人的关系。

1. "辩证的"这个字眼儿，已经制约着几种不同类型的客体。它可以指历史或者个人行动，也可以指能够领悟那两类事件之任何一类的思维。对于萨特，"总体化"一词的优点在于，它可以毫无偏袒地应用于这三类辩证现象中的任何一类。

这一用语显然与《存在与虚无》中称为规划（the project）的东西相一致；因为后者在走向一个明确目的的途中也穿过一团客体，并在这样做时将它们统一起来。我的规划因此总体化了我的环境。因为它通过抵抗我未来的目的，使环境在我周围将自身形成秩序，并且使环境揭示它自己的惰性，它自己的"逆境系数"：因而，我试图幸免其折磨的沙漠被揭示为非人的景观；因而，开放的高速公路倍增了我的速度，滑雪坡道有助于我向下飞跃。于是，规划以各总体的形式，将物质的这些集合体，或死亡

规划的外壳，久已消逝的人类行动的痕迹，抛在它的后边。从这一意义上说，我们的城市就是这些总体的积淀，像是一间主人已经死去的起居室。

正是因为人类个人的行动或我的总体化在其本身的结构上是 231
辩证的，并且涉及我对自己周围事物的否定，按照由那种否定实行的对那些事物的综合和由它的成功所形成的我自己行动本身的转变，还涉及来自旧秩序本身的一种新的规划秩序的产生——正是因为这种结构，历史（作为人类千百万次行动的驻在）同理解（作为与我的行动经验俱来的东西，后来变成专门化的、作为纯思想过程的东西）两者才能同样是辩证的。

但是，这样应用的总体化一语，开始产生了超越规划一语所暗示的后果，因为它现在开始含有规划本身中的一种等级区分的意思，有些规划显然比其他更是“总体的”和更是“总体化的”。于是，在历史上，这种总体化将愈益涉及更多的人们，在他们生活的社会—经济结构的细微末节中，更深刻地牵涉进来。从这一意义上说，1789年的革命，若与一场农民起义或中世纪意大利城邦的一场内战相比，显然是某种更庞大、更包容一切的东西。

从理性的观点看，显而易见，黑格尔的体系，较之一次只能处理一个孤立的专门化现象的分析或经验类型的思维，在其自身内也包括了更多的东西，理解了更多的东西。

最后，总体化概念使萨特能够去掉规划观念所固有的相对主义（实际上，这种相对主义在《存在与虚无》体系中得到了强烈暗示，既然一切生命都是一种将要到来的失败，因此所有规划最终都具有同等价值）。只有在这一条件下，在规划于任何意义上都日益扩大其影响领域的情况下，历史作为一个整体才能具有意
义，才能有一个单一的方向。我们可以预期在这卷《批判》中已 232
经规划的处处见出其痕迹的第二卷的命题，指出历史的“意义”

完全是这样一种总体化。它是一个即在，而不是一个存在；而且我们可以以真正的辩证方式假定，在史前时代，当人们生活在互不联系的群体和部落里的时候，历史实际上没有任何意义。只有现在，当世界变为一体时，当任何特定地区的事件都卷进并影响全然不同的国家和社会的人们的存在时，我们才能开始对人类生活是什么样子产生一种哪怕是模糊的认识，虽然人类生活是一个单一的规划，具有单一的意义，构成单一的"处于形成过程中的总体化"。

2. 不过，一个规划或总体化的内容，从本质上说，取决于规划在其中产生并试图运作的世界，将这种新变体与《存在与虚无》的变体两相比较，是发人深省的。在后者中，行动的起源（作为在一个纯粹存在即客体的领域中的虚无），在人类存在的结构中被发现是匮乏，是本体论的丧失，它试图满足自己、实现自己，并借此达到某种确定的存在状况。

这一过程的新用语是需求，这只不过是将本体论的术语转变成相对来说更具有社会—经济性的术语。两者就起源而言，自然都是黑格尔的：不仅人类的行动、劳作和经验，作为对现有存在的一种否定，是黑格尔所特有的；而且对于他自我意识的历史也完全是由欲望（Begierde）启动的，不过它差不多是以与萨特的需求观念同样的方式发挥功能的。

这一最初的术语变动也随之带来了其他的变动：正如匮乏，作为描述人类生存特征的一种抽象方式，它发生在一个抽象地以偶然事件为其特征的世界之上，而其本质结构与人的关系是人为
233 性①的（这就是说，人类思维和人类生存的不可公度性，或者用更富于文学色彩的存在主义术语来说，即荒诞性或无意义性），

① 原文为"facticity"，姑从《存在主义哲学》（商务版）一书的译法。——译者注

同样，在人的空虚采取需求形式的这些新的具体情况里，世界对人的抵抗现在也以不足①的术语予以界定。因为不足正是我们生存的世界上不可分析的出发点，不是逻辑上必然的材料。它本身虽然晦涩，只是一个我们无法对它确定任何形而上学意义的事实，然而它却是我们必须在其中行动的框架，甚至在我们的行动和规划的概念中，制约我们的行动和规划并使之异化。

不足的概念使萨特能够把人类需求表述成某种匮乏，这匮乏既是同外部世界客体的一种关系，同时又是与他人距离的一种决定类型。正如不足的事实迫使整个人绝望，也搜寻自己需求的客体，在困难条件下从不利的材料中惨淡地营造它们，同样，我可以消费的每一客体也是隐蔽地从我邻居那里攫取来的；用更普遍的方式说，在一个不足的世界上，我的生存就是对我邻居生存的威胁，一如他的生存对我也是威胁。因此，善恶对立说和暴力，在物质世界偶然的结构中找到了自己的源泉，而正是由于对陈旧修辞的强调，或对人人相残的强调，萨特才引出由不足强加于人类生活的这一绝对的其他性："这世纪原该太太平平的，要不是人的残酷的古老的仇敌埋伏好等着他，那个发誓赌咒要毁了他的嗜血成性的族类，那个身上没毛的凶残的畜生，就是人自个儿!"[19]

强调这一观念的另一个后果也颇有价值，这对于《批判》全部论证的发展，以及对它的最终评估至关紧要。因为不足的概念 234
是萨特思想及其术语中的一种基本二元性的第一次显现，在某种意义上是它的源泉：或者从人类行动角度或者从客体角度，表达任何特定现象的孪生可能性。不足引起人类的行动，这行动可以以在外部世界的劳作来表达，也可以以与他人的斗争来表达，因为从本质上说，这种行动同时是它们两者。因此我们拥有两种供

① 原文为"scarcity"，又译"稀有"。——译者注

自己支配的语言或代码，以此阐述事件或经验；看似静态物质客体的东西，可转变成客体是其伪装的人类关系，或者看似面对面的直接人类关系的东西，可以视为对惰性①客体和事物的物质体系所构成的单纯反映。这种二元性产生的结果将在后面变得显而易见；这里只需说明它作为对现实的知觉，甚至作为一种哲学观念，并不是萨特著作里一种新的而是非常陈旧的成分，实际上并非起源于马克思的什么著作，而是起源于海德格尔的著作。因为后者在《存在与时间》里，对两种知觉客体的基本方式进行区分：作为此在（vorhanden），只是摆在那里，无活力又无联系；作为将在（zuhanden），抑或潜在的行动，像是摆好在手边以备不时之需的用具和工具。[20]而且，对于海德格尔正如后来对于萨特，正是这第二维度才在本体论上是先在的：我们首先把事物理解成用具，只有在此之后才理解成观照的或科学的知识的静态客体。由此事物可以作为人类行动的速记，而这种观点又形成了萨特召唤外部世界的基础，把外部世界当作冷淡规则或者“计程”
235 空间的网络，当作充满了云集于我们身旁的固有生命和情感的客体，仿佛是借以揭示存在的如此众多的客观方式。[21]

不过，不足的观念给不少批评家的印象是，它与其说是马克思主义观念，毋宁说是马尔萨斯和达尔文式观念；正如异体性的善恶对立说和生存斗争，使读者想到了霍布斯的著作而不是《共产党宣言》。这样的范畴化，当然不是真正的哲学论证；不过，至少应该指出，萨特对社会生活这种第一要素所持的立场的复杂性，或对物质作用的复杂性，他认为包含的不是一种而是两种分别的否定。劳作当然本身是对物质的否定；然而，它是一种确定

① 原文“inert”，此处为形容词，也可作名词，一般译为“惰性”，也可译作“无活力”者。下文我视具体情况，分别采用这两种译法。——译者注

的否定，一种对物质性的某一特定部分的否定，目的在于把它转变成需求的确定客体，转变成某种具体的产品。因此，萨特坚持对存在世界自身的某种更早的、更基本的全球否定，因为，没有某种最初的全球否定，从现象学意义上说，这种“世界”就不能在人类对面产生出来，就不会有总体领域来作为局部确定区域可以设想出来的背景。因此，需求是使外部存在的整个无活力领域将自身组织成作为“世界”或者自然本身的统一领域[22]；而只有这一基础上，作为辛苦和劳作种种形式的更加具体确定的否定，才可能产生。劳作因此是一种否定之否定；这表现了传统马克思主义思想的一种颇有价值的节奏，在这一意义上我们可以说，它是着重劳作和活动而非消费和满足的结果。

不过，这种观念还产生了其他一些后果，它们远远不像整个 236
问题最初看上去那么抽象。首先，对世界的最初的全球否定的观念，能够使萨特保持在《存在与虚无》里提出的那种总体责任观念。在那里，正是由于我永远无法面对地经验人为状态①，由于根本不存在什么经过人类意识或者人类规划的纯偶然性的直接经验，对世界的每一知觉才表现了我对人为状态的一种设想（换言之，表现了对存在最初偶然性的一种否定）。正是在这种意义上，在《存在与虚无》的语境中，大家才都以某种方式对自己的时刻和自己周围的整个世界负责：面临着我的这场战争，哪怕只是在我必须以某种方式把它内化并作出反应，哪怕只是在我无法摆脱我凭借某种反应把它变成自己的这种意义上说，也就是“我的”战争。这种全球责任，对于某些批评家所说的萨特的冉森主义②

---

① 即前译“人为性”。——译者注

② 冉森（Cornelis Jansen，1585—1638），或译詹森，荷兰罗马天主教神学家，宣扬否定自由意志和人性堕落的理论体系。冉森主义为冉森所倡导的天主教非正统的派别，十七八世纪出现于法国、意大利。——译者注

特征，比任何其他因素都更有责任。不过，这种责任是一种相对地非历史的概念，在不足、需求、劳作和历史的这一新的语境中，它采取了完全不同的形式。因为在这里，人类借以使世界和自然在他对面产生出来的最初否定，从某种意义上说，是那种使事物能够实现的行动，它赋予物质以人类的力量，把物质用来反对人类的那种凶残的破坏力量（萨特称之为反终结性或者实践惰性①），授予原本是毫无活力和外在性的事物。因而人类依然对毁灭自己的东西“负有责任”。但是，在这种新的、集体的历史语境中，这种责任离析成了两个不同的要素：人类在第一个要素中，凭自己的行动和劳作，授予物质以剩余价值或者积存的人类
237 精力；在第二个要素中，那精力以人类无法理解的形式觉醒过来，并回过头来反对他，而他还把这要素当作独立地行动的物质或自然。

两种否定的这种组合的第二个后果是，人类通过它们不仅作用于外部世界，而且也作用于自身。他为了作用于客体使自己变成一个客体，为了克服无活力使自己变成无活力，恰似人们为了使用工具而把自己的手和臂变成了工具。因此，从一开始，人类异化或非人化的终极可能性，在他与物质关系的这种首要的基本结构中便已出现。

也许现在该讨论一下萨特的整个问题：在这里，萨特是否像一些批评家所认为的那样，是在重新创造唯心主义？是否除此之外，他的异化观念还与马克思的正相一致？确实，看上去人们不会使用这种语言，因为它描述人类为了作用于物质，使自己变得没有活力，使自己变成了物质，除非人们一开始就以某种方式（也许是情不自禁地）把他视为某种别的东西，把他进入物质世

① 原文为“practico-inert”，也可译“实践—无活力”。——译者注

界视为一种原始的堕落。毫无疑问，对于萨特来说，物质在某种方式上是恶的本源；就物质结构即是不足而言，我们业已见过。但是，这在另一种意义上也是真实的，即物质被视为外在性的等价物，并因此也是多重性和数量的等价物。因此，对于萨特，完全由其他人类行动的数量而引起的人类行动的这种特殊异化（我们将很快地对此进行考察），从根本上说只是使外在内化的结果。这就等于说出了偶然的事实：存在着许多人而不只是一个人。[23]

从另一观点看，这种对物质的善恶对立说的评估，在某些方面，实际是前苏格拉底式的评估，完全是坚持我们可以称之为受到阻抑的辩证法的结果；这在《存在与虚无》里已是基本的东西：坚持偶然事物，人为状态和我们在这里称为物质的绝对的不可还原性。的确，萨特的最有洞察力的批评者皮埃特娄·希奥迪，曾把《批判》的最终失败诊断为规划这一概念所造成的结果。这一概念与海德格尔的用法相悖，一直被萨特的笛卡尔的方式设想成主客体两极之间的联系环节。从这一不妥的区分产生出对于物质（作为客体一极的实在）的过度评价，也产生出异化和客观化之间的混淆，而这在希奥迪看来，最终给萨特打上了非马克思主义者的烙印。 238

稍为详细地引述希奥迪的论证是不无裨益的，它有助于很有条理地澄清这个问题："因此，三种相关而又不可调和的立场可以界定为：1. 黑格尔式立场，对于这种立场，异化能够得到抑制，但是，对于这种立场，由于关系和异化重合，它必须抑制关系本身才能达到抑制异化的目的；2. 马克思主义立场，它与黑格尔式立场都有必须抑制异化的要求（这也是黑格尔主义和马克思主义之间革命连续性的深刻原因），但是，它否认关系和异化的重合，因此它要求抑制异化的同时，也承认关系本身不可消除；3. 原型存在主义立场，它与马克思主义都假定关系不可消除，但是由于它保持黑格尔式的对异化和关系的认同，最后又暗示出异化本身不可消除。”[24]

239 换言之，黑格尔交替使用了“客体化”和“异化”这两个术
语，而且对于他来说，这一过程正是历史自身的原动力；但是，
就他的体系最终赞颂哲学家的纯理智活动而言，这就意味着对人
类卷入自己周围的物质客体的一种否定判断，而且最终预见到在
纯思维和纯理智活动本身当中要抑制所有这种卷入。[25]对于萨特，
这种抑制当然如对马克思一样无法设想。但是，他的观点中似乎
可疑的是，他不断地坚持从《存在与虚无》沿袭下来的那种方
式，即一切行动、一切设计，都涉及自我的丧失，涉及客体和对
工作认识中的意识的异化；按照这种方式，意识把自身客体化，
并把自身以存在的形式寄存于它的作用之中，而它的作用以不可
辨认的、极为异体的方式返回于它。可是，情况果真如此的
话——而且，依我看，特别是从萨特使用的那些例证的类别来判
断，在他心目中有一个较富有文学色彩的模式，即作家在语言中
将自己客体化和异化的那种方式——那就真的没有什么办法清楚
地区分我们可能称之为正常的人类客体化的东西，以及马克思视
为由社会—经济体系引发的异化。不过，这一诘难并没考虑我们
上面描述的基本二元性，因为我们必须永远记住，对于萨特，凡
与一个客体的关系都能够反过来重新转变成人类关系的条件。在
那一点上，我们怎样把客体化与异化区分出来变得十分清楚：前
者是与客体的关系，它从人们角度转变为一种宽大的行为，抑或
240 关于他人的一种自由；而后者则转变成为另一个人的劳作，转变
成受那人压迫的一种关系。

我们再回到否定性这个问题上来，最后可以说，其起源对于历史的阅读，对于阶级社会和劳动分工的肇始问题，尚有未曾言明的含义。马克思和恩格斯对于摩尔根和原始共产主义体制的兴

趣，是一种暧昧不明的兴趣：有时候，原始共产主义的事实只是用来表明，私有财产作为一个法律范畴和社会体制，在某种方式上并不是永恒的，因而也不是自然的。[26]不过在另外一些时候，尤其在恩格斯笔下，原始公社体制的魅力又导致了一种无法接受的历史样式，因为它只是伪装之下的伊甸园和人类堕落的神话。这样一种神话是站不住脚的，如果没有别的原因，只是它不具备说明历史起源手段的话，事情仍然如此：它不能指明，从这样一种肯定之中，何以会推演出一种否定来。萨特最初的否定，以及他对不足的强调，有利于重现我们所知道的属于原始社会（无论它们的财产制度如何）的痛苦、劳苦、旱夭、愚昧和席卷大地的绝望那一方面，有利于重现历史所具有的非人的、梦魇一般的、使神话本身只能迷惑我们的性质。

3. 当我们转而讨论《批判》所描述的我们与他人的基本关系问题时，关于逻辑和本体论的优先性以及原初结构的大致相同的问题会重新出现。萨特一开始便坚持人们之间的某种基本的相互性、优先性，认为它先于任何其后的对立和冲突的历史形态；而与此同时，特别是从《存在与虚无》的角度来看，那种“基本” 241
相互性结构似乎很难确定。

这个概念背后的意图多少更清楚一些：因为通过最初相互性的观念，萨特希望破坏纯经济主义学说的基础：特定的、历史地确定的人类关系的方式，是那一特定时代经济生产方式的结果。人类关系因而仿佛只是对不同类型物质环境的本能的或生物学的反应和调节；萨特正确地指出，这是以表面价值来理解物化，它并不认为人类关系与物相似（thinglike），而是认为人类关系实际上就是惰性的客体，首先要受准物质的外部影响的支配。从这点上说，真正的历史变得有点像经济体制的机械进化，而人不论作为个体存在还是作为集体存在，都给排除在外了。但是，依萨特看来，除非是先有某种可以异化的东西，即人类关系的某种先在形式用作歪曲的对象，否则不可能产生异化。

不过，令我怀疑的是，这里所谓相互性的真正含义，只不过是对《存在与虚无》描述的另一个意识，或自由地承认这一损伤性的、决然不可规避的事实。换句话说，我不能把一个人当成仿佛一块石头似的，从他旁边走过去。他的生存立即把他置于同我的关系之中，而将他视为客体的投射，只能产生于那一最初的承认以后。

的确，从《批判》的图式性暗示来判断，这里的人类关系似乎也经历了和《存在与虚无》里差不多完全一样的发展。在那里，这些关系形成一个各种类型的主—客体占支配地位的怪圈。因为两个主体在这里都是总体化的中心，似乎无法避免此一个终
242 将为彼一个所总体化，抑或构成彼一个知觉领域的一部分，完全像设计过程中的其他客体一样被统一起来。

不过，《批判》从这境况中所得出的结论，已经蕴含于早期著作之中，只是从未真正得到清楚的表述。因为上述境况的言外之意是，两个单一的精神因素，两种自由，总是在此一个必须面对彼一个的意义上发生冲突，它们不能分享一个共同的世界，因而每一个都从另一端审视这个世界，每一个都是彼一个之知觉领域里的客体。萨特从这一境况所得出的新的结论，在《批判》中是最富独创性的观念之一，即偶体①抑或二分体②关系，尽管就常识而言虽然有其优先性，却不是人际关系的最基本形式。既然偶体实际上不是统一体，那么，统一就必然由一个第三方，由旁观者或目击者进行运作；“第三者”这样所起的关键作用就证实

① 原文为“couple”，意思是“一对”等，姑如上译。——译者注

② 原文为“dyadic”，姑译为“二分体（的）”；同理下文之“dyad”译作“二分体”。——译者注

了三分体关系对于二分体的优先性，而这在逻辑上和本体论上，则是后起的现象。

这观念起初势必会给读者以悖谬的印象；虽然萨特在其论证的后期发展中需要这一特定观念的原因会逐渐趋于明朗，但这本身也并不是一种充分的辩护。最终，现象学分析必须诉诸所历经验，而且，对于“第三者”观念的论证，除非我们对它想命名的现象形成某种图像，否则是无法理解的。

首先，它想纠正那种直接的、面对面的二分体人类关系的常识性观点，表明这一观点隐蔽抽象。我们彼此之间永远不是孤立的，每一对峙都在不无仓促地叫作社会的那种东西的背景下发生，抑或至少是在别的各种人类关系聚集的背景下发生。从这一角度看，偶体的观念，以及对“第三者”观念的抵触，都是在我们周围腾出地方来的方式，试图说服我们自己，我们的世界充满 243
了空空如也的空间，存在着真正孤独或真正隐私之类的某种东西。

因为我们决不能忘记，在萨特式体系里，他人的作用可以暂时由客体填补；而往往正是这样的客体，对表面上孤独的二分体具有一个虚在或潜在的第三者的功能。这样，度蜜月的人对其汽车旅馆而言是孤独的，即是说，对其余的美国中产阶级社会而言是孤独的。

但是，还有一种更微妙、更基本的方式，通过这种方式，第三者必然隐含于一切二分体的接触之中。这姑且说是一种交换中介。因为这样的交换，只有作为由第三方设计的体系才可以领悟：因为对同一性的判断，将两个不同事物置于相互等价位置的行动，只能来自外部。这样，我用一笔钱交换一定数量的鱼；可是，既然这两种客体全然不可公度，既然交换的每一伙伴都只能看到自己的财物（除非他把自己放到第三者的位置上），那么，交换的双方就必然诉诸发挥第三者功能的某一外部等价体系。但是，由于所有的直接接触都预先假定某种类型的共同世界，因此所有这样的接触，都必然由一种同一性原则①所调停，它把这两个自由，这两个总体化，放在彼此等价的位置上。通常，语言本身自然就是这个第三方。（正是在这个意义上，萨特的三分体模式对结构主义是一种含蓄的挑战，后者的二项对立正是没有考虑到作为第三因素，作为调停的交换自身的运动。）

在我看来，三分体首要性的观念富有种种暗示和可能性（我以后还要对其中一些略作说明）。首先，它为人类生活在其结构
244 上是集体的而不是个体主义的观念，提供了本体论基础。其次，它似乎提供了建构于三分体基础上的一种全新的心理学体系。[27] 最后，它是动态的，而二分体的则是静态循环的（这在《存在与虚无》所描述的与他人具体关系的怪圈中是显而易见的）。它通过表明人际经验永远不能先于群体经验，直接促使《批判》的论点超越了《存在与虚无》所分析的个体主义层面，同时趋向于孤独的个人借创造集体行动和集体单元，来克服自己本体论和社会—经济弱点的那些方法。

Ⅲ

我们方才描述的那些相互性的相互关系中的基本二元性，不论它们由第三方还是由事物进行调停，都同集体生存形式的一种基本二元性相吻合：人们可以由物质或者由别的人统一起来。然而，对于萨特，第一种相对地说是不自觉的、被动的群体形成，却是主要的群体形成，而且在逻辑和历史意义上，一般说来也都

---

① 原文是“the principle of identity”，一译“同格原则”。——译者注

是在先的。

换言之，在我们分裂了的、原子式的社会里，我们多半由萨特所称的“实践—惰性”即物质统一起来：物质被赋予人类精力，从而替代人类活动并发挥类似人类活动的功能。机械当然是这一类型结构的最根本象征，但是，这实际上只是其一种物质象 245
征，而在具体日常生活里，实践—惰性极为经常地采取社会体制的形式。然而，体制这观念是一种理性的特写，归根结底是矛盾的，因为它意味着这些客体具有某种真正的超个体存在，因为它倾向于把人类关系的物化，错误地当作一种准物质变种的、实际上的惰性客体。实践—惰性是一种物质客体（如地铁、警服、支票簿、人行道、日历等），它像体制一样发挥功能，用某种更有序更间接的东西替代直接的人类关系。

升华并强化了的语言召唤这些奇特、寄生而又惑人的客体，而这些客体从人那里汲取其存在，又反过来榨干人自己的存在：“为保持住所的地位，房子不得不有人居住，换句话说，不得不维修、供暖、清扫、粉刷等等；不然就会毁坏；这个客体—吸血鬼不断地吸取人类行动，以人的鲜血为生，而且最后以与他共生的形式生存。它的一切物质特征，包括它的温度，都来自人类行动，而且，对于居住者来说，在我们可能称之为居住过程的那一被动行为和保护房子不受宇宙毁坏的这种纯重构实践之间，并没有任何不同，换言之，这种实践起到了外在与内在之间的一种调停作用。正是在这一意义上，人们可以说那片地中海是人与事物之间的一种真实的共存，它倾向于为了活化物质而使人类失去活力……”[28]

实践—惰性固有的这一反终结性，是萨特解决上一节所谈到的与恩格斯历史观念有关的那一题词的方式，就是说，由一个肯定（积极）事实中产生出一个否定（消极）事实（也即从一个煤 246

炭蕴藏丰富的地理区域的纯肯定性［积极性］中，抑或从开采过程的科学发明中，以其痛苦创造出一个矿业无产阶级）。因为，在这种深刻辩证的颠倒之中，人似乎愈益向控制自然或物质迈进，他的每一行动都只导致增加他的依赖性，使他越来越深地置于后者的权力当中。

在这一过程中，区分异化过程和单纯失败过程是十分重要的。在后一过程中，人类行动被消灭了，而在前一过程中，它则继续存在，并作为一种自由运作着，但却从外部给偷偷地窃取了、挥发了，变成了一种“死亡的自由”、“死亡可能性”的一种运用。这一描述最初（在《存在与虚无》中）通过他人的目光应用于异化，并非事出偶然，因为萨特正是求助于人与人的冲突以实例来说明加工过的物质如何使人异化。他说，这与两军作战颇相类似，其中，一军被诱入欺罔人的伏击圈里，另一军则在更高明的计划中预见和估计到了每一种军事战术。在这个例子里，我的自由完整无损，但却颠倒过来反对我（第 292—293 页）。因此，物质才像是一个他人，它欢迎我自由实施我自己的实践，以便更有把握地将我纳入它自己的权力并降服我。

这种异化，由于业已论述过的物质和单纯的多重性或数目之间的认同作用，还可采取另外一种形式，在那里，偏斜的源泉与其说是某种外部客体，毋宁干脆说是众多集体行动和意志一起发挥作用所造成的不可控制的结果。萨特说明这一过程的例证是中国的砍伐森林，以及由于从新大陆流进的西班牙黄金，在文艺复
247 兴时期欧洲所发生的通货膨胀。在这两种情况下，大量个人肯定的（积极的）行动（每个农民都从自己的土地上砍去树木，以便使土地可以耕种；每一个征服者都受到了国家在那方面的怂恿，而使个人自己发财），加起来形成了一个否定的（消极的）总和：由于树木的被砍伐，中国的景观进入其洪水肆虐的典型性律动；

而西班牙货币则以同时代人为之震惊的速度贬值。对于萨特个人，这类异化的根本经验似乎是第二次世界大战的爆发，上百万自由人似乎在全然无助的状态中彼此消失。[29]这类由集体性事实自身造成的异化，已经由恩格斯在 19 世纪 90 年代前期写的一封信里描述过了。他在信中说："历史是这样创造的：最终的结果总是从许多单个的意志的相互冲突中产生出来的，而其中每一个意志，又是由于许多特殊的生活条件，才成为它所成的那样。这样就有无数相互交错的力量，有无数个力的平行四边形，而由此就产生出一个总的结果，即历史事变，这个结果又可以看作一个作为整体的、不自觉地和不由自主地起着作用的力量的产物。因为任何一个人的愿望都会受到任何另一个人的妨碍，最后出现的结果就是谁都没有希望过的事物。"[30]不过，赋予这一模式的辩证转折是这样一个观念：即使每个人都希求同样的事物，数量仍然转变为质量，并实际上转变为否定。

与实践—惰性占支配地位相一致的人类相互作用方式，是系列性的方式，这是《批判》里所发展的另一个新的观念。[31]在系列性中（就是说，当一些个人被一起编排在一个"系列"中，而 248
不是被结合在一个"群体"中时），我与他人的基本关系，可以说有些像统计学上的作者不明的情况，尽管那些字眼儿暗示着孤立，同时又暗示着同其他所有人的深刻一致性。这样，当我做着工业文明特有的大部分行为——等公共汽车、看报、在交通信号灯前停步，我似乎是孤独的，但是，实际上，恰恰只是做着其他每个人处于同样情况下所做的事情；而且，这不是外在的而是内在的一种同一性。因为我使自己变成了一个他人抑或那个他人，有意识地让我的行为模仿我想象中他人行为的样子。当然，这一存在方式的本体论的反讽是，在我一直以外在于我的他人的存在为楷模来改进自己和自己行为的时候，其余所有的人都在做着完全相同的事情；事实上，并不存在什么他人，只存在着无穷的复归，无穷的朝四面八方的变迁。萨特说："每个人在何种程度上是自身的他人，他就在那种程度上与那些他人相同"（第311页），而且在这种意义上，系列性是一个庞大的视力幻觉，一种集体的幻觉，它由个人的孤独投射于被视为"舆论"或者完全是"他们"的一种想象的存在。然而舆论是不存在的，真正将个人在系列中"统一"的是对舆论的信仰以及这种信仰的效果。

系列性因而是一种基本的社会机制；作为这样的机制，它在统计学是一门科学的情况下，是作为科学的统计学的本体论基础的。它是诸如恐慌或者通货膨胀之类现象的结构，而且，由于每一孤立的个人感到身处别地，处于自身之外，感到系列性行动是他被动服从某种东西的方式，这永远只能是集体的无能和无助。的确，对方式的强调是十分重要的：在系列性境况中，个人行动只能以某种方式强化其系列性的无助，而且，说这种行动在其本源上是他人的（异体的）而言，也只能以某种方式作为一种异己
249 力量复又回来反对这些行动。例如在通货膨胀不断加剧的初期一个开始囤积黄金的人：他所害怕的，就是处于同一情况下的千百万他人，也将以完全相同的方式拒绝把黄金换成纸币，结果造成纸币丧失价值。因此，他在什么程度上造成自己对未来的恐惧，他自己也在什么程度上做了自己唯恐他人做的那种事情，他就在那种程度上对自身来说是一个他人。

假定处于系列性境况中的个人是无力的，形成真正群体背后的那种动机，也可以轻易地理解为重获自主性的方式，通过新型的统一和团结反对分散的一种方式。群体因而总是产生于系列性的废墟之上，而且，历史既可以视为真正的群体生存时刻和系列性分散的漫长时代之间的一种永恒的摆动，也可以视为在任何特定的时刻，处于种种发展阶段的群体和它们周围众多的系列性个

人之间的一种复杂的共处。

把系列和群体的这种基本对立，同它在《存在与虚无》中的早期形式进行一下对比，是有启迪意义的。在《存在与虚无》中，这同一个现象被描述为“我们—主体”和“我们—客体”之间的区分。在那里，集体型存在的形成过程中的关键作用，自然是由第三方、旁观者（这当然是上一节描述的“第三者”观念的源泉）的目光所发现的。只有当我与某个个别的人一道在这样一个“第三者”的目光下，觉得自己变成了客体的时候，我才经验到我的存在是“我们—客体”；因为那时，在我们彼此的互相依赖中，在我们的羞愧和暴怒中，我们的存在在旁观者的眼中以某种方式混杂起来，对于他来说，我们在某种方式上是“相同的”：一个阶级或族类的两个代表，某种事物的两种匿名类型，两个工人或者知识分子抑或美国人，诸如此类。于是我的存在便外在于 250
我了，与我同伴的存在难解难分地纠缠在一起，他的存在也与我的纠缠在一起。因为我们处于共同的境况，面对共同的敌人，服从于相互的异化或物化。

不过“我们—主体”并不像前一部著作所描述的那样，是真正本体论的经验；它只是主观的，与超出我自己对它意识之外的任何事物都不一致。它无疑是一种真实的感觉：在剧院里，在事故的其他目击者中间，无论在哪里我都与他人一道是一个旁观者，我感到自己是某种事物的一部分，或许正如我在政治集会上或者游行中的感觉一样。但是这种感受对我周围的他人不会产生任何结果；这一点的证明是，我能在全然的孤独中，抑或在无论什么人都不感到昂扬的时候，感到同样的昂扬。读者会记起《恶心》中所描写的那个战俘集中营里的自学者的神秘经验，那是一种带有人性的宗教感情，可以当作这种友爱或交流幻觉的外部界限。

因此，前此的描述相当密切地与系列性的经验相吻合，但是其用语看来尚不十足充分。特别是两种结构（其一为本体论的，其二为主观的）与意识或者认识的关系，实际上始终不十分清楚。假定萨特的哲学旨在遏制客观性和主观性之间的虚假二元论，具有冲击力量，那么诉诸主观作为一种判断用语，似乎也只是理论上不确定的标志，是《批判》希图消除的一种不确定性。这判断的源泉，自然首先是在海德格尔著述中发展起来的不确定性的观念，即关于“任何人”（德语的“man”［常人］，法语的“on”［人、人们］），集团个人，工业世界街道上和工厂里无名
251 字的、无面孔的人群的观念。但是，在海德格尔那里，在20年代其他现代文明忧虑的批评家那里，这概念本质上是一个反民主的概念；萨特却颠倒了它，使它反对中产阶级自身。

比较萨特对这一观念的两种说法，特别引人注目的是，即使是前一部著作的萨特也直接把我们—主体的经验同制造出的客体的经验联系起来了。我们可以说，开一听罐头，上班时打卡，拧开水龙头，并不存在什么个人的方式：其中每一客体都在里面装上了非个人的指令，即“任何人”都必然以这种方式使用这些客体的一套说明，以致我们在这样做的过程中，丧失了自己个人的个体性，仅只变成了那种“没有差别的超然存在”——我们—主体——的代表。这样，在后一部著作里，客体向我回映出我自己的无名状态，我对一个我们—主体的参与；的确，后一作品的一切主题都蕴含于前此的那种说明里面。因为工人与事物与其工具、机器和原料也单独相处，然而，就它们指挥他为某个别人生产给定的客体而言，他觉得它们是异己的存在，是第三者的目光，在这种目光面前他自身与他的工友们一道变成了客体。然而，最后使用的这些所制造的客体的消费者自己，又在极为非个人化的无名意义上，同所有也购买并使用该商品的那些他人感到

“相一致”。因而即使在《存在与虚无》里，商品也暗含着人际关系、人际斗争。然而，在《存在与虚无》的方案中，我们—关系倾向于过快地被吸收到个人关系的怪圈之内，并且见于循环的以及最终是非历史方式当中。这是最初的主体和客体的术语所产生的结果，两者之间的交替以完全是数学的严密性限制了可能性。
在《批判》里，仍然留着这一循环的任意波动的痕迹，但是愈益 252
总体化的观念对它进行了新的理解，并给予它以真正的历史方向。

在《批判》对群体形成所作的新描述中，“第三者”所起的作用，类似于它在我们—客体创造过程中所具备的那种作用（很明显，正是为说明这一功能，萨特才在此前引进了与相互性自身有关的观念）。只是在《批判》里，原先看似相对简单平直的东西，却经历了一种超常的放大，似乎使这一概念变成和托勒密[1]本轮自转概念那样笨拙的复杂化。因为，当我们讨论群体动力学问题时所面临的基本问题，是群体作为一个单元可能具有的自主性的问题：如果我们—客体的经验，群体参与的经验，以及本体与他者团结的经验，仍然与第三方或者局外人的目光有密切联系，那么，就很难看出群体本身何以能变成一种独立的力量，因为它的存在始终依赖某种外在于它自身的东西。

毫无疑问，最初群体的产生总是反对某个第三方，反对某种类型的外部威胁。正是惧怕抵达土伊勒里宫的皇家部队可能采取的镇压行动（与只在三个月前导致大屠杀行动类似的行动），才从其系列性分散中激励起圣安托瓦纳郊区，把它统一成一个终于攻克巴士底狱重要堡垒的群体（第 391—393 页）。这样，在第一

---

① 托勒密（活动时期在公元 2 世纪），著名的天文学家、地理学家和数学家，生平不详。他提出天体运动的理论，并认为行星在本轮的周围上作均匀运动。——译者注

个例证中，由第三者（即敌军德·朗贝斯克亲王的军队）起初给予的外部刺激，业已被巴士底狱本身的一个新中心抑或共同客体所替代，群体围绕着这个中心进行组织并部署自身。

然而，这一新组织自身也还不够，因为系列性还被界定为环
253 绕某个中心（实践—惰性）客体的一种人的配置。群体需要以某种更基本的方式内化其统一性，而这是由原来外部第三者的内化所完成的。现在，群体的每一成员对于所有其余成员都成了第三者，而这是出于动力学而不是统计学的理解。这不是一成不变的固定形式，而是旋转和周转第三者的过程，其中，每个成员都轮流充任其余成员的统一者。此刻，群体不复必然依赖于局外人或者敌人的目光：已经推演出一种结构，以至于群体在自身之内拥有自己的存在源泉，此外，这结构又是极为民主的结构，因为其中没有领袖，只有鼓动者（换言之，只有试图将群体的含蓄情感和宗旨形诸言词的第三者），而且在群体发展的这一阶段，所有的成员都同样是一个成员或第三者。

无论这种模式多么复杂，我认为，对群体具有某种存在主义经验的任何人都会断定，它作为现象学的说明，对于群体的实际感觉并不是一种蹩脚的描述。情况确实是，在真实的群体行动中，我们自己在不同的比例上既是观察者又是参与者。我们既感到群体是某种大于自己的东西，能够从外部在他者身上观察它（我们自己在此处对于他者发挥了第三者的功能）；而与此同时，特别是当我们卷入行动的时候，又感到自己受到观察，以形成所说的那个群体。至于领袖和单纯鼓动者之间的重要区分，在这样一种方式上理应是显而易见的：在这个阶段，所建议的行动和暗语必然以某种方式符合于并明晰表述出那群体本身的深刻意图；因为，使之采取所提出的这种或那种行动过程，并不是领袖的特
254 权，相反，领袖受到尊重的程度，完全取决于他们能够预见并表

达群体自身未经阐述的思想的程度。

然而，特别是随着群体生命在时间中的延伸，第三者的内化就不再是群体自主性的充分保障，因为它形成自身所要反抗的那种危险可能会消失，或者至少暂时减少。巴士底狱陷落了，敌人小心谨慎地撤退了。现在，群体的各色成员，虽然可能从理智上知道危险远未消除，国王的部队可以随时集结更多的力量反扑，但敌人不复在该处陈兵，便不必保持那种紧迫感了，群体的成员很可能放任自流，回到系列性分散的私人生活中去。因此，在这一点上，群体在增强周转性的第三者的体系时，就以誓约的形式内化了危险自身。它的经典形式和范式自然是网球场的誓约，它的目的是凭借单纯的内部决心，维护前此只不过是对外来刺激的一种反应的内聚力。原初的誓约保证即将召开的国民议会成员“永不分离，而且无论哪里一旦需要就在哪里集结，直至《宪法》制定，置于牢不可破的基础之上”。这一誓约还有另外的兴趣，它超越群体熔合的“炽热”时刻，指向逐渐冷却和体制化。在这种措词中缺乏的，但却作为必然结果隐含于誓约性质之内的，是那种恐怖：因为它必然包含着它自己的强迫执行的原则，而且每一成员都含蓄地保证，倘或他以后破坏群体的统一，变成了它的叛徒，他宁愿被处死。因此，在某种意义上，他事先首肯了恐怖。

誓约的这一组成成分，乍看起来似乎证实了梅洛-庞蒂对极端布尔什维克主义的指控（不是以《批判》为基础［他只听过讲 255
座］，而是以《共产党人与和平》为基础对萨特指控）；因为在它那里，正如在 20 世纪 30 年代清洗审判那里一样，革命赤子无保留地要求让革命吞噬，并事先证明自己的消亡是合理的。然而，萨特的理论作为现象学的描述，其目的只是说明熔合中的群体赋予它自身的生死紧迫性的真实意义的经验事实。此外，他明确地强调恐怖本身的最终失败："关于群体的这两种可能的否定——个人实践和系列性——前者我们已经知道构成了实现共同事业的时刻，是本体论的否定和实际的实现；后者是确定性的，而且正是为了反对它，群体才在最初形成。不过，正是这两种否定中的前者对恐怖的机关才是可疑的"（第 578 页）。因此，恐怖在其结构上没有达到它的宗旨。它生就是试图防止系列性和分散体系的复归，却参与消灭个人的自由。恐怖代替了原初熔合群体的再创造，代替了对群体欣悦和群体内聚力的早期时刻的复归，结果只能使米什莱①所生动描述的大会愈益凄凉：那空无一人的座位，缺乏著名人物声音的感觉，罗伯斯庇尔及其追随者的画像——虽然也充满心理上的暗示——现在孤零零地摆在那里。

但是恐怖只是誓约本身的一部分，在萨特思想中起着某种类似社会契约的作用。[32]即使是与卢梭的那些差别，也以某种方式深深地近似于卢梭的精神。卢梭当然是根据更大的社区、国家或者城邦进行思考的，而萨特式的群体概念则指向更小的、游击队
256 类型的单元，而且我们很快会发现，它甚至倾向于排除历史行动者的社会阶级观念，更不用说国家、社会或民族之类的抽象单元了。然而，隐含于卢梭概念里的是像城邦那样将可行社会缩小到相对可以管理的比例；而萨特进而缩小到小小的群体，缩小到相对来说是存在主义的、实际的比例，真正是以同样精神进行的一种运作，但它处于中产阶级社会发展的一个较后的时刻，即不复存在氏族或社会单元，只有形形色色杂乱的群体和群体遗迹、系列性集体，以及同时形成的各种群体的时刻。

正是在这一点上，萨特试图将历史时间的整个维度（用存在

① 朱尔·米什莱（1798—1874），法国著名史学家，著有《法国史》和《法国革命史》等。——译者注

主义的术语说，是世代在时间中的递嬗）纳入他的方案，从而开始他认为相对新型的思辨。这样，诞生本身便成了含蓄地宣立一系列的誓约，一系列群体的归属。新生婴儿的洗礼（而不是赞同洗礼的成人），可以用作这种过程的象征：它使新生儿立即加入较大的群体，保存社会体制的连续性，避免“自然状态”的中止：“洗礼是为普通个人［萨特以此指通过誓约成为已经构成的群体成员］创造自由的一种方式，同时他又接受了自己在群体里的职能，以及自己与其他成员的相互关系”（第 491 页注）。这种对隐在的社会连续性的辩护，对隐在的、连绵不断的体制的辩护，可能使我们觉得它同萨特存在主义本身的精神明显抵触；实际上，我相信社会契约的观念曾被用来服务于激进的和保守的目的，萨特对此所说的话也流露出了某种踌躇（“我原来认为，这种论证反映了某种怯懦的顺从或惧怕……”）。然而，我们很快 257
就会看出，这是他论证里的一个基本环节，因为誓约的连续性，含蓄的也好，明显的也好，都是一种手段：通过这种手段，罪愆的某种遗传一代又一代地构成，个人现在的责任由于过去的全部阶级责任加剧。

由于誓约的观念，对于初始熔合群体结构的描述便得以圆满。群体和系列性之间的差异至此也应该明朗了：在系列性中，无论何人都不是中心，中心对于任何人始终都在别处；而在群体这里，大家都是中心，中心无处不在，出现在群体中任何成员出现的任何地方。正是在这一意义上，群体的形成，对于它的成员来说，是他们失去的存在的恢复，是他们在世界上的系列性和个人分散的恢复。在神话层面上，群体的形成的誓约的确立，用萨特的话说是“人性的肇始”（第 453 页）。现在，人们第一次以某种方式自我引发，变成了他们自己存在的基础，通过相互团结，既克服了个人生存的抽象孤立，又克服了系列性的人在客体和异体性中的异化。

在群体的神秘性显得最强的此刻，也许值得停下来，评估一下萨特在这里处理群体行动的那种精神实质，此外，再评估一下革命观念本身，因为这观念蕴含在他的描述当中，蕴含于他经常以法国革命当作群体行为的范例之中。在这一点上，他个人自然是当代法国思想生活中一股更大潮流的代表。这股潮流可以描述成革命怀旧的潮流，受到满载价值的革命神话本身的制约。我不
258 是在提倡非神秘化而否定神话意义上使用“神话”一词的，而是在肯定意义上使用它的，就是说，它对美国文学批评具有一种经验梳理作用；因为在我看来，对这一革命观念的最佳理解，不是采用直接的政治和理论用语，而是完全采用时间和叙事用语，采用最终是文学的范畴。

换句话说，革命如果不是用内容而是用形式予以理解，情况会是怎样？这种革命观念的力量，如果完全来自它所促成的那种新的对于经验的时间性的再组织，一如任何实际后果按照因果关系那样由它产生，那么情形又会怎样？

这无论在什么地方都不像在史纂学领域里那样明朗。依我看，经院式历史和马克思主义历史的根本不同，在于每种历史所确立的节奏类型，即在永恒和革命、社会风俗和社会变革、线索的陆续中断和突然中断之间的节奏。对于经院式历史学家来说，正如对于一般的保守派一样，社会生活的真理由于某种原因，是一种深层的潜在的永恒，是一种缓慢的、有机的持续，它的第一个形象和节奏来源于地主的土地本身。历史的共时性景观只有付出那种代价才能成为可能，因为，比方说，历史学家提笔描述18世纪40年代的英国时，还能用其他什么方式证明他写的正确？然而，在一个屈指可数的十年历史时期内，生活经验是当时谁都感受不到的某种东西：它是历史学家的视力幻觉，是事后投射的

海市蜃楼。因此，萨特的人物和萨特个人在20世纪30年代末期便惊讶地认识到，他们一直是“一”代人，经历了将以“两次世界大战”之间的时代载入史册的一个时代：他们个人却只是想到自己在活着。

面对连续性的一种绝对中断，保守历史学家企图重新把它纳 259
入那种连续性自身。因而泰纳向我们昭示，那场革命①从其本质结构（中心化、理性主义）上说，并不是什么新东西，而仅仅完成了18世纪的工作，那个古老政权自身的工作。因而那场革命只是变成了18世纪的现象之一。

另一方面，对于马克思主义史纂学，永恒和连续性才是幻觉，而变革和斗争则是现实。理解过去的这两种方式，的确反映了一种格式塔交替，每件事物都在其中依你如何看待历史而变化：是把它视为偶尔为骚乱所打乱的连续统一体，还是视为对掩盖着的矛盾的不断解决，一种永恒而又隐蔽的暴力，时时浮出表层，提醒人们基本现实的性质。（这种连续性概念本身，从存在主义和马克思主义各自的观点来批判，自然都是唯心主义的概念。）

因此，对于经院史纂学来说，对革命性事件的诽谤在于它为历史叙事所提供的那种激进的新型事件。在普遍的连续生活中，在风俗和传统生活中，什么都不会真的变化或发生，基本上没有什么事情可在叙事意义上讲述：有的只是一方面的“体制”和另一方面的个人生活的偶然遭际，这些遭际因此甚至丧失了它们所具有的生存的不透明性，仅只变成了前者（中世纪农民的生活，19世纪自治市自由民妻子的日常操劳等等）的实例。

革命时刻的独特性是，在它里面，历史第一次采取了可叙述

① 即法国革命。——译者注

的事件的形式，揭示自身是一种有头、有身、有尾的连续性，标
260 志着向一种新的、有着质的不同的时间性组织转移。在前一章我们已经见到，对于卢卡契，小说何以是一种拯救的手段，何以是一种组织无目的的、流动的关于存在的个人时间并赋予它以仪式性意义的手段——尽管它采取的是想象的风格和想象的方式。这种革命性时刻现在实际上是这样做的，它通过个人和集体之间逐渐形成的新关系，通过作为结果而发生的个人时间的转变去进行。换言之，在通常的和平条件下，真实生活和单纯存在之间，抑或真正的存在和单纯僵死的时间延伸或持续之间，仍然存在着差异，而这种区分却被革命性的连续统一体本身所遏制，在其中，一切事物——种种表现和思想，日常事物，决定，私人生活和公共生活——因而被纳入与革命过程的关系里，通过与处于中心的革命事实本身并置，围绕着这一过程对它重新组织，并自动地重新评估。

马尔罗（在《期待》里）称作启示的这一总体过程，第一次成了包含总体集体性的过程，而无论它是否希望如此。战争时期仿佛成了总体动员的类似状态，但这当然是由外部启动的；而另一方面，革命时刻就它是暴力而言，则基本上是一场内战，包含着它自己的原因，并以它自己的存在维护自身。

另一方面，这样一种描述似乎以社会—经济变革自身的实际性质为代价，不适当地强调了变革过程；因为人们觉得，在革命时刻本身变成一种目的的情况下，作为启示或者群众的欣悦，作为存在的理想化而不是转变生产体系或法律关系的工具，就不会
261 有区分一个群体和另一个群体经验价值的方式，于是共产主义和无政府主义之间旧有的争议好像就再一次抬头。因为这不仅在法国，在学生运动和旧的社会左派之间的理论差异上，再次成为事实；而且，人们还可以用时间性用语重述这种批评，正如皮埃特

娄·希奥迪所做的那样。当时，他反对萨特的群体概念所固有的即刻性，反对萨特群体概念中的基本的无时间性，或者它经历时间和变化，即绵延（durée）的方式，反对在群体的形成过程中仅把它作为从最初强有力的时刻的逐渐退化。

所有这些我们还可以用另一种方式来说，这就是指出 1789 年法国革命之所以如此令人瞩目，它作为一种范式之所以如此有用，之所以看似明显地证实萨特在其著作中援引它合乎道理，完全是因为它的资产阶级性质；因为这场特定革命采取了中产阶级获取政治权力的形式，并以议会形式将自己进行到底。因而就产生了小说意义上的"人物"在这场革命中的重要性，个体性的重要性；因为正是由于他们的雄辩语言和他们个性的象征价值（丹东的欲望，罗伯斯庇尔的傲慢），他们才能在那种"历史的诡计"中发挥作用，而法国借这一诡计由等级森严的封建专制国家，转变为中央集权制的中产阶级国家。于是，这场大革命像小说形式，像奏鸣曲或唯心主义哲学的庞大体系一样，受到中产阶级个体性范畴（这姑且可以称之为人道主义）的暗中制约，并因此能够让它本身以故事的形式得到讲述——试看米什莱吧，他的伟大的历史著作毫不亚于与他同时代的小说家（巴尔扎克、狄更斯、福楼拜）的作品。

的确，还有其他一些文学范畴颇富启迪意义地应用于这种革命观念，例如视角范畴。这样一种范畴，因其隐含着即使对过去 262
我们也必须身临其境的言外之意，已经内在于历史过程中那种主语和谓语之间的逻辑区分。马克思充分利用了这种区分，他最初是从费尔巴哈推论出来的（即：无产阶级是历史过程的实际主语或代表者）。这里存在着一种基本的含义。按照这种含义，这意味着即使在对过去的研究里，就它被当作一个故事讲述而言，我们因形式自身就必然选择立场。因此，阿拉贡的惹里柯在黑暗之中听着革命策划者之间的复杂争论时，发现自己不得不采取某种观点才能领悟："在这里，为了弄明白情节［而且模棱两可的 histoire 这个字眼，既可解作故事，又可解作历史自身］，西奥多不得不以这样或者那样的方式下定决心，他的同情之心必须给予这一群行动者以反对另外一群行动者。而奇怪的事情是，这个国王的火枪手，这个昨日世界——一个在今天处于轻率地飞奔中的世界——的堂吉诃德听着这些抵牾的辩论，看上去似要选择拿破仑一方，仿佛他忧心忡忡的是，这些无名之辈、这些可怜虫、这个牧师、这些中产阶级公民、这些作日工的，可能不明白皇帝就要充当的新的角色。他害怕这场戏可能不会有他盼望的那种结局，一如顶层楼座上观众中的那些人们一样，他们忘乎所以，冲着舞台上的主人公大喊叛徒就在他背后……"[33]在这方面，惹里柯作为目击者只是再现了历史小说读者自身的动作，这类读者作为旁观者进行观察，并且由于视角的机制，被迫与他目击的动作进行共谋。

历史和境况抑或视角的这种关系，的确就是列维-斯特劳斯
263 在评述萨特《批判》时，对历史思维的有效性进行彻底攻击的焦点，他所强调的正是历史分析对选择立场的依赖性。然而，由于这些立场或交替的视角，都是根据法国革命第一次详细表述的那种由极右至极左的现代观点的范围设想出来的，所以我们的视角和认同的种种可能性，就会随事件越来越远地遁入过去，而变得无法控制。譬如理解投石党就变成了一种疯狂的努力，努力决定谁的"起义权利"合法，谁代表特权，而谁又攻击特权。"因此，只需历史在时间上愈益远离我们，或者我们在思想上远离历史，也就是以使它不再被内化并丧失它的可理解性，而这种可理解性只是附丽于暂时内在性的一种幻觉。"[34]从经院式或者客观的"史纂学观点看，这种论点可能令人反感，但依我看来，我们完全可

以在这个框架之内承认历史思维的有效性，尽管如此，却没有承认它作为整体的无效性。因为这等于说，我们自己只在关乎中产阶级历史方面才身临其境，而这样的历史只有在资本主义本身出现之后，才取得了统一的或“总体化的”意义；更远的过去及其艺术杰作只有以比拟的方式，不惜对它们作某种变化或改变以适应我们自己的社会—经济境况，我们才能理解。毫无疑问，无论在什么情况下，过去的视角问题都是关键的问题之一，是萨特一定要在《批判》中解决的问题，如果历史不是分解为一系列不相联系的群体运动和不相连续的事件。不过，列维-斯特劳斯的谬误，并不是认为前资本主义遥远的过去对历史思想本身是不可企 264
及的，而是认为我们可以以任何真正的方式，“脱离”我们在后工业垄断资本主义社会的历史性现在，我们在任何意义上都是自由的，都可以不以那种与其同时代的历史方式去理解事件。这一论点通过与卢卡契在《历史与阶级意识》中的立场并列，可以置于正确的透视角度。卢卡契在书中表明，无产阶级和无产阶级政党，不论在实践上还是在理论上，按照基本“视角”的意义都是历史的代表者。

然而是米什莱第一个察觉出了这一问题的范围，并在他的史纂学实践中找出了结果。米什莱像巴尔扎克那样，在视角范畴由个人生活故事提升到集体故事的时候，预期到这一范畴所必需的转变：“对这场革命迄今所写的每一部历史，”他在结论中说，“本质上都是君主主义的。（此一部有利于路易十六，彼一部则有利于罗伯斯庇尔。）当前这部历史是第一部共和主义的历史，第一部打碎偶像和神祇的历史。它从首页到末页只有一个英雄：人民。”[35]米什莱因而标志着从个体主义（及其隐含的“人格崇拜”）到新型的集体叙事的过渡，后者无论在历史内容上有什么差异（是人民——1853，而不是无产阶级——1923），在形式上与卢卡契所提出的叙事也完全相同。其结果是，我们借以目击事件的个体人物的肖像，经历了在其文学品格上是彻底现代的相对化。我们仍然选择立场，但正如在萨特周转性的第三者体系里，我们不再必然同情单一的行动者。我们挑剔我们的英雄们，无情
265 地让他们跌落在地；从这一观点看，我们的阅读本身就是对我们本能地依附的那种个体人格的扬弃，实际上已经是用集体生存的新形式进行的训练。不过还是让米什莱描述他自己的实践好了，因为他非常清楚自己正在做什么："我们很少作出什么总体的模糊判断，很少描绘出这样一个肖像；一切，几乎是一切，都是不公正的，源自对特定时期特定人物的一种平均，善与恶在其中相互抵消，使彼此变得虚假……在一人身上集中了多少人！把这一可变的生物浇铸成一个确定的形象，又是多么不公平！我相信伦勃朗创作过三十幅自画像，一切都有相似，一切又都有不同。我仿效过这种方法，艺术和正义都同样敦促我仿效它。如果你不惮其烦，在这两卷书中注视每一伟大的行动者，你将看到每个行动者由整个画廊的素描构成，每个行动者都按照个人经历的道德和机体变易，在其特定的日期重新予以润饰。王后和米拉波①一再出现于我们面前有五六次之多，每一次露面时间都顺便在他们身上留下了标记。马拉②似乎没有变化，但处于变动的品格之中，这些品格都是真实的，虽然都不相同。人们在 1789 年很难见到的胆怯不安的罗伯斯庇尔，于 1790 年 11 月在我们面前被勾勒出的侧面像，是一次晚间会议站在雅各宾派的论坛上；而我们对（1791 年 5 月）在法国民议会上的他，则画出了一帧正面肖像，威严傲慢，刚愎自用，已然满脸威胁意味。我们就这样小心拘泥

① 米拉波（1749—1791），法国大革命时的政治家和演说家。——译者注

② 马拉（1743—1793），法国大革命的领袖之一。——译者注

地确定了人和问题的日期，以及每人的各个时刻。我们一再使自己清楚地认识到深深打动我们并主宰着本书的一个念头：历史就是时间。”[36]

对于革命时刻及其可能的史纂学研究，视角当然不是唯一具有意义的文学范畴。时间性结构本身就在对框架，对头和尾，以 266
叙事在其间流动的各点进行选择的关键意义中展现出来，而这不可避免的是一种人为的选择。法国革命的历史，习惯上认为以三级会议（或对它的选举）开始，以罗伯斯庇尔的死亡告终——在这点上，米什莱个人遵循了习惯模式。然而，这样选择起始点的效果是意味深长的：因为罗伯斯庇尔垮台同革命结束的巧合，意味着恐怖与这场革命本身相一致。这是铭刻于形式的言外之意，即使如米什莱之类敌视罗伯斯庇尔和雅各宾派的著述者，也由于其自己确定的时间表，而发现自己不得不对垮台时的罗伯斯庇尔抱着深厚同情心。这种不仅是文学问题的现象，可以通过与选择全然不同时间框架的历史（如上述的丹尼尔·盖兰的史著）的对比加以判定。《第一共和国的阶级冲突》——标题中略去“革命”一语本身就已然是一种写作纲要——由写吉伦特派内阁开始，并且不以罗伯斯庇尔而以巴贝夫①的被杀结束。从本质上说，盖兰按照马克思《路易·波拿巴的雾月十八日》的思路，改写了大革命的经典图式，在某种程度上坚持获胜的中产阶级发生作用。在对大革命这一新的解读中，罗伯斯庇尔的职责和目的，在于根除那些残余的危及中产阶级控制的因素，无论反革命的，或是真正受人民欢迎的因素；一旦事成，他个人就可有可无，可以让位于革命果实的享受者即五人执政内阁。因此，他的死亡不是基本过程的结束，而只是过程中的一个时刻，而且直到巴贝夫密谋的失

① 巴贝夫（1760—1797），法国革命家，空想共产主义者。——译者注

267 算把最后的进步势力从［革命］舞台上消灭之后，大革命才真正告一段落。这一分析的优点在于它提醒我们，“革命”一语本身就是极为暧昧的用语：一方面，一切革命者在他们提供的那种新的时间性组织中，在集体精力的突发中，在他们“向左派”的不懈发展中，都是类似的。但是，这种一般的类似往往使我们忘记，中产阶级革命绝不是现代意义上的名副其实的革命；因此人们不能选择支持议会革命者的立场而不产生矛盾，不搅乱我们对过去的全部解读。说1793年的雅各宾派是英勇的，而1848年的雅各宾派是渺小的，不应使我们无视这样的事实：两者均为中产阶级，基本目的都在于中产阶级夺取政权。

我认为，这是对萨特将法国革命用作范式（而且在这方面，尚不止他一人）提出的最大驳难。只要思考一下现代社会主义革命就足以认识到，在那里，过程的全部时间性结构都十分不同。实际的“革命”自身仅只是一个瞬间——布尔什维克夺取政权，菲德尔进入哈瓦那——因为本质的问题不再是从政治控制，而是从总体的经济转变提出的：这样一个过程是个开始和结局都更难以确定的故事，因为它不是按照革命战场上的人格，而是按照生产数字和集体事业来表达自身的。无疑，法国革命的主人公也谈起过“继续革命”或“结束革命”的需要，但他们借此所表达的意思，只是对政府的特定政治形态和精心制定宪法的明确选择。而社会主义国家的继续革命与社会和技术改革相联系，这种改革
268 不具有可以预见的结局，因此与之对应的是托洛茨基和杰弗逊所谓的“永久革命”之类的观念。不过，有待见出分晓的是，能够设计出什么叙事或史纂学形式，来表达革命时代这一新方式的现实；在那种意义上，萨特的基本群体模式，虽然我并不认为会严重影响他论述的结果，但可能会错误地引导读者对群体形成的时刻作出过高估计，使他们对启示感到奥妙神秘。

一俟群体形成，其后的发展问题，在对其存在作出某种基本描述之前，是无法估计出来的。正是在这里，《存在与虚无》的萨特和《批判》的萨特之间的连续性才最惹人注目，我坚持这一点，既因为它至关紧要，又因为《批判》的大部分研究似乎都对它不够重视。正如个人的存在实际上是一种存在的匮乏，是一种无能为力的存在，无力达到某种终极的、确定的、稳定的本体论的充实，同样，群体也不以作为实体或超机体为其特征，而以一群个人徒劳地试想变为实体，竭力奔向他们永远不可企及的某种终极的超机体的地位为其特征。群体不是有机的社群或集体，而是一种共同的设计，而那共同设计的形式意义正是变为这样一个有机的社群。但是，即使就我们—客体而言，我与同伴共有的集体“存在”，也是我的物质性、我的客观品质的存在，而不是我的主观性的存在：一种世界的灵魂，一种心灵和主体性的相互熔合，显然是一个不可能的矛盾观念。这样，群体经验，一如《存在与虚无》里个人意识的经验，是本体论的失败[37]，因为它徒劳地牺牲自身，以便变为某种并不存在也不可能存在的东西。但 269
是，直到我们第一次看见这一“失败”观念所采取的具体形式之前，我们不可能对它加以评价。

在群体本身一方，誓约和恐怖已经是隐含的企图，试图从内部保护它自身的存在，避免最终分崩离析返归于系列性。但是，随着这一危险的加剧，群体经历了甚至更具决定性的转变和变化。它主要通过发展一种组织来延长它作为一个群体的生命，因此十分明显，个别责任的分野，不同层次任务的分配，劳动的分工，最终是与周转的第三者的总的民主和平等前后矛盾的。在以前无论什么人都可充任角色的地方，现在在角色的分化过程中，第三者彼此的直接相互性，渐渐被一种受到群体性结构调停的相互性所代替。

“结构”这个用语意味深长，因为萨特正是由此而在他的体系中提出了整个结构的问题，特别是列维-斯特劳斯以原始部落的亲缘结构为例所阐述的语言型的、超个人的结构问题。对于列维-斯特劳斯的追随者们当作研究对象的这些结构，萨特在这里进行了一种现象学分析，揭示出它们是一种视力幻觉：它们确实是局外人的视力幻觉，他们不是把群体视为处于进程中的实践或行动，而是视为一种类型的存在或构成的客体。它们是按照共时性方式的实际历时性过程的实在。

另一方面，这些能在我们面前用图表绘制出来的复杂体系，这些可还原成数理语言的亲缘法则，显然不是想象的，而是与所论社会现象的存在的某特定方式相吻合的。恰恰是由于群体使自
270 身变成惰性的，给予自身一种内在的、抵制性的物质结构，群体的这一方面才因而可能进行统计学的和数理学的分析。结构不是所有群体的无时间性的特征，而是某群体历史发展中，某单一时刻所特有的一种现象。在这种意义上，结构是实践—惰性的逆转：在人不得不使自身失去活力以便作用于周围客体的地方，在人作为自由失落自我以便符合客体要求的地方，群体便在那里从内部给予自身以客观的存在，以便能够作用于自身。因此，结构能够在其存在的持续中，也就是在它对变化境况的重新适应中，使群体变成不仅是自我引发性的，而且是自我修复性的；但与此同时，它无疑也标志着那一发展和调节的终极的含蓄的界限。

此刻，由于结构或组织使然，群体本身变成了亚群体的一个集群，用心理学的术语来说，维护群体统一性的问题可以表述为：很难使专门化亚群体的每一成员觉察到他在整体中的地位，很难使他认识到自己的方式，即他自己或许有限的技术责任相反地对群体努力成了不可或缺的，并如在熔合群体中一样，仍然是无所不在的中心。现在，群体的成员资格慢慢地变得与其说从内

部不如从外部被觉察出来；我通过周围的系列性获悉我的群体归属，这种系列性确认我是一个群体成员，因此也是整个群体的一个象征。在这一点上，第三者彼此之间的关系，就变成了更疏远、更间接的关系：对于第三者十分清楚的是，群体不再是透明的，不再是纯粹实践，不再能直接纳入它们自己的行动。群体已获取了它自己的不透明性，它自己的惰性，它的成员感到自身既是它的一部分，又外在于它。这一萨特称之为准自主性的新距 271
离，无疑只是第三者转变为它最初的构成成分——行动者对目击者。但是，选择这一用语是为强调尚未全部回归于系列性的事实：君主依然以某种方式是群体的一个成员（第 589 页），虽然他与群体本身的关系，与他对外围系列性所确立的纯操纵和压迫的关系，在性质上十分不同。然而，群体自然历史的部分情况是随着第三者循环交替的放慢，随着体制和组织的开始产生，终于有一个单一的第三者发现在现在失去活力的群体结构中，他个人处于支配地位：在他身上，在他作为人类机体的统一性中，这个群体仍然试图发现它自己有机统一的一种形象（第 595 页）。

在这方面，含蓄的参照系自然由法国革命转移到斯大林对苏维埃机构的控制；而且由于生活的这一发展，群体富有活力的进化尽管有实际的目的，却业已停息下来。这还不是回归于系列性的一种分解，这种分解实际上可能是群体史中的下一个阶段，如果它还能说具有一种历史：因为重要的是应该记住，随着誓约和恐怖的实施，随着结构和组织的产生，接受一个君主是群体对自身做的事情，其目的是保持生存状态避开在它周围起作用的系列性的那些愈益咄咄逼人的力量。

或许，混淆这一问题的，是我们把整个社会作为终极研究单元的思想倾向；而重要的是不应忘记，对于萨特来说，群体并不能而且永不能与作为一个整体的社会相一致，也不能与这样的氏族相一致（第 608—610 页）。因而社会或者民族的概念是一种人为的概念，它倾向于掩饰作为各群体和各系列复杂相互关系的社
272 会生活现实，其中群体通过外部制约利用并操纵种种依赖于群体的系列（第 614 页和 621 页）。尽管如此，萨特的理论不是对微观社会学的回归，也不是对各类群体性唯名论的形式回归：因为这种弃绝民族范畴的辩证结果，正是在世界范围的基础上，展开有关群体形成的种种问题。而在市场体系和与之相对的解放运动已经不是民族现象并已变成国际现象的境况下，这是恰当的。

正如有机体的生命，在群体的生命中也有一种时间上的不可逆转性：一旦它的结构僵化，给予自己一个君主，这个群体就不能沿着时间的河流游回自己崇高的形成时刻。不过，犹如对我们很快要考察的萨特思想中其他显见的悲观方面一样，在对这一理论即将作出判断之前，从这种境况中汲取正确的实际结果是十分重要的。十分清楚，这种境况要告诉我们的是，有关从上面进行的改革，以及自上而下复活群体实践并恢复真实革命感情的种种尝试。萨特仿佛告诫我们，官僚政治无法把自身转变回一种流动单位：僵化的群体不能更新，只能由群体形成的新的推动力所代替。

当我们考虑到譬如中国文化革命的时候，这些分析的中肯便显而易见。在那个社会动荡时期，无论什么似乎曾经让人迷惑的东西，现在都呈现出教科书式论证的清晰性：一种深思熟虑的尝试，但不是去复活党的机构，而是召唤群体形成和革命内聚力的新浪潮，以替代旧有的僵化的群体；这是一种将永久革命的观念付诸实践的尝试。

273 萨特理论略微接近本土的另一确证，见于法国 1968 年的“五月风暴”。在这场风暴中，正式的共产党组织，无论从党内还是从党外，都被一种新类型的革命群体形成所忽视。然而必须强

调，现存的群体体制并非完全失去了职能；因为，正如我们已经看到的，这些体制是物质惰性力，是原先真正的群体行动在结构上，在准数理上的残余，因此它们的职能有点仿佛是提醒人们的信物。例如，看上去十分明显的是，在法国的党的机构，由于它的存在——通过其基层组织，通过宣言，通过各种革命教育和训练，通过传播马克思主义文化和纪念劳工运动过去的历史——保持了革命观念之富有活力。新的革命性时刻不得不在结构上以新群体的形式表现自身的事实，并不意味着没有这一体制化的提醒信物，没有这一记忆方法本身在史册上占据一席地位，它就可以成功地那样表现自身。

用更一般的方式说，对《批判》之“悲观主义”的反驳，显然只是以不同语言概述了大约 20 年以前那些针对《存在与虚无》的反驳；因为从本质上说，两者的目的都在于损害有关个人意识或群体存在的匮乏的中心学说。因此，萨特新著的言外之意似乎是既然群体不可避免的前景是官僚制度或者斯大林式独裁，是最终失去对僵化形式的自发性的反应，那么在某种意义上革命势必归于失败。萨特的政治体系因而似乎是一种失败主义的政治体系。

这种批评没能注意到的是，恰恰是萨特群体理论的反有机倾向，才使得它不适用于右翼群体的神秘性，而无论这群体是民众的、民族的、军队的，或者任何其他的群体。群众催眠和神秘化 274
的效果，若没有个人沉溺于其内的某种有机交流的坚定幻觉，就似乎是不可能的。

至于群体不可避免地失去活力（僵化）的观念，我认为在这里所反对的不是预示本身，而实际上是时间本身。因为，断言意识或人类生活是存在的匮乏，是力求达到静态的平衡和充实的一种空虚，达到存在自身的一种空虚，实际上只是给出了一个时间的定义。因此，萨特对集体行动的失败（échec）的描述，像个人的人类关系的失败一样，应当从本体论而不是经验主义方面加以理解。当萨特在《存在与虚无》里说爱情的设计是一种本体论的失败时，既不是说“当真”没有作为一种实际经验的诸如爱情之类事物，也不是说爱情不能持久，而只是说爱情本身永远不会成功地实现它为自身提出的本体论功能，亦即产生某种终极的充实性，或者换言之，取得时间自身的目的。因此，在群体层面上，本体论失败说强调群体和境况两者之由时间的推移，强调不断变化以及世代的递嬗。一如在《存在与虚无》里，它具有本质上是伦理功能的那种东西：它旨在消除存在伦理的那些幻觉，并使我们同自己的生活在时间中调和起来。在集体层面上，当我们在政治或经济方面考虑到未来时，仍然能到处发现那些幻觉的痕迹：马克思把乌托邦视为真正历史自身的开端，轻蔑地把我们自己的“历史”描述为“史前史”，而我们绝大多数人则会本能地把这视为历史终止的地方。这些就是唯心主义和存在幻觉思维模式的残余，是《批判》里那种存在主义成分以其严厉性试图加以消除的东西。

Ⅳ

275 因此，在讨论《批判》的结论之前，停下来评论一下萨特前此的伦理学立场，似乎不无用处。其目的在于看看《批判》在何种程度上完善了以前的那种发展，在何种意义上能够说，后一著作与《存在与虚无》末页上所允诺的、从未出现的伦理学相吻合。

实际上，对于关注独立个人的《存在与虚无》的伦理学立场，从来就没有问题。问题不是作为个人生活方式或生活形态的真实性的性质，而是它对于集体的内蕴，以及它所暗示或未能暗示的同他人的那些关系。

正像我们已经指出的，《存在与虚无》的伦理学锋芒所指，在于消除一切形式的实体论幻觉，即可能存在的幻觉，因此，这种伦理学就其是非神秘化的工具而言，所采用的形式之多与初始的神秘化自身一样。这样，我们在著作快结尾的地方，就发现了对这种伦理学的一种相对常规的描述，在这里，不可避免的未来失败提出了一个标准，而各种原初的选择，各种生活方式，则可以凭借着这个标准予以判断，并排列成评价的等级体系。最卑劣低下的原初选择是：它们混淆存在和物质，以物质充任存在的替代物，渴望在对物质客体的占有和享用中找到终极的稳定性。因此合乎逻辑的是，在这些激情之上应该是那些涉及其客体日益精神化的选择，它们较少从形体和物质方面设想存在：比方说，这就是作家的境况，他们试图在艺术作品里，将自身客体化，并实现自己的存在；而艺术作品，作为语言，作为对他人的感染力， 276
就不再具备任何物质的东西。然而这里依然有着存在的幻觉，因为向前驱动这种设计的，是那种隐晦的、本能的、没有清晰表达出来的情感，它在某种意义上仍然可能“实现自我”，就是说，以一种意识客体的形式将自身客体化，以至于一个人可以既是客体又是主体，也就是说，是自在自为者，抑或上帝。因此对于另外一种生命激情似乎还留有余地，即这样一种激情：其目的不在于自我客体化抑或静态平衡的某种终极形式，而是把它自己的自由当作目的，因而，它可能采用的各种可能形式的任何一种形式，都能用席勒所说的一般用语“游戏”来予以描述（这一用语显然是因其对严肃精神［esprit de sérieux］反感才选用的，因为萨特称这种意识形式卷进了存在的幻觉）。由于作为绝对的这种游戏状态，于是我们得以瞥见某种自由的非物化的真实性的可能性，不复与存在的神话和幻觉捆束在一起。[38]

然而这种游戏伦理学既是肯定的（积极的）又是抽象的，而具体的东西则是那种妨碍其实现的东西。因此，真正的、具体的真实性，应该以它必须与之斗争的方式来界定，而不是作为一种类型的理想来界定。实际上，对于海德格尔和萨特来说，真实性被视为后于那种非真实性的一种形式，这种非真实性优先于它，并且构成人类生活存在的主要方式。真正的真实性因此不是一种状态（如果那样认为，势必完全陷于争论中的那种存在的幻觉），而是从非真实性那里没有把握地强行夺来的某种东西，从它那里
277 收复和重新夺取的某种东西，处于崩溃而复归于旧形式（对于海德格尔是匿名状态，对于萨特则是邪恶信仰）的永恒危险之中。由于这个原因，我认为，把非真实性观念视作一种批判的观念，我们会处理得十分得当，因为真实性不能以其自身进行界定，而只能对照着它被设计来矫正或者消除的非真实性的某种预先存在的境况和状态来加以界定。

我们由此进而通过其对立面来探索真实性的概念了。因此，就邪恶信仰旨在给我一种自我确证的感觉并协助我回避本是焦虑（angoisse）的我的全部自由和孤独的那种实现而言，真实性的经验将始终在焦虑中产生，将始终涉及我自己生存的不可确证性的含义——一种意识的纯化，这种纯化剥夺了它的所有防御和文饰，使它丧失了获得自尊的过去，丧失了寄托盲目信念的未来。

即便如此，这仍然是对真实性的一种相对的心理学的或形式的描述（即把它领悟为一种经验）。萨特将这一问题戏剧化的独特力量，来自他对形式的直觉感受，而存在的幻觉则以为这感受是中产阶级的感受：悔恨和自责，抑或也许甚至不止于悔恨，而是对于悔恨和自责的惧怕。这两方面都说得通，因为自责割断了我与我自己的过去，与我自己过去的行动的联系；而对自责的惧

怕，则制止我在未来采取任何我可能感到惋惜的、有约束力的步骤。这一惧怕情结在可用性（disponibilité）观念中有着一种肯定的（积极的）说法：在对于任何可能发生的事情都保持自身自由的尝试中，我像吝啬鬼那样把自己的现在积攒起来，害怕把它挥霍掉，以备未来不时之需。这种顽固地依附自我的形象，这种对丢弃称作人格的那种内在的中产阶级隐私和行动自由的恐怖的形象，对于萨特作品的每个读者都不陌生：克吕泰涅斯特拉，由于 278
她的厄勒克特拉而否认他们犯下的罪恶（见《苍蝇》）；马蒂厄不愿做任何可能剥夺他自己未来自由的事情（见《自由之路》第1部，《理性的时代》）。但《彼尔·英特》[①] 中的一场，也许对这一境况提供了甚至更令人瞩目的戏剧化。在巨人的王国里，彼尔即将通过和巨人国王的女儿结婚，获得永久的荣华，但他必须首先满足一个条件：同意给他破相，好让他与巨人们一样丑陋，将来绝不想回到人类的国度。想到这样永远打上标记而无可挽回，彼尔十分恐慌；而真正的萨特式主人公却正如俄瑞斯忒斯，渴求无可挽回的事情，渴求永远变成有标记者的那种行为。

《苍蝇》自然以这种情况结尾，而且无论在什么情况下都是一种寓言[②]。实际上我觉得这个时刻，正是人们可以求助于卢卡契所发展的现实主义观念，并坚持这种伦理学概念的真实必须通过同时代现实提供的素料，根据它在具体艺术作品中能够实现的程度来加以测量的时刻。因此恰恰是《自由之路》系列小说，必然最终成为解开真实性真正含义的锁钥。[39]

马蒂厄所以能从自我中解脱出来，是因为他已经疏离了自我；他意识到从外部审视自己的人格、自己的自由，而从这里到

① 《彼尔·英特》(1867)，为易卜生的剧作。——译者注

② 原文“parable”，一译“隐射语”。——译者注

他放弃除自己在时间中的现在之外的一切，到他每时每刻对自己与自己自由相一致的认识，只有一步之遥了。不过，不十分清楚的是，在这一过程中，历史境况所起的那种使之成为可能的作
279 用：因为即使在这一点上，似乎也是由于战争和动员，由于马蒂厄已经变成了系列性数目和数字，马蒂厄才这么轻易地摆脱了个人主义和与之俱来的过去。

有关的过程是一种纯化和解除陶醉，这情况可见于萨特作品的其他地方，可见于《苍蝇》、《魔鬼与上帝》和《词语》本身。它可以用心理学术语描述为自我的毁灭，抑或用宗教的术语描述为“无神论的残酷而又漫长的事业”[40]。它要求以对历史（布鲁纳和弗朗茨）、外部价值（马蒂厄）、后裔（萨特）、观众（凯恩）① 和上帝（葛茨）② 的或公开或伪装的超越，无情地消除一切信仰形式。后来，在未完成的第四卷③中，当马蒂厄参加了抵抗，并且受到折磨而死去的时候，他的真实性显然在于这种对现在和现在的直接境况的绝对忠诚，在于对未来和他自己在未来中迫近的死亡的全然无视，而这已经以参与或许诺的说法为人熟悉，因而早在成为一个政治范畴之前，就是一个伦理学范畴了。

然而历史的模棱两可又一次出现了，而且我们可以凭借回归艺术作品自身，回归其赖以构建的极端境况的美学，最清晰地强调这种模棱两可。因为，说没有战争马蒂厄就不能变成真实的，同说没有极端境况（即涉及死亡的境况）就不能把真实性观念戏剧化，完全是一码事。也许正是在这里，萨特才最接近海德格尔，但却不抱有后者“向死存在”（being-unto-death）的观念，后者死亡焦虑的神秘。换言之，真实性如果取决于危机，那么就

① 凯恩，萨特的剧作《凯恩》中的主人公。——译者注

② 葛茨是萨特剧作《魔鬼与上帝》中的人物。——译者注

③ 指《自由之路》，该书仅写成三卷。——译者注

最终取决于历史本身和偶然的历史情况；鉴于此，伦理学业已取 280
消自身，并让位于《批判》里那种公开的政治观点。

不过，论及萨特后期思想的历史取向这一问题，尚有另一方面，即在这部系列小说①中，真实性似乎仍然拥有隐私性质。如把这一困境置于其最显明的形式中，我们就可以问，还有什么东西把这里呈现出来的马蒂厄的获救，连同其对时间和死亡的承诺，同英勇的法西斯主义伦理学，连同它自己对死亡和运动即强烈经验的崇拜，以及其对中产阶级个体性的相似的厌恶，区分开来呢？在这一点上，成问题的显然不是萨特自己在政治上的同情，而是他的这种伦理学公式的充分性：在这种公式中，是否有什么内在的东西，必然隐含着一种与别人相处的特定方式，以及对于受压迫的群众而不是进行压迫的群体的同情？

似乎萨特在这一时期唯一设想出来的解决[41]，是那种典型的康德式解决，即除非我同时实现他人的自由，便不能实现我自己的自由；除非我同时把别人的自由当作目的，便不能把我自己的自由当作目的。这个观点是令人失望的，但不是因为它是错误的，而是因为它是非历史的，它基于来自外部和上面的某种判断，而不是基于具体境况自身内部的条件。

萨特伦理学的这种新冲力，是在继续对他的想象观念的详细
阐发[42]，并且与称作他在政治上发生改变的事件（即《共产党人 281
与和平》的写作）同时发生的。这代表了上面描述的康德观点的根本颠倒和内化：现在，它不是对他人的态度应与对自我的态度相同这一抽象的建议，而是被揭示为对自我的态度，从心理学意义上说，制约着我们对他人的态度。因此葛茨（见《魔鬼与上帝》）的邪恶的信仰，他通过绝对之恶（他将比其他任何人都更

① 指《自由之路》。——译者注

是一个罪犯、一个恶魔）或绝对之善（他将比任何人都更神圣、更圣洁、更谦卑）来确证自己生存的疯狂企图，都表明同从心理学和社会—经济层面上为特权的辩护相一致。因此，他最后的皈依人性，他终极的“向自我死亡”，都包含着对自我特殊辩护的扬弃。他赢得的新的心理学匿名和非人格化，使他不仅能第一次去爱，也使他能第一次接受他自己的地位，（姑引《词语》中描述萨特自己发展的结束语）作为“一个完人，是由其他一切人构成的，并拥有他们之中任何一个人的价值，但又不比他们之中任何一个人都更出色”。在自我确证和特殊特权之间，在邪恶信仰和一般特权之间，这种内在的、心理学认同的新概念，是萨特借以将自己早期伦理学体系转变为一种政治学或历史理论的思想工具。因此不可能存在着一种法西斯的真实性，因为法西斯观点总是涉及某种特权形式的防御，而且标志着灵魂的某个阴湿的角落仍然依附于它自己的地位和固有优越性的无法确证的情感。

论证的最后一个步骤，相对来说是一个经验的步骤：什么东西会确保心理倾向和实际政治选择的连续性？人们可能放弃特
282 权，并仍然对那些保卫特权群体的确切构成没有把握，因而势必敌视这些群体。用美学术语说，我们可以再一次想起《魔鬼与上帝》是简化的历史庆典，而清晰地表述冲突中的农民、贵族和自由民的方式，远没有现代世界政治中的统计学的复杂性（理由之一是它提供了一种前资本主义的境况）。正是在这一点上，《批判》在实现对这个问题的解决上取代了它的位置。

V

……我终生对资产阶级怀抱着仇恨。

——《生气勃勃的梅洛-庞蒂》

《批判》的最后一节，以漫长的篇幅集中对工人（和殖民地臣民）及资产阶级于19世纪和20世纪初期形成时的生活方式和精神，进行了历史的和现象学的分析。[43]因此，正是在这里，我们从该书前500页所探讨的孤立个人和群体行动的抽象结构中摆脱出来，回到了“具体事物的层面，回到了历史本身的位置”（第632页）。这一摆脱既是我们解读出来的事实，又是论证的一个有意义的结论。因为它消除了根据其抽象性对前面几章可能提出的任何存在着早期结构的反驳，证实了在密集的生存现实之内存在着早期结构，而且我们承认这种现实就是历史本身。实际上，该书的这一结论，也许许多读者由于过分疲倦而不能得出，至少不能像他们对前几章那样，愿意集中其思想警觉来加以考 283
虑；但对于理解萨特的观点来说这结论却又不可或缺，它就像一部小说的结尾，人们应该（在一个理想世界里）一口气读完。因为正是在这一点上，由于数量在其中转变为质量的一台庞大的辩证机器的砰然转动，对于修正主义和斯大林主义早期自相矛盾的印象，才得以消除净尽，并且由《批判》中第一次真正的政治写作所代替，而《批判》则以其激情、毫不妥协以及对所经历事实的依附，同我们已经从《共产党人与和平》和《当代》那些政论文章中熟悉了的那个萨特相称。

因为我们迄今一直思考的理想群体，与开头所说的孤立个人同样地抽象（“有些革命牧歌，唱的就是作为鲁滨逊们①的集体对应物的群体”［第643页］）。不过，当我们达到这种社会阶级的具体现实时，却发现它是系列性和群体两类结构的复合体。一方面，阶级在它永远不能全然转变的群体的程度上，在它作为系列性结构而发源的意义上，是系列性的：“它由实践—惰性所限制、

① 指“喜欢独自工作和生活的人”，源出著名小说《鲁滨逊漂流记》。——译者注

所决定，工人与机器的第一种否定的（即非占有的）关系，自由契约和劳动的神秘化以工资体系和资本主义过程为起始，变成了一种敌视工人自身的力量——所有这些都是在劳动市场上系列性分散和对立相互性的语境中实现的”（第 644 页）。换句话说，阶级归属被界定为与一种特殊的、确定的经济生产方式的特殊关系；而在这种意义上，萨特描述为系列性的东西，就是马克思称之为制约的东西（我们将很快考察一下这两种方式之间的可能差异）。不过，从不同的观点来看，“整个阶级产生于它内部的有组
284 织的群体存在，而作为一种限制的、它的集体系列性，则是其实际社团的无机存在”（第 644 页）：因此，群体至少以象征的方式，才能够实现整个阶级行动的联合。

因此，在任何特定时刻，一个阶级的地位都已在实践—惰性的结构（工厂体系、机械、工资、分配方式、工业发展速度）中被确定。但是如我们已经见到的，这一惰性的无力系列性，首先是因外部危险的存在和共同敌人的威胁的刺激进入群体形成的；当然，这敌人在这种场合中只能是中产阶级本身，即财产拥有者。那种危险是真实的，因为中产阶级惧怕工人群众，并对感到是工人阶级威胁的东西作出预防性的反应。不仅在经济上作出反应，如为确保利润而降低工资，在生产过剩时期关闭工厂，推行有用的失业形式等，而且还公开地在政治上作出反应。这种政治防御战的第一个例证仍然是古典的防御战：在中产阶级革命成功已经确保无虞，工人阶级为保证就业而进行的鼓动已经变成商业发展的一种阻力以后，于 1848 年 6 月对工人进行的那场蓄意镇压和屠杀。

这一初始罪恶，这一我们可能称之为奠定基础的暴力，对于中产阶级性质的形成产生了严重后果；而且正是在这一点上，真正历史的维度，世代的递嬗，从此一刻到彼一刻的辩证变化和发

展，才开始展现出来。因为，和工人一样，工厂主也进入一个外部条件业已确定的世界，进入一个预先设定的环境（尽管对于该环境的反应是自由创造的），而前几代的行动和生活方式，恰好是其后继者所面对的基本环境的组成部分。这样，中产阶级世代 285
相传的遗产的一个基本部分，便是他们过去施行暴力的事实，就是说，由他们的父辈和祖辈施行暴力的事实，这也就是我们在前面一节里所说的血腥罪恶。这不是一个神学概念，而是辩证概念：1848 年那一代工厂主大批屠杀工人，工人记在心里，并把这种记忆传给子孙，新一代工厂主现在必然面临着一个抑郁忿懑而又多疑的工人阶级，后者预先已经对前者抱定看法。因此，这种行动一旦作出，就会进入世界自身的结构，一方面作为约束性的法规，另一方面作为深刻的怀疑而留下它的痕迹，并且反过来作为一种客观境况面对第二代和第三代，而他们又没有不对此作出反应的自由。

无论这些后来的世代变得多么温文尔雅，但因他们新的圆滑老练，一方面归因于过去的暴力行动及其结果，另一方面又归因于镇压机构的日趋复杂，所以我们可以说，他们已经以效忠于本阶级的含蓄誓约形式内化了早期的暴力，并因此自己肩负起了他们先辈行动的责任。这种责任不应理解成新中产阶级的边缘事实，而应理解成一个总体事物，理解成基本的选择、主要的担心，他们个人生活方式的所有其他事物都环绕着这些而组织起来。

正是在这一方面，我们发现了萨特的某种最典型的分析，例如下面分析中产阶级"杰出"（一个杰出的人，极为讲究的就餐举止等）的这段文字："杰出的人是（其上级）遴选的结果：他是通过阶级选拔而被吸收的优秀的个人（或在本阶级中永远得到 286
承认的人）。但他并非是天生的（即便他实际上是资产阶级和资产阶级的儿子)。因为天性和血缘[只]把特权授予贵族。而资本主义'民主'世界里，是天性代表着普遍性，结果使工人乍看上去同资产阶级是同样的人。杰出是一种反天性：资产阶级之所以杰出，是由于他压制了自身的需求。其实，一方面通过满足这些需求，另一方面通过隐蔽这些需求(他确实压制了它们偶尔标榜的一种禁欲主义)：他以不存在需求的名义对肉体实行专政；或者换言之，以文明对天性专政。他的衣着是强制的(紧身马甲、硬领和假衬胸、高礼帽等)；他注重自己的节制(姑娘们被邀赴宴时提前进食，以便当众节食)，他的配偶对自己的情欲冷淡不加隐讳。这种永远加于肉体的暴力(这是真实的，或者是一种矫情，需视情况的不同而定，重要的是这是公共的)，试图碾碎并否定肉体，因为它[肉体]是普遍性的；换言之，是通过控制肉体发展的生物学法则，尤其通过形成它的特征的需要，碾碎并否定肉体，因为它是被压迫者之压迫者本人内部的存在"(第717页)。

就《批判》以人是需求的一种定义来开始而言，这段文字形成了某种主题高潮。它同时也是从《存在与虚无》到福楼拜研究发展的存在主义精神分析方法所采取的终极确定形式。这方法旨在揭示，生活中的一切事物无论看似多么特殊和互不相关(如手势、口味、看法、技能等)，何以都是存在的单一基本选择的象征性显现，何以都是单一总体性的组成部分。现在萨特向我们指
287 明，这种选择是对基本境况的反应，而这基本境况就是阶级斗争本身。因此资产阶级本性中的一切，即便是他的似乎是在自己"私人生活"中表现出来的原初选择，也只不过是他参与使自己同工人阶级发生纠葛的历史斗争的伪装演出。在这种意义上，就不再有任何非政治的事物，不再有从历史中获得的解脱——这不仅在共时性上是如此，而且在历时性上也是如此。同样，也不再

有从作为阶级斗争的过去中获得的解脱，而且恰恰是在那种斗争自身的背景之下，对于解脱，对于神秘化，对于私人和个人的、非政治的和非历史的幻觉的需求，才可能理解为一种设计：实际上，它是《禁闭》中令人痛心地遗漏了的那些忘却的瞬间和时刻的等价物。

我认为，现在清楚的是，《批判》是用什么方式来解决它给自己提出的那两个基本历史问题：个人为他显然无法控制的集体事件所负有的责任，以及历史的物质和偶然事故要获得某种意义（没有这种意义，历史自身也变得凑巧和偶然）的方式。

第一个问题与古典式自由和必然的对立相关；而且，由于观念最好是就其对立面来加以确定和解释，所以值得回想一下，在《存在与虚无》里，自由的对立面既不是必然也不是强制，而是决定论。因此，对自由的肯定性界定既不是至高的权力，也不是没有障碍，而毋宁说是责任；萨特自由观念中的悖谬因素，当然正是我们对自己发生的一切事情（即便是通过必然或强制发生的事情）负责的方式，因为我们没有对所讨论的命运不作出反应的自由。在《批判》里所处的历时性或历史性维度，把这观念转变为更熟悉的总体政治责任或同谋关系的观念。我不作根本决定这 288
一事实，决不会使我摆脱对这些决定所负的责任。正是由于贯穿于各个世代的阶级斗争的连续性，每个人才能被视为正在对某个单一的境况、某个单一的“问题”作出反应。

我们已经讨论过，人们如何凭其需求和劳作这个单纯事实来人化他们周围惰性的物质世界，如何赋予它一种人类的意义，以及反终结的毁灭可能性。现在，我们开始看到，这一相对的技术史在转变成阶级对立关系时是什么样子，因此，用正统马克思主义提出的观点，来正视萨特体系的这一终极画面也许正是时候。我想把唯心主义和唯物主义之间的关系问题留给结尾一章；这里我们仅就经济在历史中的决定性作用，对比一下两种模式的观点。

因为，毫无疑问，它们向我们提供了历史的一些画面，这些画面如果不是前后不能一贯，那么至少是彼此相当不同。经典的马克思主义画面，把历史展示为经济体制本身的一种相对自主的发展和开展，一种无疑不是线性的和有机的发展，而是与内部矛盾的解决和新问题的创造密切相关的发展。这些新问题源自体系本身，它必须正视它们并与之适应：资本主义的形成源于中世纪零星的商业，源于被圈地运动驱赶到城市的无地农奴，他们的生命力和劳动力附加于商人和企业家实现的原始资本积累，而通过这些商人和企业家的个人激情，通过他们的贪婪和节俭，历史仿
289 佛借一种诡计而产生作用，把他们变成资本主义自我发展的工具。

而在《批判》里，虽说它决没有对上面作为一种事实叙述的线性描写表示怀疑，但其表现的所经历历史的画面，给我们的印象却更明显的是循环性的，即在群体形成时刻和群体败落时刻之间的一种交替，对系列性、熔合群体、体制化，以及最后返归于系列性自身的各固定阶段的一种几乎是维柯式的重复。

不过事实上，通过把马克思主义模式视为相对是更历时性的一种模式，我们可以理解这些模式所固有的侧重点的不同，因为马克思主义模式对每一时刻的评价，着眼于它在长时期发展中的资本主义的弧线上所处的位置；而萨特式的分析则更具共时性，因为它允许任何一个特定时刻复归于阶级斗争新经历的现实。

也许就是在这一语境中，才最恰当地提出了意识形态反映论这个令人伤脑筋的问题；因为反映观念本身就事先假定了这两种彼此反映现象之间的初步分离。当这两种现象在性质上是历时性的并且延续一段很长的时间时，反映便十分难以察觉地转变成简

单的平行现象。因此，资产阶级性质的发展（从它的早期新教发端到现代各种民族变体），与经济的发展形成了一种普遍的平行，而且这一平行现象为一切偶然的时间滞差或过早发展留下了余地，而不管两个体系之间在经验上存在过什么不对称和不规则的情况。“我们所研究的领域愈是远离经济领域，愈是接近于纯粹抽象的思想领域，我们在它的发展中看到的偶然性就愈多，它的 290
曲线就愈是曲折。如果您划出曲线的中轴线，您就会发觉，研究的时期愈长，研究的范围愈广，这个轴线就愈接近经济发展的轴线，就愈是跟后者平行而进。”[44]①

凡在萨特处理性质或意识形态同一个特定历史发展时刻的关系时，他的分析并非都与上述模式不相连贯。因此，他在描述工人阶级组织演进时表明，所使用的机器类型（在具体研究的实例中，指像机床那样的“通用机器”）以及与之相应的经济组织，何以都预先选择一个分为熟练劳动和非熟练劳动的无产阶级；他以此企图表明这一时期特有的无政府—工团主义实际上是熟练无产阶级的意识形态，因此也是潜在于机器自身的一种观念，即“机器的思想”，它在机器于19世纪末年发生变化的时候也随之变化（第292—297页）。

不过，矛盾的是，正是历时性的马克思主义模式，才在对任一特定时刻的分析中表明是共时性的，而且，也正是相对地说更为共时性的萨特模式，才把这些时刻连接于历时性步骤之中。因此，对于经典马克思主义来说，这样的意识形态形成是通过对生产方式的反映，由生产方式完成的一种制约的决定（换言之，上层建筑和基础结构，在某种方式上完全是同一现象的相应单元）；

① 按原注有误，此为恩格斯致瓦·博尔吉乌斯的信，见《马克思恩格斯全集》，中文1版，第39卷，200页。——译者注

而对于萨特来说，前者势必视为是对后者所构成的境况的一种反应。因此，经济基础是凭人类行动转变成的惰性物质，它在转变过程中，作为一种惰性结构或构架，在新的行动中留下自己的痕迹；换个说法，它可以看作是被历史动因（力量）的行动所超越
291 的（dépassé）过去（passé）。萨特模式因而更接近于黑格尔的原始论据模式，即同时否定和扬弃（aufgehoben）或者保留作为论据的事实：这种将反映模式重新连接于两个连续时刻，连接于境况和自由创造的反应，使异化观念本身获得一种更现实主义的内容，这种内容仿佛是环境强迫我们对我们自己做的某件事，我们并没有清楚地意识到它。这就是《批判》中后来成为一段经典文字的精神："在半自动化机械的早期，一些采访表明，进行这种专门化工作的姑娘在工作时，不知不觉地陷入了性的白日梦，回想起她们的卧室、床铺、夜间的情景、夫妻两人独处时那些最隐私的细节。但实际上正是机器通过她们梦到了性爱经历；因为在那种特殊工作中所要求的那类注意，既不允许精神完全涣散（完全思考别的事情）也不允许全神贯注（思考干扰身体的运作）；因此机器为了完成自身，在人类身上要求并创造一种颠倒的半自动性：一种无意识防范的爆发性混合物；心灵在没有被使用的情况下专一贯注，卷入一种侧面的（lateral）控制，而肉体则在某种监视之下'机械地'发挥作用。意识生活溢出了指派给它的任务：它必须一一经历这些心神涣散的时刻；它必须在心神贯注的较低层面上经历这些时刻，不去注意细节，也不作任何真正系统的思考，以免干扰侧面的控制机制，以免降低操作速度；因此对被动性的放纵是一种适宜的反应：在类似境况中男人远没有性白日梦的倾向；但他们是'第一性'，即主动的性（active sex）：如果他们想到占有，他们的工作就会遭殃，相反地，他们的工作吸
292 引了他们全部的活动，没有留下性行为的余地；不过女工却梦想

性的屈服（sexual surrender），因为机器要求她被动地经历自己的意识生活，以便保持警觉性的一种灵活的戒备状态，永远不让它变为主动思想……事实是，女工通过逃离自己境况的企图，找到了使自己是其所是的间接方式：她所保持的恬淡的欲望情感——而且这种情感又受到机器和她自己肉体的不断操作的限制——是防止思想改变的一种手段，是抑制意识并将它贯注于肉体，而又保持它随手可得的一种手段。她是否意识到了这一点呢？既意识到了又没有意识到：无疑，她企图填补由专门化机器所造成的空虚无聊；但与此同时又想把自己的心灵保持在那种操作、那种客观任务所允许的界限之内：她不由自主地与经理们同谋，他们事先订立了规范，规定了生产定额。因此，最深刻的内在性变成了实现作为总体外在性自身的一种手段”（第290—291页）。

萨特模式还提供了有别于经典马克思主义画面的一种与过去的关系的模式，后者将历史视为一个相对客观的事件系列。正如我们已经指出的，对于萨特来说，每一世代都重新内化过去，对它承担责任，并在这样做的时候，还在某种意义上重新创造过去。这样，萨特模式尽管是共时性的，却仍然能够在自身之内包含整个过去（由资产阶级和无产阶级两者内化的那个暴力的过去，现在仍然恶毒地发生作用），而马克思主义模式则是相对外在的递嬗的模式。

每一种模式都有其局限并产生一种它所特有的歪曲；而且，看上去很清楚，我们在这里描述的经典或正统的马克思主义（与其说由马克思本人，不如说由恩格斯和后来的著述者所发展的马 293
克思主义），因其强调经济的首要地位，也产生了它的缺点，这就是吸引人们注意各个阶级的分离和相对的自主发展，而不注意它们在阶级斗争形式中的不断的相互作用。这不仅仅是——甚至不是——决定论的问题：因为如果把这些理论的每一个都视为一种模式，那么经济因素是决定性的这一观念，似乎还不如每个阶级自主的以某种方式自我发展演化的画面重要，而与经济演化相平行的情况就说明了这点。坚持经济力量对纯人类力量的首要性是一种歪曲，这并不是因为它剥夺了人类个体行动者甚或个别阶级的自由和功效，而是因为它抽取并破坏人类行动在历史上所采取的基本的具体形式，即阶级之间的斗争，而关于人类行动在历史上的作用的大部分讨论所遗漏的也正是这一点：人们对其发生作用的那种东西，或曰其他人和其他阶级。萨特在讨论恩格斯的经济主义中，明显地对此进行了强调："如果这两个阶级本身的每一阶级都是经济发展的惰性的或实践—惰性的产品，如果它们两者同样都是由生产方式的转变制造的，剥削阶级像支持宪法法令一样被动地支持它自己的法规，富有者的无能为力反映不幸者的无能为力，那么斗争便会烟消云散：两种系列性都是惰性的，体系中的矛盾通过这两种系列性展示出来，就是说，通过每一个处于对自身来说是其他性（Otherness）的系列性展示出来。资本家和工资—工人之间的那种对立，同拍打墙壁的百叶窗和墙壁的对立一样，都称不上斗争"（第 669 页）。

而且确定的是，萨特在与恩格斯的对立中，其目的在于用实
294 践和阶级斗争的首要性来代替经济的"首要性"。他在好些地方告诉我们，他希望"用历史替代经济和社会学释义，或者用更普遍的说法，替代一切决定论"（第 687 页）；"社会学和经济主义两者势必分解而返归历史自身"（第 673—674 页）。人们可能会想起那些旧有的争论，在这些争论中早期的萨特，被指控试图在东方（用现在的说法是经济主义）和西方（现在是美国社会学和法国结构主义）之间发明第三条道路。不过实际上，同马克思本人将哲学分解为经济学时所进行的运作相比，这种运作更为适宜。因为我的印象是，马克思宣称的"哲学的终结"往往受到误

解，或者认为哲学在本质上是唯心主义的，必须用唯物主义取而
代之；或者认为哲学是一门专门化的学科和研究方法，应该用另
一门这样专门化的学科，以更一般意义上的经济学或社会科学形
式取而代之。但是依我看来，马克思为了分解哲学，有意攻击这
样专门化学科的这一范畴，并有意恢复知识的统一性。在放弃哲
学时，他的目的在于用具体事物，用历史本身替代各种形式的抽
象事物——在 19 世纪思想的这一阶段，经济学的发现和具体历
史的发现完全相同。在萨特时代，经济学自身变成了一种抽象和
一种专门化的方式，而在历史上对于具体事物的回归，必然涉及
经济学科，以及其他抽象学科的部分分解；而且相当富于嘲讽意
味的是，正是经济主义之父恩格斯自己，在晚年越来越担忧他的
某些追随者粗野地把经济因素孤立起来。（不过需要补充的是，萨 295
特事先假定经济因素和经济研究的存在，是应当分解的东西，换言
之，正如我们前面所表明的，他的方法是第二位的方法，而不是原
始的方法，是萨特自己所说的特殊意义上的一种“意识形态”。）

实际上，我们所描述的这两种倾向本身，在马克思主义中，在马克思本人的思想中，抑或更确切地说，在马克思所研究和分析过的历史现实中，只不过是一种深刻心理矛盾的标志和征象。“拜物教”的概念是企图把这一矛盾心理现实确定下来的一种尝试。按照这种概念，在我们自己眼前，物以可触摸的形式表现得像人，而人则表现得像物。这在《资本论》的著名一页上是这样描述的：“……商品形式的奥秘不过在于：商品形式在人们面前把人们本身劳动的社会性质反映成劳动产品本身的物的性质，反映成这些物的天然的社会属性，从而把生产者同总劳动的社会关系反映成存在于生产者之外的物与物之间的社会关系。由于这种转换，劳动产品成了商品，成了可感觉而又超感觉的物或社会的物。正如一物在视神经中留下的光的印象，不是表现为视神经本

身的主观兴奋，而是表现为眼睛外面的物的客观形式。但是在视觉活动中，光确实从一物射到另一物，即从外界对象射入眼睛。这是物理的物之间的物理关系。相反，商品形式和它借以得到表现的劳动产品的价值关系，是同劳动产品的物理性质以及由此产生的物的关系完全无关的。这只是人们自己的一定的社会关系，
296 但它在人们面前采取了物与物的关系的虚幻形式。因此，要找一个比喻，我们就得逃到宗教世界的幻境中去。在那里，人脑的产物表现为赋有生命的、彼此发生关系并同人发生关系的独立存在的东西。在商品世界里，人手的产物也是这样。我把这叫做拜物教。劳动产品一旦作为商品来生产，就带上拜物教性质，因此拜物教是同商品生产分不开的。”[45]①

对现代世界结构这种基本洞察的结果是现代世界结构分解为一种现象和一种基本现实。这种现象即商品和“客观”关系网现象，它们相互包含，并最终在它们自身内部包括整个法律体系和财产所有制本身，包括经济分配方式和生产方式；然而矛盾的是，这一客观性的幻觉形成了我们生活的生存组织，而我们的生活以信仰这种物化现象为特征（拜物教就是一种信仰），全神贯注于一般商品的获取和消费。另一方面，社会生活现实又在于劳动过程本身，在于人类劳作和行动的透明性，这种劳作和行动最终既为生产的商品负责，又为商品在其中形成基本生产范畴的社会方式负责。但在我们自己的社会里，社会生活的这一真相被隐蔽起来，通过批判分析才能间接地见到；而且看上去非常清楚，只有在一个更理性地组织起来的社会里，客体和生产关系才能重
297 新变得透明，物化的幻觉才能分解而复归于人类行动的现实：

① 此段引文的汉译据《资本论》，第1卷，88～89页，北京，人民出版社，1975。与S. 莫尔等的译文略有出入。——译者注

“在那里，人们同他们的劳动和劳动产品的社会关系，无论在生产上还是在分配上，都是简单明了的。”[46]①

这就是说，马克思主义由其研究对象的独特现实，具有两种供它交互使用的语言（或者用结构主义的话说就是代码），任何特定的现象都可以用它们加以描述。这样，历史既可以主观地写成阶级斗争的历史，又可以客观地写成经济生产方式的发展和它们自己内部矛盾的演化。这两个公式完全一样，根据此一个的任何陈述都可以转变成另一个而不致失去原意。阶级的观念之所以具有疑问，完全由于它是这两个不同概念体系之间的调停者的缘故；因为阶级是按照经济功能所表述的全体居民，但也是允许我们把机械资料和生产运作重新转化为人和人际关系条件的东西。

现在清楚的是，与传统马克思主义描述十分不同的《批判》，以什么方式同马克思在《资本论》中提出的社会模式又深刻一致：它只是那一模式的颠倒，马克思主义由于种种原因从整体上说选择了两种可能代码中的第二种代码，而萨特在这里却宁愿从人类行动和人类关系那第一位的基本现实方面来重述物化关系的整个综合。首先这说明了线性历史发展和由群体理论所蕴含的更为循环性的发展之间那种明显的差异。撰写一部物质历史比一部意识历史要容易一些，生产的商品类型和生产商品体系的变化， 298
以某种方式具有一种有形的线性内容，而这在劳动生产力的经历及其每个时刻人类对抗的残忍中，都是不存在的。两种代码的概念，也澄清了每一种描述所涉及的基本的或首要的现实问题；因为这一点现在变成了我想称之为修辞形式和效果的问题，它在很大程度上取决于要求一种特定描述所消除的幻觉类型。因此，当

① 此段引文的汉译参考了《资本论》，第1卷，96页，与上引英译略有出入。——译者注

我们对待一个观点而这观点仍然陷于个人意识和个性第一的幻觉，陷于精神生活对物质的自主性的幻觉时，那种经济描述便明显地作为一种更基本的“现实”，作为一种非神秘化的情况而发生作用。从这种意义上说，《批判》的描述也是一种非神秘化之非神秘化：因为在它出现的时刻，已经获得了基本的经济观点，意识在理解物化过程中也陷于它的范畴之内，似乎无法前进，无法把尚不能在现实中析解的东西在思想上析解，也无法识透作为人类力量所经历的最深刻的历史现实，而无论这种现实发生了怎样的异化和怎样地伪装起来。

因此，从某种意义上说，这两种交替的马克思主义语言实际上具有批判的功能，就是说，以使用此一或彼一语言的境况或语境事先确定的性质为转移，它们必须从每一种语言发展的历史时刻来加以评估。卡尔·考什曾经指明两种语言交替在马克思自己个人发展中的意义[47]：对主观因素，对作为阶级斗争的历史的强调，无疑在《共产党宣言》（1848）中最为明显，它反映了一个进行真正革命活动的时期，因此这时期的革命势力能够感到历史是它们自己实践的结果。不过，对《资本论》（1867）所进行的
299 工作，突出强调经济因素的重要和经济的内部演化，却与一个反动时期（第二帝国）相对应，在这个时期完全有必要说明：除非时机成熟，否则革命不会爆发，但革命也是内部经济矛盾解决的不可避免的结果。

萨特的《批判》在20世纪60年代初期写于阿尔及利亚战争期间，出版时正值古巴革命发生，美国民权运动激化，越南战争加剧，学生运动在世界范围发展，因此它与一个新的革命骚动时期相一致，并以马克思本人的精神，用那种实践和公开的阶级冲突的术语，提供一种对经济主义模式的改造。阶级冲突现在看上去和这一时期每日的实际经验最为一致：有点像是使声音产生的

回响。

萨特作出自己的重新阐述，居然不是由于马克思最初的激励，而是由于海德格尔；居然是由于他自己对于客体以及有关客体感受的双效价的诗性敏感。这种敏感给他提供了借以完成这一转变的思想工具——这一最终结果绝非出人意料，特别是当我们想到海德格尔的观念本身也和现代社会的商品结构相一致，并且是这一结构的直接反映时，情况尤其如此。

归根结底，令人瞩目的与其说是萨特和马克思之间的差异，不如说是他们之间的相似，我们已经表明，萨特在《批判》里的出发点，即人是需求的观念，无异于是对《存在与虚无》里的公式用具体术语进行的一种转变，在后一著作中，意识是存在的一种匮乏，一种虚无。但是，这一新的表达方式也是《1844 年经济 300
学哲学手稿》（对黑格尔绝对理念说的批判）所发展的概念的运用。在《手稿》中，马克思把自己的截然不同于 18 世纪机械唯物主义的观点描述为自然主义，由此旨在强调一种动态的有机的过程，通过这个过程，人得悉他所以是一个客体，恰恰是因为他需要其他客体来生活，因此他“拥有外在于他自身的存在”[48]。这种描述几乎完全和《存在与虚无》的描述相吻合。基于有机需求之上的这一新型的唯物主义，尚不具备在《关于费尔巴哈的提纲》里阐发的、在写于 1845—1846 年的《德意志意识形态》里所详述的那种历史维度；而《存在与虚无》也以相似的方式与历史无关，因为它既为尔后更专门化的著述提供了较大的理论语境，又为详述那种历史维度提供了促进因素——没有这一点，它就仍将是不完满的。（这一平行现象甚至延伸到早期和后期著作的关系，延伸到后期马克思是否仍然是人道主义者的“问题”，写《批判》时的萨特是否和《存在与虚无》的存在主义观点完全决裂的“问题”。）

然而，在《存在与虚无》里，还有重要的一节我们尚未提到，抑或只是轻描淡写地提到过。这就是讨论目光，讨论他人生存创伤的那一节——这种创伤即赋予我某种“外在”和某种客观性的那种偶然而又无法左右的经验，它同时也将我在世界上的一切行动都变成与他人的斗争，而我又没有不投入这种斗争的自由。因为我与他人的关系在结构上就是斗争，而且正是在与他人
301 的这种永恒的本体论斗争的背景下，一切特殊的、经验主义的斗争才得以出现和消失。因为纯粹是他人的生存，才对我的生存在其存在本身产生怀疑，而这就构成了斗争；正如我们已经见到的，这就是萨特在《批判》里称为相互性的含义，这使在采取任何对立或合作的具体步骤之前的一种共处充满了惊人的张力。

要想把握《批判》的最终维度，我们必须将这一人际斗争的描述转变到群体关系的层面。因为历史上的阶级斗争概括了早先人际辩证过程的基本时刻：每个阶级都通过自己的目光将其他阶级客观化，赋予后者某种外在、某种面貌，从而相继由客体过渡到主体。那个其他阶级也反过来作出反应，试图恢复在其敌手目光和判断中它所无法企及的、外在于它的存在；正如我通过他人的中介来熟悉自身，既要根据他们的判断又试图躲避他们的判断，同样每个阶级学会审视自身，乃是因为它被从外部予以审视。它终于对照着他人，凭借把他人的目光内化，并把最初羞于经验到的东西转变成自豪感或同一感（在阶级层面上称作阶级意识的东西），来界定自身。只是在个人经验和阶级经验之间存在着一种基本的不对称：在我个人与他人的日常关系中，仿佛根本没有主体对客体的内在优先性，我前后相继地既是主体又是客体（当我们把童年包罗进个人历史的时候，这种印象自然就会改变，因为显然，最初儿童对于被当作主体的父母是一个客体）。不过在历史上，每一新兴阶级对于支配阶级起初都是某种客体，它在

达到反过来变成主体的阶段之前，在惭愧中了解自身。于是，资产阶级起初通过它在贵族面前所受的耻辱来界定自身；而无产阶 302
级则是通过在资产阶级那里所蒙受的耻辱来界定自身。只有那时，无产阶级才开始反过来审视资产阶级，为后者提供一种更新的、生活于罪愆和惧怕中的自我形象。

历史地说，正是被压迫者的这一目光，在本体论上才是更基本的目光；而且在《存在与虚无》里，这也是萨特试图用不完善的手段传达的意思，当时他在我们—主体和我们—客体之间作了区分。诚然，我们—客体若不被我们—主体的目光审视是不可能产生的；但矛盾的是，后者本身并不具有任何真正意义。我们—主体因此是我们—客体出现的原因或借口；然而我们—主体却只有通过一种防御机制对我们—客体作出的反应中，才能找到它自己的同一性并着手界定自身。

然而，目光自然不应理解为涉及实际物理的存在：它是我们存在的更基本、更含蓄的结构，而且依我看，现在这部著作作出了一些具体的分析，而《存在与虚无》里的分析仍然具有抽象的自相矛盾的意味。因此，在讨论我邻居的生存施加于我自己自由的实际限制时，萨特描述了对我作出流动的、客观的，但又是含蓄的（并且是无法实现的）判断的主人，这些判断构成了我在社会上的生活。并不只是犹太人才是他人视为犹太人的一个人[49]：我也被迫服从给我以相当抽象印象的大量范畴，除非产生这些范畴的那种由他人所作判断的具体境况，对我以某种存在主义方式得到了实现。因此，我所以是美国人，不仅在实证主义意义上指我像在某种容器里一样身在美国，具有美国国籍等等，而且更加特殊的是因为，当外国人想到美国时便想到了我（认为我是没有 303
面孔的、众多的、不可想象的集体中的一个无名成员）。这个标签在本体论上的确证，源于判断的这种具体境况，源于我可能永远意识不到自己卷入其中的具体人际关系的这种具体境况。因此，我如果永不离开这个国家，我是美国人的观念给我的印象，就是一个十分抽象的、纯形式的观念；而且只有当我亲身认识到，他国人对一般美国人，特别是美国，所抱的仇恨、猜忌、不满，或者从另一方面说，所抱的垂顾或共谋关系的奉承时，我才开始带着一种愤慨的反应，理解我始终依稀参与的斗争和判断的具体境况。这种愤慨感无疑来自这样一个事实："我"对美国的作为不负个人责任，因而同样地谴责负罪者和无辜者是不公正的；但是，在由内部认识的我本身和由外部对我的客观存在所作的判断之间的这种距离，正是（萨特意义上的）这种"通过他人所产生的异化"，这种与他人的基本斗争的一切形式的特征所在，我们始终参与这种斗争，而且如果仅以我的单纯生存本身为根据，我在这种斗争中始终负有责任，始终觉得内疚。

在《批判》的语境中，依我看来，这些分析摆脱了它们原来具有的抽象性质（原先它们似乎隐含着国与国之间的超有机个人关系，如美国与德国的"友谊"，中国与美国的"敌对"），并通过在集体规模上作为他人之间的一种永恒斗争的历史幻象本身而重新确证。一个我不认识的远方外国人的目光，正好把我涵盖于它的判断之中，因为它形成了难以计数的阶级和群体斗争中的一
304 种斗争，我的生活就在这些斗争的语境中产生。现在，依我看，我们也许更能评估工人们的"远距离行动"了，萨特把它描述为对他思想发展的一种影响，我们在本章开头也曾提过工人们通过他们的生存这种单纯事实，甚至在发生无论什么具体的历史接触以前，他们所施加的这一几乎是吸引力的影响，除了是目光本身以外在本质上又是什么呢？萨特把自己描述为其中一员的那些小资产阶级知识分子，势必对工人们作为一个阶级的存在作出反应，因为他们本身就由那个其他阶级进行含蓄的审视和判断；因

为那个目光对于他们构成了一种客观的外部存在；对于这种外部存在，他们不得不以某种方式努力恢复，要么根据他们自己的优越性而拒绝接受，要么吸收它并力图让自身具有工人们的观点。但他们没有不对这一目光作出反应的自由，而且在我看来，正是这一政治化才成为任何这样一个时期的特征。在这时期内，一个庞大的受压迫集体，无论是法国工人还是美国黑人，都让人们感到它自身是对于压迫者的一种新意识，反过来又是一种目光，吸引或恐吓交替地迷惑压迫者，无论在什么情况下，都产生一种深刻的本体论的魅力：它使我对自己的存在发生疑问，我必须以这样或那样的方式对它屈服。

现在，《批判》自身的规划可以从一种新角度来加以审视：萨特试图从外部来审视他自身，审视他自己的阶级，恢复两者的外部客观性，而这种客观性只有通过他人加于他们的判断和目光才能得到，换言之，只有通过历史本身具体的阶级对立才能得到。因此，在《批判》的结尾几页，他透过层层意识形态的神秘化，透过拜物教的文化体制的基础，达到了社会存在自身那种终 305
极的和起决定作用的现实。他的《批判》这样煞尾，便使它跻身于诸如毛泽东的《矛盾论》一类著作之列，在这类著作中，文化和逻辑被揭示为社会冲突的反映；抑或跻身于那些颇富启迪的篇章之列，在这些篇章中，葛兰西表达出他对社会群体终极影响力的观念。然而，《批判》又在它自己的历史和文化语境的独特性内部产生作用；正是在西方中产阶级的范围以内，我们才因此被要求消除自己周围的孤独幻觉，既包括现在也包括历史上的这种幻觉：直到看似僵死的过去的东西自身向我们展示为一团记忆中的目光，在不可弥补的判断中凝视着我们；直到像在《阿尔托纳的隐居者》里一样，抽象的未来变得可见，变为对某种无法想象的、异己的后裔的热烈争论的判断；直到现在西方中产阶级社会的隐私和行动自由，目的的划分和闲散的时间，被我们经验为一种掩盖着的空虚，一种私有的财产——直到个人孤立的这种拜物教本身，在关于人类关系和暴烈的对抗斗争的一种蜂拥云集、令人窒息、无法忍受的感觉面前，每瞬间都在各个方面消解和屈服。乔伊斯笔下的斯蒂芬说过："历史是一场梦魇，我力图从中醒来。"但是，在首先测量梦魇的限度和强度之前，人们无法清醒过来。

【注释】

[1] 根据皮埃特娄·希奥迪的看法（《萨特及其马克思主义》，米兰，1965，第21—22页，注9），这些就是萨特后来写成《辩证理性批判》（巴黎，1960）等各种著述的最早思路。

[2] 让·保尔·萨特：《寻找方法》，黑泽尔·巴恩斯译，纽约，1963，第18页。

[3]《寻找方法》，第21页。

[4]《访问记》，载《美学评论》，第29卷，第3—4期（1966年冬季号），第329页。

[5] 萨特：《恶心》，巴黎，1962，第28页。

[6] 萨特：《戏剧集》，巴黎，1947，第171—172页。

[7]《恶心》，第138页。

[8] 特别参见《存在与虚无》中《我的过去》，巴黎，1948，第577—585页；同时参见丹托：《分析历史哲学》，引证该书的第8章。

[9] 詹姆逊：《萨特：一种风格的始源》，纽黑文，1961，第189—192页。

[10]《萨特：一种风格的始源》，第141—142页。

[11] 转引自H. P. 亚当斯：《早期著作中的卡尔·马克思》，纽约，1955，第14页。

[12] 恩格斯致康拉德·施米特函（1890年10月27日），见《政治和哲学基础文选》，福伊尔编，第400—407页。

[13]《萨特：一种风格的始源》，第 147—156 页。

[14] 引自卡尔·考什（或译：科尔施。——译者注）：《卡尔·马克思》，纽约，1963，第 176 页。

[15] 关于这样的系列或者“因素”之间关系的经典分析，以及一般的“调停”概念的解释，参见安东尼奥·拉布里奥拉：《历史唯物主义概念文集》，纽约，1966，第 6 章。拉布里奥拉的著作现在仍然是全面介绍马克思主义的优秀著作之一。

[16] 这里言外之意也指一种全新类型的逻辑。在这种逻辑里，普遍与特殊关系的静态模式将被这样一种模式所替代：其中的每一特殊都象征性地在其自身之内并以其自己的方式，实现所讨论的那个普遍的总体。有关这一理论在《批判》中的流露，见原文第 180—182 页论语言一段；至于典型的实例，则见第 644 页论群体与阶级关系一段。

[17] 详见我的《让·保尔·萨特文学批评的三种方法》，载《现代法国评论》，约翰·西蒙编，芝加哥，即出。

[18]《寻找方法》，第 45—47 页。

[19] 这段文字自然引自《阿尔托纳的隐居者》的结尾，不过在《批判》中也有不少类似篇章，例如第 208 页。

[20] 马丁·海德格尔：《存在与时间》，图宾根，1957，第 66—88 页；同时参见《艺术作品的本源》，收入海德格尔：《林中路》，法兰克福，1950。

[21]《萨特：一种风格的始源》，第 73—88、125 页及以下几页。

[22] 从《存在与虚无》起，在萨特的某些思维模式和格式塔心理学的那些模式之间，人们会发现一种愈益增多的类同；不过，我个人却倾向于把后者反过来视为一种伪装的辩证思维。

[23]“数量可视为人类的绝对抽象，抑或是包含于抽象之内的他的绝对物质性”（《批判》，第 336 页）。《缓期执行》自然是这一概念的戏剧化。

[24]《萨特及其马克思主义》，第 13 页。希奥迪观点的特征，可以描述成一种海德格尔式马克思主义。对于他来说，萨特的错误在于把我与他人关系的异体性抑或他性（alterité）同客体化自身混淆了。

[25] 见赫伯特·马尔库塞：《理性与革命》，波士顿，1960，第 163 页。

［26］考什：《卡尔·马克思》，第68页及以下几页。

［27］有关这种不依赖《批判》所得出的理论，见勒内·吉拉尔德：《浪漫主义谬误与浪漫主义真理》（巴黎，1961），英译本作《欲望、欺骗与小说》（巴尔的摩，1965）。

［28］《批判》，第238页。（为了方便，以下《批判》的页码均附于正文后面。）

［29］见《境况种种》（七卷本，巴黎，1947—　），第2卷，第255页及以下几页，以及《自由之路》一组小说，特别是《缓期执行》。

［30］恩格斯致约瑟夫·布洛赫函（1890年9月21—22日），见《政治和哲学基础文选》，福伊尔编，第399页。

［31］我曾在一篇题为《现代文学中的系列性》的论文中，从这种概念的角度检验过乔伊斯和罗伯-格里耶的某些方面，载《勃克奈尔评论》，第18卷第1期（1970年春季号），第63—80页。

［32］见乔治·拉帕萨德：《萨特与卢梭》，载《哲学研究》，第17卷，第4期（1962年冬季号），第511—517页。

［33］路易·阿拉贡：《神圣一星期》，哈肯·奇瓦莱译，纽约，1961，第298—299页。

［34］克劳德·列维-斯特劳斯：《野性的思维》，巴黎，1962，第338页。

［35］朱尔·米什莱：《法国革命史》，两卷本，巴黎，1952，第1卷，第991页。

［36］《法国革命史》，第1卷，第290—291页。

［37］《存在与虚无》不承认全球性的我们—客体的可能性。因为那样一来，就不会有局外的第三者凭借目光来完成客观化的过程了。

［38］矛盾的是，马尔库塞在对《存在与虚无》作为异化社会的历史表现所作的令人信服的分析中（《文化与社会》，两卷本，法兰克福，1965，第2卷，第49—84页，同时参见该书第347—348页），没有强调与他个人的伦理学极为接近的这一游戏伦理学的意义。

［39］对这部作品无论作什么分析，都因此必须吸收西蒙娜·德·波伏

娃：《事物的力量》（巴黎，1963）的观点（第 212—214 页）。在该书中，第一次讲述了未完成的第 4 卷小说所设计的结局。

[40]《词语》，巴黎，1964，第 210 页。

[41] 关于这种解决的暂时表述，参见西蒙娜·德·波伏娃：《为了一种模糊的道德》（巴黎，1947）；弗朗西斯·让松：《道德问题与萨特思想》（巴黎，1947）；萨特本人的（其后否定了的）《存在主义是一种人道主义》（巴黎，1946）。

[42] 见我的《三种方法》第 2 节，见上文引用的《现代法国评论》。

[43] 这几页文字完成了始于《共产党人与和平》中对法国“马尔萨斯主义”的分析。

[44] 恩格斯致海因兹·斯塔肯堡函（1894 年 1 月 25 日），见《政治和哲学基础文选》，福伊尔编，第 412 页。

[45] 卡尔·马克思：《资本论》，S. 莫尔和 E. 艾夫林合译，纽约，1906，第 83 页。

[46]《资本论》，第 91 页。

[47]《卡尔·马克思》，第 115—119 页。

[48] 卡尔·马克思：《早期著作集》，T. 博托莫编，纽约，1964，第 207—209 页。

[49] 萨特的《关于犹太问题的思考》中的著名公式。

第五章　走向辩证批评

306 这难道是对辩证批评的现象学描述吗？然而，其矛盾却又不像乍看起来所表现的那么大。辩证写作的独特困难实际上在于它的整体主义的、“总体化的”特征：仿佛不首先讲了所有的事物，就不能够讲任何一个事物；也仿佛随着每个新观念的出现，势必需要概述整个的体系。因此，正是公允评估黑格尔极为随便说出的意见的尝试，才最终把一大团纷乱杂陈的黑格尔式形式序列同这种意见一起展示出来。因此，也正是为评述马克思而提出的某个论点，抑或写出的其他著作或文章，才恪尽职责地最终成了对整个历史唯物论的评述。对于辩证的思维来说，不存在什么内容，而只存在总体内容；而且正是由于这个缘故，现象学（正如当代的其他伟大哲学体系，不是新内容的发现，而是形式上的革新）对于否则于我们来说就是有组织的困境的那种事物，才似乎提供了答案。因为现象学的确切意图不是说明一种思想是什么，而是说明感觉它像什么。它的宗旨不在于对（暂时放在括弧中的）内容作出陈述，而在于描述其一切时间性特征均和那内容相符的精神运作。对于读者来说，它的证明方式不在于逻辑论证，而在于是否对认识引起冲击。

在前面几章里，我们从几个不同的观点出发，论述了当代对辩证法所做的工作，言外之意是，这些“体系”或者部分体
307 系——阿多诺论述时间的辩证演化；本雅明、马尔库塞和布洛赫论述辩证思维本质上是诠释的或非神秘化的同时又是复原的性质；卢卡契论述艺术建构和社会生活自身基本现实之间的征兆性

关系；萨特论述这些现实作为阶级对抗的伪装和无法伪装的性质——最终都互相补充，它们表面上的不相一贯，都在某种更大的辩证综合里化解。本书的任务不是对这种综合进行哲学的、有序的、系统的说明；然而，我们倘若始终记住下面篇幅当中那种描写性的、现象学的、有意为之的主观取向，那么，在这些局部研究的一侧，似乎还有召唤辩证文学批评的余地，并在超乎这种批评之外，还有召唤一般辩证思维的余地，它们是一种时间形式，一个过程，一种对独特而确定的结构的实际经验。

这种思维当然是思维的平方：是正常思维过程的强化，从而使一种更新了的光线照亮这些过程强化的客体（对象），仿佛在它的直接困惑中，心灵试图凭借意志力，凭借命令，抓住自己的鞋襻儿，使自身高扬起来。面对着不进行深沉思考的心灵的这些运作程序（无论心灵是在与哲学的或艺术的、政治的或科学的问题和客体进行搏斗），辩证思维并不是试图完成和完善这些程序的应用，以便拓展它自己的注意力，将这些程序也包罗于自己的意识之中：换言之，与其说它的目的在于解决所说的这种特殊困境，不如说在于将这些问题在更高层面上转换成它们自己的解决方法，并使问题自身的事实和存在变成新研究的出发点。这的确是辩证过程中最敏感的时刻。在这一时刻里，思维的整个复合体借一种内部杠杆作用被高擎起一层，而心灵现在也由于经过一种 308
变速，发现自身愿意把原来是问题的东西当成答案，以将自身纳入问题的这样一种方式置身于它原先的努力之外，不仅把这一困境理解为客体的一种抵抗，而且也理解为以一种策略方式部署和配置来反对它的主体一极的结果——简而言之，就是理解为确定的主—客体关系的功能。

由正常的客体取向的心灵活动到这种辩证自我意识的转移，具有一种屏息闷气状态——有些像电梯下落抑或客机突然俯冲时我们感到恶心战栗的情景。正如这使我们想起我们作为思考者和观察者的精神状况一样，同样也使我们想起自己的肉体。这种震惊的确是基本的，并且构成了这样的辩证：没有这一转换时刻，没有这种最初对旧有的、更幼稚的立场的自觉超越，任何真正辩证地达到意识就都不可能。

但是，恰恰由于辩证思维紧紧依赖于它应该超越的那种习惯性的日常思维方式，它才可以采取几种不同的、明显矛盾的形式。因此，当常识主宰着我们正常的日常心智氛围并成为其特征时，辩证思维自身表现为反常的琐细、过分的精巧和过分的微妙，它提醒我们：简单，实际上只是一种简单化，所谓的不言自明也是从大量隐蔽的预设中获得它的力量。另一方面，我们按照知识分子的方式，着手通过一系列的抽象推演开去，每一抽象都渐次愈来愈远离真实本身，并在我们如此推演时弥漫着一种令人不安的疑惑，怀疑整个摇摇欲坠的结构不是新自然法则的界碑，
309 而是某种私人心智癖好规则的界碑；这时，辩证思维便呈现为一种残忍的分裂，像快刀斩断了的乱麻，突然为我们复原了最粗粝的真理，恢复了像常识本身那样令人不快的平凡的事实。辩证认识这两种表面对立的效果，实际上像我们以后将要看到的那样，大致与黑格尔主义和马克思主义各自的辩证法相一致。

下面是对辩证思维的几个最典型特征的描述，特别是对努力解决具体文学形式问题时的特征的描述。这种描述当然不可能完整，但却试图解决完整性的问题；而且从另一种意义上说，由于在愈益拓展的阐释网之内，每一个题目似乎都在不同语境中和在更高层面上概述前一题目，所以这种阐释网应该使我们愈来愈接近所有辩证思维中那个终极客体（对象），也就是具体事物自身。

Ⅰ. 黑格尔式文学批评：历时性建构

辩证法必须讲述的真相，无疑是辩证颠倒的真相，即将一种现象变为它对立面的那种悖谬转变，而数量变为质量只是这一转变的比较著名的实例。它可以描述为时间中的蛙跳事件，在其中给定的历史境况的弊端，实际上原来是它秘密的长处，看似内在优越性的东西，却突然证明是为自己未来的发展加上了坚不可破的限制。实际上，它是一个限制的颠倒问题，由否定到肯定以及由肯定到否定的转换问题；而且从根本上说是一个历时性过程。

为了方便地给予客观的和外部的说明，我们可以回想一下第二次世界大战末期的技术发展状况，当时美国和苏联两国都是德 310
国导弹发展研究的继承者。那时，不平衡情况自然是在原子能领域；而美国进行实验的目的，也正是为了缩小原子弹的体积，并增加其杀伤性能。几年之后苏联的第一批原子弹，相对来说仍然处于笨重不便的状况。因此，为了运载这些原始的庞大的装置，苏联技术不得不发展能将巨大有效的负荷送入轨道的导弹，这些导弹后来用于运载第一批人造地球卫星升空。然而美国的武器优势，因其发展导弹的目的是为了运载它们自己较小的原子弹头，结果变成了美国在导弹发展上的差距。在进一步的发展中，这种情况自然又再次颠倒过来：美国人正是由于他们的导弹没有这么大的威力，才发现自己为了发射升空而不得不发展更小更精密的晶体管化的仪器部件；而并不处于这种压力之下的苏联人的不太精致的机械，传送回来的信息相对来说数量却较小。如此等等。当然我们在这种情况中略去了一些因素，特别是空中力量因素，这又会使我们回到战略轰炸那段历史，进而回到一个陆上强国和一个海上强国的对峙，以及最终回到两个超级大国之间作为一个整体的地理、历史和经济的不相一致，就是说，这一特定系列辩证颠倒的整个情景，最终将包含着对具体历史自身因素的一种沉思。

这种模式，正如前面一章对音乐所作的说明一样，虽然就其本身的方式而言可能是抽象的，虽然是简单化的而且失去了日常
311 社会现实的复杂性，但却使我们能够就一般的辩证分析证明某些基本的论点。首先，这种分析显然事先假定了一组数目有限的因素最初与历史总体或历史连续统一体的分离。在这里，这些因素就是导弹发展和原子能研究。不过，在文学领域里，这些关键因素或者我们将要称之为作品主要范畴的最初选择，明显是任何辩证批评的策略性时刻。

这些范畴于是被视为容纳着彼此之间的关系，从而一方的改变也涉及另一方在比例上的相应变动；这自然是我们谈及现象的相互辩证关系时的最基本含义，抑或反言之，谈及对这些关系的辩证理解时的最基本含义。也许不太经常为人所认识的，是对辩证关系的这样一种意识，如何包括或隐含着一种作为表达它们必要条件的历时性框架。

上面列举的例证具有平行序列结构上的独特性，它显然以每个阶段的逐点对比唤起了彼此的注意；因而美国的不平衡突出了苏联平衡力的性质，反过来也是如此。在大多数的辩证分析中，辩证作用的深刻对比性质，可以说只是以区别知觉的形式而隐蔽含蓄地发挥作用的，正如我们将要看到的那样，它允许我们通过同时意识到某物之所非，来发现某物之所是。因此把一个现象辩证地表达为各力量或范畴的某种比率，同时包含着对这些范畴彼此之间作出在逻辑上可能的其他安排：而这些允许对研究对象的
312 全部特性进行测定的其他形式，又是依照某种序列来安排的。这种序列或者是一种真正的时间性或历史性连续统一体，或者如在

黑格尔著作中那样，是在一种连续中实现自身的一系列可能性，而这种连续由于仅只属于一种理想类型，因此在结构上同样是历时性的。

的确可以断言，无论历时性序列在性质上怎样具有时间性或者历史性，它势必仍然是一种抽象，因为它只不过是具体历史自身生存不透明性的一个理想的横断面，即现实的单一平面或层面的分离，后者既被理解为所有这种层面的理想的总和，又被理解为那个终极的、不可思议的总体，该总体永远不能仅仅凭借纯粹思维的运作这样累加地重构出来。因此便来到了辩证分析过程中的最后时刻，在这一时刻，这种模式竭力想返归于它最初所自出的那种具体因素，取消它作为自主性幻觉的自身，并且重新分解于历史之中，而在这样做的同时，还让人们短暂地窥见作为一个具体整体的现实。

这样，辩证模式就让一个特定的现象被感知为单一连接过程中的一个时刻，抑或其中一个单一连锁的断面。然而这样一个时刻，作为它所有时刻的总和，作为“诸序列的序列”，抑或从弗尔南·布罗代尔的意义上说，作为众多不同结构、不同持续时间的时间组合的大量共存，应该与历史瞬间自身区别开来。不过，当我们转向文学领域的时候，我们却发现，对辩证思维进行最执拗抵抗的永远不是历史的此时此地概念；对于心灵来说，在某书“成书于”一个确定日期的观念中，确实存在着一种二律背反，纵使那同一心灵能够卓有意义地安排准备作品的时间表，抑或安排作品从此作为一个有影响的或者被忽略的存在，作为其他存在物中的一个存在物而存在的时间表。

依我看来，文学辩证理论不得不面临的首要问题，毋宁说是 313
文学作品本身统一性的问题，即它作为一个完整的事物，作为一个自主整体的存在的问题，这个整体确实抗拒此时此地历史的总体性的同化（《尤利西斯》在什么意义上可以说是1922年所发生事件的一部分），其顽固抗拒，正如它拒绝于某种超个体形式史中的分解一样。因此，毫无疑问，我们作为批评家首先是对作品本身的整体性的忠诚，假如那种自主性本身就是一个辩证现象的实现的话。因为俄国形式主义者向我们表明，每一部艺术作品都是依靠一般的背景（当然，这种背景也在每时每刻以及不同世代之间发生变化）来理解的：它被读作采取某种特定形式的作品，或者依靠某种特定形式的作品，亦即在某种语境中阅读。在这种语境中，各种文类被认为是共存的，彼此之间保持着固定的距离，共存于相对是系统性的复合体，而这些复合体本身又能以它们的历史共存或连续构成为研究对象。[1]因此，十分明显，即使是艺术作品的自足性也有变化，这取决于作品是否有意识地引发同业已以这种形式存在的整体进行对比，例如同文艺复兴时期的十四行诗或者同日本的俳句进行对比，抑或是否像《尤利西斯》和《神曲》那样，目的在于通过世界上单一一本书对文化的概括来取代所有的文化，不过，书的观念本身在这里仍然是一个文化事实，仍然是作品赖以被理解的那种一般的背景的一个因素。

这里所蕴含的模式，当然有其形式和背景之辩证的格式塔心理学模式；但这并不是思考个别整体和其他文学作品总体之间关
314 系的唯一方式，更不用说它可以与之并列的历史和社会现实的其他层面了。托·斯·艾略特在一段著名的文字中说：“现存的艺术经典本身就构成了一个理想的秩序，它由于新的（真正新的）艺术作品被介绍进来而发生变化。这一现存秩序在新作品出现以前本是完整的；加入新花样以后要继续保持完整，整个现存秩序就必须改变一下，哪怕改变得很少；因此每件艺术作品对于整体

的关系、比例和价值就重新进行了调整。”[2]①这自然是一个深刻的辩证概念。在很大程度上说，这段话的修辞魅力的确源于这个观念没有言明的辩证性质，当作一种观察事物的更加动态的新方式而传达给读者的那种方式；而且要开列它旨在完成的确切功能——文学和意识形态功能——的清单，现在也许不复必要了。不过，对于我们来说，“秩序”一词不再具有拜物教的价值，全球总体的概念，就方法论而言，不像有限序列的较小观念那样有用，这些序列由于增加了一个新项而发生变化，而这个新项本身又是比照它作为其中一部分的连续统一体被感知的。这些有限序列至少早在希腊悲剧诗人时代就为文学理解提供了语境或者框架；在现代时期，我们只需想一想英国小说中的理查逊、菲尔丁和斯泰恩，法国小说中的巴尔扎克、福楼拜和左拉，现代诗歌发展中的波德莱尔、兰波和马拉美，就能认识到我们对这些作者中任何一个的理解，都是一种区别性感知功能所达到的程度，在这种感知中，作者在序列中的地位决定着对他的特征进行测定的方式。说福楼拜自成一家等于什么也没有说；但是说他不再是巴尔扎克，说他还不是左拉，就是用众多的确定方式，表达出福楼拜的小说所固有的、基本的结构。当然，后者也并不是众多的其他 315
事物：全部列举那些明确的否定，揭示福楼拜何以不是同一时代的英国或俄国小说家，何以他按自己的方式重写并从而否定《堂吉诃德》或《老实人》，就是借助把福楼拜视为迥然不同类型的历时性序列中的一个项，来丰富我们对于他的知识。然而，这种文学感知的比较或区别方式仍然是一个恒量：有关个别作家的专题研究，无论进行得多么机敏，也难免通过它的结构强加上一种

---

① 汉译从《“新批评”文集》（中国社会科学出版社），卞之琳先生译文，并稍有改动。——译者注

歪曲，一种由实际只是人为的分离所投射的视力幻觉。断言现代作家要求这种分离，要求批评家把他们的作品当作某种“世界”而彻底“转向”他们的作品，并不是这种批评程序的理由，而是一种本身就有权利进行研究的有趣现象。

这些序列，以及这些比较，大体都超出了一个作家对另一作家个人影响的传统问题。我认为，我们多半都同意把个别作家视为某一系列技巧的所在或者实现，视为对可以得到的素材自身所固有的某一系列有限可能性的发展和详尽发掘。然而“技巧”这个词却是一个修辞格。我们还会有机会来重新考虑它所隐含和事先假定的本质上是手工艺生产的模式。现在我们感兴趣的是，为了将作品置于同其他作品的序列关系中，用来把某种因素——姑且称作技巧或结构、组成要素，如果愿意，也可以称作范畴——从所讨论的作品中分离出来的那个姿态。换句话说，这就是对那样一种东西进行选择的时刻，我们将环绕着它建构一个历时性序
316 列，我们将书写有关它的历史，认为它具有可以讲述的内部发展或者辩证历史。于是，比方说，我们可以强调 19 世纪诗歌中机体感觉的重要性，从在这方面论述浪漫派敏感性的社会起源的某种这样的看法入手：“在文学艺术中，有过与恐怖统治后发生在道德中相似的危机，即名副其实的感觉危机。人们曾经生活在永恒惧怕的条件下。当惧怕过去之后，他们便沉溺于生活的享乐。他们的注意力全部贯注于外部表象，贯注于外在形式。天空的碧蓝，阳光的灿烂，女人的美艳，丝绒的奢华，彩虹般的丝织品，黄金的色泽，钻石的闪光——这些就是叫他们充满欢乐的东西。人们只是用眼睛生活着，放弃了思考。”[3]

然而“放弃思考”却是比乍然看来的可能情况更复杂、更矛盾的事情。因为稍作更细密的观察便可表明，机体感觉——无论是怎样昏昏欲睡地或者难以忍受地经验到的——永远无法孤立地

进入语言。黑格尔在《现象学》的开头揭示了关于此时此地最强烈的经验怎样表现为言语的抽象，怎样表现为一切真正内容中最无实义的内容，实际上也就为机体感觉无法孤立地进入语言作出了说明。因此，对生理维度的最强烈处理只有在这样的时刻才能够记录下来。在这一时刻，整个感觉系统不祥地朝着忘却沉没：一种昏睡的麻木折磨着/我的感官……①

因为逐一看来，浪漫派搜罗的各种感觉都会苍白枯萎，在他们是（一反 18 世纪诗歌修辞而感到的）最新鲜、最生动的东西，经过几个世代传到我们，却成了平淡乏味的缩影，变成了一种辩证的颠倒，其中纯粹的感觉转向它自己的反面，它自己的阙如。317
在这种情况下，正是波德莱尔匠心独具，想出了清晰表达各种相互对照的感觉经验的新方法：

> 有的香味新鲜如儿童的肌肤，柔和有如洞箫，翠绿有如草场——别的香味呢，腐败、浓郁而不可抵御。
>
> 像无极无限的东西四散飞扬，如龙涎香、麝香、安息香和乳香那样歌唱心灵和感官的热狂。②

因为有关通感的观点是，除非将各种感觉首先清楚地相互分离开来，并根据它们各自的素质和韵味分清每一种感觉，否则就不能把它们混合起来。实际上，在现在的语境中，通感与其说是将感觉混合起来，毋宁说是将它们区分开来的一种方式。《相应》中的这几行诗确定了两套同时存在而又有所不同的对立：在新鲜清晰的感觉中，是各种相互对照的感觉（如触觉、听觉、视觉

① 见济慈：《夜莺颂》。——译者注
② 中译从《法国文学史》，人民文学出版社。——译者注

等)，每一感觉都凭借对比，使另一感觉突出鲜明；然后是清晰感觉本身与混合起来的浓郁而污浊的感觉经验的更大的对立，后者主要是气味和引起幻觉的迷狂。从主题和伦理层面上说，波德莱尔的所有作品都可以看作是在越来越高的层面上，对矛盾这种最初的悖谬混合的复制，其目的在于将这些矛盾区别开来，如华丽时髦，施虐和受虐狂，亵渎神明等；在心理学层面上，则是作出种种努力，通过利用其辩证的对立面破坏平淡性，避免色彩柔和、和谐共鸣或感情充溢中的枯燥乏味。作品作为一个整体，产生于一系列不断扩大的认同作用。因而“只有心灵的邪恶和低劣才能知道纯粹真正是何物”的命题，是从最初的假定获取其力量
318 的，即纯粹感觉只有通过与它的对立面的混合才能在语言上予以描绘。

在波德莱尔之后，这一知觉张力在史文朋的作品里，本身被当成了一种感觉，结果造成了感觉的千篇一律。在兰波的作品里，知觉被系统地割裂开来，一方面是机体的倦怠和削弱了的希求，另一方面是一种脱离现实的、幻觉似的变幻不定。最后在超现实主义那里，梦的实现所引起的几乎是生理上的丰盈，转向了纯言语的以及可以称为纸面装潢的辩证的对立面。当然，历时性的序列或建构可以延伸到所欲求的所有维度。

这也可以加以解释：正是在这一方面，我们选作出发点的相对简单的观念，才可以得到纠正，更充分地置于具体历史的基础之上。在这里，我们可以遵循前一章约略提到的萨特的暗示，真正开始谈论中产阶级的态度，这态度在历史上是崭新的、独特的，指他们如何对待自己的肉体，如何对待肉体本身之内自然的内在表现。这种态度在意识形态上可以作为反对封建特权（血统和种族优越）的武器，因而必须（以萨特描述的复杂方式）使之重新成为抵御 19 世纪工厂世界“劳苦阶级，危险阶级”新威胁

的防御机制，但在任何情况下，它又都投射出“在世界存在”（being-in-the-world）的新感觉方式。在这里，我们还会在一般现代文学中的“本体还原”的更大语境里，替换所讨论的有限的诗的现象——一种文学现象，它反映中产阶级群体在它们取得政权以后（但特别是在 1848 年 6 月起义以后）愈益负罪的良心，反映作家自身脱离其作为社会体制的公众，用生理自身更深刻的、前社会的现实替代社会归属“标记”所引起的愈益加深的焦虑 319
（从而使“肉体还原”在文学形式层面上，作为一种逃避在社会中存在的罪疚和共谋关系的尝试，与巴尔特“空白书写”[white writing] 相并发生）。这种解释最终必然与巴什拉对感觉的“白日梦”作用的那些影响深远的研究相一致，一方面借说明这些素材和文学语言本身内在的辩证法的关系，另一方面通过对作为中产阶级世界心灵发展的“白日梦”的更真实的历史理解，在理论上矫正这些研究。然而，在这一点上，历时性序列由于它自己的力量而改变方向，宣布它自己的最终取消和它回归具体本身的时刻已经近在咫尺。

这一扩展的说明应该有益于突出我们称作范畴分离的东西（即研究对象的定义，而无论这种对象是意象、文体、视角、人物，还是作为现代文学实体本身的那些更加短暂的和没有命名的文学现象），和那种把替代结构的实现纳入承继次序之间的不可分割的联系。我们曾经把这种连接叫作历时性序列或建构，而且它总是蕴含于对范畴自身的直觉当中，构成批评家对后者的具体解决。于是，这两个时刻一起形成了真正辩证文学批评的开始的姿态，我们不妨称之为它的黑格尔方式的开始的姿态，以便后来与特定的马克思主义方式区别开来。

不过，我们不希望让人理解成我们在说，这种历史和辩证的连接前此从未有过实践，或者仅只不充分地实践过。相反，现代

320 时期的标志便是这种历时性模式的剧增，它们以各种“历史理论”的伪装呈现出自己。我们只需想一想汤因比和斯宾格勒的体系，埃冈·弗里德尔或者刘易斯·马姆福德的文化史，西格弗里德·吉迪翁或者马尔罗的蔚为大观的艺术综合，麦克卢汉或者米歇尔·福柯开创的思想史上晚近的新花样，甚或是诸如韦伯有关社会官僚主义化观点之类的、显然专门化的社会学命题，或者戴维·里斯曼著名的“内在方向/其他方向”，诸如艾沃·温特斯或者温德姆·刘易斯等人的道德和艺术崩溃的启示录式的远见——就可测定我们一般思想生活的特征，在什么程度上不断试图设计和完善“历史理论”最可能的合理化模式，然后予以兜售。布勒东嘲讽说：“每个人都想发表自己那琐屑的‘看法’。”他心里想的是小说，是最低限度的心理“洞察”有时似乎确证了对另一小说“世界”进行阐发的方式。不过我的印象是，“历史理论”的繁衍，是一种甚至更严重的文化沉疴的征兆，是试想瞒过现在的一种企图：首先，设想你的思路在历史背后达到了甚至连现在本身也可以看作是一个完成了的历史瞬间的地步（例如，某种新敏感性的产生，某种决定性终极文化变异的标志，最初只有具备起码知识者才能见到；又如末世灾变的最初迹象，只能是新时尚的最初动向，或者新萧条的最初标志）；然后，甚至在你所处的时刻作为永恒的亚属在史籍中得到最终定论之前，对这一时刻命名并贴上标签。这样的思维方式源于对时间的深刻恐惧和对变化的害怕；它是与马克思主义极为不同的一种心智运作，后者对把现
321 在作为历史非常敏感，它欢迎对生活的历史性所产生的愈益强烈的存在意识，并以此感到愉快。

的确，为了反驳这些历史理论（并反驳托·斯·艾略特本人的理论），很容易使人援引后者关于威廉·布莱克的著名论述：“我们对布莱克哲学的尊重……与我们对一件家制的精巧家具的

尊重完全一样；我们羡慕把家中零散的下脚料拼凑在一起的人。在英国出现了为数不少的这类足智多谋的鲁滨逊·克鲁索；但我们距离欧陆或者距离自己的过去其实并不太遥远，而且不妨这样说，还没有失去那些文化优势……［布莱克的］天才所需要的东西，以及它最缺乏的东西，是公认的传统观念的一个框架。这框架原本会防止他沉溺于个人的哲学，将注意力集中于诗人的问题。”[4]但对于读者已然十分清楚的是，从我们的观点看来，艾略特自己对历史的神学幻象与布莱克的同样是“家制的”；我也不想用上述的说法为马克思主义辩护，说它是从事我们作为诗人或批评家正当事业最合适而又涵盖一切的正统意识，虽然完全可以进行这样的辩护，而且实际上也蕴含于本书论述诠释学的各个节章。关键是马克思主义并非只是另一种历史理论，恰恰相反，它是这样一些历史理论的“终结”或者取消。事实上，从描写角度看，甚至诸如泰纳或者巴比特，抑或麦克卢汉或者温德姆·刘易斯等人的最保守的“历史理论”，也只是提供了交替的方式，来“强调”中产阶级世界本身的崛起，以及伴随着它的各种文化和心灵变形或者“认识论删节”。详细讲述印刷术的发明，或者自然崇拜、时间崇拜，抑或“古典主义精神”的兴起，只是使总体 322
过程的单一时刻偶像化。因此，当我们摆脱所讨论的“历史理论”转向具体历史本身的时候，就会在研究对象本身，在作为一个整体的变化形态上，找到普遍的一致。因为，如同我们在后面即将看到的那样，认为马克思主义只是一种类型的释义，即把经济“序列”当成那种最终受到特许的代码，而其他序列必须译解成这种代码，这种看法是错误的。其实，对于马克思主义，经济因素的出现，基础结构本身的显现，只是接近具体的迹象。中产阶级世界因而是一切历史沉思的共同对象，而无论焦点的宽窄，无论这样记录下来的终极具体细节（就是说，现实的经济下游区域）的笼统或精确。然而，认识到我们具有一个共同的对象，只是更残酷地让人们直接面对关于阶级判断和意识形态选择源泉本身的最痛苦的意识，让人们发觉自己无法摆脱地“参与”并似乎在本体论上卷入那种社会—经济境况，而这种社会—经济境况本身就是“意识形态”的一种深层功能首先要隐匿的东西。

这种“历史理论”的典型优点和弱点，也许可以在后者有意识地将自己局限于上层建筑的单一文化领域或层面时得到最清楚的证明。因此，正是艺术史，特别是沃尔夫林“没有名称的艺术史”，似乎长期以来为文学形式史之类的文化横断面提供了一种范式。[5]这样一些模式的魅力，自然在于它们能够同视觉艺术的
323 艺术技巧和素材之类相对客观的现象的历史和演化一起发生作用。媒体、透视理论、线条和色彩关系、图像研究，这些题目标志着对纯形式内容的茫然天真，而面对语言含义和时间形式等更暧昧不明现象的文学批评家，却徒劳地向往这一点。这些模式在方法论上的局限同样也是征兆性的，因为它们多半源于前此所引起的那些“强调”的问题。因为，如果不是在只能捕捉到连续性的东西中探查出真正的开始和结尾的努力，那么，有关巴罗克或者矫揉风格概念（更不用说关于现代本身更加无限伸缩的观念）的如此深切地引起争议的，归根结底又是什么呢？所以，我们可以谈论艺术史的一种最终的空泛，每逢我们过分强烈地感到是艺术史学家本人在对自己的历史资料（即素材）使用随心所欲的塑造力量时，这种空泛便会压制我们，而这些素材是不具备内部抵抗或者它们自己现实的上层建筑的因素，它们与自己的实体是一致的。

然而，显然易见，同一个过程在文学批评自身领域内也多多少少不自觉地进行。因而，长期以来被自己和他人认为是非历史的“新批评”派，实际上对于历史范式的建构花费了可观的精力：从多恩到雪莱的敏感性的分离，从史文朋到叶芝的风格和意

象的再次获得；这些典型的分析框架等同于文学变化的黑格尔式模式，即上面所描述的那类历时性序列。的确，如同我们已经揭示的那样，就个别分析必须设计自己历时性框架的程度而言，情况不可能是别的样子。只是这一模式现在试图将自身当作本身有权存在的一种历史理论，于是伪历史的典型标志也就同时再次出 324
现：迷恋历史的兴衰，永无止境地寻觅堕落的日期和那条毒蛇的名字。是卢梭还是他的敌人即哲学家负有责任？是浪漫派还是实证派负有责任？新教教义和法国大革命，哪一个更坏？这些虚假问题，源自对于历时性序列能够起何种作用的错误看法，但又反过来被迫服务于意识形态，在其中，一种末世的框架协助保守政治在貌似审美的事业中冒充伦理学。

这就是我们可以称为历史理论的历时性变体的结构；然而在也许是这一属类给人印象最深而又最富影响的产品中，它又具有共时性的表现形式。我指的是这样一些著作：它们从泰纳到斯宾格勒，今天或许不再有那么无限的方法论的自信，其目的在于说明某种文化的总体风格，说明文化史的每个时刻依其相互承续的深刻统一性。这种模式的启迪意义，在于它在何种程度上能够运用于个人或者社会现实，又在何种程度上能够作为连接本是间断的存在层面的手段。因此，泰纳的“主要才能”的观念，就是统一一个特定作者的种种品质并赋予它们以活力：“一种特定的鉴赏力和天才、一种特定的心智或精神气质、一种特定的爱好与厌恶、才能与弱点的综合，简言之，一种属于其作者占支配地位而又持久的、特定的心理状态。”[6]然而，由于在文化中存在着同样的统一性，因此，譬如古典主义精神，就成了那样的风格或时尚，它处于“凡尔赛的一片围篱，马勒伯朗士①的一个哲学和神

① 马勒伯朗士（1638—1715），法国哲学家。——译者注

325 学论点，布瓦洛规定的一条诗学法则，柯尔倍尔①制订的一则抵押法令，马利②的国王侯见室里的一句赞辞，布舒哀③关于上帝君主身份的一种陈述"[7]之间。这种模式自然曾经用来支持社会或文化有机论，然而，在现在的语境中，这种意识形态的内容可以只当作框架或组织上的前提，用于一般类比的实践，或者用于对现实各层面之间称之为"同系"的敏感性的实践。而且，在我们增加或减少我们与过去一个特定时刻的距离时发挥作用的那种同一和差异的辩证法当中，斯宾格勒对于"词法"的专注，作为具体历史研究的基本训练，在很大程度上被证明是恰当的，他的目的在于发现："历史形式的语言"，并揭示一种文化风格的统一性，以此涵盖从工程技术和数理思维到宗教教条和文学惯例等所有事物。归根结底，对这种普遍类推的最有力的反驳仍然是，它除了在时间的单一瞬间之内或纵断面之上，不能在任何事物内投射出历时性或成功地运作。实际上，泰纳和斯宾格勒两人的文化悲观论，最终都源于那种连续性的视力幻觉，而这种幻觉是通过各种封闭和无法重新连接的瞬间在序列中的单纯并列而投射出来的。在这样一种模式中，我们很想说，时间除了消失以外，决不会在任何地方延续。因此，泰纳和斯宾格勒由于不能识别真正历史变化的经济基础，他们不得不在隐喻意义上，利用由诸如"古典精神"之类的虚假原则，以器官衰退、疾病或感染等经典形象，来唤起历史的变化。

最后，所有这些模式无论能发挥多大作用，它们都受到下述
326 错误看法的歪曲：它们的对象在性质上是真正历史的。我们曾经

① 柯尔倍尔（1619—1683），法王路易十四治下的财政大臣。——译者注

② 马利，法国一村名，以路易十四的城堡著称。——译者注

③ 布舒哀（1627—1704），法国主教。——译者注

建议用来替换这些模式的黑格尔理论模式，因其历时性序列的那种结构透明性而独具特色，因此，十分明显，这些历时性序列不是判定为经验现实，而只是判定为理想建构。因为，《德意志意识形态》中一段著名的话提醒我们，没有它自己的真正自主性的上层建筑因素，也就不能有它自己的真正历史：“我们不是从人们所说的、所设想的、所想象的东西出发，也不是从口头说的、思考出来的、设想出来的、想象出来的人出发，去理解有血有肉的人。我们的出发点是从事实际活动的人，而且从他们的现实生活过程中还可以描绘出这一生活过程在意识形态上的反射和反响的发展。甚至人们头脑中的模糊幻象也是他们的可以通过经验来确认的、与物质前提相联系的物质生活过程的必然升华物。因此，道德、宗教、形而上学和其他意识形态，以及与它们相适应的意识形式便不再保留独立性的外观了。**它们没有历史，没有发展**，而发展着自己的物质生产和物质交往的人们，在改变自己的这个现实的同时也改变着自己的思维和思维的产物。不是意识决定生活，而是生活决定意识。”[8]①

因此，如我们描述的那样，黑格尔式的序列能够在时间内发挥作用的同时，也以那种终极的、不可避免的、在结构上固有的、趋向于自身消解的运动而富有特色。在这一运动中，它从自身投射出马克思主义模式，把这种模式当作自己的具体实现和完成。

Ⅱ. 文学范畴：内容的逻辑

马克思对待审美价值的这种态度，显然同他发现商品拜 327

① 这段文字汉译据《马克思恩格斯选集》，2版，第1卷，73页，北京，人民出版社，1995。——译者注

> 物教，以及他解决经济生活中主体和客体问题相联系……马克思在撰述《资本论》的时候，寄兴趣于和美学临界的范畴和形式，因为这些范畴和形式与资本主义经济的矛盾变化相类似。
>
> ——米·里夫希茨：《卡尔·马克思的艺术哲学》

上面，我们就时间性或历时性序列所审视的东西，也可以表述为形式与其内容的矛盾。因为新对于旧像是潜在的内容千方百计地达及表层，来替代一种今后过时的形式。在这一区别当中，除了别的东西之外，读者会承认马克思的革命变革模式[9]，无疑，这种区别既是黑格尔式的又是马克思主义的辩证法的重要运作机制，而且，从长远观点看，也是黑格尔革新概念的至关紧要的东西。因为新的对立应该同旧有的形式观念截然区别开来，后者主宰着从亚里士多德到康德的哲学思维，而且对于这种形式观念，"对生的"（conjugate）条件不是内容，而是物质、惰性的材料、填充物、消极被动的东西。新的黑格尔的二元性也不应视为只是主—客体关系更原初的辩证现实的又一变体。相反，形式和内容之间的区别，恰恰赋予主—客体关系观念以其隐秘的动力，
328 这使黑格尔把后者的种种逻辑结合看作是一种浮现，一种彼此之间的相生，并使他从那种任何方面仍将是对现在力量比例的纯经验测定中，构建出有关形式的一个阶梯。最后，正是辩证思维的这一动力机制，说明了我们可以称之为后者的预言性价值的东西，纵然如我们不久即将看到的那样，可以说这些预言仅仅在事后才能够作出。

在当前的语境内，形式和内容的区别最令人注目的是，尽管这种区别能运用于范围广泛的现象，这个概念从起源上说仍然基本上是美学的，因为它从黑格尔神学和哲学史的研究演化而

来——更不用说艺术本身了，换句话说，它从本质上属于上层建筑的材料演化而来。这正是它在马克思手中具有巨大力量的秘密所在。因为，在文化领域内，相对透明并可以论证的东西，即变化在本质上是寻求以形式来充分表达自己内容的一种功能，恰恰是政治、社会和经济现实物化世界的不清晰的东西，在这个物化世界里，基础的社会或经济的“原材料”依照它自己的逻辑而发展的观念，产生一种爆发性的解放效应。历史恰如艺术作品本身，它是人类劳动的一种产品，并且服从于类似的动力：这就是这一隐喻性转移的力量，它同时跋涉漫长的历程，说明我们在卢卡契思想中所强调的那种在文学批评和一般辩证思维之间的深刻契合。

因而辩证思维在这一方面可以视为亚里士多德所开创的以形式为主宰的、源于技艺模式的颠倒：这里，形式不是作为最初的
模式或铸模，作为我们的出发点，而是作为我们的终点，作为只 329
是内容本身深层逻辑最后的明晰表述。“正是内容的性质，而且仅仅是内容的性质，才在哲学的认知中生存发展；同时，正是对内容的内在反映才安排产生出它的自己决定。”[10]黑格尔论述哲学史的这些话，对于艺术本身同样有效，而且可以用来强调艺术内容逻辑的深刻的非人格性，对于艺术内容，艺术家本身只是一个工具，而且这种内容又通过艺术家来实现自身，把他个人生活中的偶然事件用作它自己寻求形式的真正因素，通过他，如同通过他的前驱者和后继者一样，按照它本身的内在法则发展。

这就是我们对个别艺术作品的判断最终在性质上是社会的和历史的原因所在。这里所实现的，或者没有实现的，或者按照确定比例所实现的内容对形式的适应，归根结底是内容在历史时刻本身中得到实现的弥足珍贵的标志之一，而且形式本身实际上只是内容在上层建筑领域内的实现。“一件艺术品的缺陷决然不能

归咎于个人方面的不熟练，”黑格尔在《美学》中告诉我们，“毋宁说，形式的缺陷产生于内容的缺陷。因此，中国、印度、埃及各民族就其（艺术）形式、神像和偶像而言，仍然是无形式的，或者属于低劣和不真实的确定形式，不能把握真实的美，因为他们的神话体系，他们的艺术作品的内容和思想本身就是不确定的，或是十分浅薄地确定的，不是本身就是绝对的内容。就这个意义来说，艺术作品愈是完美，它们的内容和思想也就愈具有深刻的内在真实。不过，这不仅是一个观察和模仿出现于外在现实
330 的自然意象的技巧熟练程度高下的问题。因为在艺术意识和实践的某些发展阶段，对自然意象的遗弃和歪曲绝不是偶然的，绝不是技巧的生疏和不熟练造成的，而是一种有意的转变，这种转变是意识本身里面的内容所造成和激发的结果。因此，从这个观点来看，仍然存在着不圆满的艺术类型，这类艺术就技巧和其他方面来看在它们自身的领域里是全然圆满的，而如果用艺术和理想的观念衡量，它们仍然似乎是有缺陷的。只有在最高的艺术里，理念和表现才是彼此符合的，从而理念的形象就其本身和对其本身来说就是真实的形象，因为它所表现的理念内容本身也是真实的内容。与此相连的是我们已经指明的那种东西，即理念由它本身并通过它本身被确定为一个具体的总体，它本身就带有使自己个体化和确定自己外观所依据的原则和标准。”[11]①黑格尔就这样将内在和外在批评纳入了一个单一的涵盖一切的运动，以使我们能够既忠实于以自身条件存在的艺术作品（那些作品“在它们自己的领域里是完整的”），同时又能将它重新置于那个较大的语境之中，在这个语境里，对有关作品形式的预设本身就存有异议，而且发现它们“用艺术和理想的观念衡量”是“有缺陷的”。

---

① 此段引文参照了朱光潜先生的译文。——译者注

后者不再是狭义的艺术问题。在这里，黑格尔式理念应该理解成一个总体生活形式，社会生活本身的具体形态（或者我们上面所称的内容的逻辑）。因此，黑格尔在这段话中概括了全部辩证批评的基本运动，这就是调和内部的与外部的、内在的与外在的、现在的与历史的，以便使我们能在单一的确定形式或历史时刻中 331
进行探索，同时在对它作出判断的过程中置身其外，超越形式主义和某种社会学、历史学的文字运用之间的那种无效的、静态的对立，而这种对立是经常要求我们在两者间作出抉择的。

在这方面值得指出的是，无论对于黑格尔还是对于马克思来说，尽管他们对希腊艺术共同抱有那种敬意，但完美的艺术作品，即是说形式完全适合于内容的作品，从理论上说还没有产生。然而，在黑格尔的事物图式中，情况之所以如此，是因为艺术倾向于通过变为神学和哲学而最终超越它自身，并在它愈益接近那种充分的自我意识即绝对精神时，作为启发美感的作用取消它自身。相反，对于马克思主义来说，毋宁说是哲学在思维变得愈益具体的时候取消它自身，卢卡契的例子已经向我们表明，艺术本身在什么程度上提供了替代前一学科的确凿证据。但对马克思主义来说，客体对主体或形式对内容的符合，只有在这种符合以这种或那种方式在社会生活自身之中得到具体实现的场合，才能作为一个想象的可能性存在，因而那种形式的实现，以及形式的缺陷，便被当成了某种深层的、相应的社会和历史结构的标记，而探索这种结构就是批评的任务。

我们说过，归根结底内容的逻辑在性质上是社会的和历史的。因为，十分清楚，要明确表达这种艺术事实和它与之相应的那个较大的社会和历史现实之间的关系，就需要逐步扩大批评的焦点，扩大批评家的思考范围，而这并不是每个批评家都准备实行的，实际上也并不是对批评分析的每一项工作都是必要的。然

而，忘记这种扩大，这一由内在到外在的运动，本身就是一个意
332 识形态行为，其程度和它鼓励人们相信艺术和一般文化活动具有某种非历史的本质一样。因此，R. H. 皮尔斯曾在一篇经典论文中表明，“新批评”凭借把文学的历史维度驱赶回（我很想说是把这种维度“压制”回）语言或者中介的观念中去，何以能与历史维度在意识形态上达成妥协，于是语言或中介可以说与外界隔绝而被封锁了起来，从而使“新批评”派能够在其边缘停止工作，而又仍然仿佛对艺术作品作出了一种圆满的（和非历史的）说明。[12]

因为，十分清楚，“新批评”的这些判断，无论是否将克拉肖或雪莱或早期的叶芝在文体上失败的实例分离出来，或者是否将但丁或伊丽莎白时代的作家在文体上不透明性的时刻分离出来，它们都涉及对这里所描述的形式和内容关系的一种沉思。我们确实已经表明，“新批评”派的感知从辩证意义上说是区别性的——因为他们在阅读史文明时从未忘记但丁，确实，在阅读哈代或托·斯·艾略特时也没有忘记但丁——而且他们都或隐或现地设计出上面描述的诸类历时性序列。然而，他们通过将自己的“试金石”——但丁、晚期的莎士比亚、多恩——永恒化，通过将语言拜物教化并使它成为一种与历史无关的丰富性的源泉，却能将他们有关内容逻辑的讨论包容于纯伦理学范围之内，而不必将那些伦理学范畴本身转换成社会和历史用语。因此，尽管对辩证思维将要称作具体性的那种东西（特别是它在抒情诗或戏剧诗里的言语显现）有一种敏锐感觉，他们并不愿冒险超出对诗歌内
333 容中这种具体语言源泉的纯唯心主义理解，而策略性的强加于自我的方法论的局限，又使他们把诗歌内容看成是诗人“道德”或宗教态度的一种功能。

然而，由于严格地说在性质上是辩证的一种嘲弄，最终为这

些意识形态的局限所付出的代价，并不是历史层面所需要的，而是内在的文学层面所需要的。因为，没有那种深刻的相对论，没有对形成历史思维特征的每一具体境况特点的重视，“新批评”的范畴便趋向于凝固，而且从此严格地应用于每一种文本，而不管它内在的内聚性如何。

实际上，对于真正的辩证批评来说，不可能有任何事先确定的分析范畴：就每一部作品都是它自身的内容的一种内在逻辑或发展的最终结果而言，作品演化出它自己的范畴，并规定对它自身释义的特殊用语。因此，辩证批评就在另一个极端摆脱了所有单一或单一价值的美学理论，这些理论在一切艺术作品中寻求同一的结构，为这些作品规定单一类型的释义技巧或单一的解释方式。辩证批评也不能与矗立在这些基础上的专门化学科相调和：因而，比方说，从辩证的观点来看，作为一个独立领域的文体学的整个概念，就是一个深刻的矛盾概念，因为它暗示着，文体（风格）或者设想成文体（风格）的语言，在任何情况下都是文学艺术作品的基本构成要素。诚然，乍看起来，不言自喻，一切艺术作品首先都是语言的建构。然而，实际上我们叫作文体（风格）的东西都是一种较为晚近的现象，是与中产阶级世界本身同时形成的。文体学可以看成是扬弃那种环绕拉丁和希腊文本而建立的古典教育体系所带来的结果，因为文体（风格）本质上是现代中产阶级文化中替代古典时期修辞学的那种东西。这两个范畴 334
可以通过它们赋予个人人格的价值和作用而富有效用地区别开来：因为修辞学从这个意义上说是那种技巧的集合，作家或演说家可以利用这些技巧做到言词达意或者造就崇高的风格，它们被设想成是一个比较固定的阶级标准，被设想成一种极其纷繁多样的性格都能参与的体制。另一方面，文体（风格）则是个体性本身的因素，是个体意识用以显出自身特色、确定自己无可能比拟的匠心独运的那种方式。因此，它的最终表达侧重于躯体和躯体感觉在生理上的独特性，这一点我们在现代诗歌中已经见到，是作为形式范畴而起作用的。由此，罗兰·巴尔特所作的归纳特征的描述，大大有助于揭示文体（风格）核心作为现象的语言因素和超语言因素之间的潜在矛盾，因为后者构成“类似某种思维的垂直和单一的维度。其参照处于生物学或过去的层面上，而不是在历史的层面上：它是作家的‘对象’，他的光辉和他的牢狱；它是他的隐居之处……它的奥秘是埋藏在作家躯体里的一种记忆；文体（风格）引喻的长处不像在言语里那样是一种速度现象（在言语里没有说出的事物仍然是某种语言的间歇），而是一种不透明性的现象，因为在文体（风格）下面的坚固和深邃之中存留的东西，或粗疏或微妙地集合于其修辞格中的东西，是决然与语言相异的一种现实的碎片”[13]。

无疑会有人驳难说，我们在玩弄文字游戏，文体（风格）作为研究对象的文学范畴，不应同我们上面描述为现代主义意义上的文体（风格）的历史现象混淆起来。然而，这种“文字游戏”，
335 尽管似乎不见容于旧有逻辑论证的分析类型，却是辩证方法自身的本质；作为对静态推理的一种反驳，这种方法的内在运动使形式概念和它所自出的那一历史现实之间不可抗拒的联系显得极其惹人注目。因此，一般文体（风格）的抽象概念，保留着现代时期文体（风格）中那种具体历史现象的痕迹，实际上，文体（风格）的概念一开始就是用以表现历史现象的。正是由于文体（风格）是一个历史现象，所以绝对的文体（风格）科学是不可能产生的。

通过指出作品的产生与言语保持着不等的距离，通过指出一部作品由语词构成并不等于“文体”（“风格”），在现代意义上是作品的主要范畴，我们可以将这一切换一个方式来说明。譬如

在19世纪的大部分小说作品中，文体（风格）是较为不太重要的因素（不妨考虑一下我们把狄更斯视为文体家而暗暗将他现代化的方式），而一个作家的文体（风格）维度，例如拉辛的文体（风格）维度若与修辞维度相比，也显得无足轻重。不过，把文体（风格）说成是故意让人注意自身并作为作品的关键因素而“突出”自身的语言，等于转过来依靠文体学再次宣称这一现象的深刻的历史性质。

内容通过自身的内部逻辑生发出一些范畴，它根据这些范畴在某种形式结构中组织自己，并因此得到最好的研究。在它生发这些范畴所用的方式中，最令人瞩目的模式也许就是马克思的经济研究所提供给我们的那种模式。在这一研究中，他不得不创造适当的研究范畴，而同时又用历史的理由来证明这些范畴的恰当。因此，《资本论》的开头一章，由于确立了关于商品的思想范畴，描述了它既反映又试图理解的商品观念和那种商品生产实 336
际之间的关系，所以它便典型地表明了辩证思维是思想范畴永无止休的生发和分解。从一开头，马克思就不得不同中产阶级经济学家所演化出来的传统经济学范畴妥协。中产阶级经济学家把经济运作视为生产、分配、交换、消费、工资、地租、财产、工业、农业等等之类构成要素的一种机械的、非历史的相互作用。但问题在于，无论在哪个社会和历史发展的特定时刻，这些形形色色的“构成要素”彼此都存在着不同而又相当具体的比例，以至于在它们的比例发生变化时，整个过程的性质也随之改变。因此，不能把农业视为类似柏拉图式本质或理式的某种东西：在资本主义社会，以及同样在前资本主义的畜牧社会，根本没有土地所有制之类的固定范畴。相反，各部分相互联系，并随整体本身的演化而演化。“古代世界中商业民族——腓尼基人、迦太基人——表现的单纯性（抽象规定性）正是由农业民族占优势这种情况本身决定的。作为商业资本和货币资本的资本，在资本还没有成为社会的支配因素的地方，正是在这种抽象中表现出来。”[14]①因此，辩证思维具有双重历史性：不仅它进行运作的那些现象具有历史性质，而且它还必须放开那些用以理解这些现象的概念，将后者的静止不变解释为它们自己有权存在的历史现象。

这就是真正的辩证批评为什么总要包括对它自己的思想工具进行评论，当作它自己工作结构的组成部分。因此，普列汉诺夫
337 对象征主义的经典分析，超越了对象征因素的单纯解释，例如易卜生的作品从结构上投射出来的那些野鸭②之类的象征因素。对他来说，重要的不是个别象征的意义，而是这种象征主义现象的意义：“文学史表明，人的思想超越既定现实的界限有时走第一条道路，有时走第二条道路［指‘引导到抽象领域里去的象征的道路’和‘现实本身所走’的道路］。它走第一条道路，那是当它不善于理解既定现实的意义，因而没有力量确定现实发展的方向的时候；它走第二条道路，那是当它能够解决这个有时非常困难的甚至是无法解决的问题的时候，并且是当它按照黑格尔的绝妙的说法，能够说出那唤起将来的形象的魔术般的语言的时候。但是，能够说出魔术般语言是有力的迹象，而不能够说出这种语言是软弱无力的迹象。当既定社会的艺术中显现出象征主义的倾向的时候，这就是一种可靠的迹象，表明这个社会的思想——或者是这个社会的在艺术上打下自己印记的阶级的思想，不能够深刻理解在它面前进行的社会发展的意义。”[15]③在这段话里，读者

① 中译据《马克思恩格斯选集》，2版，第2卷，26页，北京，人民出版社，1995。——译者注

② 指易卜生的剧作《野鸭》（1884）。——译者注

③ 译文引自《普列汉诺夫美学论文集》，531页，北京，人民出版社，1983。——译者注

会识别出对于现代主义的那种典型的敌视，识别出我们现在所说
的因袭，即那种对现实主义作品的本能的偏见——这种偏见后来
由卢卡契阐发得实在是太系统了；在现在这个语境里，他或许也
会窥见，这种价值判断源于黑格尔，其中对象征方式的回归被视
为某种历史的倒退。然而，要争论的并不是普列汉诺夫的基本洞
察，而是如何把当时一种新鲜的概念转变成某种单一的公式，以
其发展公正地对待一部作品的独特结构。这样的分析是辩证的， 338
因为它强调象征主义和作品其他因素之间动态的相互作用和彼此
依赖，强调一个因素（在此情况下，即一个视觉客体）的过度发
展如何同其他因素的发展不足必然联系在一起。这样，辩证批评
就以一种判断替代了原来真或美的绝对，在这种判断中，坚持突
出历史境况也就强调了艺术作品本身或哲学体系之内长处和弱点
的不可分离性，并以这样一种方式成了颇富启迪的实例，通过这
一方式，长处本身尽管有其特性，却需要确定的、与之关联的弱
点存在，以便真正达至自己的存在。

我们通过从文学范畴的角度重新检验目前的活动，也许可以使人们理解文学范畴的相对性，理解个别作品本身特有的内部矛盾的首要性。因为，十分清楚，直到此刻我们的描述基本上是非辩证的，它只是把辩证思维当作它的对象，未能突出它自己作为思维平方的自我意识。情况所以如此可以从本节的主要范畴加以判断，这就是例证的范畴：因为只有在思想没有完美实现的地方，才需要提供这样的例证。例证总是抽象过程或远离思维过程的标志：这些例证是累加的和分析性的，而在真正的辩证思维中，整个过程都蕴含于任何特定的客体。相反，具体的思维在这里已经分裂，成了两个全然分离的运作：一方面不是真正的思维，而是对某种方法的表达；另一方面不是对一个真正客体的附丽，而只是一系列的客体例证。然而，辩证思维的本质却在于思

想对内容或对客体本身的不可分离性。这就是黑格尔《现象学》
339 序言的要点，他在序言里否认人们能够从外部描述哲学的特征，否认除了通过哲学本身的真实实践以外，能够用任何其他方式真正谈论哲学：“要求作出这些解释［即哲学过程的外部陈述及其宗旨和方法、说明和例证等等的表达］，也同试图满足这一要求一样，轻易地被当成了哲学势必从事的基本事业。试问一本哲学著作的内在真理除了在其目的和结果里面，还能在什么地方找到更出色的表达呢？试问除了通过上述这些与从事同一领域研究的其他人在同一时期所进行的创作之间的差别，还能以什么方式更确切地认识它们呢？不过，如果这一程序被当成不仅是认识的开始，如果它被当成实际的认识过程，那么我们事实上则势必把它看成是一种躲避手头实际难题的方法，是企图把严肃认真地对待主题的表面现象同完全忽视主题的实际情况结合起来的一种尝试。因为真正的题材不是在它的目的当中而是在处理题材的过程当中被穷尽的，所取得的结果也不仅是具体的整体本身，而是与达到具体整体的过程俱来的结果。目的自身是一种无生命的一般概念，正如一般的趋势是沿某种方向进行的单纯活动一样，这种活动仍然没有它的具体实现；而赤裸裸的结果则是把自己的制约倾向弃之脑后的一种体系的僵尸。”[16]①

因此，辩证批评唯一真正具体的表现，是这种批评自身的实践，这实践从降格进入一个特定的客体起，几经周折，最终进入了文学本身。因而只有用我们例证的例证，通过评述它自己力求
340 窥见真正具体的批评可能是怎样的评述，我们的表现②才提升到更高的辩证层面，获得对它自己活动的一种更充分的意识。

---

① 汉译参阅了该书商务印书馆版的译文。——译者注

② 即辩证批评的表现。——译者注

Ⅲ. 作为形式与内容中介的同义反复

因此，辩证思维在其结构上是自我意识的，可以被描述为在一个层面上思考一个特定客体，而在这样思考的同时又观察我们自己的思维过程，或者，用一个更科学的词语来说，又把观察者的地位计算入实验本身的那种尝试。从这个观点来看，黑格尔式和马克思主义辩证法的区别，可以用所涉及的自我意识类型加以界定。对于黑格尔，这是一种相对符合逻辑的自我意识，涉及诸如主体与客体、质量与数量、有限与无限等等这样一些纯理性范畴的相互关系的观念；在这里，思考者会逐渐理解他自己的确定思想所使用的加工方式，实际上他赖以开始的那些问题的形式本身限制了他的思维结果。另一方面，对于马克思主义辩证法，自我意识的目的在于认识思考者在社会和历史本身中的地位，认识由他的阶级地位所加于这种认识的限制——简言之，认识一切思维的意识形态的和境遇的性质，以及这些问题本身的最初创造。因此，这两种辩证法的形式显然绝非相互矛盾，尽管它们的精确关系仍然有待于探索。

然而，自我意识并不意味着内省，而且辩证思维也绝不是个人的思维，而是某种类型的材料本身上升为意识的一种方式。这
种材料不仅是我们思想的客体，也是由那个特定客体的内在性质 341
所提出的一系列精神活动。因此，辩证思维不仅是思维的平方，不仅是对于事先存在的思维所进行的思维，而且也是前者的实现，是在一种尚待描述的意义上对前者的认识和消除。因为，它在哪种程度上将旧的思想活动或者问题的解决置于更大的新语境之中，它就在哪种程度上将问题本身改变成一种解决，不再试图按照自己的条件正面解决困境，而是把困境本身理解成潜在于提

出问题方式中的深刻矛盾的标志。因此，面对着晦涩的诗歌，天真的读者会立刻试图进行释义，把直接的困难加以化解，使之返归于理性思维的透明性；然而对于一个经过辩证法训练的读者，正是晦涩本身才是他解读的客体，正是晦涩的特殊性质和结构，才是他试图予以界定并同言语奥秘的其他形式进行比较的东西。因此，我们的思维不再以表面价值来看待正式问题，而是步入屏幕后面首先评估主—客体关系的起源。但是现象学定义的悬置（epoche）或放入括弧的这类自我意识，也通过它在历史过程中所占据的地位，得到对它自己的辩证评估。

这样，推至极限，思维就以某种方式倾向于阐释自身，而且正是这一点比任何其他东西都更能确证对辩证思维的描述是同义反复——在本体论意义上的同义反复——是对一切思维的深刻的同义反复的逐步认识的组成部分。其所指的含义并不限于单纯逻辑上的同义反复，尽管基本的时间形式是一样的：在这里，一个命题似乎连接着两个分离的独立实体，而这两个实体却突然证明原来一直是同一事物，于是，思维活动本身便化为乌有。同一性
342 在这里并不是两个语词或两个概念的同一性，而是主体和客体本身之间的同一性，思维过程和真正现实之间的同一性，它根据现实进行运作并试图领悟这现实。非辩证思维确立一种初始的分离，一种初始的二元论，天真地想象自己是作用于截然不同而又区别于自身的客体性之上的主体性。辩证思维的出现，是对这一初始二元论的拓展和取消，因为它认识到，它本身就是原曾想象是某种分离的东西即那种外部客体性的源泉；这一点现在必须以双重方式加以理解，既从黑格尔式“客观唯心主义”的意义上理解，又从马克思主义的意义上理解。根据前者，一切经验都是某种确定主—客体结构的功能；根据后者，外部世界则全然是人类劳动和人类历史的产物，以至于作为生产的人类本身也是那历史

的产物。

正是思维对于自己内容或客体的这种依赖，才可能说明在前一节里发现起作用的那种辩证的“文字游戏”或双关语的运用，实际上它也的确是表现了一般辩证思维的深刻特征。因此，诸如阿多诺的《社会》这样一篇文章的读者会过于仓促地作出结论说，作者将两种不同类型的思考、两个迥然不同的研究对象（客体）不合道理地混合起来——他往往而且确实是故意将社会理论或各种社会概念的历史，误当成社会学或对各种现存社会本身的经验研究。而且，确确实实，阿多诺的文章是“指涉”（reference）在两个层面之间的连续不断的往返移动：因为正如我们此前已经见到的，他的目的在于证明，社会概念所固有的困难（就社会既不能被视为世界上的超机体，也不能被视为世界上的经验客体而言），不能归咎于理论阐发的不完善，这种不完善的理论可能期待着更大的独创性或者更精确的资料来加以矫正。相反， 343
这些困难是社会本身作为真实客体的客观条件所造成的，这种客观条件无论在哪一方面都无法界定而又无所不在，它对个人的制约反映于这个观念自身的矛盾当中：“虽然社会的观念不能从任何个别事实中抽绎出来，另一方面也不能理解成某一个别事实本身，但是绝不存在着不是由作为一个整体的社会所决定的社会事实。”[17]

无疑，对于分析思维来说，这一观念含有某种令人反感的东西。不仅只是理论而且还有思维本身的问题和范畴——无论是金钱、暴力、社会、风尚的本质还是观点——本身都处于不断的历史变化之中，并且根本没有一成不变的客观现实。然而，即便是自然科学本身也都开始考虑那种令人深为不安的可能性：宇宙的根本法则或许处于一种演化的状态之中，以至于对自然法则的概念，对某种固定不变的自然秩序的概念，都引起了怀疑。[18]

最近对历史思维和历史命题所作的逻辑分析，证实了它的同义反复结构的观念。譬如麦克尔·斯克里温就表明，史纂学中的所有表面解释，无论是声言证实法则还是单纯证实原因，实际上原来都是伪装的“自明之理”。换句话说，这些解释在需要说明的初始现象中一着手就已是事先假定了的，我们当成解释的东西，只不过是对如同几何学中那个初始“公设”的明晰说明，将它化为它所隐含的各种命题的分析。然而，从某种意义上说，这
344 种循环往复也已然存在于自然科学的解释里面：“当科学家们被要求解释发射我们第一颗人造卫星进入轨道的第二级火箭表面光亮度的不同变化时，他们回答说，这是由于火箭轴旋转和不对称的缘故。这一解释也许通过一面旋转一支铅笔一面在空中移动它得到说明，但即使对于新闻人员来说这也是完全充分的解释。然而它却不具备任何法则……确确实实，由于不同数量的光子进入观察者的视网膜，火箭的表面光亮度就会发生变化；但火箭如果是对称的，并且是由一个可变光亮度的光源所照射的等等，那么，情况也是如此，我们的兴趣在于从所探索的那个特定客体的这些状态中，为我们挑选出一种状态作为解释，即告诉我们是火箭的形状和运动还是对它的照明同我们所见的现象有关。”[19]换言之，这一解释是对事件原初描述所固有的，正如几何学定理是原初的定义所固有的一样。在历史中的理解因此不是源于两个迥异项的结合，例如法则及其显现，抑或演绎推理的大小前提，而是完全源于对基本事件本身所作描述的拓展，以及将它的各部分与因果或是问题和解释的重新连接。因此，这样的理解是与在时间中运动的形式属于同类的某种东西，但是当我们意识到所进行的精神活动的真实性质时，它作为一个分离的思维过程便离析成同义反复。

由是，反观前面一章的论证，吉伦特派无疑代表了波尔多的

一个特定商业阶级的利益，而他们的活动在作这样理解的时候，
对于心灵来说就取得了透明性。然而，所讨论的事件（吉伦特派 345
本身）及其解释（他们所属的阶级）是作为果与因相联系的观念，归根结底并不是前后十分一致的观念。如果我们细心地检验一下我们自己的精神活动，就会发现，我们是从对吉伦特派的一个十分局限的看法入手的（如各色议会人物，趣闻轶事的材料，他们官方式的政治哲学和讲演，他们的纲领等），这个看法接着突如其来地得到拓展，囊括了关于他们的故乡、他们的过去以及他们的家庭联系等等的社会经验。后者获得某种解释功能的唯一方式是，它被理解成对一些没有意义的命题的含蓄否定，例如吉伦特派原是农民，吉伦特派原是19世纪的自由主义者，吉伦特派原是奥地利贵族等等。说吉伦特派就是他们原来的那种样子，因此是一个不言自明的道理，而且到头来，我们对历史的理解又会融汇到非矛盾法则的运作中去，融汇到一切事件都在其自身内部具有自己的逻辑、自己的“释义”那种终极的认识中去，即我们将其连接于一种合乎逻辑次序的释义。

在思想史领域里，这一因果关系的幻觉更为强烈，因为，在具体境况消逝于时间过程的同时，观念仍然单独滞留在后面。思维和它的客体的原初关系，不是外部的而是内部的关系，而且出色的辩证分析所揭示的，与其说是外部社会现实是造成一种特定类型的原因，不如说是它以一种几乎先验的方式把基本的内部限制强加于这种思维。这自然是卢卡契的《历史与阶级意识》在一个非常抽象的层面上所提出的论点，即资产阶级的社会境况对其思辨思维设置了先验的限制，抑或用我们自己的术语说，中产阶
级的思维形式，依赖于中产阶级生活内容的深层内部逻辑。于是 346
赫伯特·马尔库塞便揭示出，黑格尔体系在意识形态上的变形（绝对精神，政治保守主义，整个体系的唯心主义基础），何以同

他的社会和历史境况的内容相一致。这些变形并不是外部的缺陷，而是在那个特定发展时刻黑格尔对社会现实性质的基本认识："他所以赋予国家以至高无上的地位，是因为他见到了现代社会里那些对抗所产生的无可避免的后果。竞争着的个人利益不能生发出可以保障整体延续的体制，因而不容置疑的权威势必强加于这些利益之上……黑格尔在这里讨论的合理秩序……现在为他指出了那些最极端的限制，在这些限制中，这个社会能够保持理智而又原则上不被否定。他列举出 1793 年的革命恐怖作为严厉警告，认为现存秩序必须利用一切可以利用的手段来加以保卫。"[20]因此，黑格尔的"保守主义"也是对资本主义固有的道德无政府状态的承认。他卫护普鲁士国家，是因为他在自己所处的特定历史时刻，无法看清不单是爆发恐怖的任何形式的真正社会变革和改组。因此对于黑格尔体系，唯一的具体纠正办法，就在于假以时日，在于社会—经济境况超越那些限制的发展，即是说，对黑格尔唯一充分的批判就是马克思的哲学。因此，哲学思维如果探索得足够深远，就会进入历史的思维，而且对抽象思维的理解最终将自行分解，回归到对那种思维内容的意识中去，也就是说，回归到那种思维赖以产生的基本历史境况中去。

347 不过，我们一旦回到自己的时代，思维的内部限制这一观念，就其意蕴而言，便会立即变得更加激烈。它在两个不连续的存在区域之间，在内部和外部，在心理因素和社会因素，在个人经验所历的质量上的现实和数量上的、外部的、集体的生存状况之间，采取一种飞跃的形式。这种飞跃所引发的震惊是外部判断的震惊，是发现自己脱离自己的心灵，现在正以他人或历史的眼光在个体内部进行回顾的那种震惊：我们已经把萨特的《批判》描述成故意实现这样一个过程。然而，我们倘若检视一下萨特的早期哲学（把它作为从内部对生存所作的最彻底的描述之一的说明，并作为对这一描述所作的最彻底的方法论辩护的说明)，我们便会发现，既可能在这种描述中认识我们自己的经验，同时又可能承认马尔库塞的论证：这里，作为世界上意识存在及其与他人具体关系的本体论结构所提供的，只不过是以其关于占有和物化的典型语言所表示的那些历史异化的形式罢了。[21]然而，由于本体论因素原来证明是伪装的历史因素的分析，所以不仅是萨特的体系，而且还有自我表露的我们自己，也不得不就较大的方面从外部来审视我们自身，并且承认我们经验的那些熟悉的内部状况也是异化本身的结构。这种运作较之根据其自身方式对哲学立场的因袭批判，要复杂得多：后者的一个例证就是梅洛-庞蒂重构后者体系的方式，他断定在《存在与虚无》的最初预设中有一 348
种过于激进的关于主体与客体的分离，于是在《知觉现象学》中，他根据一种新的、对他更合适的经验的基础重构后者的体系。另一方面，马尔库塞的文章也不再试图区别萨特思想里的真伪因素，而是试图分离并确定萨特体系作为一个概念整体与之相应的那种具体的历史经验或境遇：这一类型的辩证批判因而涉及从纯概念层面到历史层面的飞跃，从观念到那种相应的实际经验的飞跃，而对实践经验的“判断”则依据它对我们所处的历史角度而定。这实际是辩证思维的诠释学维度，它需要对在上层建筑层面上分离出来的抽象文化事实恢复其具体的语境或境况；当我们与来自过去的文化客体发生关系时，后者自然便完全消失。但是，当我们与当代文化产品发生关系的时候，这一具体境况，就在我们希望忽略自己真正卷入其内的社会—经济境况所达到的程度上，变成了受压抑的客体。因而，这些辩证判断便使我们得以实现内部与外部、内在与外在、生存与历史的暂时的综合；但这是我们通过对自己进行客观历史判断而换来的一种综合。

在纯文学领域内，这在任何地方都不那么引人瞩目，完全不像在以历史为其客体的文学形式中那样，即完全不像在历史小说本身中那样令人瞩目。这里，如果任何地方原材料的逻辑对于形式的首要性是绝对的，那么历史客体的矛盾通过转变成形式矛盾的过程，就能像实验室里的实验一样一目了然。这也就是阿多诺写给托马斯·曼讨论曼的中篇小说《黑天鹅》的那封著名信函中
349 的实质内容："如果我没有弄错，肯这个形象带着 40 或 50 年代而不是第一次世界大战后十年内的美国人的全部特征；显然，你自己比我远为更敏锐地意识到了这一点。现在，人们可以断言［这种转换］是艺术创造的合法自由，并坚持认为编年史的精确要求必须服从于后者，即使这是在典型刻画中的一个精确性的问题的场合。然而，我不知道这样一个显而易见的论点是否真的非常有力。如果你把一部作品的时间放在 20 年代，让它在第一次而不是第二次世界大战后展开，那么，你这样做是有你自己的正当理由的——最明显不过的理由就是，例如弗芬·冯·蒂木莱尔这样一个实体，在今天是无法设想的；从某种更深邃的层面上说，最后与这一点相联系的是试图拉开我们和这种直接现实之间的距离，试图不可思议地把这种现实转变为更早的历史时刻，恰恰是在《克鲁尔》[①] 里也表现了它的气氛的那个时期。然而，当人们以这种方式着手变换不同的十年时间时，他们便陷入了仿佛是一曲音乐作品开头几小节设置的责任之中，除非到了重新确立平衡的最后几个音符，否则他们不能从音乐作品的迫切要求中摆脱出来。我说的不是在时间的调色板上对外部逼真的某种责任，而是同时利用历史的光照，让艺术幻化出来的形象大放异彩的责任，这一责任由于显然的内在的美学原因，几乎不可能不利用那些第

① 托马斯·曼的一部未完成的长篇小说，全名为《费利克斯·克鲁尔》(1954)。——译者注

一位的、相当外在的特征。因为，除非我错了，否则人们会在这里发现自己处于那种矛盾的境遇。在这种境遇中，这些形象的引发，或者换句话说，艺术作品本身的真正魅力，就其可靠的材料构成而言，就会愈益得到更充分的发挥。人们几乎会认为，作品之弥漫着主体性，根本不像传统结构可能使我们认为的那样，与回响在你整个作品中的那种现实主义知觉形成单纯的对立，相 350
反，那种精神化，那种意象世界的实现，是与人们忠实于历史因素的确切程度成比例的，而且这在人物类型中也是如此……此刻，给我深刻印象的是，这种精确采取以苦行赎罪的方式，一切艺术的虚构都在罪愆下煞费苦心，力图凭借幻想中的精确性来救活自己。”[22]

然而，历史时刻中的每件事情如果都相互连贯的话，那么，历史小说本身作为一种形式也必然最终消失，因为历史小说在其逐步追求具体的总体过程中，冲破了艺术自身生存的界限。历史小说的出现本身只是一般小说日益增加的历史主义的征兆，而且，在我们的时代，普遍认为一切小说都是历史小说，因为在忠于现在的过程中，它们的客体都像遥远过去的任何时刻那样具有深刻的历史性。这里言外之意是，现在的小说已经变得像历史小说一样矛盾，一样不可能符合实际；实际上，在新闻写作和社会学取代小说之外，今日小说形式危机的根源，还在于似乎极为复杂的无法用叙事模式加以表述的那种历史境况。这就是西蒙娜·德·波伏娃在《大人先生们》① 中如何描述她的人物亨利·庇隆的困境的情形，他试图公正地对待战后时期的历史内容：“他把札记摊开来放在面前差不多有一百来页。把它们搁置了一个月很有好处；这会儿，他就能用新的眼光重看这些札记。他欣喜地埋

① 一译《官员》。——译者注

头读起来，高兴地重新发现，各种记忆和印象汇入了精心安排的流畅的语句。可过不了一会儿，心里便开始忐忑不安。他打算把所有这些玩意儿怎么办呢？记下来的这些东西既没头又没尾，虽
351 说也有什么共同的东西——某种共同的感觉，共同的趋势，战后时期的趋势。可这突然叫他不好受。他原来模模糊糊地想过：‘我要写出自己生活的情趣。’仿佛这样的东西是一种香水，贴上了标签，商标也注了册，年复一年都没有什么两样。然而他要说的事，比方说关于旅行的事，却出自一个25岁的年轻人嘴里，在他于1935年还是年轻人的时候说出来的；这些事情跟他（在巴黎解放以后）待在葡萄牙时的经历毫不相干。他跟波拉那段风流韵事同样也是年轻的时候无论是兰伯尔，还是万森，或者不论是他认识的哪个小伙子，在今天都不会作出那类反应了。再说，经历过德国人占领的五年生活以后，一个27岁的年轻女人也不会再是波拉了。有一个解决办法：有意识地把书里的时间定在1935年前后。可他又想写一部‘时期’小说，再现一个不复存在的世界。相反，他随手写下这些文字，是希望让自己整个儿跃然纸上。那么，他不得不在现在之中写这个故事，转换一下人物和事件。‘转换——多么令人讨厌的字眼儿！多么愚蠢的字眼儿！’他自言自语地说。‘人们在小说里随意摆布人物，可真荒唐。这些人物从这一世纪给转换到下一个世纪，从这个国家拿出来放到另一个国家里去，一个人的现在跟另一个人的过去黏合在一块儿。而这一切又都充斥着个人的幻想。要是你瞧得非常仔细，小说里的每个人物都是怪物，一切艺术都在于不让读者细瞧……’”[23]对于艺术的这种取消，讲述故事的方式在自己虚构性面前的负疚退让，若进行一种美国式说明，那将会在由某种无所不在的虚假意
352 识歪曲事件的过程中，为广告体系发挥作用找到更多的活动余地；如像我们即将见到的那样，这也会把各种叙事困难，同政治

结构中的一种确定的结构联系起来，同现在历史时刻本身独一无二的结构联系起来。然而，西蒙娜·德·波伏娃在这里却突出了时间经验对艺术过程本身的威胁，这种经验具有强烈的历史性，并由一种愈益紧迫的政治意识所主宰。这种召唤的引力根本没有削弱，如果我们补充下面这一点的话：她正是在小说形式中才这样做的，因而，从某种辩证的意义上看，小说从他自身的不可能性中使自己得到再生，把后者当作新生叙事的内容。

因此，归根结底，我们所描述的艺术作品内部的同义反复运动（在其中，内在形式上的考虑突然从某种高度分解为内容的问题），是在作品外部从内容及其历史语境之间的关系中再生出来的。一个被人忘却、老生常谈的说法是，史诗、古装悲剧、书信体小说这类形式的存在，本来就依赖于它们内容中的可能性，或者换句话说，依赖于社会经验的结构，它们把这种社会经验当作素材，并作为人工制品从这种经验中产生出来。也许，黑格尔的描述仍然是对那种方式的最详尽描述。在这种方式中，艺术的整个体系由于具体社会生活的转变而出乎意料地被替代，完整形式的习惯做法被人忘却。例如，对他来说，这就是将生活组织成一个经验总体的史诗世界的消逝，也是他称之为“散文世界”的那个中产阶级个体主义世界的诞生，“在这个世界上，个别的人为了维护自己的个体性，就必须一而再、再而三地让自己成为他人的手段，服务于他们的有限目的，同时为了满足他自己的狭隘利益，也把他人变成手段。因此，随着他在这种日常生活和散文世界里的出现，个人不是从他自己作为一个整体获取活动的原则， 353
不能从他本身来了解他，而只能从他和他人的关系中了解他。因为他发现自己依存于外部的权势、法律、政治结构、国内关系等等，它们先于他存在，不论是否合乎他的内心意愿，他都必须服从它们。此外，单个的主体对于他人绝不是什么整体，相反，从他人的观点看，他仅仅以他的行动、愿望和意见，出现于他们自己直接的孤立的利益的环境之中。使人直接发生兴趣的，只是对他们自己的目的和意图的关系。即便是一个集体所能进行的最重大的行动和事业，在这个较多表象的领域里也只不过是众多的个别努力而已……［因此］个人在这个领域里不能再保持外表上自主的、完整的生命和自由，而这种生命和自由却正是美这一观念的基础。诚然，在［散文世界的］人类的直接现实中，在后者的事业和体制中，既不缺乏系统也不缺乏某些活动的总体性；然而，这个整体只不过是个体性的集合，它的事务和活动都分裂成不可胜数的部分，以至于落在各个个人身上的只是这个整体的一丝一毫……这就是我们自己和他人所意识到的世界的散文，它是一个有限的世界，变动不居和相对化的世界，个人无法逃避的、由必然统辖的世界。因为个别的存在都陷于某种矛盾之中，在这种矛盾里，他把自己看作一个封闭的统一体，同时又一向完全依存于他人，而解决这种矛盾的斗争，只要还在试图解决，只要这种搏斗还在继续，它也就不会停息。”[24]①因此，黑格尔从资本主
354 义当作艺术作品潜在内容而提出的困境方面，区分了资本主义结构的特殊性：它构成在个人经验中不具备任何生存等价物的集体总体，决定个人的现实，同时在结构上仍无法达到后者的理解或意象创造力的范畴。

不过，从我们现在的方法论观点来看，这种描述可以用来阐明介于文学批评和社会学之间的那个时刻。在这个时刻内，前者由于自己的力量使然，开始不知不觉地进入后者之中；因为这一描述的关键用语总体性和个体性，对于具体社会生活的分析和艺术作品的分析都是共同的，以至稍稍拓展一下历史焦点，看似关

① 此处汉译参照了朱光潜先生的译文。——译者注

于艺术作品的陈述，在社会和历史维度上仍保持其有效性。换言之，这里所蕴含的观念是，在具体性的某一层面上，物自体——我们后面将称作它的生存现实——可以用某些替代代码中的任一代码予以阐述，可以用某些不同维度中的任一维度重新加以明白表述：例如文学结构，某种确定的社会组织所经历的真理，某种类型的主—客体关系，某种语言与它所表示的客体的距离，某种确定的专门化或者劳动分工的方式，各阶级之间某种潜在的关系等等。这确实就是具体性的所在，只有根据这种具体性，我们才能在现实的此一层面和彼一层面之间进行思考，把对观念的技术分析转变成它在社会历史的实际现实中的真理。很明显，真正辩证批评的最紧迫的任务，是根据特定艺术作品重新获得与它相适
应的那种终极现实；我们在本书的末尾，将回头对这种文学方法 355
观的蕴含进行更充分的观察。

然而，若不补充说明适用于艺术作品本身形式的东西也适用于文学批评的各个范畴，我们就不能撇开由形式向内容过渡的课题：文学批评的范畴同样深刻地依赖于某种变化的具有历史性质的境况，而我们要更好地说明这一点，也只有参照视角的概念才能做到，这在美国批评界一部颇有影响的独特著作里，即维恩·布思的《小说修辞学》里已经提出，布思根据新亚里士多德派的批评精神认为，绝对不能将小说理解成关于现实的陈述，而应理解成旨在产生某种效果的幻觉结构（正如语句本身用于传统“修辞学”更狭隘的范围中所起的作用）。因此，虽说他无疑属于后詹姆斯学派，并且深受詹姆斯关于视角概念阐述的影响，但他对于詹姆斯学说的终极蕴含仍然抱有深刻的矛盾心理。因为，尽管詹姆斯注重结构和方法，他的学说的最终目的仍在于一种小说的真实：视角于他所以是小说实践的基本范畴，与其说是由于它使小说家取得的那些幻觉和效果，不如说是由于它与我们的实际经

验相吻合。在这种经验里，我们总是处于一种境遇之中，从自己单子的相对受到局限的视角来观察生活。而按照布思的看法，这一观念在那归根结底是一回事的两点上颇为有害：第一，机械运用视角可能损害题材，而题材在19世纪一个无所不在的叙述者手上本可能达到极强烈的效果（菲茨杰拉德对于《夜色温柔》的两种版本的游移不决，在这里可以作为最有力的说明）。第二，
356 纯粹的视角会引进某种总体的相对主义，我们在其中不得不接受以其自身条件而出现的任何叙述者，而且这种相对主义会导致破坏一切判断的绝对价值和标准，并因此也导致破坏文学效果源泉本身。

因为，布思的著作是对无所不在的叙述者，即隐含的作者或者可靠的评述者所作的辩护，这个叙述者毫不唐突而又策略地让人们感到他在读者和人物之间的存在，而其方式是为读者提供对人物进行恰切判断的标准。隐含的作者自然也不是真正作者，而是确定的文化价值的绝对化身："当我们阅读［《爱玛》］的时候，承认［简·奥斯汀即戏剧化的作者］代表着我们所最钦羡的一切。她像奈特利一样宽宏而聪明；事实上，她自己的判断所达到的透辟，是更上一层楼的。她如同爱玛想象自己那样深沉巧智。她不诉诸感伤而赞同温情，能够赋予财富和地位以适当而又不过分的价值。她见到一个傻瓜就能识别出来，不同于爱玛的是，她知道对傻瓜的无礼既不道德又不明智。简言之，在她写的这部小说所确定的有关至善的概念范围内，她是一个完人；她甚至认识到，以她为榜样的那种人类的至善，在现实生活中远不可企及。她的主宰过程自然是循环的，她的品格为我们确定了价值，按照这些价值又可以发现她的品格是完善的……对于故事讲述，这不仅是技术角度的选择，还是道德角度的选择。"[25]

没有这样一个人物，没有这样一些道德判断的绝对标准，布

思认为现代小说，最终会陷于一种相对主义的主观主义，陷于他
在塞林纳的虚无主义当中发现的那种终极的象征。反讽的现代概 357
念自然正是这样一种漫无目的的价值的阙如，一种围绕自身旋转的、以自身价值为实体的毫无来由的含混；因此布思著作的巨大优点之一，就是打碎了现代批评的那些石膏偶像，即反讽和视角。

然而，归根结底，回归到无所不在的叙述者，作为一种对于当代小说家的“解决办法”已不再吸引人了，对当代读者来说，那是对中产阶级规范和价值的捉襟见肘的辩护。两种看法都标明了批评家基本的反历史方法，他们似乎并没有理解文学史的不可逆转性，也没有理解在我们时代政治先于旧时流行的伦理的方式。事实是，布思所描述的隐含的或可靠的叙述者，只有在某种类别性质相对同一的境遇中才有可能，实际上它反映十分狭窄的一类读者所共有一种基本的价值共性；而这样一种境遇并不是通过命令使其回到世界上来的。另一方面，塞林纳的虚无主义，以及一般的现代主观主义的相对主义，却反映出中产阶级社会一种日益加剧的原子化，一种更大社会单位和体制的碎裂和衰颓。实际上，在从詹姆斯以来小说形式的发展中，说明这一过程在起作用并不困难。这样一种说明会显示出作为文学技巧的视角和作为社会事实的单子分离之间的关系。在对人工总体（例如纪德关于传奇小说［roman］是个体生存各种叙事［recits］的累加总和的概念）的创造中，在对作为一种主题的认识论的重视中，在对相对论性的世界现实和现象的反讽的强调中，这样一种说明会找到
证据。关于反讽，皮兰德娄是反讽的戏剧家，康拉德和福特[①]是 358

① 福特（1873—1939），英国小说家。——译者注

反讽的小说家，而费南多·佩索阿[①]也许就是反讽的桂冠诗人。

这就是同义反复的悖论介入的地方：因为从最久远的时代以来，当一切故事和轶事都必然涉及对此一种或彼一种叙事视角选择时，把视角说成是一种历史现象确实是矛盾的吧？不过，这恰恰是问题的所在。就视角作为一个范畴反映中产阶级在现代时期的历史境况而言，它是论述历史上不同形式的一个不相宜的概念，而且不可能以没有矛盾的方式运用于中世纪的叙事诗或民间史诗之类的作品。推而广之，我甚至可以说，对布思所描述的困境的解决本身，也能用同样的方式仅仅被设想成社会和历史变革的结果，也会意味着更真正的集体形式，新的叙事方式，对一般个体主义视角的超越。这种新的叙事方式与一个后个体世界的现实相符合；实际上这些新形式的发轫，可以见于现代文学的各个方面。

因此，布思著作的终极价值就是一般的保守主义立场的终极价值：它作为诊断，作为解释事物现存状态中一切含有争议事情的手段，虽然有用，但它的实际建议却只能是倒退和对过去的无益的留恋。的确，试图通过没有矛盾的、普遍有效的（因而也是非历史的、非辩证的）系统的再阐述来考虑视角概念，本身在历史上就是征兆性的。布思先生因而和他的批评对象具有某种共同的东西：因为詹姆斯也想得出制约着一般小说固有成分的普遍法则，他对形式受历史制约的性质所表现出来的认识，同样微乎其
359 微。所不同的是，詹姆斯这样做时反映了他所处的历史时刻，而布思先生却没有。

---

① 费南多·佩索阿（1888—1935），葡萄牙诗人。——译者注

Ⅳ．唯心主义、现实主义、唯物主义

一切出色的马克思主义者都应该正式地结成“黑格尔辩证法唯物主义之友协会”。①

——列宁

这样，历史决定论这个伤脑筋的问题，便慢慢地出现在我们眼前，甚至出现在看似纯文学的语境之中。就它相当于自然科学模式隐蔽地运用于历史而言，这无疑是个虚假的问题：因为，在后者的独特事件和人们能够重复的实验室实验之间，不存在任何共同的特征。换句话说，除非能够发现相继进行的实验所涉及的因素是相同的，否则就不可能有法则概念或科学预言；但在历史中，有关不同事件中同一的或经常出现的因素的假说，只有以越来越一般化为代价才有可能，即以远离那个独特的历史事实使我们能够远距离地见出其相似性。

这是与诸如普列汉诺夫在著名论文《论个人在历史上的作用》一文中所作的那类陈述有关的归纳活动：“卓有影响的个人，由于其心灵和性格的特殊品质，能够改变事件的个别特征和它们某些特定的结果，但是他们无法改变它们的一般倾向，这种倾向是由其他力量所决定的。”[26]无论从职业历史学家的经验主义观点出发，还是从萨特的存在主义立场出发，要想从哲学上反驳这种陈述并不困难；然而，这种陈述却的确符合对于过去的某种常识 360
性感觉，值得进行比较细致的观察。

① 这段引文汉译参阅了《列宁全集》，中文2版，第43卷，29页的译文。按：这段引文与列宁原著略有出入。——译者注

首先，如果有什么把这种历史同其他研究方式或客体区分开来的东西，那么它很可能恰恰是距离的这种不确定性，它允许我们改变焦点，并重新观察同一事件，或者从一种相对纪实的观点密切观察，或者越过较远的距离观察。在这种较远的距离中，事件只是作为一个更大运动或模式的细节出现在我们面前的。米什莱说，历史的理解是一个详细说明的过程，但看来更精确的是把两种运动都纳入描述，并把这种理解视为一个不断矫正的过程，它不断矫正我们已有的关于历史事件的公认形象，详细说明这些形象，无疑也在这些形象模糊时用大量细节改正它们，而在另一方面又远离它们，并在我们贯注于某一事件的经验主义的复杂性而忘记它也能具有意义时，把它们放回到更大的语境里面。如果相对于历史精确的历史真实，作为一个哲学概念能够说具有什么有效性的话，那么，就难以看出这种真实除了是确定的否定过程以外，怎样能用任何其他方式加以系统阐述。

这就是普列汉诺夫的论断可以作为一种对历史的陈述而在其中被证明为确当的语境。不过，当我们讨论到这种论断背后的意图时，可以清楚地看出，普列汉诺夫所呼唤的并不是决定论，而是事件的历史必然性。这也许不是概念而更是感觉的问题；而且我想说，必然性或者历史不可避免性的感觉，只是这种历史理解所特有的情绪，是那种伴随着精神过程的感觉，我们凭借这种精神过程，通过已经描述过的那种详细说明或矫正的活动，现在仿
361 佛第一次突然领悟了一个历史事件，就是说，我们第一次理解了这个事件何以势必以那种方式而不是以任何其他方式发生。因此，历史必然性的观念像是历史的转义，像是历史理解过程的真正时间性的修辞手段，它事先假定，一种更加较为具体的具体，一种更扩大的历史沉思的语境，因此，它并非是证实对偶然的选择感不能成立，而是使之变得无法设想和没有意义。

因此，历史必然性或不可避免性的概念只有在事后才有效。马克思主义的这个特点，作为一种概念的运作并没有得到充分的理解，但它具有深远的意蕴。从根本上说，这些意蕴无疑是哲学或历史性质上的意蕴，它们只以其排斥社会主义现实主义类型的文学法则的方式才直接关系到文学。然而，就本书所提的方法表明了黑格式的和马克思主义的概念运作具有某种互补作用而言，仍然有必要约略地谈一下（尽管是十分粗略地）为反对攻击黑格尔的“唯心主义”而作的辩护。这种攻击往往是以正统马克思主义的名义进行的，而这样的辩护已经蕴含在作为批判哲学的马克思主义概念当中。

因为作出预言的试图，只不过是无法以合于境况的方式进行思维的征兆；而且，我们可以说，马克思主义作为一种哲学思维方式，在关系到其他哲学立场时，本身基本上就是在事后运作的。因而，也正是在这种意义上，马克思主义可以视作哲学的“终结”，因为它在其结构上拒绝体系，抑或拒绝仍然是同一回事的形而上学内容。后者产生于精神过程的一种实在，产生于使某种事物摆脱心灵对其确定客体的具体运作的一种试图，产生于因此可以以绝对方式看作普遍有效的某种事物。毫无疑问，处于境况 362
之中并避开体系或教条，是非常痛苦的，这种痛苦的程度多大，形而上学冲动背后的那种情绪的动力就在多大程度上不言自明。

正是辩证思维的这一批判结构，这一反体系的锋芒，使得它的系统阐述变成了这样一个复杂的问题。因为，作为思想活动的马克思主义如果被描绘成一种内在的“永恒革命”，那么显而易见，对它的每一个系统表述，在它凝固为体系的那一时刻便歪曲了它。实际上，诸如布哈林就马克思主义所作的那些在其他情况下是可贵的概括，确实是深刻的形式上的反驳：“科学社会主义”的观念助长了对马克思主义的误解，即认为马克思主义是客观系统的观念体系，而不是一种在时间中运动的形式，因此它也有助于使那种在其结构上拒绝一切意识形态本身的东西转变成另一种意识形态。

不过，从最初看，那些把马克思主义理解为一种批判哲学的人们，在心目中确实认为它源于黑格尔体系和黑格尔的形而上学，并认为是对它们①的必然的摒弃。他们的反应是坚持历史唯物主义是一种方法，而且颇有启迪意味的是，他们发现像贝内代托·克罗齐和卡尔·考什这样一些相互矛盾地联系在一起的哲学家，在这种语境中达到了差不多相同的结论。所以，克罗齐保留他从自己的马克思主义时期所得出的结论：历史唯物主义“既不是历史哲学的先验的新观念，也不是历史思维的新方法；它只能是历史释义的准则。这一准则劝导人们关注所谓的社会经济基础，以便更好地理解后者的形式和变异。这种概念准则不应引起
363 什么异议，特别是如果人们记住它绝不意味着预知结果，而只是帮助寻找这些结果；它完全源于经验”[27]。

自然，克罗齐是作为一个非马克思主义者来讲话的，而卡尔·考什的术语可能更加熟悉：“马克思即便是在离开那种纯批判立场的地方，也不规定有关一切社会根本性质的任何一般的命题，而只是描述当代资产阶级社会历史形式所固有的那些特定情况和发展趋向。马克思的社会科学的批判原理，是在马克思主义其后的发展中，转变成一种一般的社会哲学的。从这一最初的误解出发，稍进一步便会认为，马克思的历史科学和经济科学必然基于更广阔的基础之上，不仅基于社会哲学，甚至基于全面综合的、既涵盖自然又涵盖社会的‘唯物主义哲学’，或对于宇宙的一般的哲学释义。这样，18 世纪哲学唯物主义的真正核心，在马

① 指黑格尔体系和黑格尔的形而上学。——译者注

克思历史唯物主义里所呈现的那些明确的科学形式，最终又被带回到马克思本人曾一度确定无疑作为‘唯物主义者关于物质的习惯哲学用语’而摒弃的那种东西。”[28]

实际上，当人们想起唯心主义者和唯物主义者在这种情况下都从基本否定马克思和黑格尔之间的关系出发时，克罗齐和考什立场的相似就不再十分令人惊异了：克罗齐是由于他本人是一个黑格尔派，而不是一个马克思主义者；考什是由于他相信，真正的马克思主义会彻底取消对于他仍是思辨的黑格尔式的辩证因素。

然而，极为矛盾的是，对于认为辩证法是一种批判的而不是 364
思辨的工具所作的最终的辩护，却来自黑格尔本人，他在《法哲学》序言的一页著名论述中，是这样描述辩证法的："关于教导世界应该怎样，也必须略为一谈。在这方面，无论如何哲学总是姗姗来迟。哲学作为有关世界的思想，要直到现实结束其形式过程并完成其自身之后才会出现。概念所教导的也必然是历史所呈示的。这就是说，直到现实成熟了，理想的东西才会对实在的东西显现出来，并且把握了这同一个实在世界的实体之后，才把它建成一个理智王国的形态。当哲学把它的灰色绘成灰色①的时候，这一生活形式就变老了。对灰色绘成灰色能使生活形态变得年轻，而只能作为认识的对象。弥涅耳瓦的猫头鹰要在暮色降临之后才开始飞翔。②"[29]③黑格尔有关绝对理念的观念，有关历史中止时"生命的礼拜天"的观念，显然是对这段话中存在的那个矛盾的

---

① 这里，黑格尔是引用歌德的名言："一切理论都是灰色的，只有生活之树常青。"——译者注

② 弥涅耳瓦系罗马神话中庇护手艺的女神。"弥涅耳瓦的猫头鹰……"云云原意是好主意在暮色降临后才能想出来；这里指"生活形式"只有在成熟之后才能为哲学所理解。——译者注

③ 中译据《法哲学原理》，序言，13～14页，北京，商务印书馆，1982，略有改动。——译者注

最终解决，马克思著作是对这一点所作的明显的纠正。人们不禁依稀想起了弗洛伊德早期精神分析过程的概念，他认为，在这个过程中，患者会中止他的生活以及他最基本的决定，从而在一种相对封闭的实验境况中解决他的问题，在痊愈以后，再回到生活中来。不过，一旦人们能够觉察到自己的思维与所研究的客体是一种同等的历史行动，一旦人们能够把自己作为观察者的立场纳入正在进行的批判思维，黑格尔式矛盾便迎刃而解，人们也不再需要设定一个历史终点，以便让历史思维得以产生。在领悟具有同样深刻的历史性
365 和境遇性的一切事件的过程中，无论是精神的还是其他的事件，马克思的思想都代表着对黑格尔思想的一种推进。黑格尔替历史哲学家本身保留了一个单一的外在于历史的地位，因而他不能在其最矛盾的方面把握“境况中存在”（being-in-situation）的观念。

因此，正是黑格尔哲学的这一特定方面，而不是那种哲学的总体内容，遭到了马克思主义的摒弃。然而，认为黑格尔“唯心主义”与马克思“唯物主义”不相调和的思想家，决不只是克罗齐和考什。这里我们最好还是考察两种立场的关系。

不过，就马克思主义是一种批判的而非系统的哲学而言，我们会期待马克思的唯物主义不是首尾一贯的见解，而是对其他见解的纠正；是一种以辩证方式对某种预先存在的现象的矫正，而不是凭本身存在的实证主义多样化的学说。这就是说，除非我们理解马克思的唯物主义针对什么，旨在纠正是什么的话，否则就不能真正理解唯物主义。[30]而且，应该指出，唯物主义辩证法不
366 只有一个而是有两个基本的哲学对手，在唯心主义之外，（在亚里士多德或托马斯·阿奎那①古典意义上）哲学实在论又提供了另外一种非辩证思维的原型，以及它的概念与外部现实相适应的

① 一译托马斯·阿奎纳斯。——译者注

常识性认识论，它的主客体之间机械的和“客观的”区分。换句话说，除非我们发现在现实中涉及三种基本立场，否则便无法充分理解马克思和黑格尔之间的关系；因此马克思虽说扬弃黑格尔辩证法的唯心主义精神，但是在否定哲学实在论那种本质上是分析的反辩证的思维方面，他又与黑格尔相一致。整个问题因而转向了马克思主义辩证法这两个替代物的相对结构上面，并最后变成了实在论和唯心主义各自的社会和历史功能，或者换言之，各自的意识形态的功能。于是问题变成了决定这两种哲学态度中哪一种应理解为中产阶级主要的意识形态工具，它们中间哪一种是后来变为马克思主义具体批判对象的那种神秘化的根源。

经过这样的系统阐述，在我看来，这个问题本身就包含着它自己的答案，而且，假如“唯心主义”一词保留着任何类型的精确哲学内容，那么断言黑格尔式唯心主义还能以某种方式构成西方中产阶级的主导意识形态便十分荒谬。在《超现实主义宣言》中，布勒东特别突出地对超现实主义这一对敌手进行了相互比较的讥讽：“在对唯物主义的态度发出檄文之后，现在该到对现实主义态度打一场官司的时候了。而且与后者相较，前者还稍富于诗意，从人这方面讲，它意味着某种自豪感；诚然，那是一种丑怪的自豪，但却决不是新的、更全然的堕落。我们最好把它看作 367
一种适逢其时的反应，矛头所向乃是唯灵论的某些可笑倾向。不过，它同一些范围内的高尚思想也并非是水火不相容的。反之，从圣·托马斯到安纳托尔·法朗士，现实主义的态度无不发祥于实证主义；我以为它对智力和伦理的任何升华莫不以敌意相对。我厌恶它，因为它孕育着平庸、仇恨与低劣的自满自得。”[31]①换

① 中译据《未来主义·超现实主义·魔幻现实主义》，242页，北京，中国社会科学出版社，1987。——译者注

言之，唯物主义是对宗教的一种反动，而现实主义则主要是对热情奔放的一种反动，或者用普通的话说，是对沉思冥想自身的一种反动，是对经验主义现在本身的任何理性超越的反动。

我们因此可以得出结论说，凡是在统治阶级意识形态采取一种宗教的或者唯灵论形式时，凡是在宗教成为反对变革和社会革命斗争的主要武器时，马克思主义唯物主义策略就会变得更加突出；在西方国家里，无疑有些地方仍然存在着这种情况，更不用说在第三世界了。

但总的看来，应该说，本质是封建的和反动的宗教世界观，以及它的等级论，它的忍受磨难和坚持灵魂至上的教义，已经被更具本土特征的中产阶级思维模式取代，而且后者已经证明同样能坚持下去。因为在西方国家，占支配地位的意识形态，显然是那种英美经验主义的实在论，对于这种实在论，一切辩证的思维都代表着某种威胁，而这种实在论的使命，则在本质上是对社会意识的一种钳制：允许给予经济问题以法律的和伦理的解释，用政治平等的语言来代替经济不平等的语言，用对自由的思考来代替对资本主义本身的怀疑。这种思维的方法，就其种种形式和外
368 观而言，在于将现实分离成一些封闭的空间，小心翼翼地把政治同经济、法律同政治、社会学同历史学等因素区别开来，结果是，任何特定问题的内涵永远不可能全部看见；而且，还在于将一切陈述都局限在不相联系的以及直接可以证实的事物范围之内，以便排除任何思辨的总体化思想——这种思想有可能引发整体社会生活的某种幻象。我不妨补充一点：当恩格斯在《反杜林论》开头一章里抨击“形而上学”思想的时候，他头脑中所想到的恰恰是培根和洛克传统的经验主义思想，而不是德国唯心主义学派。[32]

因此，如果这就是历史唯物主义有义务予以驳斥的那种唯心

主义含义，那么，我们势必要为黑格尔式变体和德国变体的唯心主义另立一个名目，这种唯心主义在意识形态上的歪曲完全属于另外一种类型。因为，对于马克思主义，英美经验主义显然是一种阶级意识形态，而黑格尔式变体的唯心主义所表现的，则是更属于心理类型的歪曲。黑格尔式唯心主义的幻觉，与其说是由社会和政治神秘化所造成的，不如说是由始终弥漫于人类心灵之中的、那种无意识自我中心论的永恒危险所造成的。对我们自己中心地位的这一视力幻觉，是我们意识生活中不可避免的、经常发生的事情，是一种结构上的错觉。这种错觉是由作为普遍化过程的思维和作为个体生存物的心灵性质之间的矛盾投射出来的。然而，这种“唯心主义”作为一种永恒的诱惑，却是我们存在的基本部分，它既打动“唯心主义者”也打动“唯物主义者”，因为它只不过是对我们自己观察者地位的遗忘。在这种情况下，前哲
学的幼稚和武断融汇一起，因为两者凝视着它们自己的概念，仿 369
佛这些概念就是事物一般；然而，在哲学谱系的另一端，黑格尔对这个困境精巧老练的解决办法同样是错误的，如我们已经见到的那样，它设定了绝对精神，即普遍性和个体意识的存在以某种方式被调和起来的一个用语。唯物主义的心理学功能，就是要遏制这种幻觉，它以健康的方式贬低精神本身的要求，贬低个体心灵对普遍性的要求，在自然和社会—历史世界中为我们的存在和机体重新找到基础。

在马克思和恩格斯的全部著述中，一种关于诸形象的典型综合标志出这一主题的发展：作为思想和文化领域中看似自主和自足的形象的视觉颠倒。他们在《德意志意识形态》的一段著名的话里告诉我们：“如果在全部意识形态中，人们和他们的关系就像在照相机中一样是倒立呈像的，那么这种现象也是从人们生活的历史过程中产生的，正如物体在视网膜上的倒影是直接从人们

生活的生理过程中产生的一样。”[33]①这种形象是自相矛盾的，因为其中由社会制约并由历史决定的神秘化，是根据一种永恒的自然过程来描述的：当前，阶级意识形态以及意识中那种固有的、更自然的、对一种无意识的唯心主义的倾向，仍然是可以识别的。

正是通过这同一个形象，《资本论》第二版跋中的著名论述，引发出马克思同黑格尔那些理想化倾向之间的整个复杂的关系：“辩证法在黑格尔手中神秘化了，但这决不妨碍他第一个全面地
370 有意识地叙述了辩证法的一般运动形式。在他那里，辩证法是倒立着的。必须把它倒过来，以便发现神秘外壳中的合理内核。”[34]②不过，这一形象不是倒立着的一个人的形象，而是像在眼睛视网膜上整个世界颠倒的那种形象。

人们常常认识不到的是，这种形象来源于黑格尔本人，来源于《精神现象学》论述“力量和知解力”③ 的一章，就是说，论述对可察觉的世界进行科学释义的一章。的确，对于黑格尔来说，从对外部世界的感性知觉到对它的内部法则的科学考察的演化，其特点就是创造出一个“颠倒的”世界，而这正是自然法则自身的领域。换句话说，科学思维包含将“真实”或感性世界的因素，投射到诸现象“内部”或“外部”超感性领域里去。这个领域是一般的抽象自然法则的所在，并且因此构成了经验世界的一种视像颠倒，而这一颠倒既是经验世界的反映，又是对它的解释。然而，对于黑格尔，这种意识虽然可能是科学的，但却仍然是天真幼稚的，因为科学家认为那个颠倒的世界本身就是一种现实，他设想法则存在于世界诸客体“内部”，同时又无法获得他自己心灵的意识，把它作为这种理论模式或建构的始源。

---

① 这段引文汉译据《马克思恩格斯选集》，2版，第1卷，72页。——译者注

② 汉译从《资本论》，第1卷，24页。——译者注

③ 又译“力和知性”。——译者注

马克思和恩格斯的成就在于，他们把这种对理论的自我永恒化的分析，对抽象过程倾向于用自身来替代现实客体的那种内在力量的分析，转移到对我们身处其中的社会文化世界的日常理解的领域。商品拜物教的概念，自然是对这种感性上的晦涩的明确 371
阐述，因为它是由我们自己历史社会的结构所决定的。不过，正是恩格斯在晚年又回到这个颠倒的形象上来，发现了它对文化理论的全部内蕴："经济的、政治的和其他的反映同人眼睛中的反映是完全一样的，它们都通过聚光镜，因而都表现为倒立的影像——头足倒置。这里只缺少一个使它们在我们的观念中又正立起来的神经器官。金融市场上的人所看到的工业和世界市场的运动，恰好只是金融和证券市场的倒置的反映，所以在他们看来结果就变成了原因……凡是存在着社会规模的分工的地方，单独的劳动过程就成为相互独立的。生产归根到底是决定性的东西。但是，产品贸易一旦离开生产本身而独立起来，它就会循着本身的运动方向运行，这一运动总的说来是受生产运动支配的，但是在单个的情况下和在这个总的隶属关系以内，它毕竟还是循着这个新因素的本性所固有的规律运行的，这个运动有自己的阶段，并且也反过来对生产运动起作用。……经济关系反映为法原则，也同样必然使这种关系倒置过来。这种反映的发生过程，是活动者所意识不到的；法学家以为他是凭着先验的原理来活动，然而这只不过是经济的反映而已。这样一来，一切都倒置过来了。而这种颠倒——它在被认清以前是构成我们称之为**思想观点**的东西的——又对经济基础发生反作用，并且能在某种限度内改变它，我以为这是不言而喻的。"[35]①因此，归根结底，我们所说的抽象

① 此处中译文据《马克思恩格斯全集》，中文1版，第37卷，484～488页，北京，人民出版社，1971。——译者注

思维所固有的那种理想化倾向，反映了各种专门学科的确立，换
372 言之，即劳动分工本身的确立；这是因为，思维已经变成了一个专门领域和专门家的财产，因此它倾向于使自己实体化。从这一意义上说，马克思主义的反唯心主义锋芒，只是旨在打破理性思维“颠倒世界”的符咒。辩证法用以使我们免于这种幻觉秩序，把我们身不由己地从我们的概念中投射到真正现实的世界，而这些概念据说是应用于这种世界的。我们自然无法果真外在于我们自己的主体性：这样想就是实证主义的幻觉；但是，每当这些主体性僵化起来时，真正的辩证思维的任务，就是将我们从自己僵化的观念当中解脱出来，使我们进入对于现实自身的一种新的、更生动的领悟中去。

这种思维因此从本质上说是一个过程：它永远达不到系统真理的某种终极地点，从此它可以在那里停息，因为它似乎辩证地与非真理、与神秘化相联系，它是对神秘化的决定性否定，针对着那种神秘化，它永远被迫去矫正对于现实的一次次的领悟，而它自身反过来又永远处于同真实失去接触的危险之中。[36]在我们现在描述的语境中，即将自身局限于说明辩证法是一种心智运作的语境中，辩证思维便这样证明，它是思维矫正自身的时刻，其中心灵突然退缩回来，将自身含纳于其拓展了的新领悟里，在对现实的一种新的瞥视中，加倍恢复其前此的观念，并为这些观念重新找到基础：首先，逐步认识我们的概念工具本身如何决定所取得的结果的形态和局限（黑格尔式辩证法）；尔后，在其次的、
373 更具体的、作为明确的马克思主义形式的反映运动中，在对我们自己既是历史产物又是历史生产者的意识中，在对我们社会—经济境况深刻历史性质的意识中，来做到这一点，因为这种境况既提供了解决办法，又提出了问题，而它们又同样地引发出解决办法和问题。

现在，回想到前面一章所作的区分，如果我们采取一种与其说是哲学的毋宁说是诠释学的观点，那么，我们在现代思想中，就可能见到不少东西是一种无意识的运动，竭力走向这一最终的辩证立场。如此，我甚至想将现代哲学的各大学派（无论是实用主义，还是现象学、逻辑实证主义、存在主义，抑或是结构主义）的那种深刻的形式主义，统统视为甩掉系统包袱或形而上学内容的尝试。这种尝试，追究到它的终极结果，就会以一种辩证的颠倒，转入我们在现在语境里可能称之为马克思主义自身的"绝对形式主义"中去，其独特的辩证和历史的自我意识的概念，则使它能够起到超常的作用并将绝对完全拘囿于个体意识或个体观察者的彻底相对性之内。说到辩证思维的另一方面，对于那些自相矛盾和自我隐含的概念，如萨特的真实性及其对不断改革的邪恶信仰（mauvaise foi）的不断矫正，还有维特根斯坦的"疗救实证主义"（弗雷特·莫拉语）、尼采的系谱学，确实还有弗洛伊德式分析境况本身等，我倾向于把它们理解成我们在这里描述为辩证自我意识的相对专门化的歪曲了的变体。广而言之，在我看来，即使是诸如俄国形式主义的奇特化或"使之奇特"（在美国也说"使它新颖"）之类的美学概念，实际上也就是现代艺术中无处不在的那种更新我们对世界知觉的内在倾向，都不过是以美 374
学形式在审美层面上对辩证意识运动的显现，如对我们程式化生活模式的某种骚扰，对我们日常关于事物的幻象所施行的一整套冲击，以及对我们习以为常的意识的含蓄批判和重构。从哲学上把这些概念同真正辩证思维区别开来的，首先自然是这些概念不能解释我们知觉的初始麻木不仁，它们无法对那种本体论缺陷提出充分的历史解释，而只能从伦理学和美学方面予以理解。然而，这种思想的歪曲，这种对境况中的本质因素在结构上的抑制，却得到了马克思主义意识形态理论的充分解释，后一理论断定有一种抵阻或反感，而随着我们愈益接近社会—经济的那种真理，这种抵阻或反感便愈益强而有力。然而社会—经济的那种真理，如果以其全部的透明性显示出来，就会立即迫使我们进行实践。

黑格尔的《逻辑学》，是由固定概念体系转变到那种过程的流动性的至高界石。过程的流动性最终产生了这些概念，它们回归并沉浸于真正塑造性和非塑造性的精神力量，而它们作为绝对法则的一成不变，又使我们对上述力量视而不见。同理，可以想象出一种辩证的修辞学。在这一修辞学中，对各种不同的心智运作，不应作绝对的理解，而应理解成我们同真实本身关系的要素，以及修辞格、转义、句法范式，因为，真实虽则在时间内的变化不可逆转，但仍然服从一种仿佛是语言逻辑的、永远无法从其客体中区别出来的逻辑。在我看来，这种设想不无裨益，因为它可能提出辩证思维重新打开通往时间和历史本身道路的深刻倾向，并在永不止息的意识形态形成的废墟上，重构变化着的真理。

Ⅴ. 马克思主义与社会学：重新为作品奠定基础

375 依此看来，很显然，即便是我们所称的黑格尔式文学批评，也包含了一种在本质上批判的、否定的、矫正的要素，就我们自己的批判工具和文学范畴而言，它是强加于我们的某种突然的自我意识的要素。现在，当我们转而论述严格的马克思主义文学批评的时候，需要借助一种类似的认识论的冲击，我们才能够识别其存在：因为这种冲击对辩证思维是构成性的，同它不可分离，是向意识的更高层面、向存在的更大语境突然转移的一个标志。

这种冲击的阙如，确实是许多冒牌马克思主义批评的征兆，暴露了其非辩证的性质。因为，马克思主义经济理论所描述的文学史的经典性断代划分——原始积累、中产阶级革命胜利、帝国主义时代——仍然是一种静态的做法，而无论这种做法是克里斯多弗·考德威尔的实践，还是在卢西安·戈尔德曼“同源现象”更精巧的伪装下的实践。阅读前者的著述，确实是在逐渐获得一种名为诗的形象的印象，这形象与维吉尼亚·吴尔夫的奥兰多一样，也在现代历史各时期一连串的历险过程中，改变自己的形状。这种对应现象中稳在的缺陷，这种庸俗马克思主义的显而易见的瑕疵，可以溯源于对所谓经济层面本身的一种误解，因为经济图式在什么程度上是历时性的，并且意味着为长时期经济发展提供一种持续不断的模式，经济图式本身就在那种程度上是一种理想，也确乎往往是一种无意识的唯心主义的建构。对于这种经济序列，适用于我们关于黑格尔典型运作所说的一切，如创造一种人为的连续性模式，以便从思想上把握历时性在其他方面无法 376
设想的现实。因此，断言在封建主义、资本主义和社会主义这一序列里，马克思主义经济理论投射出一种从本质上说是黑格尔式的模式，显然只能是一种悖论。情况若果然如此，那么，同样清楚的是，在现实的诸层面之间，在文化和意识形态史（政治体制的演化）与最终经济发展自身之间，对同源现象的假定只能是上文联系泰纳和斯宾格勒所讨论的那些静态文化模式的更复杂的变体，更多的是对具体性作某种准备，而不是真正实现具体性。

因为对具体的领悟，真正马克思主义文学批评的典型姿态，发生于共时性的领域，而且，正是在这一方面，马克思主义的概念运作和一般社会学批评运作之间的区分本身，才最精确地展示出来。因为社会学方法同样蕴含着将一个特定的文学或文化事实，同一个特定的社会或文化现实中的某种更根本的“基础”相并列。同马克思主义思想一样，社会学也往往以群体或社会阶级表现自身。因而，社会学文学批评的问题，自身最惹人瞩目地展现在我们前一章称作马克思主义的主观维度的语境中，这就是马克思主义为了以阶级来表达和重新阐述经济体制的含混不清的现实而运用的那种可选择的代码或语言。

也许，在晚近法国批评中有关冉森主义极为浩瀚的文献的语境中，我们可以指出这个问题的实质。法国批评最重要的成果是
377 保罗·贝尼舒①的《伟大时代的伦理》、亨利·列斐弗尔的《帕斯卡尔》和卢西安·戈尔德曼的《隐匿的上帝》。尤其是列斐弗尔的研究，可以说最先在批评领域里把法国马克思主义付诸实践，而且至今仍然最令人注目，尽管有其矛盾倾向和拟定的痕迹，却断然在对那个历史时期本身详尽的、富于启示的描述中，恢复了冉森主义阶级归属的问题：对帕斯卡尔著作的具体背景的这种重构，已等同于为它在基础结构中重新奠定基础。这也许是一个多少不同于那种历史背景的问题。历史背景常常用于文学，同对于最真正的、形式的文学分析，又似乎是外部或外在的某种事物。实际上，对于后者来说，作品与其背景的关系，正如一件家具与其环境的关系；充其量说，在这两者之间，即客体和背景之间，能起作用的只是文体相似性的一种交换，也就是我们前此说过的那种文体或文化类同的实践。

但是，对于马克思主义批评来说，作品就其本身而言恰恰不是圆满的，而是当作一种表示或言语的延伸流传给我们的，除非我们能够理解最初形成这种表示的境况，理解在这境况中这种表示是对其对话者的一种回答，否则就无法领悟。这就是说，对于

① 保罗·贝尼舒（Paul Benichou，1908—2001），研究17世纪法国文学的知名学者，曾执教于哈佛大学。他的《伟大时代的伦理》已译成英文，改名为《人与伦理：法国资本主义研究》，纽约，1971。——译者注

马克思主义，由文学进入社会—经济学或者进入历史，并不是由一个专门学科进入另一专门学科，相反，它是由专门化状态进入具体自身的运动。我们曾经指出，对于马克思来说，政治经济学并不是各种研究中的一种类型，而是作为其他研究的基础的那种研究。在我们时代，它被人为地再分为社会科学的各个分支，被分裂为社会学、经济学、历史学、政治科学和人类学，这本身就已经是对它作为领悟社会生活的统一方式的一种隐含的评论。因 378
此，当马克思主义文学研究看似由文学转变到社会—经济学的时候，当恩格斯对易卜生的评述转而成为对德国和挪威小资产阶级之间区别的一篇专题论文时（“挪威农民从未有过农奴制，而这一事实给那个国家的整个发展以一种全然不同的背景，正如在卡斯蒂利亚①的情形一样。挪威的小资产阶级是自由农民的儿子，由于这个缘故，他与德国悲惨的庸人相比，还是一个人”）[37]；当亨利·列斐弗尔以一篇长文论述 16 世纪的农民状况、国王的进步性质、婚姻和妇女财权的法律结构演化，并以此文作为他对拉伯雷研究的序言时；实际上，当次要的马克思主义批评看上去被强行归于计划经济或阶级背景概略的一种仪式似的表示时——那也决不能因此认为，这种批评就是对材料的介绍，是历史学家如果训导有方就可以免除的那种材料介绍（虽则我相信，一般说来历史学家确实没有以适当方式供给我们这些材料）；而应该认为，它是这种批评内在结构上的一种拓展，是作为一种理解形式的马克思主义文学批评的内在而又不可或缺的要素。

因此，当我们把帕斯卡尔的作品重新置于冉森主义更大的社会语境，作为同穿袍贵族相对立的意识形态时，我们并没有用有关其他事物的讨论来替代对于帕斯卡尔的讨论；相反，我们因此

① 卡斯蒂利亚，西班牙境内旧时的一个王国。——译者注

恢复了它作为一个复杂、矛盾、多价值的历史行为的具体丰富性。冉森主义世界观的悲观主义，从而变成了内容上较富历史性
379 的东西，而不只是一种形而上学的选择。现在，它证明是人们对生活的扬弃，这些人所属的阶级错过了它的历史机会，卡在叛逆贵族和国王及其新中产阶级官僚之间，在它作为有影响的、相对独立的社会群体的命运中，面对着历史“终结”的空白墙壁。或许，更合适的说法是，在这种分析中，形而上学选择本身在某种意义上恢复了它的具体特征，作为人类对历史境况的一种总体反应。当然，走得最远的是卢西安·戈尔德曼，他详述了帕斯卡尔和拉辛的悲剧观与皇家港群体①的“极端主义者”对世界的极端否定的关系，而最终是同穿袍贵族作为一个阶级的失败的关系。

然而矛盾的是，马克思主义对阶级和意识形态之间相关联的最强有力、最富启发的模式，却是由保罗·贝尼舒提出来的。他故意抛开对那个时期的经济和社会史的半强制性的考察，把自己的讨论局限于思想史层面。实际上，他作为先驱者不求助于任何人，只有圣-勃夫一人除外，后者已经这样系统地阐述过冉森主义阶级根源的命题：“皇家港是法国中产阶级贵族的宗教事业。”[38]然而，这一从本质上说是社会学的论述同贝尼舒自己实践之间的对照，却是富于启迪和教益的，因为贝尼舒比较详细地向我们表明，对于皇家港在哲学、艺术和宗教上的实践，总是要在双重意义上进行理解，不仅本身作为一种有条理的体系或世界观，而且还作为对付它的阶级敌人的一种进攻性武器，特别是对付像在高乃依作品中所体现的那种崇高的封建伦理。实际上，这第二种目标，或者说进攻性目标，是在体系本身建构背后赋予活
380 力的动机，它只是作为一种形而上学的幻象降临在我们头上，因

① 17世纪法国冉森主义者的世俗社团，以其逻辑学家和教育家著名。——译者注

为我们不复意识到它在其中首先是一种行为的具体语境。因此，在冉森主义中，对罪愆和自我厌恶（le moi est haïssable）的某种更新意义的回归，与贝尼舒称为“英雄的毁灭”那种策略性和进取性运作相一致。“他者”（The Other）——封建显贵及其对社会地位和价值的深刻内在意义的全部虚夸的戏剧化——被纳入自我的湮灭当中，在“自我”自身的毁灭中同它一起消失。

这种分析不同于纯社会学类型的分析，因为它不仅描述一种学说和一个阶级之间的关系，而且也描述那种阶级斗争学说的功能作用。常常受教而又往往忘却的教训是：意识形态旨在促进人类的尊严的某个特定阶级的清白良知，与此同时它又羞辱它们的敌手；这两种运作其实完全是一码事，而且，作为一个文化上或思想上的客体，完全可以界定为这样一个两面的结构，一个思想（观念）的复合体，依据探讨它的侧面的不同，或者呈现为系统性的，或者呈现为功能性的。于是，封建的“荣誉”的代码羞辱那些不能保护自己的阶级（或者用马尔克·布洛赫的话说：穷得连马也没有），新教的行动伦理举出贵族的游手好闲和穷奢极欲而加以羞辱；而 19 世纪关于中产阶级的“荣誉”的观念，正如我们在前一章中看到的那样，则根据特有的生活方式把中产阶级同工人分离开来。我们由是可以说，马克思主义阶级观念同社会学阶级观念的区别是，前者认为阶级完全是一个区别性的概念，每个阶级都是既同其他阶级相联系，又同其他阶级相拒斥的一种方式。无论社会学的哲学预设是什么，它的观点在形式上都是谬误的，因为它允许我们以某种彼此孤立的方式来考虑个人所属的 381
阶级，像城市或乡村中各社会群体那样几乎完全隔离，或者像以某种方式自我发展并相互独立的“文化”：因为，孤立的阶级或社会群体的观念，正如 18 世纪孤独个人的观念一样，无疑是一种实在的本质。在历史上，同样没有哪些实体平静地保持着自己的本质，而是保持着每一瞬间的关联性和斗争，在这种斗争中，阶级与个人一样，都没有不去参与的自由。因此，每个阶级在其自身存在中都包含着所有其他阶级的存在，因为它用它们来界定自身，并且只有在它成功地羞辱了对手的情况下，才能使自己长存不衰。这样，用那种方便而肯定是非常抽象的三重公式来说，资产阶级就把自己同时界定为非贵族和非工人，或者，更确切地说，集反贵族和反工人于一身。而且，运用阶级的这种关联性概念，也得出了真正马克思主义分析的标准：这种标准必然在其结构中隐含着非神秘化带来的震惊；它总是以这种或那种方式事先假定一种运动，由看似系统的和在思想上连贯的自足的表层，向它背后那种历史境况发展，按照这一运动，所观察的意识形态产物，作为局部具体斗争中的一种确定的武器，突然证明具有了功能性和策略性价值。于是，这种分析的真实性，就可以用这一转变所实现的程度，用文化事实根据群体间生死斗争的代码重新进行表述的圆满性来加以测度。

因此，利用著名的术语来说，艺术作品或文化事实，无疑反映了某种东西，但它所反映的，与其说是作为某种自主文化结构
382 的阶级本身，毋宁说是那个阶级的境况，或者简而言之：阶级冲突。不过，这样说就等于意识到，在反映方式本身当中，所提出的这种模式包容了相当广泛的可能性。例如，在前此描述的对冉森主义的分析中，似乎在戈尔德曼和贝尼舒之间就有本质的不同，对于戈尔德曼来说，作为一种哲学的冉森主义反映其悲剧性的社会境况，而贝尼舒的概念则把冉森主义当作一种深思熟虑的——即使是绝望的——意识形态的策略。依我看，这种不相一致可以得到极有裨益的理解，不是理解成释义当中的经验差异，而是理解成这个模式内部的转移或重新安排：理解成一种相对积极的概念，即更加强烈地坚持作家或理论家的独创性和创造力，

以此代替关于“反映”发生方式的一种相对消极的概念。从本质上看，这种转移是历史距离本身的功能，是以历史事件为中心的功能：各文化客体似乎以一种相对消极的方式，从遥远的地方反映它们的境况和基础结构，这既无所谓真实也无所谓虚假，而只是媒介本身形式上的蕴含。另一方面，当我们愈益靠近这些现象时，个别行为者便开始出现，我们也便沉重地意识到他们每个动作所赖以产生的独特的生存境况；在这种焦点即特写镜头之内，阶级甚至不复可见了，而且，我们慢慢地发现自己不得不作出结论说，倘若反映观念还有什么意义的话，那么，至少必须用这样一种方式对它重新进行阐述，即只有个体作家才把自己改变成这种反映的工具。不过，这种阐述自然也只是我们与历史的距离的一种功能，或者毋宁说我们极为靠近历史的一种功能。

事实上，对于萨特说来，福楼拜的作品可以说是反映了他那个时代的社会矛盾，不过条件是，我们要根据在想象中试图解决 383
在社会上不可调和的问题的方式，来理解这些作品是否做到了这一点。我们已经知道，对于萨特来说，阶级归属不是特定的，而是在童年以家庭为媒介学到的，因此仿佛是第一次重新创造出来一般。不过，就福楼拜的情况看，这种归属是存在异议的：对于他，资产阶级是与自我厌恶极其相同的一种矛盾的客体。因此作品本身也是如此，萨特把它说成是伏尔泰式反讽和宗教献身之间的一种想象的综合。从福楼拜童年经历来说，这两方面的情况与他父母的气质相符合，而在他们之外，在社会阶级的更大的世界上，一方面与刚刚诞生一二代之久的、正在崛起的资产阶级的意识形态相符合，另一方面与他母亲出身的小贵族的意识形态相符合。这样，即便是在福楼拜作品的形式方面，也反映出要使这两种不可调和的事物相结合的一种徒劳的尝试；于是作品变成了一种象征性转换，由具体社会现象变成了文学本身典型的存在方式，而在这种转变中，具体社会现象在福楼拜那种奇特的结合中得到了体现。福楼拜不仅把艺术宗教和腐蚀性的社会悲观结合起来，而且把形式上的热忱和内容上的突变结合起来，例如他用为某个没有信仰也不会祈祷的人进行祈祷的态度，使无聊变成了光阴的虚度。

在列维-斯特劳斯将卡都维奥印第安人的奇特装饰艺术奉若神明的著名篇章中，我们发现了一种类似的艺术观，即认为艺术是想象的解析，不过，这一次确乎是以原始社会或前阶级社会为其背景的。他在形式或纯文体层面上发现，这种艺术的特征是对称性和非对称性之间一种辩证的相互作用，是“同两种矛盾的二元性形式相符的一种复杂情况，它导致一种调和，但这种调和是通过客体的理想轴和它再现的现象轴之间的一种派生的对立而实现的”。
384 现在，列维-斯特劳斯认为，这种纯形式的结构是卡都维奥人社会组织内部矛盾的一种反映，它揭示出二元和三元体制之间一种尴尬的踟蹰不决。这样，一个抽象的形式模式，证明原来是试想以一种想象的方式来“解决”真实的社会矛盾：“既然他们①无法意识到［这一矛盾］并体验这一矛盾，他们便开始对它进行臆想了。”[39]

在这一方面，无疑就产生了关于这些想象性解决是否具有更普遍的代表性的问题；或者换句话说，特别是就精湛的个体性艺术而言，就产生了艺术家的社会学及其个人心理和境况与他的公众社会学之间相脱节的问题。不过，这一表面上的困境是能够避免的，但要按照锡德尼·胡克的观点，根据“任何文化事实的起源同它的接受之间的差异重新对它阐述。譬如在艺术当中，无论在哪个时代都会出现所有类型的文体变体或变异。而社会和政治

① 按：指卡都维奥人。——译者注

环境，又作为选择性动因，作用于这些变体或变异”[40]。确实，在现在的语境里，我们很想把从考虑作家到考虑他的公众的这一转移，视为辩证颠倒的关键契机，在这种颠倒之中，随着方式的转换，我们的模式从艺术反映其社会基础的主动概念，重新调节为被动概念。这里，在关注作为一种动作的艺术过程自身的方式中所失去的，可以在诸如萨特的《什么是文学?》之类的著作中，通过描写艺术形式的阶级运用，在描写的精确性中重新获得。而就作品本身来说，我倾向于认为，这一主动—被动轴，同从考虑形式到考虑内容的一般转移大体一致；或者，既然可能性的范围 385
在此处必须视为连续统一体，而在这个统一体中，对于这种现象愈益细微或者愈益一般的观察，又以前此描述过的方式缓慢地引发出辩证的颠倒，所以我宁可认为，这一主动—被动轴是从以前表述为形式现象的东西，转变到现在证明是内容术语的东西。这样，福楼拜就通过形式的革新“解决了”一个矛盾，但恰恰是冉森主义的悲观论才表达了穿袍贵族事业的不可救药。然而，如果用一种不同的方式重新注视这些现象，人们当然就能把帕斯卡尔作品的形式特征，描述为自己有权存在的象征性（符号性）动作，这正如人们能够把福楼拜小说的情感内容，同 1848 年革命失败后法国社会和政治气候相联系一样。

与此同时，“想象性”解决的假说，又提出了一系列我们尚未直接触及的、稍有不同的新问题，然而在过去，对于马克思主义文学批评，这些问题却是首当其冲的。因为，假如穿袍贵族未能进行革命，假如存在着从结构上看无法解决的社会矛盾，那么，我们还必须同时牢记着一些革命获得成功的事实，并且为这样一种艺术——可能是预言性而非以幻想为取向的艺术，可能兆示正在策划着的真正解决，而非为不可能的解决设计形式替代物的艺术——留出一席地位。换言之，马克思主义的阶级概念，不仅涉及我们迄今已经强调过的共时性分化维度，而且涉及历时性维度：对一个阶级的界定，既可以通过它与同时代其他阶级的对抗关系，也可以通过它在历史过程中的地位，通过它参与历史演化中的一个特定的和确定的阶段。不过，衡量一个阶级这种时间
386 上的命运，不是从外部进行的，也不是根据整个经济史进程的某种外部图解或图表进行的；相反，它是从内部进行的，根据内部温度的升降，或者作为对公开的可能性和随历史机遇的波涛前进的一种自信感，或者作为自我背弃的一种郁闷感，一种对于停滞和无效、闭关自守、损坏才能和虚掷精力的感觉。对于一个阶级经由它崛起的伟大岁月到它衰落的岁月所产生的这种改变了的情绪，马克思主义现在以进步的或反动的著名政治语言来概括其特征。

历史范围的这种拓展或收缩，对于艺术生产，无论就内容还是就形式来说，都产生了最重要的后果；而且，依我看来，普列汉诺夫在《艺术与社会生活》中的经典陈述，其准确性在今天决不逊于当初下笔的时候："艺术家和对艺术创作有浓厚兴趣的人们，在与周围社会环境处于无法解决的不和谐时，便会产生为艺术而艺术的倾向。不仅如此。我们那些坚信理性会在不久的将来获得胜利的'60年代的人们'，以及怀有同样坚定信念的雅各宾派画家雅克·路易·大卫①和他的朋友们的实例，都向我们表明：所谓功利主义的艺术观，即是使艺术作品具有评判生活现象的意义的倾向，以及往往随之而来的乐于参加社会斗争的决心，是在社会上大部分人和多少对艺术创作真正感到兴趣的人们之间有着相互同情的时候产生和加强的。"[41]②无疑，绝大多数的马克思主

① 雅克·路易·大卫（1748—1825），法国古典主义画家。——译者注

② 中译文据《普列汉诺夫美学论文集》，829页，略作校改。——译者注

义批评家都曾讨论过在集体生活中艺术生产源泉的这种更新，认为这是这种或那种形式的现实主义；并且曾倾向于将过去各新兴阶级的艺术（主要突出的自然是18和19世纪伟大的中产阶级现 387
实主义，但也兼及埃赫那顿[①]治下埃及艺术的自然主义复兴，古典雅典的原型文体演化，哥特式艺术的崛起和文艺复兴），以一种周期性的复兴联系起来。这种复兴的最晚近的显现，则可以视为社会主义现实主义。不过，我们不大想详细论述现实主义概念所固有的困难，假如我们明白，这一概念在很大程度上说，所涉及的是对艺术内容而不是对本质上是形式现象的关注。如同我们讨论卢卡契时已经见到的那样，当现实主义问题以一种形式的方式提出来时，再现性和真实性的标准便倾向于被全然不同类型的其他标准代替，例如被蕴含于总体性和具体性概念中的形式判断取代，或被与描绘相对的叙述概念中的形式判断取代。

然而，普列汉诺夫有关18世纪资产阶级戏剧的讨论已经表明，艺术同一个兴起阶级的关系，不一定要用现实主义内容的简单化术语加以分析。处于分析中的历史和艺术现象，实际上是自相矛盾的事实：随着法国中产阶级更加接近他们追求真理的时期，散文体的现实主义感伤剧——在18世纪50年代似乎是他们的典型产品，狄德罗是这种戏剧的理论家——尽管源于上层阶级公众的趣味，但在古装英雄剧再次流行之际便失去了人们的青睐。当然，归根结底，这种表面的复兴证明预示了一次基本上是中产阶级的艺术运动的诞生：这就是新古典主义的诞生，大卫的古装绘画是它的界石。然而，普列汉诺夫的分析是一种精明的分析，他利用类似贝尼舒用于冉森主义的一种模式，为现在在阶级

① 埃赫那顿（？—前1358），埃及第18朝法老，系阿蒙霍特普四世的称号，意为“太阳神阿顿的信奉者”。——译者注

388 对抗的具体情境中的一种本质的文体现象重新奠定了基础："资产阶级的戏剧，"他对我们说，"一开始就带有法国资产阶级的对立倾向，而且在表达它的革命希望方面，已不再有任何用途。"[42]换句话说，资产阶级戏剧帮助中产阶级意识到，他们自己是有别于其他阶级的阶级，是个具有自己的生活方式、意识形态和自尊心的阶级；然而，当这个阶级觉得十分强大，足以与贵族进行直接而又雄心勃勃的对峙时，它就需要吸收罗马共和国那些更激励人心的形象，如布鲁图和那些伟大的护民官，以及古典遗迹中那些英雄的形象。

这样一种分析，自然可以由前章概要论述的萨特关于吉伦特派举行罗马式化装舞会的讨论来完成；因为十分清楚，诉诸古装戏剧包含一种自我神秘化的因素，同样也包含一种常规的因素。然而，在我们现在的语境里，历史判断上的这种变化具有相当不同的理论意义：它强调我们一直使用的阶级描述中的根本相对性，对一个阶级兴衰命运的评估的相对性，以及它的进步和反动性质的相对性。因为，按照我们的观点，18 世纪的中产阶级既是进步的又是反动的，它们代表了一个阶级上升时的命运，然而从长远观点看这个阶级在历史上又注定要消亡。它们同时集这两种东西于一身：属于他们的那种堂皇的、普遍化的意识形态，连同它在我们自己时代的第三世界上依然富有活力的政治解放的逻辑，既是整个人类遗产的一部分，又是特殊的阶级辩护的例证。因而我们再一次在我们的印象中证实，我们同某一历史事实的关
389 系不是固定不变的静态关系，而是一种不断拓展和收缩的关系，它依据我们对自己的距离和对我们自己境况所持的观点的辩证的调整而发生变化。这样，我们可以不把这些判断理解为一系列相互排斥的立场——持这种立场会使我们一劳永逸地断定冉森主义是进步的（鉴于它所反对的东西），或是反动的（鉴于它所拥护

的东西)；而是理解为某种滑动标尺之上的一些立场，这种标尺滑动于全然拒绝和全然认同这一对相互诘难的极端之间，以其移动的方式，一部作品或一个运动，可以沿连续统一体重新确定它采取一种相对来说更否定的立场，或者相对来说更肯定的立场。

因此，马克思主义的阶级分析，证明是包含着两种不同的判断轴，这要视我们是否强调文化客体和它所“反映”的阶级之间的关系的性质，或是否关注那个阶级的历史命运而定。于是，我们就可以将下面这个模式所固有的各种可能性衔接起来了：

	否定的 (反动的)	肯定的 (进步的)
被动反映 (内容)	冉森主义 (意识形态)	现实主义 (政治意识)
主动解决 (形式)	福楼拜、卡都维奥艺术 (艺术形式主义)	大卫的绘画 (开放或预言形式)

不过，除非对这张图表有清楚的理解，否则就比引入歧途还糟。正确的理解是：在适当的情况下，同一个文化事实可以被视为占据着这些立场中的任何一个立场，抑或被视为通过全部相连的现成立场来完成一种循环。因此，巴尔扎克的小说通常被理解成一种上述意义上的“现实主义”的，可以视为反映了某一衰亡阶级的反动意识形态，视为从他自己个人的境况演化出本质上是个人和形式的愿望的满足，或者视为通过《人间喜剧》复杂的人 390
际结构预示出某种新的、后个体主义的、集体的形式组织。我认为，利用差不多同样的方式，也不难将列宁关于托尔斯泰的各种评估——如说他既反动又进步，既是一个宗教思想家又是一个革命预言家——按照这样的结合图式加以阐述。这里的含义是，这

些表面上的判断矛盾，实际上应该看作是以一个共同模式为基础的变异，而不是要求我们采纳或摈弃的"一些看法"。的确，历史正好有这样的义务，它必须扩大客体于中得到保存的视野，增加它从中得到审视的视角；而且我认为，以这种方式对待不同判断或评价，并不是要表明某种理论的客观性和中立性，而是将我们重新置于价值本身和这种结构变换的源头，使文学的表面争执转回到历史世界上冲突群体的终极现实之中。

就马克思主义文学或文化批评力图将其客体同阶级本身的现实重新统一起来而言，就它在其客体中见出阶级实践的一种相对透明的形式而言，这就是它所采用的形式。可是，拜物教化的现实——而不是幻觉——又如何了呢？当我们把作品不是看作相对隐蔽起来的关系，而是看作自己有权存在的不透明性的形式，看作某种生产出来的东西、某种十分故意地加以物化的意识时，又会发生什么情况呢？简言之，当我们想到马克思主义分析的这两种可能代码或语言时，我们就可能开始怀疑，是否我们迄今根据阶级所描述的一切，也可以以十分不同的方式加以发展，而且实际上可以得到十分不同而又同样富于启迪的结果。

391　这里，我们显然与作品和经济相联系而不是与社会现实相联系的背景有关：因此这种分析的坐标，不复是意识形态形成的坐标，而是商品生产方式的坐标。然而，作为客体之客体的任何透彻描述，都有以这种那种方式同亚里士多德的四因说——形式因、质料因、动力因和目的因——相协调的义务，并将其作为对某客体进行理解的各种观点的清单："其一是我们所说的实体，亦即本质（因为'为什么'最终可简约成定义，终极的'为什么'则是一种原因和原理），其二是物质或基质，其三是动力（变化）的源泉，其四是与此相对的因，是目的与善（因为这是产生一切动力（变化）的终极）。"[43]但是，亚里士多德的模式源于工匠生产和手工艺世界；它映现出一个过程，在这个过程中，模仿一种特定模式的动因形成某种材料以创造一种客体，这客体于是就具备了某种明确的用途，例如一口饭锅、一件衣服、一串珠宝或者一柄长矛。显然，就艺术作品本身只是这样一件手工制品而言，亚里士多德的模式和它被要求阐明的审美客体之间（且不说其他事物）存在着一种预先确定的和谐。

这一预先确定的和谐很可能既适用于客体制作过程，又适用于知觉过程。我们已经约略提及海德格尔关于使用客体（objects-in-use）优先于弃置客体（objects-in-rest）的学说；同样，我们借以观察外部世界的占主导地位的实体范畴本身，也由我们周围实际客体或工具的类别和结构所规定和制约。然而，海德格尔的模式源于农民世界，在这个世界上，杯子、犁耙、斧头和牧杖铸 392
成了在它们背后出现的自然世界。

因此，马克思主义批评必须使这两个模式（即强调制作过程，坚持环境特有的工具或客体的首要性）所产生的洞察力，适应于消费品工业化生产的现代世界。遵循海德格尔的模式，就会强调商品形态的制约方式，即对客体的所有更富思想性、更理论化的知觉进行制约的方式，当然也包括知觉的审美方式。在一个交换价值优于使用价值的世界里（从本质上说，这就是商品的定义），毫不奇怪，艺术作品的制作也应该受这种占主导地位结构的制约，而这一结构又会影响我们日常世界的一切事物，正如影响我们与客体的关系一样，影响我们与他人的关系。由是，以一个更纯朴的、使用价值占优势的世界为基础的亚里士多德模式，如果想公正地对待广告世界在结构上的神秘化，就需要全面地详细检查和重新调整。因此，我们期待在亚里士多德的形式因和目的因当中，出现一种深刻的变更和扩展。此外，现代创作的范式已经变成了工厂和体制化的工作，而不是个体工匠的技巧，就此而言，我们还会期待以后根据集体而不是个人进行思考，以便使动力因在确定的过程之先，曲折地进入一类劳动者，并且含蓄地表现他们为之工作的那个阶级。因此，对资本主义现实的一种充分的亚里士多德模式的想象，会把艺术作品视为产品，而不是一个制作出来的客体；它不仅涉及生产方式，还涉及分配和消费方
393 式。这意味着既研究生产者，又研究消费者，而且甚至可能发觉，自己确实触及供应和原材料来源的问题。

在商品世界上，这样为艺术作品重新奠定基础，必须首先以尽可能实际的方式来理解。因为这对于职业知识分子是清醒有益的经验，使他们记起自己研究和论述的客体也具有完整的物质基础结构，而在传统上，这个基础结构属于文学的社会学领域。由此而涉及的调查研究——如对出版工业及其逐渐在经济上的集中，对文学市场，对新的媒介和旧式发行作用的调查——仅只在公众世界外在于私人生活的意义上，才外在于文学。然而，在美国，由于中产阶级私人消费日益由大学体系消费所替代，而这种体系似乎注定要发挥中世纪寺院所发挥的那种关键作用，所以，援引这种分析的一个例证，看来是恰当的，这里我们援引已故的赖特·米尔斯论述学院知识分子生活中商品结构的最典型篇章中的一段："生产者是这样的人：他创造观念，首先阐述它们，并尽可能地检验它们，或者至少用书面形式使这些观念到达市场上能够理解这些观念的那部分人手里。在生产者中，有仍然是主导类型的个别创业者，以及种种研究机关的企业经理，后者事实上是生产单位的行政人员。然后还有批发商，他们虽则不生产观念，却以教科书的形式，把它们分配给学院里的其他人，这些人转而又直接把这些观念兜售给学生消费者。就人们进行教学而且只是进行教学而言，他们则是观念和材料的零售商，其中较好者由原来的生产者提供服务，而较差者则由批发商服务。所有学院

的人，不管属于什么类型，都是别人产品的消费者，通过书籍都 394
是生产者和批发商的消费者，通过在当地市场上的个人对话也都在某种程度上是零售商的消费者。但对于某些人，则可能在消费上专门化：这些人就成了书籍的伟大领会者而不是使用者，而且他们在书籍目录方面也十分突出。”[44]

这段话可以用作由对文学基础结构的相对外部的思考——姑且说，是文学批评层面上的一种机械唯物主义——到对文学消费的相对来说更加内在的问题的过渡。因为我们所消费的，在某种程度上说，总是一种观念而不是一个物质性的东西：这就是使用价值和交换价值之间差异的真正本质，因为客体的存在不复主要是满足某种需要，通过与身体的需要相类比来理解，而是作为一种抽象的、象征性的价值，在这种价值中我们不再能清楚地区分需要—满足和人为的刺激。我们借关注审美愉悦的整个观念，可以测度这两种状态之间的距离，即与客体的相对自然的前资本主义关系和我们自己与客体的关系之间的距离。对于亚里士多德，悲剧的情绪满足很轻易地划分为它的怜悯和恐惧的功能成分，它们附丽于所观看到的命运之上，并以此同样净化个人和群体自己的社会和生存的焦虑。因此，悲剧的这样一种目的因，从其性质
上说，就能服务于一种社会功能。相反，资本主义社会的愉悦， 395
则只是对客体消费的标记：这样它就相对地外在于客体的结构或用途，因为它可以附丽于任何一个客体，同时，由于除了鼓励进一步消费并使这个体系最大限度地运作之外不具任何集体的功能，所以它又是无偿性质的。

于是，在这一点上，我们开始窥见商品社会中艺术作品的深刻使命是什么：不是当作商品，不是让人消费，而是在商品意义上的反感。现在，我们可以回过头来看看阿多诺的音乐分析。他的这些分析或许是对这种原理最充分的挖掘应用，实际上它们构

成了他的著作中最真正的马克思主义部分，与其他方面相对是一种黑格尔式的实践形成对照。因为在现在的语境中，十分清楚的是，阿多诺为我们提供的音乐发展史，亦即作为勋伯格和斯特拉文斯基的孪生歌剧的框架和生动境况的音乐发展史，纯粹是音乐和商品形态本身之间的斗争。大约在法国大革命时期进入音乐史的那种加速演化的新逻辑，只是资本主义自身的一种迸发——然而，这里资本主义不是与经济体系平行的一种相同的演化，不是一种同系现象，而是在音乐材料内部，作为由商品形态对其造成的内在歪曲而起作用的一种演化。这种商品形态把形形色色的音乐成分，如主题、配器、和声，实际上还有展开部的长度以及总体形式本身，全都纳入了它的轨道。这就解释了瓦格纳那种简单化的、事先包装好的、毫不费力即可消费的主导旋律的东西；这也说明了勋伯格为何以惊人的精力力图阻止作品化解成易懂的旋
396 律，努力恢复作品某种原来的总体组织，并对消费者注意力的集中提出难以容忍的要求；这同时也就是说明斯特拉文斯基那些革新的东西。斯特拉文斯基虽则身处商品世界之中，但却发展最新的生产技巧，以其对新产品不断加速的挖掘，力图为其易于腻烦的听众恢复某些情绪上的冲击。

阿多诺对音乐所作的分析如果证明可以适用于文学作品，那么，我们就应该发现自己面临着“内在的”马克思主义批评，一种马克思主义语文学，或者对一般艺术的内在社会形式的系统勘察。这个学科必然要求延伸各种局部的批评研究（它们本身已经拓展到上述黑格尔模式的更适宜的维度），使它们不论同阶级的现实或者同商品生产的现实相交叉，都发现自己再次基于具体的社会历史。我们自然无法制作出旧式美学（实际上还有诸如韦勒克和沃伦的《文学理论》之类的“新”体系）声称已经完成的、有关这些局部研究的系统清单：这种体系化被历史自身的优先性

排除了，只有历史才规定作品占主导地位的范畴和结构，而它们永远是新的，并从自己的永恒更新中产生出来。

然而，我们可以看到，这种重新奠定基础的观念，正在像普列汉诺夫和卢卡契对象征主义这样的论述中发生作用，从本质上说，他们的论述可以视为替马克思主义的形象（意象）理论奠定基础。有关这同一现象的稍有不同的阐述，也可见于萨特的“想象力”理论，他把这种理论视为对客体的一种重组：使客体脱离实践的时间，由动作向姿态转变。[45]这些分析共同具备一种境遇的、历史化的逻辑：它们并不意味着有一种适用于所有时期的所 397
有境况的形象结构，而是把具体的文学现象视为某种引人注意的事物，它使人注意自己奇特的结构特征，使自身与一种象征化过程认同，意识到自身是对世界的“非实现化”。

大体上同理，如果我们在上面已经表明文体学的一般科学是用语上的矛盾，那么，我们起码可以为现代的文体（风格）投射出某种类似马克思主义文体学的东西，在这种文体学中，艺术—语句本身由于在从福楼拜到海明威的现代时期经受了各种锻冶和实践，因此可以交替地被视为一种作品类型或者生产方式，也可以视为一种商品类型。因为商品结构的独特影响也许在语言那种暧昧的现实中最大，这种语言的现实能够作为一种丰富的客体被轻而易举地消费掉，正如它能试图在那种由社会激发的透明性中将自己抹掉一样——巴尔特把这种透明性称为“空白书写”。确实，在现代文学中，语句生产本身变成了作品内部的新事件，并产生出一种完整的新形式。

马克思主义的情节理论，也可以用同样的精神加以阐发；实际上，卢卡契已经在这方面做了大量的工作。然而，对于这种理论，上面所揭示的局限其适用程度甚至更大，因为就情节在叙事作品里是具体性本身的基础而言，对它不能进行任何独立的分析。它只是同作品本身相重叠，正如功能性的“描述”在通常情况下提供大量作为“形象”（“意象”）被分析的东西。情节只在它本身作为被消费的东西，作为某种从整个作品中“被突出出来”、生动地显现出来的东西，即在它以某种方式引起对它自身
398 注意的程度上，才可以进行分析。因此，精心制作的情节无疑是一种独特的文学和历史现象，它为我们提供有意义的事物，既向我们揭示同时代人如何看待他们所参与的社会生活，又向我们揭示他们想如何看待这种生活。但是，一般的情节却决不具有这类要揭示的事物，因为它只是一个实体。

这种精神也适用于作品的其他成分，尤其适用于一种人物的理论，毫无疑问，这种理论会发现，它自己的发展与把普遍存在的其他性作为一个时代具体社会生活中的范畴和判断而对其进行的分析，有着非常密切的联系；而对于“其他”（other）的表述本身何以是小说家获得有关他的社会和现实的知识的标志，它也具有某种要说明的东西。与此同时，正如前此约略讨论过的其他类型的研究一样，这样一种理论将是断断续续的理论，它承认文学作品中“人物”的无所不在，同文学人物作为一个范畴的主导地位并不是一码事；而这无疑是讨论一下恰恰同这样的人物有关的、一种最熟悉的马克思主义批评实践的时候。

实际上，对于不少读者来说，把人物解释为社会阶级的典型或代表一个特定阶级立场的这种观点，已成为马克思主义文学方法的经典形式。难道不是巴尔扎克人物的典型性吸引马克思和恩格斯注意于他吗？而且，典型的概念难道不是直到我们的时代仍然是马克思主义批评最迷恋的概念吗？当然，这种批评的瑕疵曾经屡次被人指出，其中最严重的是，对于阶级的这些图解式观念是一些先验的观念，它们最终能够从艺术作品中获取的东西，决不会多于最初它们置于作品中的东西。这种方法被描述为讽喻的

方法是再合适不过了；这样说只是表明，任何真正的辩证批评， 399
最终都会反身自问其自己工具的来源。因为很清楚，阶级意识本身——在它作为一种生存事实而存在的那些社会里——就个人对它来说被视为他们所属的社会群体的类型和显现的程度而言，是一种讽喻的思维方法。在左拉的《家常琐事》中，各个层次的公寓住房，与从一楼的阔绰房客一直到阁楼的女仆和工人的各个社会阶级相对应，因此这样一部作品就是讽喻式的，因为阶级意识仍然于社会本身内部结构上发挥功能：它被包含于内部，作为整个社会的一种地图或图表，作为一种区别性的情感，人们借此确定自己与其他阶级的关系。

这种社会“典型性”对文学自身生产的重大价值，可以通过考虑这种典型性已不复存在的今日美国的状况，从反面来加以评估。因为，如果在美国阶级状况中有什么独特的东西，那么它势必以某种方式同过多的民族限制相关，这就是，旧式的民族经验，即个人的真实与社会—经济结构相重合的微观世界，已经不复存在。实际上，正如人们常常指出的那样，在美国帝国主义时代，我们的下层阶级在民族疆域之外；即便是我们的工人阶级，对于第三世界的农民阶层和无产阶级来说，也仿佛是资产阶
级。[46]因此，美国文学就变得虽说并非不可能，也是有争议的了， 400
因为它如果把自己局限于民族文学的传统语言和形式之内，它就会失落有关自身的基本真实，而它如果试图讲述这些真实，它就会把作为文学的自身化为乌有。

以契诃夫的一出戏为例，如果对人物的讽喻式解释应用于单一角色比应用于一整系列人物更令人信服，那么我认为，这是由于后者仅只把自身等同于一系列人物和一系列阶级之间的关系，而前者在最典型的情况下，则包含一种真正拓展或重新奠定基础所产生的类似的震惊，即由某种内部“生存真实”到外部历史世

界的严峻过渡。我们已经见到，这种外部历史世界作为一种精神活动，就是马克思主义的最本质特征。因此，在所有马克思主义分析文章的一篇最知名的分析当中，当卢卡契从政治方面来解《威尼斯之死》[①] 的故事时，他似乎把作品本身的内部逻辑颠倒过来，由于受到压抑的东西和象征性地被授予的东西典型地涌进了阿申巴赫的意识心灵，其题材确实突破了无意识自身。为腓特烈大帝作传者的命运，因兼有压抑—独裁和堕落，象征着普鲁士本身的解体。这是赢得托马斯·曼本人首肯的一种解释。这一观念所引起的那种震惊，是马克思主义分析在结构上的一个基本成分，旨在把作品以及读者翻转过来。然而，从根本上说，托马斯·曼是一个讽喻的作家，因此即便是这一解释，最终也在作品本身的历史结构内部，找到了对自身的确证。

Ⅵ. 马克思主义和内部形式

401 就我来说，我深信，美只是一种形式的形式，而且那通常称作它的材料（内容）的东西，势必被视为已经赋予了形式的材料（内容）。

——席勒：《审美书简》

前面把辩证批评描述成批判的而不是系统的，是矫正的、几乎是本体论复归的一种运作，但并不应理解成排除某种更统一的批评方法。不过，应当记住，在提出这样一种方法的过程中，下面这些篇幅里的论述就不是描述的而是变得更加思辨的，而且，肯定还会有替代的方法来协调马克思主义批评的基本原理。尤其

① 托马斯·曼的一部中篇小说。——译者注

是，如果对阶级的强调不够强烈，那是因为这种阶级模式，对于具有各种种族和民族群体的美国社会现实来说，从来就没有按照它应该做到的那种样子，令人满意地产生出来。今天，在上述的那种空前的全球阶级新状况的语境中，提出阶级模式的任务就变得更加紧迫了。

歌德和威廉·冯·洪堡从普罗提诺[①]那里发展而来的“内部形式”概念，以几种不同方式出现在我们面前。首先，它是一个诠释学概念，就是说，它不同于自然科学法则，并不提出以某种方式永远与其客体联系在一起的实证主义真理；相反，正如在辩证过程中由此一时刻向彼一时刻的运动一样，当它在时间中从外部形式向内部形式运动时，它所强调的是释义运作本身。这样，批评家就被召回到自己的过程中来，像在时间中展开的一种形式一样，也反映自己具体的社会和历史境况。

此外，它在作品内部各层面的一种有序排列（或者，说来也是同一回事：它在释义过程中各时刻的一种相连序列）的模式， 402
同我们前此描述过的一些关键的接合或过渡恰相一致。自然，马克思主义批评的全部运动，正是由表层到基础现实，从一种表面自主的客体到这客体证明是其一部分或接合部的更大基础的这样一种运动。然而，我们已经看到，这一运动可以呈现几种不同形式：在一种形式中，表面上系统的意识形态，像在画谜（Vexier-bild）中那样，又突然重新关注于阶级的一种辩论方法；在另一种形式中，却更紧密地遵循着洪堡对语言外部形式及其内部产生的意义能力之间所做的基本上是语言学的区分，而在某种意义上总是为公众生产的外部的客体艺术作品，又从内部被视为一种商

① 普罗提诺（205—270），古罗马帝国时期唯心主义哲学家，新柏拉图学派最著名的代表。——译者注

品，或者直接地或者通过其否定力量，反映着它那个历史时期商品生产的状况。

这种释义也许并不完整，但却很难说是武断的：事实上，我认为可以说，在社会实体中，对这种释义唯一在哲学上贯通的替代方法，是在宗教或神学基础上结构的替代方法，而诺思罗普·弗莱的体系只是这个替代方法最新近的例证。我们因此可以把宗教界定为一系列想象的命题，而如果要回避马克思主义的理论成果，就必须相信这些命题是真实的。

不过，归根结底，对于马克思主义看作是文学或文化现象终极解释代码的这一社会—经济学“转换”，并不需要确证其为得当。这种确证已经蕴含于形式和内容之间的辩证观念当中，而且，我们前此已经见到，这是与旧式有关形式和质料的亚里士多德式观念十分不同的东西。因为文学素材或潜在内容的本质特征恰恰在于，它从来不真正地在原初就是无形式的，从来（不像其他艺术那些未经加工的实体材料那样）不是在原初就是偶然的，
403 而是从一开始就已经具有了意义，既不多于又不少于我们具体社会生活本身的那些成分：语词、思想、目的、欲望、人们、地点、活动等等。艺术作品并不赋予这些成分以意义，而是把它们的原初意义转变成某种新的、提高了的意义建构；由于这个原因，作品的创作和释义就都不可能是一种武断的过程。（我这样说，意思并不是指作品必然是现实主义的，而只是指任何对其形式的文体化或抽象化，最终必然表达出其内容的某种深刻的内部逻辑，而且这种文体化自身的存在，最终都必然依赖于社会原材料本身的结构。）

我认为，这就是作为本节开头引语的席勒那段话的“唯物主义核心”：“就我来说，我深信，美只是一种形式的形式，而且那通常称作它的材料（内容）的东西，势必被视为已经赋予了形式

的材料（内容）。”的确，形式与内容的辩证观念在方法论上首先取得的成果是，由于依赖于释义工作的进展和它所达到的阶段，形式和内容无论哪一个都可转变成另一个，因此，正像席勒所指出的那样，每一层内容都证明只不过是一种隐蔽的形式。但是，我们在上面已经见到，说形式当真只是内容以及内容内部逻辑的投射，也同样是对的。事实上，这种本质区分，只有在它于艺术实体自身的模棱两可之中重新取消自己的条件下才有用处，而这种实体可以交互地看作全然的内容或者全然的形式。

因此，我们叫作释义的东西，是一种用词不当；内容所以不需要进行处理或释义，恰恰是因为它本身从本质上说就直接具备意义，正如情境中的姿态或者谈话中的语句具备意义一样。内容已然是具体的东西，因为它在本质上就是社会和历史的经验，而 404
且关于我们自己的释义或诠释工作，我们可以说雕塑家就自己的石头说过的那些话：将所有外在的部分除去，就足以让已经潜在于大理石块里的那尊雕像显露出来。这样，批评过程与其说是对内容的释义，不如说是对它的揭示，是对隐匿在曾经作用于它的种种稽查的歪曲之下的原初信息、原初经验的一种暴露，一种恢复；这种揭示采取说明内容何以如此受到歪曲的那种形式，因而不可能与对这种审查本身机制的描述分割开来。

由于我很快就要谈到苏珊·桑塔格，所以我想用她论述科幻小说的著名论文《灾难的想象力》来作为对这个过程的一种论证。在这篇论文中，她重构了科幻电影的基本范式，从中见到了“对当代生存……对自然灾难，对世界普遍解体甚至毁灭的前景……以及［更加特别的是］对个人心灵状况的最深沉的焦虑”[47]的一种表达。情况全然如此，而且她的文章对科幻小说按照自己的条件而采用的材料作了彻底考察。但是，这些条件如果本身也只不过是一种伪装，只不过是“显性内容”，用以使我们不去专注于以形式而起作用的某种更基本的满足，那么，情形又会怎样呢？

因为，在这些娱乐的表面消遣下面，在我们观赏它们时，其表面上专心致志的下面，内省又揭示出一种次要的激发力量，与前此描述过的激发力量大不相同。首先，这些作品，特别在战后和20世纪50年代它们的鼎盛时期，十分公开地表达了科学家的
405 奥秘。我这里指的不是有关科学家本身的外部声望或社会作用，而是关于他们生活方式的某种集体性的民众梦幻：科学家不从事真实的工作（然而权力以及社会地位却属于他），他所得的补偿不是金钱补偿，或者至少金钱似乎并不是目的，他的实验室（家庭工作室扩大到公共机构的规模，成为工厂和诊所的一种结合），他夜晚工作的方式（他不受例行常规或八小时工作日的束缚），具有某种令人神往的东西，他的智力运作本身，就是非知识分子想象脑力工作和书本知识为何物的漫画。此外，还暗示着对于旧式劳动组织方式的回归：回归到更是个人的、在心理上更令人满意的行会世界，在这个世界上，老的科学家是师傅，年轻的科学家是学徒；在这个世界上，长者的女儿极其自然地成了功能转移的象征；如此等等。这些特点可以无限地加以罗列和发挥。我想表明的是，这些当中没有一样最终与科学自身有关，而是我们自己关于劳动的异化和非异化的情感和梦想的一种大大歪曲了的反映：它是把一种理想的幻象或者马尔库塞称之为“里比多满足”的工作，当作其目的的愿望满足。不过，这自然是一种特殊类型的愿望满足，而正是对这种结构进行分析才是重要的。

因为，在这里我们与那种直接和公开的心灵认同和愿望满足，例如C. P. 斯诺的作品（对科学家的题材）所可能阐释的那一种，并没有关系。相反，这是一种希望隐匿自己实存的象征性满足：因此，这里与科学家的认同不是情节的主要动力，而只是

它的先决条件，而象征性满足似乎以一种颇似康德式的方式，不是使自身附丽于故事的事件，而是附丽于那个框架（科学宇宙， 406
原子分裂，天文学家对于外层空间的凝视），没有这个框架，首先就不能产生出故事。由此看来，科幻小说叙事中一切剧烈的突变——楼房倾塌、戒严状态、东京湾出现怪物——只不过是一种托词，既转移心灵极其深刻的运作和幻想，同时又激发这些幻想。

毫无疑问，我们可以继续表明，同对作品的这种幻想一道存在的，还有另一种幻想，它描写集体生活，并把科幻小说中的宇宙紧急事件用作一种方式，恢复某种战时的团结和士气；这样，把行星灾难中的幸存者团结在一起，本身只不过是对更人道的集体和社会组织的一种歪曲了的梦想。从这种意义上说，作品表层的暴力就受到了双重激发，因为它现在可以被视为对中产阶级生活呆板、穷极无聊的突破；而无论哪一种情况，在那种伪装之下的暴力，都可以理解成表达了对未能实现这样引发的无意识幻想的愤怒。

这类表面否定（消极）并充满焦虑的作品的内部形式，因而是肯定（积极）的幻想，是我们曾经用“在作品中得到满足”的语言表达过的一种幻想。不过，我们用以描述这种内部形式或经验（Erlebnis）的用语，与运动本身相比并不那么重要；我们凭借这种运动重新出现于那个具体的位置，这在前面一节里曾被描述为介于私人与公众、个人与社会—经济现实、生存与历史本身之间的位置。辩证批评的任务，的确并不是将这两个方面联系起来：不论在我们自己的生活经验中，还是在任何真正艺术作品中，这两个方面一直都是联系在一起的。更确切地说，这种批评应该以一种使这种关系得到揭示并再次变得可见的方式，将作品 407
及其内容连接起来。

因为，我们必须面对某种同一性的关系，而这需要将一套用语完全转变成另一套用语：这两个方面其实是一个方面，而艺术的基本价值实际上在于它所运用的方式，即对于我们曾在其他情况下当作个人经验问题的事物，它以什么方式使我们把握其基本的历史和社会价值。然而，这是借变换层面或视角来完成的，正如从一种形式到一种内容或者从一种内容到一种形式一样，是借从经验到它的基础或具体境况的运动来完成的。不过，用以描述经验的社会—经济维度的用语，决不像价值生产和世界的改变那样局限于劳动用语。确实，这种经验的基本内容永远无法事先确定，而且从最重要的同世界的斗争到最细末微小的专门化知觉各不相同。这种真实性实际上更容易用一种否定的方式来描述，如逃避日常生存或某种停滞的空虚，因此，它是恢复我们同真正经验中某种断续接触的东西，而这种接触所采取的形式，又和社会—经济组织本身的历史可能性相一致。

然而，在作品中得到满足的用语之所以有用，是因为它实现了任何其他有关内部形式描述势必要用或此或彼的方式予以说明的功能：它解释了对于作品本身的审查，使我们明白为了达到艺术的满足，为什么这样一种冲动必须首先被伪装起来。因为，特别是在中产阶级社会里，作品的事实和生产的事实——通向真正历史思维的锁钥——也像我们文化中的任何其他事物一样，是小心翼翼地隐匿起来的秘密。这的确就是作为一种形式的商品的真
408 正意义，它抹去产品上面的劳动标记，从而使我们更易于忘记阶级结构，即它的组织框架。倘若这种劳动的隐蔽，像阿多诺向我们揭示的那样，不论在形式上还是在内容上，都未对艺术产品留下它的痕迹，那的确会令人感到惊奇："艺术作品的存在归因于劳动的社会分工，归因于脑力和体力劳动的分离。不过，在这种情况下，艺术作品是以独立存在的姿态出现的；因为它们的中介

不是纯粹自主精神的中介，而是已经变成客体且现在又断言超越了两者之间对立的一种精神的中介。这种矛盾迫使艺术作品把自身就是一种人类建构的事实隐匿起来：它对意义的真实主张，以及实际上随之而来的它对一般人类生存意义的主张，越是令人信服地得到坚持，其中的一切就越少使我们想到它作为一种产品的性质，就越少使我们想到它把自己的存在像归因于外在于它本身的某种东西一样归因于精神。在良知上无法再忍受这种欺骗——它最内在的原则——的艺术，已经消除了它赖以实现自身的唯一因素……而且，如果说没有作品的这种隐匿，一般艺术的自主性就是匪夷所思的话，那么在后期资本主义，在变换价值的主宰之下，在这种主宰的矛盾愈益加深的情况之下，作品的隐匿，仍然会变成令人生疑的东西，它本身现在也表现了这点。”[48]这样，在劳动概念内部——无论是就一般劳动分工形式，还是就资本主义社会所特有的更专门化生产类型而言——便被赋予了对劳动过程本身进行审查的原则，对产品上面劳动印迹进行压制的原则。

现在，当我们从大众文化转而讨论正式文学更为精致的人工制品时，我们发现，艺术精心制作的事实，为作品结构增添了新 409
的复杂性，但在本质上并不改变我们已经提出的模式。特别是，艺术—文学（art-literature）可以说把它自己创造本身的全部价值纳入了这个过程之中，以至于文学作品的内部形式，至少在现代时期，可以说把生产或文学的生产都当成了它们的题材——无论在什么情况下，两者都有别于作品明显的或显在的内容。

因此，举例说，认为海明威的作品基本上描写英勇、爱情和死亡之类的事情，就是一种错误；实际上，它们最深刻的题材只是书写某种类型的语句，只是某种确定文体的实践。这的确是海明威作品中最“具体的”经验，然而，要理解它和其他更富戏剧性的经验的关系，我们则必须按照关于某种激发力量等级的更为复杂的模式，重新阐述我们的内部形式观念。在这种激发力量等级的模式中，作品的各种因素都从表层开始在各个层面排列起来，而且可以说每一层面都用作更深一个层面存在的借口，因而，归根结底，作品中一切东西的存在，都是旨在让作品的最深层面即具体性本身得到表达；或者，如果按照布拉格学派的方式将这个模式颠倒过来，它们都是旨在突出作品的最本质的内容。[49]

这样，海明威的巨大影响，作为一种生活模式似乎首先源出于一种伦理学内容，这与其说是一种“生活哲学”，不如说是对突然发现已经不再真正生存的东西的一种本能的、不妥协的拒
410 绝。“再没有什么好玩的了”：这就是欣喜和不快之间，真实生活同恶化和毒害主人公及其周围所有人生存的一种无法生活之间的不可变更的分界线。这也就是海明威创作的两极：一方面是那些在性质上无法比较的丰盈的时刻，另一方面是怨怼和突如其来的情绪，嫉妒和愤怒的阵阵突发。两者确实都近乎象征性地呈现于《过河入林》开头几页发人深思的文字当中。其中，愠怒的船工，作为死亡本身的先行官，来到了坎特威尔上校面前。如果说这种对立同一种更普遍的对立，即同事物中的生活和其他人的生活之间的对立，同自然和社会之间的对立相一致，是并不过分的；实际上海明威自己也常常这样说：“人们，除了屈指可数的几个像春天本身那样美好的以外，一向都是限制幸福的人。”[50]

然而，这看上去首先是一种生活经验的情况，实际上只是文体（风格）自身的一种投射。海明威的伟大发现在于，如果你全然忘记了语词，而仅仅关注于据说要用这些语词加以描述的客体（对象）的事先安排，那么，就有可能产生对于言语生产力的真正源泉的回归。请看下面这段话，这段话一向给我以海明威语句原型的印象：“从史密斯的后门，里兹可以望见远处湖上的矿石

驳船正开往鲍因城。她望着船的当儿，船儿仿佛一动不动，不过，她要是进门去再擦干一些碟子接着出来时，船儿就在那里无影无踪了。”[51]这里省略了某些东西：既省略了实际运动本身，又省略了可能会以某种方式“描绘”这个运动的完满文体（风格）或完美言语（parole pleine）；海明威也曾经在谈到别的事情时，说过省略作为文学程序的重要性。[52]然而在描绘不快时也省略了 411
某种东西：可以说省略了对话之间的距离，而且正是这种现在利用人类材料的事先安排，才给予海明威对白以惊人的效果。因此，如果有谁说海明威是因希望表达或传达某些基本经验而动笔的，那就错了；确切地说，他是以希望书写某种类型的语句，以对外部置换的一种中性评论（compte rendu）而动笔的，而且他很快便发现，这种语句可以做两件事情：记录外部世界的运动，并暗示人们之间的紧张关系和不满。这种紧张和不满是用人们口头的议论来表达的。

因此，我们再回到我们最初的论点，即在一部海明威的小说中真正发生的，或者说对作家和读者同样是最本质的事件，同样是最主要的经验范畴，乃是写作的过程；这在比较单纯的作品如《非洲青山》中，也许最显而易见。在这篇作品里，内容上的猎兽只不过是形式上描绘打猎的假托而已。读者与其说寄兴趣于观看捕杀，不如说寄兴趣于海明威的语言是否适合这种场合：“那边稍远一点的地方，一群珍珠鸡快步跨过大路，带着小跑的姿态，从容不迫地跑着。我从汽车里跳出来追赶它们时，它们一下子腾空而起，两腿紧紧贴在身子下面，身子十分笨重，扑棱着短短的翅膀，咕咕叫着飞过前面的树丛。我打下来两只，扑通一声着实地落在地上，躺在那里扑打翅膀。这时，阿卜杜拉割下了它 412
们的脑袋，这样再吃它们就不算不合法了。”[53]因此，所涉及的真正“追求”就是对语句本身的追求。

从海明威创作中的这一重要之点可以推及其余：语句生产的经验是海明威世界中由非异化劳动所采取的形式。现在，被想象为技艺的书写，于是就被吸收到打猎和斗牛、钓鱼和战争等等其他技艺中去了。这些技艺投射出关于人类主动地和无所不包地在技术上参与外部世界的总体意象。关于技术的这种意识形态，清楚地反映出更为普遍的美国劳动状况，在这种状况中，处于疆界开放和阶级结构模糊的语境下的美国男性，从传统上说是按照他所从事不同职业和他拥有技艺的多寡来进行评价的。海明威对男性气概（machismo）的崇拜，正是力图适应美国在第一次世界大战后巨大的工业变革：它满足了新教的劳动伦理，同时又颂扬了闲暇；它使趋向于整体性的最深刻、最能赋予生命力的冲动，同只有运动才能使你感到生气勃勃、没有受到伤害的现状调和起来。

至于说到海明威作品里的人类环境，移居国外本身就是这些作品的一种手法或借口。因为美国社会现实本身那巨大而复杂的组织，显然对于他所实践的那类精心选择的语句是可望而不可即的：因而同一种淡薄了的现实，即外国文化和外国语言的现实发生关系，是颇为有用的。在这一现实中，个人不是以我们也陷入其内的具体社会境况的不透明性，而是带着能用语言界定的客体（对象）的澄明性，出现在我们面前的。而当他晚年世界开始发
413 生变化，古巴革命使他不得不返居美国国内时，似乎可以并不牵强地作出这样的推测：正是作为作家的他从未熟谙的美国现实的抵抗，才使他在文体上软弱无能，并且最终自杀。

如果说这多少表明了马克思主义批评重构一部文学作品内部形式——既作为对具体的伪装又作为具体的揭示——的方式，那么，对于现行的这样一种关于判断或文学评价的理论的蕴含，我们仍然有话要说。因为断言批评家的任务是揭示作品受到审查的

维度，确切地说包含着这样的意思：在实行审查的社会里，至少在今日实行审查的艺术当中，作品的表层是其结构上的一种神秘化。换句话说，这就是马克思主义批评必须再次同艺术中的现代主义达成妥协的地方，而且我曾经暗示过，卢卡契（以及更传统的苏联批评家）的反现代主义，起码部分地是一个趣味问题和文化条件适应的问题。

尽管如此，面对为现代主义所作的明白无误的辩护，例如苏珊·桑塔格的"新的敏感性"和伊哈布·哈桑的《沉默的文学》，我认为，仍然需要多作些说明。这些理论反映了我们十分熟稔的首尾一致的文化：约翰·凯奇①的音乐，安迪·沃霍尔②的电影，伯罗斯③的小说，贝克特的戏剧，戈达尔④的野营，诺曼·布朗⑤的幻觉经验等等；而且任何批判，若不从屈服于所有这些作为现实文体化事物的魅力着手，就不可能具有任何约束力量。

不过，应该指出，这种新的现代主义至少在一个本质方面不同于 20 世纪初那种旧的经典的现代主义：旧的现代主义在本质上是极度反社会的，它认真对待中产阶级公众本能的敌视，而其本身就是对这种敌视的否定和拒绝。然而，新的现代主义的特征则恰恰是它的大众性：也许不是在中西部的小城镇里，而是在占 414
主宰地位的时髦世界和大众传播媒介里。在我的心目中，这只能意味着，从现存的社会—经济结构观点来看，这种艺术已经产生出某种对社会有用的东西；抑或，倘若你的观点是一种革命观点

① 约翰·凯奇（1912—1992），美国作曲家。——译者注

② 安迪·沃霍尔（1928—1987），美国艺术家，20 世代 60 年代美国大众艺术运动领导人。——译者注

③ 威廉·伯罗斯（1914—1997），美国小说家。——译者注

④ 戈达尔（1849—1895），法国小提琴家和作曲家。——译者注

⑤ 诺曼·布朗（1913—2002），出生于墨西哥的文化学家。著有《生对死：历史的精神分析学意义》（纽约，1959）。——译者注

的话，这种艺术已经产生出某种值得深刻怀疑的东西。

然而，又必须说这种艺术表达了美国现实；而且，的确就是在这一点上存在着模棱两可。就我们是美国人而言，我们谁都会对这些大众艺术的东西作出反应，它们令人钦佩地表达了那些可触的物质现实，我们美国生活的特性。因此，应该十分清楚的是，对新的现代主义的批判，不可能是外部而只能是内部的事情，它是愈益加深的自我意识（从我们赋予这个用语的提高了的辩证意义上说）的重要部分，并且涉及对我们自身的充分判断，正如涉及对于我们作出反应的艺术作品的判断一样。换言之，这种模棱两可既存在于艺术客体之内，又存在于革命者自己的立场之内；就他本身是他所谴责的社会的一个产品而言，他的革命态度必然含有某种对自身的否定，含有先于客观政治分化的某种最初的主观分化。这就是为什么新艺术戏剧比先前低俗戏剧和现代主义戏剧之间的斗争含有更复杂的性质：这两种代表消费者和艺术推销者及事件策划者的情况，已经开始融合，而且对它们还可以以我们描述过的革命的不适宜的意识形式加上第三种性质，而在我们的文化中，根据这种性质愈来愈难以区分真实的和想象的否定，实际上愈来愈难以区分想象的否定和肯定本身的发展。

对于新敏感性或者新神秘主义的意识形态，最有力的批评仍
415 然是马克思在《1844年经济学哲学手稿》中对黑格尔宗教观念所作的那种评论。因为，正如新现代主义的代言人断言它表达了我们的社会，黑格尔也指出宗教是人类精神的一种表达，是它的客体化，尽管他在这个词所含有的化身和异化之间犹豫不决。因此，黑格尔体系就“包含着：因为有自我意识的人认为精神世界——或人的世界在精神上的普遍存在［方式］——是自我外化并加以扬弃，所以他又重新通过这个异化的形态确证精神世界，把这个世界冒充为自己的真实的存在，［他］恢复这个世界，硬

说他在**自己的异在［本身］**中也就是**在自己身边**。因此，在扬弃例如宗教之后，在承认宗教是自我异化的产物之后，他又在作为宗教的宗教中找到自身的确证……因此，理性在作为非理性的非理性中也就是在自己身边。一个认识到自己在法、政治等等中过着异化生活的人，就是在这种异化生活本身中过着自己的真正的、人的生活”[54]①。因此，从承认艺术作品是伪装表达和现实异化，到同这些伪装和这种异化言归于好，只不过一步之遥。

在这种情况下，文学批评的功能就变得十分清楚了。即使说我们的时代是一个批评的时代，但在我看来，批评家把自己的活动提高到文学创作的高度，大体上像法国现在做的那样，仍然是不适当的。更坦诚更辩证的做法则是指出，批评的范围和适应性因历史和意识形态的因素而变化。因此，曾经有人说过，文学批评是反对19世纪专制制度（特别是沙皇俄国）斗争中的特殊手段，因为它是能瞒过审查偷偷运进思想和隐蔽政论的唯一途径。现在，这一点不应该从外部意义上，而应该从内部讽喻意义上来 416
加以理解。呈现在我们面前的文化作品，是一种几乎被忘记的代码中的印迹，甚至是不复识别的为疾病的疾病的征兆，是我们久已失去感官来察看的一个总体的片段。在旧的文化中，卢卡契称作现实主义的作品的类型，基本上是那些本身内部带有自己释义的作品，它们同时是关于事实的事实和评论。现在，这两者再一次彼此分割开了，文学事实像其他构成我们社会现实的客体一样，呼唤着评论、释义、破译、诊断。它徒劳地诉诸其他学科：英美的哲学早已被剥夺了它那危险的思辨能力，至于政治科学，

① 这段引文汉译除下述两种情况外，基本从人民版译文。1. alienation 一词均译为“异化”；2. 方括弧中的文字，或系译者所加，或系英译中所无而汉译中所有者。见《马克思恩格斯全集》，中文1版，第42卷，171～172页，北京，人民出版社，1979。——译者注

只要想一想它与过去的伟大政治和乌托邦理论的距离，就足以认识到思想在我们的文化中窒息到了何种地步，它已绝对没有能力想象实在之外的任何东西。于是，继续对比内部和外部、生存和历史，继续对现在生活的抽象质量作出判断，使一种具体未来的观念充满活力，便落在文学批评的肩头。但愿它证明胜任这项任务！

【注释】

[1] 见克劳迪奥·吉伦：《作为体系的文学》，普林斯顿，1971，第383—405页。

[2]《托·斯·艾略特论文选集》，纽约，1950，第5页。

[3] 恩斯特·切斯诺语，转引自普列汉诺夫：《马克思主义的基本问题》，伦敦，1929，第74—75页注。

[4]《托·斯·艾略特论文选集》，第279—280页。

[5] 特别参见阿诺德·豪赛尔：《艺术史的哲学》，纽约，1958，第4章。

[6] 依波里特·泰纳：《批评与历史文集》，巴黎，1887，第ⅸ页。

[7] 泰纳语，转引自让内·韦勒克：《批评史》五卷本，纽黑文，1955—　，第4卷，第37页。

[8] 马克思和恩格斯：《德意志意识形态》，第14—15页。着重点是本书作者加的。

[9] 马克思：《〈政治经济学批判〉导言》。

[10] 转引自马尔库塞：《理性与革命》，第121页。

[11]《美学》，第1卷，第81—82页。

[12] 见同名文集（普林斯顿，1970）中《又是历史主义》一文，第10—13页。

[13] 巴尔特：《写作的零度》，第58—59页。

[14] 马克思：《〈政治经济学批判〉导言》，第304页。

[15] 普列汉诺夫：《亨利·易卜生》，纽约，1966。

［16］黑格尔：《精神现象学》，J. B. 巴伊译，伦敦，1949，第 68—69 页。

［17］阿多诺：《社会》，载《百衲》第 10—11 期合刊（1969 年秋季号—1970 年冬季号），第 145 页。

［18］参见斯蒂芬·图尔明和琼·戈德菲尔德：《时间的发现》，纽约，1965。这恰巧是十分不同于恩格斯所提出的一种自然辩证法。

［19］《历史理论》，帕特里克·加德纳编，格兰科，1959，第 445 页和第 447 页。

［20］马尔库塞：《理性与革命》，第 175 页和第 177 页。

［21］参见马尔库塞：《存在主义》，收入《文化与社会》，第 2 卷，第 49—84 页。

［22］泰·维·阿多诺：《就〈黑天鹅〉致托马斯·曼》，载《标志》第 2 卷第 3 期（1955），第 286—287 页。

［23］西蒙娜·德·波伏娃：《大人先生们》，L. M. 弗里德曼译，纽约，1956，第 131—132 页。

［24］《美学》，第 1 卷，第 150—152 页。

［25］维恩·布思：《小说修辞学》，芝加哥，1961，第 264—265 页。

［26］《历史理论》，加德纳编，第 159—160 页。

［27］贝内代托·克罗齐：《历史唯物主义和卡尔·马克思的经济学》，C. M. 梅瑞迪恩译，纽约，1966，第 77—78 页。

［28］考什：《卡尔·马克思》，第 168 页。

［29］转引自弗兰克·马尼埃尔：《帕里斯的预言者》，麻省坎布里奇，1962，第 298—299 页。

［30］同时，试比较锡德尼·胡克在《理解卡尔·马克思》（纽约，1933）中的话：“马克思通过清算他那个时代的不同思想传统和态度，达到了批判的自我意识。因此，若不把握他或明或暗地提及的对立立场，就不可能理解他的任何著作。针对布鲁诺·鲍威尔及其‘青年黑格尔学派’朋友们的唯心主义，马克思对唯物主义作了论证。针对费尔巴哈的消极唯物主义，马克思捍卫了作为黑格尔辩证法核心的积极性和相互性原则。针对绝对唯心

主义和‘庸俗的’（归纳的）机械论这两者的宿命论，马克思宣称人类创造自己的历史。不过，他又针对使用这句话的革命派补充说，历史不是凭空捏造出来的，而是在明确的限定条件下创造出来的……大肆宣扬马克思矛盾立场的批评家，却从不试想找出一种观点，来说明这些所谓的矛盾原来是同一些原则和目的运用于不同的历史境况”（第65—67页）。胡克后来的著作《从黑格尔到马克思》（安阿伯，1962），是对那些历史和哲学境况的可贵表述。

[31]《超现实主义宣言》，第9页。

[32] 弗里德里希·恩格斯：《欧根·杜林先生在科学中实行的变革》（即《反杜林论》。——译者注），纽约，1966，第27—29页。

[33]《德意志意识形态》，第14页。

[34]《资本论》，第25页。

[35] 1890年10月27日致康拉德·施米特函，见《政治和哲学基础文选》，福伊尔编，第400—401、404页。全信极为重要。

[36] 乔治·葛维奇称自己类似的辩证法概念为“辩证的超经验主义”（见《辩证法与社会学》，巴黎，1962）。不过，他认为，马克思主义本身就是另一种这样的“教条历史哲学”，要求真正的辩证思维予以“矫正”。

[37]《易卜生》，弗洛里斯编，第23—24页。

[38] 保罗·贝尼舒：《伟大时代的伦理》，巴黎，1948，第114页。

[39] 克劳德·列维-斯特劳斯：《抑郁的热带》，巴黎，1955，第199—203页。

[40]《理解卡尔·马克思》，第160页。

[41] 普列汉诺夫：《艺术与社会生活》，第177页。

[42]《艺术与社会生活》，第151页。

[43] 亚里士多德：《形而上学》，第1卷，第3章（《重要著作选》，理查德·麦吉昂编，纽约，1941，第693页）。同时参阅《物理学》，第2卷，第3章，第240—241页。

[44] 赖特·米尔斯：《白领阶层》，纽约，1965，第132页。如果想鸟瞰一下更传统的非马克思主义的文学社会学，则需要注意Q. D. 利维斯的《小说与阅读公众》（纽约，1965）；需要注意伊安·瓦特和皮埃尔·布尔迪

厄对罗伯特·艾斯加皮特的论著《文学社会学》（巴黎，1964）和《书籍的革命》（伦敦，1966）的研究；还需要注意汉斯·诺勃特·斐根的《文学社会学基本观点及其方法》（波恩，1964）。但是，值得指出的是，在麦克卢汉主义或德里达的《文字学》（巴黎，1967）的语境中，那些迄今为止有关公众和书籍实际生产的全部外在的问题，现在如何发现自己如同在埃里克·海乌洛克著名的《柏拉图序言》中那样，退回到作品本身中去并且得到内化，已经被视为作品的主题或内在结构的某些方面。

[45] 参见我的《三种方法》，载《现代法国评论》。

[46] “从全世界范围看问题，如果说北美、西欧是‘世界的城市’，那么，亚洲、非洲、拉丁美洲就是‘世界的农村’。第二次世界大战以后，北美、西欧资本主义国家的无产阶级革命运动由于种种原因被暂时拖延下来，而亚洲、非洲、拉丁美洲的人民革命运动却蓬蓬勃勃地发展起来。从某种意义上说，今天的世界革命也呈现出一幅以农村包围城市的画面……”（林彪：《人民战争胜利万岁!》，1965 年 9 月 3 日讲话，转引自《每月评论》，第 17 卷第 6 期 [1965 年 11 月]，第 5—6 页）

[47]《反对释义》，第 220 页。

[48]《试论瓦格纳》，第 88 页。

[49] 这里也许应该说明，我决不认为形式主义——无论捷克的还是俄国的——同马克思主义是不可调和的。实际上，我认为以下对海明威的分析，本质上是一种形式主义的分析；但对于结构主义和形式主义文学模式更充分的讨论，将留待他处。

[50]《活动宴会》，纽约，1964，第 49 页。

[51]《来到密歇根》，见《首编 49 个故事》，伦敦，1962，第 80 页。

[52] 譬如，可参阅《午后之死》，纽约，1932，第 192 页：“如果一个散文作家充分了解他所写的东西，那他可以省略他和读者都了解的东西；如果这个作家写得极为真实，那他会强烈地感觉到那些东西，就仿佛作家已经讲述了它们。”同时可参阅《活动宴会》，第 75 页。

[53]《非洲青山》，纽约，1935，第 35—36 页。

[54] 马克思：《早期著作选》，博托莫编，第 210 页。

参考文献

Adams, H. P. *Karl Marx in His Early Writings*. New York: Russell and Russell, 1965.

Adorno, T. W. *Aesthetische Theorie*. Frankfurt: Suhrkamp Verlag, 1970.

——. "Aus einem Brief über *Die Betrogene* an Thomas Mann." *Akzente*, II, No. 3 (March 1953), 284—287.

——. *Drei Studien zu Hegel*. Frankfurt: Suhrkamp Verlag, 1957.

——. *Moments musicaux*. Frankfurt: Suhrkamp Verlag, 1964.

——. *Negative Dialektik*. Frankfurt: Suhrkamp Verlag, 1966.

——. *Noten zu Literatur*. 3 vols. Frankfurt: Suhrkamp Verlag, 1958—1965.

——. *Philosophie der neuen Musik*. Frankfurt: Europäische Verlagsanstalt, 1958.

——. *Prisms*. Translated by S. and S. Weber. London: Spearman, 1967.

——. "Society." *Salmagundi*, Nos. 10—11 (Fall 1969-Winter 1970), pp. 144—153.

Baron, Samuel H. *Plekhanov: The Father of Russian Marxism*. Stanford: Stanford University Press, 1963.

Baxandall, Lee. *Marxism and Aesthetics: An Annotated Bibliography*. New York: Humanities Press, 1968.

—— "Marxism and Aesthetics: A Critique of the Contribution

of George Plelkhanov." *Journal of Aesthetics and Art Criticism*, XXV, No. 3 (Spring 1967), 267—279.

Bénichou, Paul. *Les Morales du grand siècle*. Paris: Gallimard, 1948.

Benjamin, Walter. *Briefe*. Edited by G. Scholem and T. W. Adorno. 2 vols. Frankfurt: Suhrkamp Verlag, 1966.

Benjamin, Walter. *Illuminations*. Edited and with an introduction by Hannah Arendt. Translated by H. Zohn. New York: Harcourt Brace, 1968.

——. *Schriften*. Edited by T. W. Adorno and Gretel Adorno. 2 vols. Frankfurt: Suhrkamp Verlag, 1955.

——. *Versuche über Brecht*. Edited and with a Naehwort by Rolf Tiedemann. Frankfurt: Suhrkamp Verlag, 1966.

Benseler, Frank, ed. *Georg Lutkács zum 80sten Geburtstag*. Neuwied: Luchterhand, 1965.

Bloeh, Ernst. *Geist der Utopie*. Frankfurt: Suhrkamp Vetlag, 1964.

——. *Das Prinzip Hoffnung*. Frankfurt: Suhrkamp Vetlag, 1959.

——. *Spuren*. Frankfurt: Suhrkamp Verlag, 1960.

——. *Thomas Münzer als Theologe der Revolution*. Frankfurt: Suhrkamp Verlag, 1962.

——. *Tübinger Einleitung in die Philosophie*. 2 vols. Frankfurt: Suhrkamp Verlag, 1963—1964.

——. *Verfremdungen*. 2 vols. Frankfurt: Suhrkamp Verlag, 1963—

Breton, André. *Les Manifestes du surréalisme*. Paris: Gallimard, 1969.

Burnier, M. — A. *Les Existentialistes et la politique*. Paris: Gallimard, 1966.

Caudwell, Christopher. *Illusion and Reality*. New York: Russell and Russell, 1955.

Chiodi, Pietro. *Sartre e il marxismo*. Milan: Feltrinelli, 1965.

Clecak, Peter. *Marxism and American Literary Criticism*. Ann Arbor, Michigan: University Microfilms, 1964.

Cooper, D. G. and Laing, R. D. *Reason and Violence*. London: Tavestock, 1964.

Croee, Benedetto. *Historical Materialism and the Economics of Karl Marx*. Translated by C. M. Meredith. New York: Russell and Russell, 1966.

Danto, Arthur C. *The Analytical Philosophy of History*. Cambridge, Eng.: Cambridge University Press, 1965.

Della Volpe, Galvano. *Critica del gusto*. Milan: Feltrinelli, 1964.

Demetz, Peter. *Marx, Engels and the Poets*. Chicago: University of Chicago Press, 1967.

Desan, Wilfrid. *The Marxism of Jean-Paul Sartre*. New York: Doubleday, 1965.

Engels, Friedrieh. *Herr Eugen Duehring's Revolution in Science*. Translated by E. Burns. New York: International, 1966.

Erickson, Robert. *The Structure of Music: A Listener's Guide*. New York: Noonday, 1955.

Fischer, Ernst. *Art against Ideology*. Translated by Anna Bostock. London: Penguin Books, 1969.

——. *Dichtung und Deutung*. Vienna: Globus, 1953.

——. *The Necessity of Art*. Translated by Anna Bostock. London: Penguin Books, 1963.

Flores, Angel, ed. and trans. *Ibsen*. New York: Haskell House,

1966.

Gallie, W. B. *Philosophy and the Historical Understanding*. New York: Sehoeken Books, 1968.

Gardiner, Patrick, ed. *Theories of History*. Glencoe: Free Press, 1959.

Goldmann, Lueien. *Le Dieu caché*. Paris: Gallimard, 1955.

——. *Pour une sociologie du roman*. Paris: Gallimard, 1964.

——. *Recherches dialectiques*. Paris: Gallimard, 1959.

Gramsci, Antonio. *Lettere dal carcere*. Turin: Einaudi, 1965.

Guérin, Daniel. *La Lutte de classes sous la première République*. 2 vols. Paris: Gallimard, 1946.

Hauser, Arnold. *The Philosophy of Art History*. New York: Alfred A. Knopf, 1959.

——. *The Social History of Art*. New York: Alfred A. Knopf, 1951.

Hegel, G. W. F. *Aesthetik*. 2 vols. Frankfurt: Europäische Verlagsanstalt, 1955.

——. *The Phenomenology of Mind*. Translated by J. B. Baillie. London: Allen and Unwin, 1949.

Heissenbfüttel, Helmut. "Vom Zeugnis des Fortlebens in Briefen." *Merkur*, XXI, No. 3 (March 1967), 232—244.

Holz, Hans Heinz; Kofler, Leo; and Abendroth, Wolfgang. *Gespräche mit Georg Lukács*. Hamburg: Rowohlt, 1967.

Hook, Sidney. From Hegel to Marx. New York: Humanities Press, 1958.

——. *Towards an Understanding of Karl Marx*. New York: John Day, 1933.

Horkheimer, Max, ed. *Zeugnisse*: *T. W. Adorno zum 60sten Geburtstag*. Frankfurt: Suhrkamp Verlag, 1963.

Hyman, Stanley Edgar. *The Armed Vision*. New York: Alfred A. Knopf, 1948.

Hyppolite, Jean. *Études sur Marx et Hegel*. Paris: Rivière, 1955.

Kerry, S. S. *Schiller's Writings on Aesthetics*. Manchester, Eng.: Manchester University Press, 1961.

Korsch, Karl. *Karl Marx*. New York: Russell and Russell, 1963.

——. *Marxismus und Philosophie*. Frankfurt: Europäische Verlagsanstalt, 1966.

Kraft, Werner. "Walter Benjamin hinter seinen Briefen." *Merkur*, XXI, No. 3 (March 1967), 226—232.

Labriola, Antonio. *Essays on the Materialist Conception of History*. New York: Monthly Review Press, 1966.

Lapassade, Georges. "Sartre et Rousseau." *Etudes philosophiques*, XVII, No. 4 (Winter 1962), 511—517.

Lefèbvre, Henri. *Pascal*. 2 vols. Paris: Nagel, 1949—1954.

——. *Rabelais*. Paris: Editeurs français réunis, 1955.

Lenin, V. I. *O literature i iskusstve*. Moscow: Khudozhestvennaya literatura, 1967.

Lévi-Strauss, Claude. *La Pensée sauvage*. Paris: Plon, 1962.

——. *Tristes tropiques*. Paris: Plon, 1955.

Liehtheim, George. *George Lukács*. New York: Viking, 1970.

——. "Sartre, Marxism and History." *History and Theory*, III, No. 2 (1963—1964), 222—246.

Lieber, Hans-Joachim, and Ludz, Peter. "Zur Situation der Marxforschung." *Kölner Zeitschrift für Soziologie u. Sozial-*

forschung. X (1958), 446—499.

Lifshitz, Mikhail. *The Philosophy of Art of Karl Marx*. Translated by R. B. Wirm. New York: Gritics Group, 1938.

Lukátes, Georg. *Aesthetik*. 2 vols. Neuwied: Luchterhand, 1962.

——. *Balzac und der französische Realismus*. Berlin: Aufbau Verlag, 1953.

——. *Deutsche Realisten des neunzehnten Jahrhunderts*. Berlin: Aufbau Verlag, 1956.

——. *Essays on Thomas Mann*. Translated by Edith Bone. New York: Grosset and Dunlap, 1964.

——. *Goethe und seine Zeit*. Berlin: Aufbau Verlag, 1955.

——. *Histotre et conscience de classe*. Translated by K. Axelos. Paris: Editions de minuit, 1960.

——. *The Historical Novel*. Translated by H. and S. Mitchell. London: Merlin, 1962.

——. *Probleme der Aesthetik*. Neuwied: Luehterhand, 1969.

——. *Probleme des Realismus*. Berlin: Aufbau Verlag, 1955.

——. *Schriften zur Literatursoziologie*. Edited by P. Ludz. Neuwied: Luehterhand, 1961.

——. *Studies in European Realism*. Translated by Edith Bone. New York: Grosset and Dunlap, 1964.

——. *Die Theorie des Romans*. Neuwied: Luehterhand, 1962.

Lukács, Georg. *Wider den missverstandenen Realismus*. Hamburg: Claasen, 1958.

Macheray, Pierre. *Pour une théorie de la production littéraire*. Paris: Maspéro, 1970.

Mann, Thomas. *Doktor Faustus*. Frankfurt: Fischer Verlag, 1947.

Mao Tse-tung. "On Contradictions." In *Selected Works*, II, 13—53. 5 vols. New York: International, 1954—1962.

Marcuse, Herbert. *Eros and Civilization*. New York: Random House, 1955.

——. *An Essay on Liberation*. Boston: Beacon Press, 1969.

——. *Kultur und Gesellschaft*. 2 vols. Frankfurt: Suhrkamp Verlag, 1965.

——. *Negations*. Boston: Beacon Press, 1968.

——. *One-Dimensional Man*. Boston: Beacon Press, 1964.

——. *Reason and Revolution*. Boston: Beacon Press, 1960.

—— "Repressive Tolerance." In Wolff, R. P.; Moore, Barrington, Jr.; and Marcuse, Herbert, *A Critique of Pure Tolerance*. Boston: Beacon Press, 1965.

Marx, Karl. *Capital*. Vol. I. Translated by S. Moore and E. Aveling. New York: Kerr, 1906.

——. *A Contribution to the Critique of Political Economy*. Translated by N. I. Stone. Chicago: Kerr, 1904.

——. *Early Writings*. Edited and translated by T. B. Bottomore. New York: McGraw-Hill, 1964.

Marx, Karl, and Engels, Friedrich. *Basic Writings on Politics and Philosophy*. Edited by L. S. Feuer. New York: Doubleday, 1959.

——. *The German Ideology*. Translated by R. Pascal. New York: International, 1947.

——. *Über Kunst und Literatur*. Berlin: Aufbau Verlag, 1953.

Maslow, Vera. "Lukács' Man-Centered Aesthetics." *Philosophy and Phenomenological Research*, XXVII (1967), 542—552.

Mayer, Hans. *Von Lessing bis Thomas Mann*. Pfullingen: Neske, 1959.

——. *Zur deutschen Klassik und Romantik*. Pfullingen: Neske, 1963.

Merleau-Ponty, Maurice. *Les Aventures de la dialectique*. Paris: Gallimard, 1955.

Moore, Stanley. *Three Tactics: The Background in Marx*. New York: Monthly Review Press, 1963.

Morawski, Stefan. "The Aesthetic Views of Marx and Engels." *Journal of Aesthetics and Art Criticism*, Vol. XXVIII, No. 3 (Spring, 1970), pp. 301—314.

——. "Lenin as a Literary Theorist." *Science and Society*, XXIX, No. 1 (Winter 1965), 2—25.

——. "Mimesis-Lukács' Universal Principle." *Science and Society*, XXXIII, No. 1 (Winter 1968), 26—38.

Morpurgo — Tagliabue, Guido. *L' Esthétique contemporaine*. Milan: Marzorati, 1960.

Parkinson, G. H. R., ed. *Georg Lukács: The Man, His Work and His Ideas*. London: Wiedenfeld and Nicolson, 1970.

Plekhanov, G. V. *Art and Social Life*. Translated by A. Rothstein. London: Lawrence and Wishart, 1953.

——. *Fundamental Problems of Marxism*. Translated by E. and C. Paul. Edinburgh: Lawrence and Wishart, 1929.

Rieoeur, Paul. *De l'interprétation: essai sur Freud*. Paris: Seuil, 1905.

Sartre, Jean-Paul. "Les Communistes et la paix." *Situations*, VI. 7 vols. Paris: Gallimard, 1947—

—— "La Conscience de classe chez Flaubert." *Temps modernes*, Nos.

240—241 (May-June 1966), pp. 1921—1951, 2113—2153.

Sartre, Jean-Paul. *Critique de la raison dialectique*. Vol. I. Paris: Gauimard, 1960—

——. "Flaubert: du poète à l'artiste." *Temps modernes*, Nos. 243—245 (August-October 1966), pp. 197—253, 423—481, 598—674.

——. "Marxisme et revolution." *Situations*, III.

——. "Qu' est-ce qlue la littérature?" *Situations*, II.

——. *Search for a Method*. Translated by Hazel Barnes. New York: Random House, 1968.

Schiller, Friedrieh. *On the Aesthetic Education of Man*. Edited and translated by E. M. Wilkinson and L. A. Willoughby. Oxford, Eng.: Clarendon Press, 1967.

——. *Philosophische Schriften*. Basel: Birkhäuser, 1946.

Staël-Holstein, Germaine de. *De la littérature considérée dans ses rapports avec les institutions sociales*. 2 vols. Geneva: Droz, 1959.

Taine, Hippolyte. *Essais de critique et d'histoire*. Paris: Haehette, 1887.

"Walter Benjamin." *Times Literary Supplement*, 22 August 1968.

Williams, Raymond. *Culture and Society 1780/1950*. New York: Harper and Row, 1958.

Zitta, Victor. *Georg Lukács' Marxism: Alienation, Dialectics and Revolution*. The Hague: Martinus Nijhoff, 1984.

索　引

本书术语英汉对照表

A

analogy 类比，类似物

authoritarianism 极权主义

accomodation 调停

act 动作，行为

action 行动，动作

atmosphere 氛围，基调

autonomatism 自主论

authenticity 真实性

appearance 现象，外观，外貌

awareness 认识

aura 灵氛

affinity 契合

astonishment 诧异

as-yet-formless 迄今未具备形式

absence 不在场，虚在，阙如

adequation 充分性

anticipation 预期

affiliation 归属

alterite 他性

agent 初因

aspect 体式

articulation 接合

B

being-to-come 将在

being 存在

becoming 即在

bad faith 邪恶信仰

bearer 承载者

C

correlate 关联物

corpus 全部作品

codification 编码

coporeality 形质性

confuguration 结构

commensurability 可公度性

completeness 圆满性

conceptual 感性的

coming into consciousness 进入意识

continuum 连续统一体

chromatism 色差，像差

chronos 瞬时，瞬间

couple 偶体

commitment 许诺

complicity 同谋关系

coming to consciousness 达及意识

context 语境

coexistence 共存
centrality 中心性，中心位置
contigency 偶然性
credential 凭证
complex 情结，复合体
constraint 强制，压制
chaos 无序，混沌
charisma 超凡
censorship 稽查
concomintant 伴随物
counter-finality 反终结性
cohesion 内聚力
coherence 内聚性
construct 构建
construction 建构

D
displacement 移置
dialectic 辩证（法），辩证术
differentiation 分化过程
differential 区别的
drive 冲力
determinate 确定性（的）
diagnostic 诊断的，特征的
desire 欲望
desiderium 渴求之物
decipher 破译

duree 绵延
duality 二元性
dyad（ic）二分体（的）
delusion 错觉

E
epiphenomenon 副现象
expressionistic，the 表现性
egocentrism 自我中心论
equivalence 对应物，等价物
empty 空虚
existence 生存，存在
euphora 欣快
engagement 参与
exigency 迫切需要
existent 存在物

F
figuration 比喻方式
foregrounding 突出
factuality 真实性
facticity 人为性，人为状态
false consciousness 伪意识
fragmented 碎裂的
figurative 比喻的，形象化（的）
figural 比喻的，形象的
fetishism 拜物教

focus 焦点

G

genus 种属

generality 普遍（性）

genetic 遗传学的

ground 根据

H

historigraphy 史纂学

historicity 历史性

homology 同源

hypostasis 实在，本质

hypostasize 实体化

horizon 境域

hallucination 幻觉

hermeneutics 诠释学

I

inconography 图像研究

ideality 理想性质

illusion 幻觉

intellectual 智力的

inert 无活力，惰性

inertia 惰性

intellect 才智

individualism 个体主义

infrastructure 基础结构
ideogram 表意符号
incarnate 使……实体化
instantaneity 即刻性
identification 认同（作用）
instrumentation 配器，器乐谱曲
individual subjectivity 个人本体性
involvement 卷入
insight 洞察
identity 同一性
intervene 调停
integration 整合
incognito 隐匿身份
incidental 伴随的

L
libido 里比多
Leben Sweisheit 处世睿智
lived 所历的，生历的
locus 驻在
lack 匮乏
look 目光

M
modality 样式
mode 方式
model 模式

misrepresentation 误述
mos geometricus 几何学方式
morgeometrico 按照几何学方式
mystification 神秘化，
（de mystification 非神秘化）
mythification 幻化，
（de mychification 除幻）
manifest 显性（的）
manifestation 显现
modification 变更
mystique 神秘性（的）
mental 心智（的）
mentality 心智，心理，精神
mediation 调停
monad 单子
medium 中介
marginal 边缘的
mutation 变异
mannerism 矫揉风格
momentum 力量
mutant 变异
mauvais foi 邪恶信仰

N

nerve-picture 神经心像
not-yet-consciousness 未然意识
no-longer-consciousness 不复为意识

not-yet-finished，the 尚未完成者
not-yet-existent，the 未然生存
nothingness 虚无
not-yet-living，the 未然生活
not-yet-being，the 未然存在
norm 规范
need 需求

O
operation 运作
overdetermination 超定（性）
oppression 压抑，压制
optical illusion 视像幻觉
objectification 客体化，对象化
opactity 晦涩

P
para-fifural 类比喻的
pre-figural 前比喻的
periodization 周期循环
primacy 首要性，原初性
practico-inert 实践-无活力
project 投射
presence 在场，实存
privileged 特许的
plainfication 平面化
perception 知觉

physis 本然之物
primal 原初的
pull 牵拉
psychic energy 心力，心灵力量
passing away 消遁
presentation 显现
protopolitical 原始政治的
praxis 实践
permutation 取代
peculiarity 特殊性
primordie 原始的

R
resolution 和弦转变
representation 再现
regret 悔恨
remorse 自责
reference 指涉
reverse 反转
reconciliation 调和
rejoin 重返
reifyication 物化
rotation 轮流
referential 指涉的
referent 意指
relationality 关联性
reality-quotient 现实的份额

S

style 文体，风格

sign 符号，标记，记号

subjectivity 主体性，主观性

sympton-formation 征兆结构，征兆形成

systemization 系统化

subjective intention 主观意图

suppression 抑制

stasis 静态平衡

specialization 专门化

situation 境况

schein 现象

script 原始文本

sensation 感觉

Spuren 踪迹

Sperre 封锁

speak 讲说

scarcity 不足

Seinsfrage 存在问题

Real Staunen 真实诧异

symptom 征兆

spontaneous 本然的，自生的

T

trope 转义

totalitarianism 极权主义

transgresson 侵越

twelve-tone system 十二音制
twelve-tone row 十二音组
totality 总体（性）
taste 鉴赏力，趣味
thing-like 类物的
topology 局部解剖学
transformation 转变，转换
Terror 恐怖统治

U
unity 统一（性）（体）
unified 统一的
union 联合
unification 统一，一致
unit 单元
universality 普遍性

V
value-free 无价值（的）
valorization 维持
valence 效价
vocation 天职
vision 幻象

W
whole，the 整体
wholeness 整体性
wish 愿望

Marxism and Form by Fredric Jameson

Copyright © 1971 by Princeton University Press

Simplified Chinese edition © 2015 by China Renmin University Press.

All Rights Reserved. No part of this book may be reproduced or transmitted in any form or by any means, electronic or mechanical, including photocopying, recording or by any information storage and retrieval system, without permission in writing from the Publisher.